Collana diretta da P. Marek Inglot, S.I.

PONTIFICIA UNIVERSITÀ GREGORIANA

**Facoltà di Storia e
Beni Culturali della Chiesa**

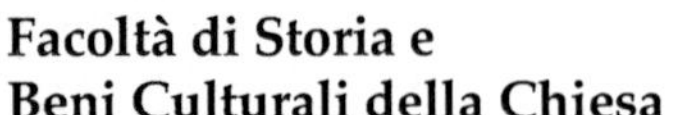

Comitato Nazionale
per le celebrazioni del IX centenario
della morte di Sant'Anselmo d'Aosta

Congresso Internazionale
La partecipazione di Anselmo al processo di costruzione della 'nuova' Europa
Pontificia Università Gregoriana, 25-27 novembre 2010

Comitato scientifico
Giulio CIPOLLONE, O.SS.T.
Giulio D'ONOFRIO
Paul GILBERT, S.J.
Norman TANNER, S.J.

Direzione scientifica e organizzativa
Giulio CIPOLLONE, O.SS.T.
Maria Silvia BOARI

Segreteria
Francesca ARPAIA

ANSELMO
E
LA 'NUOVA' EUROPA

A cura di
Giulio C**IPOLLONE**

con la collaborazione di
Maria Silvia B**OARI**

Progetto grafico di copertina: Serena Aureli

Impaginazione: Lisanti Srl - Roma

© 2014 Pontifical Biblical Institute
Gregorian & Biblical Press
Piazza della Pilotta, 35 - 00187 Roma, Italy
www.gbpress.net - books@biblicum.com

ISBN: 978-88-7839-272-4

SOMMARIO

*Indirizzi
di saluto*

Paolo GAUDENZI
Sapienza Università di Roma,
Presidente del Comitato Nazionale Sant'Anselmo

Anselmo da Aosta (1033-1109), chiamato così dal nome della sua città natale, ma anche Anselmo di Bec e Anselmo di Canterbury a motivo delle città con le quali è stato in rapporto in tre nazioni europee - Italia, Francia, Inghilterra - è al tempo stesso una figura eminente dei suoi tempi ed un personaggio di viva attualità: monaco di intensa vita spirituale, eccellente educatore di giovani, filosofo e teologo con una straordinaria capacità speculativa, saggio uomo di governo della Chiesa, come Arcivescovo di Canterbury.

Grande pedagogo, nella sua dimensione di educatore dei monaci preferisce affidarsi alla persuasione e non alla costrizione o alla autorità. Come Vescovo e strenuo difensore della libertà della Chiesa contribuisce a distinguere il suo potere spirituale dal potere temporale, e, conseguentemente, a delineare il corretto rapporto tra quella che oggi chiameremmo la dimensione civile e quella religiosa.

Fondatore della teologia scolastica, al quale la tradizione cristiana ha conferito il titolo di "Dottore Magnifico", egli afferma chiaramente che chi intende fare teologia non può contare solo sulla sua intelligenza, ma deve coltivare al tempo stesso una profonda esperienza di fede. «Non tento, Signore, di penetrare la tua profondità, perché non posso neppure da lontano mettere a confronto con essa il mio intelletto; ma desidero intendere, almeno fino ad un certo punto, la tua verità, che il mio cuore crede e ama. Non cerco infatti di capire per credere, ma credo per capire» (*Proslogion*, 1).

Una fede dunque che chiama la ragione, una ragione che per la prima volta assume nel pensiero di un teologo una dignità propria, una ragione dotata di una piena responsabilità di sé. Anselmo rivela una grande fiducia nella ragione, capace di dare piena accoglienza alla verità rivelata dall'esperienza religiosa, ma anche capace di poter dialogare, di poter promuovere un dialogo con lo scettico, un dialogo con il portatore di altre fedi, di altre culture. Una figura profonda dunque la figura di Anselmo, una figura che sentiamo attuale, una figura che interpella le ragioni dei credenti e dei non credenti di tutte le culture.

In occasione della ricorrenza del nono centenario dalla morte di S. Anselmo il Comitato Nazionale, istituito dal Ministero dei Beni Culturali intende promuovere una serie di iniziative in vari ambiti storico-culturali e formativi, concepite come celebrazione di tutti gli aspetti più significativi emergenti dalla complessa personalità del Santo e da documentazioni e testimonianze sulle sue opere e attività di ordine intellettuale e magistrale, letterario, filosofico-teologico, religioso-spirituale, politico-ecclesiale.

Sulla base dei molteplici elementi caratterizzanti la personalità e l'opera di Anselmo, il Comitato ha inteso realizzare iniziative per evidenziare le relazioni internazionali allacciate dal Santo, il suo ruolo svolto sul piano istituzionale, lo spessore del suo contributo speculativo, le ricadute su poesia, letteratura ed arte di tale progetto filosofico, il suo contributo al consolidamento dell'ecclesiologia medievale, l'inter-culturalità della sua produzione speculativa, il metodo pedagogico, infine, ciò che emerge dal suo epistolario, ma anche da numerosi accenni nelle sue opere teoretiche e spirituali.

Le iniziative del Comitato sono nate sotto l'impulso creativo del Maestro Italo Gomez, Vicepresidente del Comitato stesso, e si sono sviluppate grazie alla dedizione di illustri esperti quali il Prof. Giulio D'Onofrio, il Prof. Sandro Barlone S.J. ed il Prof. Giulio Cipollone O.SS.T., responsabile scientifico del Convegno (25-27 novembre 2010). A queste persone, insieme con tutte le altre che a diverso titolo hanno contribuito alla vita del Comitato, va il mio più vivo ringraziamento. Al Ministero dei Beni Culturali e in particolare alla Direzione Generale delle Biblioteche, gli Istituti Culturali e il Diritto d'Autore, rappresentata oggi dal Direttore Dr. Maurizio Fallace, la gratitudine per il supporto di idee e di mezzi finanziari. Infine, insieme con il mio personale saluto a tutte le Autorità Accademiche, Religiose e Civili presenti al Congresso, vorrei far giungere il saluto più cordiale e riconoscente al Rettore Magnifico della Pontificia Università Gregoriana François-Xavier Dumortier S.J., che ospita questo importante evento dedicato ad Anselmo, e al Decano dalla Facoltà di Storia e Beni Culturali della Chiesa Prof. Norman Tanner S.J., che lo ha promosso.

Questo Convegno internazionale è una delle manifestazioni più significative tra quelle concepite finora dal Comitato Nazionale: "Il contributo di Anselmo alla costruzione della nuova Europa". Non poteva essere scelto titolo migliore per proporre nuovamente la figura di Anselmo agli esperti studiosi, ai giovani studenti ed alle coscienze dei credenti e non credenti che vivono le sfide poste dalla società europea di oggi. Il metodo anselmiano del dialogo si pone come uno strumento prezioso di progresso. La sua fiducia, da credente, nella dignità autonoma della ragione offre alle coscienze, sempre alla ricerca del senso profondo della vita, un dono prezioso da ricevere con piena gratitudine.

Maurizio FALLACE

Ministero per i Beni e le Attività Culturali già Direttore Generale per le Biblioteche, gli Istituti Culturali e il Diritto d'Autore

Illustre Presidente, esimi componenti del Comitato Nazionale, è con particolare soddisfazione che porgo il mio saluto nella giornata di apertura del prestigioso congresso internazionale che, celebrando la complessa personalità di Sant'Anselmo attraverso le documentazioni e testimonianze sulle sue opere e attività di natura filosofico-teologico, religioso-spirituale, politico-ecclesiale, pone l'accento sulla partecipazione del Santo al grande processo di costruzione della 'nuova' Europa.

Il Comitato Nazionale, nel cui ambito si svolgono queste manifestazioni istituito grazie alla legge n. 420/1997, testimonia la validità e il grado di efficacia operativa raggiunta dai Comitati Nazionali in un periodo in cui è molto sentita l'esigenza di produrre cultura anche attraverso l'esplorazione di interessanti filoni tematici.

La Direzione Generale per le biblioteche, gli istituti culturali e la Consulta dei Comitati e delle Edizioni Nazionali hanno sostenuto la proposta di celebrare Sant'Anselmo, consapevoli dell'occasione preziosa per raggiungere l'obiettivo culturale di analizzare e celebrare compiutamente un personaggio di grande levatura, restituendogli anche un posto centrale all'interno della storia del nostro Paese.

Rivolgo quindi il mio saluto e quello della mia Direzione Generale ai Dottori dell'Università Gregoriana e li ringrazio per l'accoglienza in questa sede prestigiosa, un sentito ringraziamento al Presidente Professor Paolo Gaudenzi e al Segretario Tesoriere dott. Marco Paoli che, con grande competenza, si sono dedicati al positivo svolgersi delle iniziative, ai convegnisti e agli organizzatori auguro un ottimo svolgimento dei lavori.

Norman TANNER, S.J.

Pontificia Università Gregoriana
già Decano della Facoltà di Storia e Beni Culturali della Chiesa

In qualità di Decano della Facoltà di Storia e Beni Culturali della Chiesa, sono particolarmente felice di porgere a Voi tutti un saluto in questo Congresso, intitolato "La partecipazione di Anselmo al processo di costruzione della 'nuova' Europa".

Ringrazio il Ministero per i Beni e le Attività Culturali, la Direzione Generale per le Biblioteche, gli Istituti Culturali e il Diritto d'Autore e il Comitato Nazionale Sant'Anselmo.

Ringrazio tutti i partecipanti, specialmente coloro che arrivano da lontano, e in modo particolare gli organizzatori principali della Conferenza, professori Giulio Cipollone e Maria Silvia Boari.

Anselmo è un personaggio europeo di grande spicco. Eppure si potrebbe dire che lui sia, forse, la persona più europea nella storia della Chiesa. Nato ed educato ad Aosta in Italia, poi monaco ed abate del monastero benedettino di Bec in Francia, poi per sedici anni, dal 1093 fino alla sua morte nel 1109, arcivescovo di Canterbury in Inghilterra. Così ha diviso la sua vita in tre paesi centrali per la storia d'Europa: Italia, Francia e Gran Bretagna. In quanto inglese, sono onorato in modo particolare di dare il saluto e di partecipare a questo Convegno.

L'aspetto europeo di Anselmo non è limitato ai singoli paesi nei quali è vissuto. Anzi, l'Europa in quel tempo era molto più unita di oggi. I paesi, le nazioni, erano meno definiti; ma l'unità d'Europa era al primo posto. Vi era l'unità di religione per la grande maggioranza della popolazione, attraverso il Cristianesimo, l'unità della lingua attraverso il Latino, quindi una vera unità di tradizione intellettuale attraverso questa condivisione di religione e di lingua. In questo senso, Anselmo era profondamente europeo, ma penso che avrebbe preferito essere considerato uomo universale ancora più che europeo.

La Chiesa cristiana cerca sempre di essere chiesa universale: non limitata ad una regione oppure ad un continente. Nell'epoca di Anselmo la Chiesa cattolica era ristretta, per lo più, all'Europa. Quindi, date le limitazioni geografiche del Cristianesimo in quel tempo, possiamo dire che Anselmo, in quanto pienamente europeo, era anche universale.

Troviamo questo aspetto universale in Anselmo non soltanto nella sua capacità di vivere in diversi paesi, ma ancora di più nella sua prontezza di investigare le profondità del Cristianesimo e della condizione umana. Aveva lui, in modo esemplare, un vero spirito di ricerca cristiana.

Inoltre, l'universalismo di Anselmo non era limitato agli aspetti geografici ed intellettuali: vivere in diversi paesi e cercare di comprendere le diverse realtà intellettuali, era anche un universalismo personale, incluso attraverso le sofferenze. In vari modi è riuscito a vivere pienamente l'esperienza umana. Da giovane, aveva difficoltà in famiglia, soprattutto con suo padre. Così ha lasciato Aosta per recarsi in Francia. Più tardi, come arcivescovo di Canterbury, ha avuto grandi tensioni col re d'Inghilterra, Guglielmo II, e ha dovuto passare tre anni in esilio, prima in Francia e dopo qui in Italia, a Bari e a Roma.

Tutto sommato, Anselmo è un ottimo esempio per il nostro oggi. Un uomo di fede e di esperienza, di conoscenza teologica e storica, Sant'Anselmo ci incoraggia a studiare, a pregare, e a vivere in modo pienamente umano. L'Università Gregoriana è chiamata "L'Università delle Nazioni" in quanto gli studenti e i professori provengono da tante parti del mondo. Riflettere sull'universalismo di Sant'Anselmo ci incoraggia e ci aiuta. Ringraziamo in modo particolare i professori che sono venuti da altri paesi, che con la loro presenza arricchiscono molto l'aspetto universale del Convegno.

Introduzione

La persona e la personalità straordinarie di Anselmo hanno evocato e suggerito un ampio ventaglio di possibilità d'indagine fra gli studiosi, così da produrre una significativa area di ricerca e una imponente massa di studi. Sono oltre quattromila le voci bibliografiche che si riferiscono direttamente ad Anselmo, senza contare altre migliaia di riferimenti, contenuti in studi di differenti campi di ricerca. Un cenno va fatto alle due antiche storiografie, antiromana e antianglicana, che hanno trovato nel personaggio Anselmo, terreno fertile per un'accesa ed opposta valutazione, che ormai ha lasciato spazio ad una lettura 'meno confessionale' e più costruttiva delle fonti di Anselmo o che riguardano Anselmo.

Negli ultimi decenni, vari centenari celebrativi di Anselmo hanno contribuito in modo notevole ad ampliare il ventaglio della ricerca, incrementare la qualità e il numero degli studi e favorire pubblicazioni più critiche e aggiornate delle fonti. Con l'occasione appunto di queste ricorrenze di rilievo per organizzare differenti Congressi nazionali e internazionali, è stato celebrato presso la Gregoriana, un Congresso internazionale per fare memoria della morte di Anselmo nel suo IX centenario, dal 25 al 27 novembre 2010.

Anselmo borgognone, normanno, inglese, ovviamente romano, padre conciliare e due volte in esilio, si può realmente dire personaggio europeo di valore accertato. Ciò nonostante, la bibliografia registra solo un numero esiguo di voci che mettono in relazione Anselmo con la sua valenza europea e quindi con l'Europa.

Come si desume dai contributi e dai reciproci rimandi, evidenti nel volume degli Atti, il Congresso ha voluto collocarsi con una sua originalità, come intuito dai membri del Comitato scientifico, per la sua prospettiva che apre una finestra su Anselmo 'calato nella pratica' e per il riferimento alla costruzione della 'nuova' Europa. In verità, la stragrande maggioranza degli studi su Anselmo ha privilegiato il suo pensiero filosofico e teologico, quindi 'il suo' essere monaco e, in minor misura, il suo essere arcivescovo e primate d'Inghilterra alle prese con le libertà della Chiesa contese tra Roma e i re d'Inghilterra. Solo in misura ancora più modesta gli studiosi si sono interessati di Anselmo sul piano pratico e, quindi, del suo rapporto concreto con 'gli altri', come: cristiani greci in via di configurazione scismatica, ebrei, saraceni, infedeli e pagani.

Oggi s'impone agli storici una nuova metodologia, seguire cioè il criterio di leggere insieme la storia per rileggerla insieme e quindi per riscriverla insieme. In effetti, Anselmo si presta per letture plurali, giacché coniuga in sé interessi da vari campi: la filosofia, la teologia, il monachesimo, la politica della chiesa romana, la politica dei regni, l'esperienza di vivere per anni in esilio, il rapporto con gli ortodossi, con gli angli e, infine, il rapporto con 'chi sta fuori' nell'incessante e ineliminabile sforzo di ricerca comune e dialogica sull'idea di Dio.

Il volume degli Atti raccoglie i risultati di una riflessione plurale e mostra le intenzioni del Congresso che ha voluto situare Anselmo di fronte alle esigenze proprie della concretezza. In che modo egli ha tradotto nella pratica il suo singolare bagaglio culturale e come ha espresso e vissuto la sua profonda spiritualità nutrita da un incessante personale rapporto con Dio. È noto che, suo malgrado, ha dovuto attivare e mantenere relazioni strette con le cose di questo mondo; ed è su questo disagio che si coglie il sofferto agire e reagire di Anselmo: tra decisioni robuste, incertezze, dubbi e inazione, secondo l'occorrenza.

Più di uno studioso si è interrogato sull'attualità di Anselmo. Oggi ci si interroga, con i nuovi stimoli culturali, su cosa sia rimasto vivo e attuale del suo pensiero filtrato e realizzato, per così dire, dalle sue scelte operative. Nelle intenzioni del Comitato scientifico si è avvertita l'esigenza di dare risposta alla domanda da due versanti: considerare i motivi dell'attualità di Anselmo riscontrabili oggi; poi, secondo una sensibilità oggi in via di espansione, osservare Anselmo alle prese con la realtà, come attore decifrabile attraverso la testimonianza nella concretezza dei gesti: in che modo egli ha 'messo in opera' il suo pensiero. In verità Anselmo mostra una sua lucida teoria alle prese con le difficoltà di applicazione e la coerenza nelle scelte: fino a starsene fuori dalla mischia e dalla rissa, secondo le sue stesse parole, ma senza rinunciare al dialogo fra gli intelletti.

Dicevamo delle rinnovate, sane storiografie attente agli stimoli di una nuova ed estesa sensibilità scientifica che vede appunto la scienza di per sé dialogica e in continuo dinamismo verso più approfondita conoscenza, che giovi per la comune costruzione del futuro dell'umanità. Allo scopo diventa sempre più diffusa l'esigenza di avere presente la interdisciplinarità e la pluralità delle letture di storici con differenti sensibilità culturali. Insomma si impone, come ha scelto di fare la Facoltà di Storia e dei Beni culturali della Pontificia Università Gregoriana, un criterio per riscrivere insieme la storia con l'ausilio di fonti condivise e comparate. Da qui la presenza molto apprezzata nel volume, dei contributi di relatrici e relatori di altra area culturale che non sia specificamente quella romana cattolica o europea.

Fra le suggestioni proposte come punti di arrivo e spazio per domande, si potranno ritenere le seguenti: la *via discretionis* come genialità educativa; il 'magistero della storia'; il dibattito acceso tra cristiani e musulmani sulla liceità del ricorso alla violenza; il fatto dell'uomo che ha smarrito la ragione per cui è stato creato; la nuova Europa spinta dai stravolgimenti di assetti ritenuti 'vincenti e intoccabili', come la frattura del 1054; Anselmo prima, durante e dopo la prima crociata; i pontificati di papi monaci che avevano idee differenti dalle sue e il 'pungolo' di un monachesimo distante dalla visione anselmiana; la esigenza della fede - del cuore - come completamento della ragione per arrivare dove questa non può arrivare; la duplicità o pluralità di stili di comportamento affettivo di Anselmo; Anselmo inquisitore contro Roscellino di Compiègne e il limite del suo desiderio di dialogo; le ragioni necessarie e le ragioni di convenienza; finalmente 'la più completa conoscenza' che è imprescindibilmente legata all'esperienza. Sembra emergere da questi rimandi un Anselmo più importante per le sue sollecitazioni intellettuali, che per le risposte pratiche che egli offre.

Anselmo esibisce materia abbondante per l'incessante sforzo dialogico e di ricerca comune sull'idea di Dio e sulle necessarie ricadute, in favore di una totale inclusione degli umani accomunati dalla stessa uguaglianza e dignità perché creature di Dio.

Abbreviando la lista dei doverosi ringraziamenti per quanti hanno aderito e collaborato a questa impresa scientifica e hanno contribuito al successo della sua realizzazione, mi si consenta di ringraziare in modo veramente succinto, scusandomi per le omissioni, le Autorità del Ministero per i Beni e le Attività culturali, il Rettore Magnifico della Pontificia Università Gregoriana, P. François-Xavier

Dumortier, insieme alla Facoltà di Storia e dei Beni culturali della Chiesa, i membri del Comitato scientifico, il Presidente del Pontificio Comitato di Scienze Storiche, P. Bernard Ardura, che si è gentilmente prestato per stendere la relazione conclusiva alla fine dei tre giorni di Congresso, il Prof. Paolo Gaudenzi, Presidente del Comitato nazionale per il IX centenario della morte di S. Anselmo. È doveroso il ringraziamento per la Prof.sa Maria Silvia Boari che è stata professionista efficiente nella gestione della preparazione del Congresso e nell'impegno editoriale di questo volume degli Atti.

Infine, l'auspicio che si formula è che questo volume attorno al contributo di Anselmo alla costruzione della nuova Europa, possa offrire ulteriori suggestioni alla ricerca sul suo operato: su come egli abbia reso concrete le sue profonde convinzioni nella costruzione della società del tempo; finalmente che, dalla lettura del volume, si possano oggi avere ragioni in più per incontrarsi e confrontarsi sui piani di pensiero, dialogo e azione di Anselmo relativi a coloro che appartengono alla propria cultura e con 'gli altri', che sono altri proprio per essere di altra cultura.

Come dicevamo, l'impresa del Congresso e della stampa degli Atti vuole offrire lo spazio di un cantiere aperto verso la costruzione di una società più inclusiva e quindi 'più alta'. Sarà grande il merito del volume dinanzi agli occhi del lettore, per quanto sarà capace di situare Anselmo nel suo tempo e di far riflettere per situarsi dinanzi al nostro tempo. 'Situare' Anselmo e il suo tempo in maniera più puntuale, e 'situar-si' oggi con nuove prospettive verso il futuro di una Unione europea che, nella dialettica tra 'solitari' e 'solidari', sappia scegliere il cammino della solidarietà per la costruzione di una nuova Europa. Un percorso, questo, auspicabile e possibile secondo l'apprezzata visione di Herman Achille van Rompuy, Presidente del Consiglio Europeo, partecipata in una lezione magistrale tenuta alla Pontificia Università Gregoriana.

Giulio CIPOLLONE
Dicembre 2013

I Sessione
Pensieri a confronto

L'Unione Europea alla ricerca della sua anima

François-Xavier DUMORTIER, S.J.

Rettore Magnifico
Pontificia Università Gregoriana

Con grande gioia vi accolgo in occasione di questo Congresso internazionale e vi saluto all'inizio dell'incontro. Desidero ringraziare tutti coloro che hanno permesso la celebrazione del nono centenario della morte di Sant'Anselmo e hanno lavorato per la preparazione di questo evento, specialmente il Professore Cipollone che vi si dedica da molto tempo ed è l'anima del nostro Congresso. E poi vorrei ringraziare il Comitato Nazionale Sant'Anselmo e il Ministero Italiano per i Beni e le Attività Culturali per il loro appoggio, esprimendo loro la mia e la nostra gratitudine.

Vi ringrazio di cuore per avermi invitato a prendere la parola, ma devo confessarvi che non sono affatto uno specialista di Sant'Anselmo, sebbene non mi abbia mai abbandonato questa figura di cui il Papa Benedetto XVI parlava in questi termini: «monaco di intensa vita spirituale, eccellente educatore di giovani, teologo con una straordinaria capacità speculativa, saggio uomo di governo ed intransigente difensore della *libertas Ecclesiae*, Anselmo è una delle personalità eminenti del Medioevo, che seppe armonizzare tutte queste qualità grazie a una profonda esperienza mistica, che sempre ebbe a guidarne il pensiero e l'azione» (Udienza Generale, 23 settembre 2009).

Mi ricordo un seminario del Padre Michel Corbin, più di trent'anni fa, sul *Proslogion*, e l'anno successivo sul *Monologion* – seminari che mi hanno segnato molto… E come potrei non evocare pure la cara abbazia di Bec Hellouin, dove mi sono recato sovente per i miei esercizi annuali, per accompagnare dei ritiri dei laici e dove più di una volta nel silenzio del mattino o della sera la figura di Anselmo e dei suoi scritti mi erano così vicini… La sua opera ha lasciato una traccia profonda nella storia intellettuale e spirituale della Chiesa e dell'Europa, ed io sono tra quelli che ritengono che Anselmo e la sua opera costituiscono per noi, all'inizio di questo XXI secolo, un riferimento fondamentale. Anselmo d'Aosta, Anselmo di Bec, Anselmo di Canterbury... Anselmo è una figura che appartiene a questi tre luoghi e che non è proprietà di nessuno poiché la sua vita, la sua riflessione e le sue diverse responsabilità religiose ed ecclesiali lo hanno indotto ad abitare quest'altra terra che è piuttosto la vita interiore. È chiaro e si impone che, in un'Europa alla ricerca di se stessa, Anselmo può aiutarci a non dimenticare di avere cura della "propria anima" di questo così rilevante progetto che si chiama l'Unione Europea.

* * *

L'Europa sembra spesso oppressa da un passato troppo ricco, ostacolata nel suo cammino dalla nostalgia di ciò che è stata, incerta di se stessa e priva di una visione di quello che può o potrebbe essere il suo avvenire. La costruzione dell'Unione Europea sembra farsi secondo le necessità ed una logica che non emergono dalla "via dello spirito"... e più di un Europeo potrebbe guardare la nostra Unione Europea in maniera disincantata, come un corpo senz'anima. Ma non bisogna invece guardare in modo diverso questo mezzo secolo di storia dell'Unione europea? Da un certo punto di vista tutto divide tra loro gli Europei: le lingue, le culture, le tradizioni, le religioni...e lì si tratta spesso di prospettive e di concezioni di vita e del mondo che divergono e possono affrontarsi, come lo testimonia la nostra storia europea. Ora la costruzione europea ha avuto da subito come posta in gioco la pace – la pace tra i popoli, le nazioni, gli Stati - , questa pace alla quale ci si abitua così presto e che si scopre come un bene fondamentale quando viene minacciata e spesso è troppo tardi - questa pace di cui l'Europa straziata, ferita e sfigurata da tante lotte fratricide ha sentito e sente talmente il bisogno. La pace non è uno stato naturale... la pace è uno stato vulnerabile... Come Europei abbiamo sperimentato, come dice Hannah Arendt, che "la Città è fragile e forse peritura". Questo vero "bene comune" dell'Europa, che è la pace, non è un niente: questa pace ha permesso che le frontiere non siano più dei muri e che si crei uno spazio pubblico comune. Proprio perché questo spazio pubblico comune esiste, ci accorgiamo tanto più fortemente di ciò che manca e che dovrebbe "animarci" profondamente.

L'Unione Europea, per come la vediamo a livello dei media e delle crisi europee e dei summit o degli incontri intergovernativi, può sembrare priva di orizzonte e di soffio vitale. Ma non è necessario rivolgersi indietro di tanto in tanto per scoprire il cammino percorso in circa mezzo secolo di una storia che è divenuta comune; è piuttosto rilevante riconoscere questa sorta di miracolo permanente che è un'Europa che diventi essa stessa senza darsi un termine. Allora possiamo non stupirci di questi compromessi che non sempre sono il male minore ma spesso rappresentano il massimo che ci si possa augurare in un determinato contesto: l'Unione Europea avanza a piccoli passi... spesso un passetto avanti e mezzo indietro... ma questo non significa un testardo rifiuto della fatalità ed il coraggio dell'avvenire vissuto come perseveranza? Mi sembra che occorra riconoscere ciò che è stato fatto e continua a realizzarsi per poter guardare la nostra vecchia Europa – un'Europa che amo appassionatamente – con il desiderio che essa divenga soprattutto un'Europa dello spirito e del cuore. Più l'Europa si costruisce, più essa richiede che siamo sensibili nei confronti di ciò che essa non ha ancora compiuto. Più si ama quest'Europa che è la nostra eredità comune, più si desidera che essa sia mossa da un «magis» che la conduca fino alla fine delle esigenze che essa porta in sé e che vengono da lontano.

E come dimenticare l'esperienza storica più recente, quella dei drammi senza precedenti che essa ha conosciuto? È il passato da cui proveniamo: due guerre mondiali, i campi di sterminio nazisti ed i gulag gelidi di Stalin, lo smarrimento delle elite sociali e culturali nei tempi più bui, i regimi totalitari, l'accecamento di alcuni intellettuali... Sono quelle profonde oscurità della propria storia che l'Europa non smette di guardare come ciò che ossessiona la sua infelice coscienza. E come dimenticare la resistenza morale, spirituale e politica di coloro che si sono alzati per dire «no» a tutti i "Creonte" della nostra storia contemporanea? L'Europa non è stata solamente quella delle dimenticanze e dei rinnegamenti: è stata anche quella della resistenza al male sotto tutte le sue forme. E la coscienza europea non è morta: ha resistito a tutti i tentativi di annichilirla o anestetizzarla. L'Unione Europea non è soltanto l'Europa dei mercati e dei funzionari, delle imprese e degli interessi... Certo, la costruzione Europea è sintomatica di un'epoca plasmata da esigenze tecniche, funzionali ed organizzative... Ma come non vedere anche la richiesta di una «coscienza Europea» capace di denunciare l'inaccettabile e l'ingiustificabile agli occhi dell'uomo di buona volontà, agli occhi dell'uomo della ragione? Nel suo libro *Platone e l'Europa*, Jan Patocka scrive che l'Europa è « un concetto basato su fondamenti spirituali » e un altro filosofo, Alexis Philonenko, in *L'Arcipelago della coscienza Europea* afferma che soltanto l'approfondimento da parte degli Europei della coesione spirituale che li unisce farà dell'Europa qualcosa d'altro di una comunità più o meno precaria di interessi. Che cosa si intende per «fondamenti spirituali» e «coesione spirituale»? È a questo punto che mi sembra necessario volgersi ad Anselmo per capire che cosa il «Dottore magnifico» può ispirarci oggi.

A rischio di sollecitare troppo la figura di Anselmo, mi permetto di dire ciò che, a riguardo della "situazione spirituale del nostro tempo" in Europa, può o potrebbe essere importante, e lo farei in quattro momenti:

1. Attraverso la sua vita e il suo lavoro, Anselmo ci mostra ciò che è primario: la ricerca di Dio, "Dio come ciò di cui non è possibile pensare qualcosa di più grande". Nella società che è la nostra, il rischio è di vivere come essenziali le cose che in realtà sono secondarie, di attaccarsi a ciò che è più apparente e più immediato, nel dimenticare di cercare dietro il provvisorio ciò che non passa, e, in definitiva, di non darsi tempo e mezzi per vivere interiormente. Il rischio che noi corriamo è quello della superficialità e della banalità. Perciò l'Europa ha bisogno di uomini e di donne che osino prendere, ciascuno personalmente, il cammino dell'interiorità: l'Europa ha bisogno di "cercatori di Dio", di uomini e di donne che cercano Dio perché Lo desiderano trovare – degli uomini e delle donne che scavano nella loro vita questo pozzo che libera un'acqua di vita per gli altri. L'attenzione a ciò che è essenziale non è né spontanea né naturale: essa si esercita e si sviluppa nella misura in cui lo sguardo si impegna ad andare fino in fondo a ciò che scruta, che lo spirito accetta di vivere questo cammino senza fine che è la ricerca di Dio, e che l'orecchio si orienti ad ascoltare colui che si fa riconoscere nella brezza leggera dell'Horeb e non nel frastuono e nella vio-

lenza di ciò che non ha altri mezzi per imporsi. E l'esperienza interiore, segnata per Anselmo dalla vita monastica, non è un cammino valido solo per coloro che lo percorrono: l'esperienza interiore stessa conduce ad una comunione con gli altri. È per le radici che si creano le solidarietà più forti e durature.

Che l'Europa abbia un'anima non è l'incarico degli altri: è la responsabilità di ciascuno e ciascuna ed innanzitutto di coloro che sanno che l'esperienza spirituale mette in gioco la totalità dell'esistenza e che il desiderio di Dio conduce sempre più lontano alla ricerca di Colui che è sempre al di là. L'Europa, che deve tanto alla fede profonda dei suoi "padri fondatori", ha bisogno oggi di uomini e di donne che abbiano un chiostro interiore dove ritirarsi dall'inessenziale e vivere l'ascolto silenzioso dei cercatori di Dio. Perché il suo futuro sia a misura del suo passato, l'Europa ha bisogno di uomini e di donne che sappiano vivere interiormente.

2. Anselmo di Aosta si è fermato a Bec perché vi aveva trovato, intorno a Lanfranco di Pavia, un ambiente di vita intellettuale intensa. L'opera di Anselmo mi sembra testimoniare l'importanza fondamentale del lavoro intellettuale. Non si tratta di darsi ad un lavoro che potrebbe essere considerato un pegno tra gli altri: si tratta, a distanza da idee vaghe e di moda, di pensare con rigore, ovvero di vivere questa esperienza dello spirito che è un viaggio senza ritorno ed un pellegrinaggio senza cammino fissato. La sete di verità e l'esigenza della ragione non conducono mai al di fuori di ciò che l'uomo può cercare e desidera trovare. Nelle nostre società, molto spesso tentate di comprendere il compito dell'intelligenza in termini di accumulazione di conoscenze, di gestione del sapere, o di trattamento dei dati, come se la loro quantità fosse un criterio di verità, Anselmo mette in evidenza la sfida di pensare. Nelle nostre società, dove la mentalità tecnica rischia sempre di rinchiudere le menti dentro una dimensione orizzontale, è bene ricordarsi quest'altra dimensione verticale, quella del pensiero, nella quale si possono unire e si congiungono fede e ragione. La nostra responsabilità personale ed istituzionale è davvero in gioco: l'Europa, per essere fedele al meglio di ciò che è la sua tradizione, ha bisogno di uomini e di donne che pensano, che si donano all'affascinante rischio di pensare, di pensare fino al fondo ciò che è la nostra con-

dizione umana e di stare cercando ciò che ne è il senso, ovvero il significato ed il fine.

3. Anselmo è per la libertà della Chiesa, nella questione delle investiture ecclesiastiche; egli ha voluto difendere la Chiesa essendo stato anche l'uomo della difesa dalle ingerenze indotte dal potere politico, fino ad accettare il sacrificio della propria vita. Non temeva di scrivere: "Dio non ama niente di più in questo mondo che la libertà della Chiesa... Dio vuole che la Sua sposa sia libera e non servitrice" (*Lett.* 235,21-24). Anselmo è quell'uomo e quel vescovo che interpreta la sua responsabilità sapendo resistere a ciò che la sua coscienza non gli permette di accettare. Anselmo conserva tutta la sua attualità: in tutte le epoche e i contesti, importa sempre questo coraggio dell'intelligenza che non si contenta solo di individuare, ma che osa affrontare ogni potere che, direttamente o no, apertamente o no, può o vuole limitare o asservire la libertà della Chiesa, ovvero la forza del Vangelo. Si tratta per lui e per noi della fermezza della coscienza cristiana che non teme di resistere o di opporsi là e quando è necessario. È un'esigenza forte che si vive nel quotidiano - ciò che Gaston Fessard chiamava "l'attualità storica" - e che si esercita secondo un discernimento rigoroso.

4. L'Abate di Bec è stato un educatore che il Papa Benedetto XVI salutava in questi termini: « si resta affascinati dalla sua genialità educativa, che si esprime in quel metodo del discernimento - lui lo qualifica *via discretionis* (*Lett.* 61) - che è lo stile un po' di tutta la sua vita, uno stile in cui si compongono la misericordia e la fermezza ». Anselmo aveva a cuore trasmettere agli altri ciò che lui stesso aveva ricevuto, pensato, pregato, con quel senso dell'altro che determina sia ciò che è necessario di trasmettere che la maniera di esprimerlo. La testimonianza di Anselmo è importante per noi Europei che siamo portatori di un'eredità intellettuale e spirituale che abbiamo ricevuto per grazia di nascita su questa vecchia terra di cultura e di fede che è l'Europa e che non possiamo non desiderare di trasmettere alle generazioni future.

* * *

"L'Unione Europea alla ricerca della sua anima": tale è il titolo quasi provocatorio che ho voluto dare a questo breve intervento. Certamente non volevo lasciar intendere che l'Europa sia una realtà senz'anima. Come ho cercato di mostrare, l'Europa, alla ricerca della sua identità propria, è una "causa" che a noi importa, poiché l'Unione Europea è stata creatrice di pace, ha saputo sormontare le fatalità, e la sua esperienza storica le ha donato il senso critico dell'inaccettabile. Ma ho cercato anche di dire che non dobbiamo dimenticare qual è o quale potrebbe essere la sua anima. Si tratta della consapevolezza da dove essa viene. Ricordandosi di tutti coloro che hanno segnato la sua vita e la sua storia, l'Europa può scoprire e riscoprire ciò che è la sua viva sorgente. La figura di Anselmo chiama l'Europeo di oggi a vivere interiormente come cercatore di Dio, a pensare seguendo le radicali esigenze di colui che desidera la verità e a resistere a tutti i poteri che minacciano o restringono la libertà della Chiesa. In essa, infatti, come la storia ci ha mostrato, si gioca la libertà di tutti gli uomini. L'Europa è un'eredità, ma per noi Europei non c'è un altro testamento per la consegna di questo lascito se non il dovere di essere se stessi e di portare la memoria viva del nostro passato. L'Europa è la nostra responsabilità...

I Padri della Chiesa e la cultura dell'Europa unita

S.E.R. Mons. Enrico DAL COVOLO

Rettore Magnifico
Pontificia Università Lateranense

1. Il significato del ricorso ai Padri per una cultura dell'Europa unita

Inizio con una domanda, che ci porta direttamente al cuore del nostro tema: *qual è il senso e la portata del ricorso ai Padri della Chiesa per una cultura dell'Europa unita?*

Ma forse, per chiarire meglio questa domanda, devo farne prima un'altra: *chi sono esattamente i Padri della Chiesa?* Tali sono ritenuti quegli scrittori ecclesiastici dei primi secoli che, distintisi per la santità della vita, l'eccellenza e l'ortodossia della dottrina, meritarono di essere insigniti dalla Chiesa del titolo pregnante di *padre*. Di conseguenza, a chi si compromise con l'eresia non fu assegnato il titolo di *padre*, ma – genericamente – quello di *scrittore ecclesiastico*.

Noi qui ci riferiamo agli uni e agli altri scrittori, e cioè adopereremo l'appellativo di *Padri della Chiesa* in modo piuttosto ampio, intendendo abbracciare tutta intera l'antica letteratura cristiana.

Una questione non secondaria per il Simposio di oggi riguarda poi la cronologia dei Padri, o meglio chi si debba considerare come "l'ultimo dei Padri". Per l'Occidente, la manualistica di solito chiude con Isidoro di Siviglia, morto nel 636. Oggi però alcuni studiosi convengono con me che converrebbe spostare più avanti questo punto d'arrivo, e che bisognerebbe considerare piuttosto Bernardo di Chiaravalle (†1153) come "l'ultimo dei Padri".

In questo caso, ovviamente, Anselmo andrebbe inserito a pieno titolo tra i "Padri della Chiesa". Tre località (Aosta, Bec e Canterbury), in tre Nazioni diverse dell'Europa – così osservava il Papa Benedetto nella catechesi del 23 settembre 2009 –, "si sentono particolarmente legate" a lui, che di fatto va considerato come un Padre della 'nuova' Europa.

Ma che rapporto esiste tra questa letteratura patristica e una "cultura dell'Europa unita"? Al riguardo, risulta spontaneo citare alcune parole scritte da Ireneo verso la fine del II secolo: "La Chiesa", egli scrive, "benché disseminata in tutto il mondo, custodisce con cura il messaggio e la fede ricevuti, come se abitasse una sola casa. Le lingue del mondo sono diverse, ma la Tradizione è unica e la stessa. Né le Chiese fondate nelle Germanie hanno ricevuto o trasmettono una fede diversa, né quelle fondate nelle Spagne o tra i Celti o nelle regioni orientali o in Egitto o in Libia o nel centro del mondo".

Così Ireneo, guardando alla diffusione della Chiesa nell'ecumene, estende lo sguardo da Roma, "centro del mondo", verso i quattro punti cardinali, descrivendo un'Europa "allargata", ormai invasa dal Vangelo e dalla sua potenza unificatrice. Grazie a questo atteggiamento, con cui la Chiesa dei Padri "in pieno accordo proclama, insegna e trasmette le verità ricevute, come se avesse una sola bocca" – per riprendere qualche altra parola del Vescovo di Lione –, l'insegnamento dei Padri diventa un fondamento ineludibile per l'identità culturale dell'Europa.

Bisogna introdurre tuttavia qualche precisazione. In primo luogo dobbiamo ammettere che le espressioni di Ireneo si riferiscono a un'area geografica che non coincide con l'Europa attuale e che, per comodità, ho chiamato "Europa allargata". Non possiamo infatti parlare dei Padri senza citare Origene e Agostino, che sono africani, o i grandi Vescovi cappadoci (Basilio e i due Gregori), originari dell'Asia minore; dobbiamo quindi ricordare che la civiltà di quei secoli si sviluppa, più che all'interno del continente europeo, nell'area che si affaccia sul Mediterraneo, intessendo contatti tra quelle che oggi conosciamo come località appartenenti a diversi continenti: tra Roma e Alessandria, tra Antiochia e Costantinopoli, tra Smirne e Lione, tra Milano e Ippona, e così via. Ma non possiamo dimenticare che molto di quelle culture "extraeuropee" è passato, lungo i secoli, proprio nel cuore e nella vita del nostro continente; non potremmo infatti parlare del medioevo occidentale senza riferirci all'africano Agostino, né possiamo comprendere il mondo slavo dell'Europa orientale – dalla penisola balcanica fino a Kiev e a Mosca, la "terza Roma" –, se non tornando alla "seconda Roma", cioè a Costantinopoli, che dall'estremo Oriente meridionale dell'Europa simbolicamente raccoglie tutto quanto proviene dall'Oriente vicino e lontano.

In secondo luogo, se i Padri vedevano nell'identica fede l'elemento unificante e universalistico del nuovo mondo che veniva creandosi con la propagazione del Vangelo, allo stesso tempo essi diventavano eredi e portatori di una sapienza antica, anch'essa europeo-mediterranea. Grazie a loro, anzi, quella cultura veniva salvata da una decadenza inarrestabile e reimmessa in un nuovo circolo vitale. Come è noto, infatti, numerosi Padri hanno ricevuto un'ottima formazione nelle discipline dell'antica cultura greca e romana, dalla quale mutuarono le alte conquiste civili e spirituali. Essi, imprimendo all'antica *humanitas* classica il sigillo cristiano, sono stati i primi a gettare il ponte tra il Vangelo e la cultura profana, tracciando per la Chiesa e per la società europea un ricco e impegnativo programma culturale, che ha profondamente influenzato i secoli successivi, e dal quale oggi non si può in alcun modo prescindere.

Proprio qui si radica l'invito pressante – rivolto agli uomini di cultura della nostra Europa –, affinché, leggendo le opere dei nostri Padri, si alimentino alle stesse radici della cultura cristiana, e comprendano meglio i propri compiti culturali nel mondo di oggi.

2. Il magistero della storia

Nella sede di questa Università, vorrei richiamarmi a quel grande biblista e studioso dei Padri, che è il cardinale Martini.

Alla domanda: "Il messaggio degli antichi autori cristiani è davvero attuale per la cultura europea d'oggi?", egli ha risposto: "Sicuramente. Essi ci sono vicini soprattutto nella riflessione sulle radici della nostra cultura. Essi hanno contribuito decisamente a diffondere il messaggio del Vangelo, e il loro studio non è un puro ritorno alle origini, ma è in continuità con i problemi della cultura e della società di oggi. In definitiva, appare doveroso e urgente impegnarsi per una scoperta ulteriore degli antichi scrittori cristiani nella formazione intellettuale, culturale e spirituale, a cominciare dai giovani che frequentano la scuola e l'università. Ritengo infatti che valgano per tutti le parole con cui san Benedetto, patrono d'Europa, concludeva la sua *Regola*, invitando i monaci alla lettura dei Padri, poiché – spiegava – 'gli insegnamenti dei santi Padri possono condurre l'uomo al grado più alto della perfezione'".

Occorre dunque investire generosamente nel campo dell'educazione giovanile, perché la cultura di questa vecchia Europa (troppo spesso "sazia e disperata") possa trovare una linfa nuova. Naturalmente, per poter accostare in modo fecondo gli scritti dei Padri, occorre guardarsi da due rischi estremi, fra loro contrapposti. C'è da una parte il rischio di chi pretende di rintracciare nella memoria del passato formule idealizzate o ricette immediatamente utilizzabili nel nostro *oggi*. Nelle mie ricerche ho studiato con particolare interesse i primi tre secoli della Chiesa. Mi è parso chiaro che in questo periodo i cristiani si trovarono ad essere autentici soggetti di "nuova cultura", nel confronto ravvicinato tra eredità classica e messaggio evangelico. Ma le soluzioni patristiche del dialogo fede-cultura non furono certo univoche: talvolta nella stessa persona si riscontrano atteggiamenti intolleranti, e viceversa posizioni aperte e possibiliste. In ogni caso queste soluzioni vanno valutate come "realizzazioni storiche", che non possiedono, come tali, altro magistero, se non quello – altissimo tuttavia per se stesso – della storia.

L'altro rischio è quello di chi non è disposto ad accettare il "carisma" della tradizione. Da parte mia sono convinto che lo studio delle antiche testimonianze è sorgente di discernimento per l'uomo di ogni tempo. Per un credente, poi, il periodo delle origini cristiane – di cui Nicea (325) rappresenta per molti aspetti un traguardo oggettivo – conserva un valore tutto speciale. È il momento in cui il deposito della fede apostolica si consolida nella tradizione della Chiesa. Per stare all'esempio appena citato, l'impostazione dell'incontro tra cristianesimo e cultura diede frutti decisivi – tali da non poter essere mai più dimenticati – sui piani del linguaggio, del recupero delle diverse culture e della storia intera, dell'individuazione di una comune "anima cristiana" nel mondo e della formulazione di nuove proposte di convivenza umana.

Da questo punto di vista il ricorso attento e vigile all'antica letteratura cristiana è utile, e addirittura necessario, per comprendere e interpretare il nostro presente. Ritengo che tale ricorso sia particolarmente valido dinanzi ad alcune questioni, che forse oggi più di ieri appassionano l'uomo, e in particolare la cultura europea (per esempio la questione sociale, la questione femminile, il rapporto fede-mondo, il dialogo tra le religioni...), perché in ciascuna di esse il magistero della storia può contribuire decisamente ad illuminare problemi e soluzioni.

Porto come esempio il caso di Tertulliano, e la sua celebre affermazione che "la nostra anima è *naturaliter* cristiana" (qui l'Africano evoca la perenne attualità degli autentici valori umani e cristiani); e anche l'altra sua riflessione, mutuata dal Vangelo, secondo cui "il cristiano non può odiare nemmeno i propri nemici" (dove il risvolto morale, ineludibile, della scelta di fede, propone la "non violenza" come regola di vita: e non è chi non veda la drammatica attualità di questo insegnamento, anche alla luce dell'acceso dibattito tra la Chiesa e l'Islam).

Svolgo infine una riflessione conclusiva. La nostra vecchia Europa vive quella che è stata definita la "cultura della globalizzazione". È una cultura che in verità conosce numerose contraddizioni, esposta com'è al rischio ricorrente di dolorose frammentazioni. In ogni caso, è una cultura che comporta gravi pericoli, che sono anzitutto quelli dell'"appiattimento" culturale, e – al limite – di una dolorosa perdita dell'identità propria di ciascuno. Ebbene, l'itinerario storico, copiosamente illustrato dalle letterature classica e cristiana antica, continua a insegnare qualche cosa di decisivo sul mistero della persona umana e sui suoi irripetibili drammi esistenziali, sul rapporto "non globalizzabile" dell'uomo con Dio, con gli altri, con il mondo circostante, sui diversi cammini dei popoli alla ricerca della loro identità...

È ben noto il celebre asserto, divenuto proverbiale: *Historia magistra vitae*. Certo, la storia è maestra di vita, a patto però che essa trovi discepoli disposti ad ascoltarla: diversamente, senza scolari, la storia rimane una povera maestra di vita.

Viene da chiedersi se noi – uomini e donne di questa Europa – siamo veri discepoli della storia. Evidentemente non abbiamo ancora imparato una delle lezioni più importanti della storia: che con la guerra tutto può essere perduto, mentre la pace è la condizione indispensabile per edificare una città a misura d'uomo. Ci auguriamo tutti che il ricorso generoso alla letteratura dei nostri Padri contribuisca a renderci discepoli attenti della storia, per costruire un'Europa unita, autenticamente umana, in cui ogni uomo è un fratello da amare e da servire, fino al dono della propria vita.

The Beauty of Creation

Giles E. M. GASPER

Durham University, UK

Anselm of Canterbury wrote no treatise on creation; he wrote no commentary on the six days of creation, and indeed made no full-scale contribution to biblical commentary as a genre at all. Perhaps as a result, the theme of creation is not one that has been explored to any great extent in scholarship devoted to Anselm and his thought. This lack of attention is surprising not only in light of the vigour with which studies dedicated to this purpose have been pursued, especially since the 1950s, but also because the theme of creation (and with it beauty) lies close to the heart of Anselm's major theological interests. In the course of Anselm's lifetime and particularly in the period from the 1080s onwards an upsurge of interest can be detected in the question how creation could or should be approached theologically. Not the least indication of this intellectual shift is the increase from this period in the production of commentaries on the hexaemeron, as independent compositions, part of longer commentaries on Genesis, or as sections within wider-ranging theological works.[1] Creation, as is well established, became one of the dominant topics of twelfth century theological investigation.[2]

---

[1] F. E. Robbins, *The Hexaemeral Literature: A Study of the Greek and Latin Commentaries on Genesis* (Chicago: Chicago University Press, 1912), is still the only dedicated study to the hexaemeron commentary as a genre. See also Gunar Freibergs, *The Medieval Latin Hexameron from Bede to Grosseteste*, unpubl. PhD dissertation, University of Southern California, 1981 (I am very grateful to Dr Gemma Wain for this reference). Between the 1080s and 1250s at least 90 hexaemeron commentaries of various sorts can be identified: see Giles E. M. Gasper «"Oil upon the waters": On the Creation of Light from Basil to Peter Lombard», *Archa Verbi* 8 (2011) pp. 9-31 for some preliminary assessment of the shift in interests in hexaemeron commentary in the west from the Patristic period to the mid-twelfth century.

[2] M-D Chenu, *Nature, Man, and Society in the Twelfth Century*, ed. and trans. Jerome Taylor and Lester Little (Chicago, 1968). With more specific reference to

The following discussion will suggest that Anselm not only made a contribution to the gathering interest in creation as a theological theme, but that he played a significant role in establishing both the prominence of the doctrine of creation and the manner in which it was articulated amongst those who came after him.

Part of Anselm's contribution to the growing interest in creation lies precisely in his other major theological interests. His engagement with the theology of redemption and the atoning work of Christ is so well known as to need almost no rehearsal.[3] In terms of the present discussion Anselm's demonstrable importance in thought on the redemption is significant because interest in the Theology of Redemption presupposes an interest in the Theology of Creation. For Anselm to discuss what was redeemed, and the broader framework of the economy of salvation, required him to make

---

the early twelfth century: Wanda Zemler Cizewski, *The Doctrine of Creation in the First Half of the Twelfth Century: Selected Authors [Rupert of Deutz, Honorius Augustodunensis, Peter Abelard and Hugh of St. Victor]*, unpubl. PhD dissertation, University of Toronto, Centre for Medieval Studies, 1983, and her «Interpreting the Hexaemeron: Honorius Augustodunensis *De Neocosmos*», *Florilegium* 7 (1985) pp. 84-101.

[3] The legacy of *Cur Deus homo* is too vast a subject to be indicated here. As the Anglican theologian L. W. Grensted stated: 'Bold as were the speculations of Abelard, in reality the most revolutionary thinker of his day was Anselm, saint and loyal upholder of the authority of the church', noting that *Cur Deus homo* for all that it has been criticised, by thinkers from many backgrounds, disciplinary and denominational, has that rare status of a work that radically change the theological landscape, *A Short History of the Doctrine of the Atonement* (Manchester: Manchester University Press, 1920), pp. 120-121. Theologians from Barth to Auelen, and from von Balthasar to Torrance have been profoundly influenced by Anselm's thought on the matter. Nevertheless in a somewhat similar way to the reception of his *Proslogion* much later criticism and discussion focuses on quite narrow interpretations of Anselm's thought, interpretations that are often derived less from close reading of the text and its context and more from positions adopted by secondary authorities. The association of Anselm's thought with post-Reformation doctrines of penal substitution is a case in point: where he operates with a personal sense of justice, early Protestant authors operate with a more abstract notion, that leads to penal theories. Anselm in this case is branded by association rather than content, as a thinker of a particular stamp; on this subject see D. Brown, «Anselm on Atonement» in *The Cambridge Companion to Anselm*, eds. B. Davies and B. Leftow (Cambridge: Cambridge University Press, 2004) pp. 279-302. In general on *Cur Deus homo* see the collection *Cur Deus Homo*, ed. P. Gilbert and E. Salman, Proceedings of the 1998 International Anselm Congress, «Studia Anselmiana, 128» (Roma: San Anselmo, 1999).

consideration of creation, and how man in particular, required and deserved redemption. As Hugh of St Victor expressed it in the organisational principles of his *De sacramentis* the work of creation is a necessary precursor to the work of redemption.[4] This is also the situation in the case of Anselm; in a less overt but nonetheless identifiable manner, with implication both structural and conceptual, his thought on creation emerges in the context of his thought on redemption.

The complexity of Anselm's thought on redemption and the number of different conceptual areas on which it impinges and in which it, in itself and in relation to other themes, forms an intrinsic element, involves necessarily a wide variety of contexts in which creation forms part of his theological discussion. Questions of sin and free will, beauty and order are particular topics related to each other, in which Anselm raises and addresses the notion and doctrine of creation. The damage wrought to creation by man's original sin, the shattering effect of, and the disruption and defilement caused by, sin are constant topics for analysis and meditation on Anselm's part, inducing emotional responses that range from fear and despair to hope and exultation. Anselm's reflection on the nature of God provides an additional forum for commentary on the activity of creation. Given the manner in which his theological interests intersect and develop throughout his writing career, it is no surprise to find creation, linked as it is to other themes, treated in a variety of contexts by Anselm, and in a range of his written works, including the third *Prayer* to the Virgin Mary, the *Monologion*, the *De casu diaboli*, *Cur Deus homo* and the *De concordia*.

A striking aspect within Anselm's treatment of creation is the extent to which his discussion can be seen to derive from, or draw upon, biblical inspiration. Although, as stated above, he made no explicit commentary on the Bible, a biblical element to the questions he raises from a reasoned perspective, and their solutions, frequently can be detected. Sometimes a connection is made explicit, sometimes not, but observing this process allows light to be shed

---

[4] Hugh of St Victor, *De sacramentis christianae fidei*, ed. R. Berndt, *Corpus Victorinum, Textus Historici* 1 (Munster: Aschendorf, 2008). For an extended discussion of Anselm's influence on Hugh see J. Dunthorne, «Anselm and Hugh of Saint Victor» in *Anselm of Canterbury and His Legacy*, eds. Giles E. M. Gasper and I. Logan (Toronto: Pontifical Institute of Mediaeval Studies, 2012), pp. 114-132.

on the Anselm's intellectual practice more generally, in particular as pertains to his attitude towards authorities. In a similar manner, Anselm's discussions of creation provide more examples of his engagement with Patristic commentary. Anselm does not reveal his sources, but close reading can provide indications of probable sources with which his own thought is intertwined. In terms of Patristic sources, the Latin Fathers, especially Augustine, rank high among potential influences. However, the doctrine of creation and its implications is an area where his familiarity with Greek traditions, in Latin translation, can be strongly suggested, giving further evidence for the wide-range of his reading.[5]

The relationship between creation and redemption can be observed from a very early point in Anselm's corpus, notably in the third of his prayers to the Virgin Mary, probably written during the later 1060s and 1070s. Anselm introduces in the third prayer an emphasis not to be found in his previous two attempts, namely on the role of the Virgin in carrying and bearing the creator of the world:

You showed to the world its Lord and God
whom it had not known.
You showed to the sight of all the world
its Creator whom it had not seen....
The world was wrapped in darkness,
surrounded and oppressed by demons under which it lay,
but from you alone light was born into it,
which broke its bonds and trampled underfoot their power.[6]

---

[5] On the question of the extent of Anselm's Patristic reading, and especially his potential familiarity with Greek Fathers in Latin translation, see Giles E. M. Gasper, *Anselm of Canterbury and His Theological Inheritance* (Aldershot: Ashgate Publishers, 2004).

[6] Anselm, *Orat. 7. Ad sanctam Mariam.* Citation of Anselm's works are from the standard critical edition, *Opera omnia S. Anselmi Cantuariensis archiepiscopi*, ed. F.S. Schmitt, 6 vols. [vol. 1 printed at Seckau 1938; vol 2. at Rome 1940, all reset for the Nelson edn] (Edinburgh: Nelson, 1946–1961) with use of the English translations of J. Hopkins and Herbert Richardson, *The Complete Philosophical and Theological Treatises of Anselm of Canterbury* (Toronto: Mellen Press, 1976) and *The Prayers and Meditations of Saint Anselm*, trans. B. Ward (London: Penguin,1973), both with occasional emendation.

This description, it can be suggested, plays on the creation story within Genesis 1.2 with darkness over the face of the deep «tenebrae super faciem abyssi», and the creation of light in Genesis 1.3.

In addition to this biblical recollection, the passage appears to reveal Anselm in a moment of dialogue with earlier tradition, and in particular the exegetical discussion by Basil of Caeserea, Ambrose of Milan and Augustine on the question whether the darkness surrounding the world represents evil and demonic activity. It is the subjects raised and the concerns articulated by Ambrose and Basil rather than those of Augustine, which seem to have most bearing here.[7] Basil is particularly firm against those who would identify the darkness of Genesis 1.2 as an evil power, or personification of evil, naming Marcion, Valentinus and the Manichees.[8] Ambrose, without the same specificity, did not think the darkness above the deep should be thought of as powers of evil or in any way to imply that their wickedness was brought about by God, evil being accidental rather than substantial.[9] With Ambrose's last point Anselm is in total agreement.

Moving beyond the *Hexameron* commentaries of Basil and Ambrose, however, Anselm's purpose at this point in his prayer is to allude to the darkness of creation, but with reference to the world in a post-lapsarian period, before redemption. Darkness, demons and sin are far more appropriate here: Mary's child the solution and salvation. Anselm develops the theme further on within the prayer. God, the Word, creates; from Mary comes re-creation.

---

[7] Augustine does not discuss the darkness above the abyss in connection with demonic activity in any of his commentaries directed towards Genesis 1.2 even in his *On Genesis: A Refutation of the Manichees*. In the latter text he deals with the Manichee notion of a race in darkness, fighting with the light, but not the exposition of the darkness over the deep as evil itself or emblematic of the same.

[8] Basilius von Caeserea, *Homilien zum Hexaemeron*, eds. E. A. de Mendieta and S. Y. Rudberg, *Die Griechischen Christlichen Schriftsteller*, neue folge 2 (Berlin: Akademie Verlag, 1997), 2.4, p. 27; Basil, *Hexaemeron Homilies, Letters and Selected Works*, trans. Blomfield Jackson (Nicene and Post-Nicene Fathers 8 (Oxford: James Parker and Company, 1895), p. 61. Basil's *Hexaemeron Homilies* were translated into Latin c.400 by Eustathius: *Ancienne version latine des neuf homélies sur l'Hexaéméron de Basile de Césarée*, ed. E. A. de Mendieta and S. Y. Rudberg, «Texte und Untersuchung 66» (Berlin: Akademie Verlag, 1958), p. 22.

[9] Ambrose, *Exameron*, 1.8 (28).

All nature is created by God and God is born of Mary.
God created all things, and Mary gave birth to god.
God who made all things made himself of Mary,
and this re-fashioned everything he had made.
He who was able to make all things out of nothing
refused to remake it by force,
but first became the Son of Mary.
So God is the Father of all created things,
and Mary is the mother of all re-created things.[10]

The theme of recapitulation and the interlocking of creation and redemption is emphasised particularly by Anselm. In this context it is as important a theme for him, as for, for example, Irenaeus of Lyon. It is entirely plausible that some influence from the earlier author upon the later can be posited; Anselm was certainly in a position to have read Irenaeus's *Adversus Haereses*.[11] On a more general note it is also possible to witness Anselm's line of thought emerging within the third *Prayer to the Virgin* on the question why God redeemed mankind rather than simply starting again, a line of thought that he would develop in much greater detail in the *Cur Deus homo*.

The subjects of beauty, creation and order emerge also in the *Monologion*, naturally enough in the context of investigation into

---

[10] Anselm, *Orat. 7. Ad sanctam Mariam.*

[11] Irenaeus, *Adversus haereses/Contre les hérésies* ed. and trans. A. Rousseau, L. Doutreleau and Ch. Mercier, Sources Chrétiennes (Paris: Cerf, 1965-), III.18 and III.21; English translation: A. Roberts and J. Donaldson. The Ante-Nicene Christian Library 5 (Edinburgh: T&T Clark, 1868): 'For I have shown that the Son of God did not then begin to exist, being with the Father from the beginning; but when he became incarnate, and was made man, he commenced afresh the long line of human beings, and furnished us, in a brief, comprehensive manner, with salvation; so that what we had lost in Adam – namely, to be according to the image and likeness of God – that we might recover in Christ Jesus', p. 338; and: 'And as the protoplast himself, Adam, had his substance from untilled and as yet virgin soil…so did he who is the Word, recapitulating Adam in himself, rightly receive a birth, enabling him to gather up Adam [into himself], from Mary, who was yet a virgin', p. 358. The similarities between the accounts of Irenaeus and Anselm on the Atonement will from the subject of a larger investigation on which I am presently engaged. *Adversus Haereses* is recorded in the Cluny catalogue from the early twelfth century under Hugh the Great: Anselm spent time at Cluny in his first and second exiles at the very end of the eleventh and beginning of the twelfth centuries and was a friend of Hugh. See V. von Büren, «Le grand catalogue de la bibliothèque de Cluny», in *Le Gouvernement d'Hugues de Semur à Cluny, Actes du Colloque Scientifique International* (Cluny: Musée Ochier, 1990 for 1988), pp. 245-63.

and meditation upon the being of God. Creation *ex nihilo* is a particular topic for analysis, as Anselm puts it that: 'this Supreme Essence nevertheless produced from nothing, alone and through itself, the world of material things, so numerous a multitude, formed in such beauty, varied in such order, so fitly diversified'.[12] How creation *ex nihilo* is to be understood, the pre-figuration of creation, and the derivation of all existence from the supreme being, are all then outlined.[13] None of this is explored with reference to the Genesis story, but is dealt with from a more abstract point of departure. Creation with respect to the creative Word within the Trinity is treated briefly.[14]

Anselm devotes more time in the *Monologion* to why rational creatures were created. In the first place, he states, this was to express the image of the creator impressed upon rational nature; to love the supreme being above all things. As a result the rational nature needs to remember and conceive the supreme being. All of this is placed within a pre-lapsarian context, and Anselm concludes with thoughts on the nature of the human soul:

> But there is no doubt that the human soul is a rational creature. Hence it must have been created for this end, that it might love the supreme being. It must, therefore, have been created either for this end, that it might love that being eternally; or for this, that at some time it might either voluntarily, or by violence, lose this love.[15]

Anselm adopts the first position as the most reasonable, and from this identifies the soul as immortal. These are issues that he would take up again in *Cur Deus homo* and to some extent in *De Concordia*, and, according to Eadmer, Anselm was still pondering a question on the origin of the soul on his deathbed.[16]

---

[12] Anselm, *Monologion*, 7.

[13] *Ibidem*, 8-14.

[14] The creative Word is not a subject developed systematically by Anselm; that it informed elements of his general approach to creation is sufficiently demonstrated. In *Cur Deus homo* 1.6 Boso remarks 'If you say that God, who, as you believe created the universe by a word...' in the context of a question as to why God did not simply write off humanity's debt.

[15] Anselm, *Monologion*, 69.

[16] Eadmer, *The Life of St Anselm, Archbishop of Canterbury*, ed. and trans. R. W Southern (Oxford: Oxford University Press, 1972), 2.66.

In the companion work to the *Monologion*, the *Proslogion* Anselm takes up the question of creation as it pertains to the post-lapsarian world. Reflection on the fallen nature of man, including himself, and the rejection of the proper purpose of creation inspire some of Anselm's most moving passages, famously for example in the opening spiritual odyssey of the *Proslogion*:

> I was created to see you, and I have not yet accomplished that for which I was made.
> How wretched is the fate of man when he has lost that for which he was created.
> How hard and cruel was the Fall.
> What has man lost, and what has he found?
> What has he left and what is left to him?
> He has lost blessedness for which he was made
> and he has found wretchedness for which he was not made.[17]

Moving between extremes of joy and despair and the paradoxical nature of fallen existence, creation and the consequences of sin provide an essential background to Anselm's dialectical treatment of how God exists.[18] The theme is again one to which he would return in the *Cur Deus homo*. Creation emerges gradually throughout his corpus of writings as a theme of consistent focus and regular meditation.

Creation *ex nihilo* provides the opening issue for a subsequent treatise, namely *De casu diabolic*. Here the major consideration is the notion that the Creator is the source and sustenance of creation, and that all things have their being only insofar as they participate within the Creator. The broader point being made by Anselm is the non-creation of evil. Creation itself is good, although Anselm introduces the argument that by lack of divine conservation a being can slip back into non-being; the Creator is required as an active sustaining force. Anselm does not develop this argument much further in this context, but it does indicate that he found the notion of continued divine activity after the act of creation most acceptable. Not for

---

[17] For example *Proslogion* 1.

[18] On Anselm's exploration of paradox, see E. Sweeney, *Anselm of Canterbury and the Desire for the Word* (Washington, D.C.: Catholic University of America Press, 2011).

Anselm the position adopted by, for example, Thierry of Chartres, where creation more or less runs itself after inception.[19]

Nevertheless it is the fall of the angels that concerns Anselm primarily within the treatise. To that end the question as to why man was created and whether it might have been to compensate for the angelic fall, and whether angels were created in perfect number is raised. Here, Anselm deals with the issue in less detail than he would allow in *Cur Deus homo*, and without reference to the biblical Genesis account. The question of the perfect number, or not, is raised in a different context, namely whether good angels were able to sin before the fall of the evil angels. As a separate question, the perfect number is left unresolved:

> Teacher: Therefore, if the angels who fell had not sinned when they were able [to sin], then to the degree that they would have been truly just and would have merited grace from God, to that degree that would have been better than the good angels. Thus, it would follow that the men who are elect would eventually be better and greater than the good angels, or else that the [number of] reprobate angels would not be perfectly restored, since the men who would assume their places would not be such as the reprobate angels would have become [viz., better than the good angels].
> Student: I think that both of these alternatives must be completely denied.[20]

The issue of number is referred to again in passing when the question of the devil's foreknowledge is broached. The devil:

> …would have been certain that the number of those who had been created to enjoy God was fixed by such great wisdom that just as it had no superfluity, so if it were diminished it would be imperfect; but so excellent a work of God would not remain imperfect in any respect. Now, if man had already been created, then [that angel] would not at all have been able to know that God was going to substitute human nature for angelic nature, or angelic nature for human nature, if either

---

[19] Thierry of Chartres, *De operibus sex dierum*, in *Commentaries on Boethius by Thierry of Chartres and His School*, ed Nikolaus M. Häring, Studies and Texts 20 (Toronto: Pontifical Institute of Mediaeval Studies, 1971).

[20] Anselm, *De casu diaboli*, 5.

were to fall. Rather, he would have believed that God was going to restore each nature to that end for which it had been created—restore each to its own place, not to the other's place. On the other hand, if man had not yet been created, then [the angel] would have been all the less able to suppose that man was going to be created as a substitute for angelic nature.[21]

In this case the discussion turns over the question whether the devil was able to understand whether God would do what he was entitled to, justly. However, here again the outline of Anselm's later arguments in *Cur Deus homo* over the purpose of human nature is found; the priority of angelic creation and the singular purpose of man's creation seem to have been established in Anselm's thought from an earlier point.

It is *Cur Deus homo* that reveals Anselm's most complete thinking on creation, and the occasion where he engages with the (first) creation story in Genesis, as opposed to more abstract reflection on the subject. His interest falls around two main questions: that of simultaneous or successive creation, and the order, beauty and management of creation.

Anselm engages with the Genesis creation story in the context of his approach to the question of simultaneous or successive creation: whether the six days are to be regarded as describing different aspects of one creative act, or whether they represent successive phases of creation. This was a question on which patristic authority had reached no firm opinion. Basil had inclined to the view that the seven days of creation indicate less limits and successions but different modes of action.[22] Augustine was firmer in regarding simultaneous creation as the most appropriate interpretation, taking as the controlling passage for the hexaemeron account Genesis 2.4: «These are the generations of the heaven and the earth, when they were created. In the day that the Lord God made the heaven and the earth». One day is implied, the seven 'days' a way of divid-

---

[21] Anselm, *De casu diaboli*, 23.

[22] Basil, *Hexaemeron Homilies*, 2.8; ed. de Mendieta and Rudberg, p. 36-37, trans. Jackson, p. 64. Eustathius, *Ancienne version*, 2.8, p. 30. For full bibliographical references see n. 8.

ing different aspects of creation and their meaning.[23] Later, Bede sought to introduce greater clarity to the issue noting that Augustine interpreted 'day' in Genesis 2.4 as synonymous with time, and therefore a different way of saying the six days. In his own account of the six days Bede offers a straightforwardly successive interpretation.[24]

Anselm, however, stands firmly with Augustine, and the more flexible earlier Patristic commentary, on this matter. His opinion emerges in the context of discussion about the purpose of the creation of angels and of men, and specifically whether mankind was created to make up the places amongst the angels left by those who fell. The question of whether there was originally a perfect number of angels is the particular point at issue, and this is an area where again Anselm moves beyond his patristic forebears, opening a series of new questions. Anselm and his interlocutor Boso rehearse an argument that the angels were not made perfect in number, originally. Anselm goes on to argue that if the «perfection of the created universe [perfectio mundanae creaturae]» is to be understood in terms of the number of natures rather than that of beings, then human nature was either made as part of this perfection or it was superfluous. However, the notion that a nature is superfluous is not acceptable even for that of the smallest maggot or worm «de minimi vermiculi natura» let alone human nature. Therefore human nature was made for itself, and not simply to make up the numbers of fallen angels. Had no angel fallen man would still have entered the heavenly court. Correspondingly there was no perfect number of angels before their partial fall since had there been some angels or men must fall, it being impossible to add to the perfect number.[25]

Anselm's position on the numbers of men and angels operates better with the Augustinian proposition of creation all at once, rather than successively. This is, in itself, a moment of interest in the development of the question of how the days of creation were

---

[23] Augustine, *De Genesi ad Litteram libri duodecim* ed. J. Zycha Corpus Scriptorum Ecclesiasticorum Latinorum, 28.1 (Vienna, 1894), Book V, esp. 3,5.

[24] Bede, *Libri quatuor in principium Genesis*, ed. C. W. Jones, *Bedae Venerabilis Opera, Pars II Opera Exegetica, 1*, «Corpus christianorum series latina» 118 A (Turnhoult: Brepols, 1967), *In Genesim* I.ii, 4-5, pp. 39-41.

[25] Anselm, *Cur Deus homo* I.18.

to be interpreted within the high medieval West. The construction of Anselm's response implies his familiarity with the contested nature of the question. Whether Anselm refers to differences of opinion amongst his own contemporaries or amongst earlier authorities is not clear, but the treatment of the argument over Genesis is noteworthy nonetheless. Since Anselm's position on Genesis is not advocated as part of a general discussion on hexae-meronic interpretation he treats the issue in a logical manner: within the context of his primary discussion simultaneous creation made more sense. Peter Abelard shared Anselm's preference for Augustine's position on the matter in his own commentary on the six days.[26] This is in contrast to Peter Lombard, in the subsequent generation. For Peter Lombard, writing in the 1150s, God created the heaven and the earth (that is, the matter of the four elements) in the beginning, and then proceeded to give distinction and form to individual things: 'And he did not form them simultaneously, as it pleased some of the Fathers [to hold], but at intervals of time and in the course of six days, as it has seemed to others'.[27]

Anselm would have represented to the Lombard, a less robust position on the general interpretation of Genesis. It is possible however, that Anselm's discussion of the potential role of man in making up the losses amongst the angelic order, was noted and adopted by the later author. Lombard in the second book of his *Sentences* which focuses on the doctrine of creation prefaces his exploration of the hexaemeron with a lengthy discussion of angels, their nature, their fall and so on. How far any of this was more extensive material and commentary derived from Anselm remains to be seen. However, in addressing the question of how it is sometimes said that man was made in reparation for the fall of angels Lombard observes that:

---

[26] Abelard, *In Hexameron*, ed. M. Romig and D. Luscombe, «Corpus christiano-rum continuatio mediaevalis 15» (Turnhout: Brepols, 2004), pp. 67-75.

[27] Peter Lombard, *Sententiae in IV libris distinctae*, 2 vols. ed. I. Brady (Grottaferrata: Editiones Collegii s. Bonaventurae ad Claras Aquas, 1971-1981) Dist. 12.1.2; Peter Lombard, *The Sentences, Book 2 On Creation*, trans. Giulio Silano (Toronto: Pontifical Institute of Mediaeval Studies, 2008). Dist. 12.2 discusses this in more detail, with Augustine counter-posed to the view '... which is commend-ed and preferred by Gregory, Jerome, Bede, and many others...'.

This is not to be understood as if man would not have been made if the angel had not sinned; but that among the other principal causes, there is even in some small way this one. - And so superior and equal things are ours, but lower things are also ours because they were made to serve us.[28]

Anselm's thought is condensed here, and modulated, but it may lie behind the Lombard's comments.

Creation is treated elsewhere within *Cur Deus homo* and on different, but related grounds. A connection with beauty and order, and the purpose of creation, is particularly noticeable.

Nothing can be added to or taken from the honour of God... But as the individual creature preserves, naturally or by reason, the condition belonging, and, as it were, allotted to him, he is said to obey and honour God; and to this, rational nature, which possesses intelligence, is especially bound. And when the being chooses what he ought, he honours God; not be bestowing anything upon him, but because he brings himself freely under God's will and disposal, and maintains his own condition in the universe... and the beauty of the universe itself, as far as in him lies. But when he does not choose what he ought, he dishonours God, as far as the being himself is concerned, because he does not submit himself freely to God's disposal. And he disturbs the order and beauty of the universe, as relates to himself, although he cannot injure or tarnish the power and majesty of God.[29]

Order and beauty are, for Anselm, the governing principles of creation. Even, and perhaps especially, satisfaction and punishment for sin have their place within the order and beauty of the universe. Since God's management cannot be thought to be deficient, then as a result, were satisfaction not to be made, or punishment meted out, the beauty of the arrangement of the universe would be broken, which would be unseemly. The beauty of creation is, for Anselm, more than an aesthetic quality, but the very principle of its construction, purpose and continuance.

The manward characteristic of Anselm's thought, particularly within the *Cur Deus homo*, has been commented on many times be-

---

[28] Peter Lombard, *Sentences*, 2. 1. 5.
[29] Anselm, *Cur Deus homo*, 1.15.

fore, but the focus on creation serves to show why this should be the case. The consequences for rational nature in its disobedience are of most pressing concern to Anselm who places further emphasis on creation as the essential counter-point to his attempt to describe rationally the need for redemption. In so doing, he reveals most clearly where the force of his interests and arguments lie. Creation is for Anselm less surprising, less to be marvelled at and explained (insofar as that is possible) than the restoration and redemption of man. Creation is, nevertheless, a necessary, phenomenon and one whose relation to redemption he is careful to draw out, investigate and to some extent contextualise.

> But if we cannot comprehend in what manner the wisdom of God effects this, we should not be surprised, but with reverence should allow of a thing of so great a magnitude to remain hidden from us. For the restoring of human nature by God is more wonderful than its creation; for either was equally easy for God; but before man was made he had not sinned, so that he ought not to be denied existence....Therefore God restoring man is more wonderful than his creating man, inasmuch as it is done for the sinner contrary to his deserts, whereas the act of creation was not for the sinner, and was not in opposition to man's deserts.[30]

If creation formed part of Anselm's theological meditations before the composition of *Cur Deus homo* then it equally continued to do so afterwards. *De Concordia*, his last full treatise, revisits many earlier themes, notably eternal and temporal time and freedom of choice. A return is also made to the theme of the necessity of God's sustaining power within creation. On this occasion Anselm does so with a series of analogies from nature, and from the first creation.

> Therefore, just as in the beginning God miraculously – without seeds and without a cultivator – created wheat and other things which grow from the earth for the nourishment of men, so he miraculously – without human teaching – made the Gospels and the hearts of the prophets and apostles to be rich in salutary seeds.[31]

---

[30] Anselm, *Cur Deus homo*, 2.16.
[31] Anselm, *De concordia*, 3.6.

Once again, and perhaps fittingly in the context of his last completed work, Anselm recapitulates the conclusions of *Cur Deus homo* on the beauty and integrity of the first creation, and the diminishing, long-lasting effects of sin.

> We can also reasonably maintain the following point: the fact that human nature was corrupted and diminished in relation to the original strength and beauty of the human condition is reckoned to it as sin. For human nature thereby diminished, as much as it could, the honour and praise of God. Indeed, the wisdom of an artisan is praised and proclaimed in accordance with the excellence of his work. Therefore, the more human nature diminished and marred in itself the precious work of God, from which God was suppose to receive glory, the more it dishonoured God by its own fault. And this dishonouring is reckoned to it as such as grave sin that it is blotted out only by the death of God.[32]

The necessity of redemption, because of the damage wrought on creation by sin remains a constant theme within Anselm's theological frame.

Creation, as this survey shows, was a theme close to the heart of Anselm's theological vision. To explore it allows deeper insight into, and demonstration of, his intellectual methods and habits. By tracking his thought on creation through different modes of writing, from different periods of composition it is possible to see both the manner in which Anselm's thought evolved, but also the extent to which that evolution took the form of a constant meditation upon a theme, with variations in the mode of explanation and emphasis. The extent to which his theological observations flow from biblical study is also illustrated, whether overtly in the case of *Cur Deus homo* and the Genesis creation account, or less so, in the case of *De casu diaboli*. In a related vein Anselm's engagement and dynamic relationship with patristic authority is also shown in his thought on creation; and here the presence of Ambrose and perhaps Basil, as much as Augustine are noteworthy. At a broader level, in terms of what Anselm's thought was to inspire in the fol-

---

[32] *Ibidem*, 3.7.

lowing century, it might be suggested that in emphasising the redemption of a fractured and disfigured creation, and treating necessarily the order, perfection and beauty of that first creation, Anselm offered an invitation to subsequent generations to investigate creation further. He acted as the precursor to one of the most significant modes of medieval theological thought and as active inspiration for the thinkers of the first half of the twelfth century, for whom creation was so vital and fecund a topic. Furthermore, in terms of an intellectual model Anselm did so in a speculative as much as an exegetical way, pointing again towards the growing development, and eventual separation of theology and biblical studies in the thirteenth century. His legacy in this area travels beyond the Middle Ages. Anselm's contribution to creation-theology, notably his discussion of the doctrine in the context of Christotological thought, that creation was a pure, free act of God and that what is known of God's love, grace, goodness and mercy are to be used as the key to understand creation were notions taken up in the 20th century, notably by Karl Barth.[33] Anselm was, in this area of theological development, as in so many others, a formative influence on the construction of the new intellectual and cultural landscape of Europe of the 12th century, and beyond.

---

[33] K. Barth, *Church Dogmatics* III.1 *The Doctrine of Creation*, trans. W. Geoffrey and T. F. Torrance (Edinburgh: T&T Clark, 1958), p. 29. For Barth's disagreement with Anselm (and Augustine) on simultaneous creation see the same volume, p. 126.

Evil as Nothing: Contrasting Construals in Boethius and Anselm

Marilyn McCord Adams

University of North Carolina - Chapel Hill

Anselm inherited a Platonizing philosophical picture from both of his major sources, Augustine and Boethius. By questioning and disputing these authorities, Anselm reworked their ideas into a logically tighter, more rigorous system of his own. The result was that Anselm's analyses sometimes disagreed with those of his distinguished predecessors. In this paper, I want to examine how--despite many commonalities--Anselm took a different direction from Boethius, when it came to handling the trope 'evil is nothing--not a being but the absence of being'.

1. Optimistic Metaphysics, Misleading Identities:

Boethius and Anselm agree that

(T1) God *is* goodness, total and maximal unified excellence.

God doesn't *have* many and various excellences. God *is* paradigm excellence, fully integrated in maximum simplicity.[1] Boethius and Anselm also concur that

(T2) where F is an excellence, X is F, if and only if either [a] X is God, or [b] X participates in, by imperfectly resembling God.

Thus, Boethius writes, God *is* perfect happiness. Anything else that is happy, has happiness by participating in, by imperfectly resembling God. Likewise, Anselm declares, God *is* Justice. Socrates and King Solomon are just in the sense that they *have* justice by participating in, by imperfectly resembling God. Moreover, (T2) applies not only to what Scotus later calls "pure perfections"--to

---

[1] Anselm, *Monologion*, cc.xv-xvii; Schmitt I.28,3-32,4.

whatever it is in general better to be than not to be,[2] to good-making features that entail no bad-making features--but also to creatable natures (e.g., to human, horse, cow, oak tree). Supreme Goodness is Supreme Wisdom, thought eternally thinking and identical with the eternal paradigm of what it is to be human, horse, cow, oak tree, etc.[3]

In the *Monologion*, ch.3, Anselm argues that

(T1.2) Supreme Goodness is identical with Supreme Excellence is identical with Supreme Being.

His argument runs from the independence of perfection: if Supreme Goodness were not identical with Supreme Being, then it would depend on Supreme Being for its existence and so would not be Supreme Goodness because it would not be maximally independent.[4] In the *Consolation of Philosophy*, Boethius argues that to be is to be one (being and unity convert), and Supreme Goodness is Supreme Unity, so that

(T1.3) Supreme Goodness is identical with Supreme Unity is identical with Supreme Being.[5]

Both philosophers see these identities as undergirding an optimistic metaphysics. In *De Casu Diaboli*, Anselm infers from (T1.2) what I have called the "Triple Conversion Thesis":

(Cor 1) to be = to be good = (to be God or to be from God),[6] which Anselm defends as follows.

[i] Whatever is (other than God), participates in Supreme Being. (T2)

[ii] The Supreme Being is identical with Supreme Goodness. (T1.2)

[iii] Therefore, whatever is (other than God), participates in Supreme Goodness. (i,ii)

[iv] Therefore, whatever is (other than God) is good.

Thus, from Triple Conversion, Anselm infers the trope,

[Cor 2] Evil is not a being, is nothing. (iv)[7]

---

[2] Anselm, *Monologion,* cc.15-16; Schmitt I.28,3- 31,8; *Proslogion,* c.v; Schmitt I.104,9-17.

[3] Anselm, *Monologion,* c.ix; Schmitt I.24, 10-20; cc.xxxiii-xxxvi; Schmitt I.51, 21- 55,10.

[4] Anselm, *Monologion,* c.iii; Schmitt I.16,22-28.

[5] Boethius, *Philosophiae Consolatio, Corpus Christianorum* Series Latina XCIV (Turnholt: Brepols Editores Pontificii, 1957) III, 11, 37-41; XCIV.59.

[6] Anselm, *De Casu Diaboli,* c.i; Schmitt I.234,29- 235,7.

[7] Anselm, *De Casu Diaboli,* c.xix; Schmitt I.264,17; *De Concordia Praescientiae et Praedestinationis et Gratiae Dei cum Libero Arbitrio* I.7; Schmitt II.258,16-18.

Boethius agrees with this conclusion. Problems of evil are fundamentally solved, because evil is metaphysically marginalized, cast into outer darkness, where there is nothing and so neither weeping nor gnashing of teeth!

In *The Consolation of Philosophy*, Books III-IV, Boethius appeals to the identities of (T1.3) at two important junctures. On the one hand, he uses (T1.3) to establish the teleological orientation of everything (other than God) towards the Good (which is identical with God):

[v] Whatever is here below, has a natural inclination to be as much as it can.

[vi] Supreme Being is identical with Supreme Goodness. (T1.3)

[vii] Therefore, whatever is here below, has a natural inclination towards Goodness. (v, vi) [8] Anselm agrees with this conclusion: creatable natures are at bottom imperfect likenesses of the Supreme Nature, only partially successful ways of trying to be God![9]

On the other hand, Boethius deploys (T1.3) to argue that the virtuous can never go unrewarded.

[ix] The virtuous participate in/have/possess Goodness.

[x] Perfect happiness is the chief good.

[xi] God, a being a greater than which cannot be thought, is the chief good.

[xii] Therefore, Goodness is identical with God is identical with perfect Happiness. (x, xi)

[xiii] Therefore, the virtuous participate in/have/possess Happiness. (ix, xii)

[xiv] Therefore, the virtuous are happy. (xiii)[10]

Call these patterns of inference--call them "Paradigm Identity" arguments. Insofar as properties are intensions, these arguments commit something like an "intensional" fallacy. For they appear to assume that

[T3] if X is paradigm F and X is paradigm G, then anything Y that participates in X is thereby both F and G.

---

[8] Boethius, *Philosophiae Consolatio* III, 10, 5-41; XCIV.56-59.
[9] Anselm, *Monologion,* c.xxxi; Schmitt I.50,5-13.
[10] Boethius, *Philosophiae Consolatio* IV, 3, 2-10; XCIV.70.

(T1.2) and (T1.3) assert the identity of paradigm goodness, excellence, being, and unity. (T2) is taken by both Boethius and Anselm to imply that paradigm goodness is not only the paradigm of all "pure perfections" but all creatable natural kinds. It follows that paradigm horse is identical with paradigm cow, but it does not follow further that whatever participates in paradigm goodness is both horse and cow. Taken as a general truth, [T3] seems to be false. If the paradigms of different properties were distinct things (say, distinct Platonic forms), it might be feasible to claim that--where F is an excellence--X is F if and only if X participates in paradigm F. On the plurality-of-paradigms model, Beulah is a cow because she participates in paradigm bovinity, and not a donkey because she does not participate in paradigm donkeyhood. Brownie is a donkey because he participates in paradigm donkeyhood and not a cow because he does not participate in paradigm bovinity. But if it is denied that distinct properties have distinct paradigms, and instead maintained (as both Boethius and Anselm do) that one simple thing is paradigmatic of all excellence, which is represented in things here below partially and imperfectly, then the biconditional 'X participates in paradigm F if and only if X is F' will be invalid, because the inference 'if X participates in paradigm F, then X is F' will not hold good. If one simple thing is paradigmatic of all excellence, to determine whether X is F, it will be necessary to ask not only *what* X participates in--there is *ex hypothesi* one and only one paradigm--but *how*--under what aspect--X participates in it. Thus, being bovine will not be explained by the mere fact that Beulah participates in paradigm bovinity. Brownie the donkey does, too, because one simple thing is both paradigm bovinity and paradigm donkeyhood. Rather Beulah is a cow because she participates in Goodness cow-wise, while Brownie is a donkey because he participates in Goodness donkey-wise. In general, from 'paradigm F is identical with paradigm G' and 'X participates in paradigm F' one can infer that X is both F and G, only by means of an additional premiss that whatever participates F-wise also participates G-wise.

Anselm might try to secure the missing premiss--whatever participates in the Supreme Nature being-wise participates good-wise--with the following argument. Everything that imitates the Supreme Nature somehow, imitates the Supreme Nature being-wise. But everything other than the Supreme Nature is a better being to the extent that it is/does/exemplifies that-for-which-it-was-made. Hence the truer an F it is the better a being it is, and so whatever imitates Supreme Nature F-wise imitates Supreme Nature good-wise. But this argument already presupposes that creatable natural kinds are all ways of imperfectly imitating the Supreme Nature--a thesis which Boethius argues for by means of (T1.3).

Boethius' second argument requires the premiss--whatever participates in Supreme Goodness virtue-wise (e.g., justice-wise) participates in Supreme Goodness happiness-wise--a hotly contentious thesis. Assuming it begs the question, because it is tantamount to the very thing he was trying to prove. Philosophers may stipulate that happiness and virtue are the same property, but--as even Boethius acknowledges--they need to say more about why all those other factors that the *hoi polloi* (the many as opposed to the wise) think are involved in happiness are irrelevant. (I will return to this issue in section III below.)

2. Nothingness and Privation:

Accent on the Negative: In *The Consolation of Philosophy*, the nothingness of evil is part of Lady Philosophy's "strong medicine" applied for the cure of Boethius' soul. She reasons that since

[Cor 2] evil is nothing,[11]

[Cor 3] evil doing (or sin) is nothing.[12]

Moreover, she infers that since God is identical with Goodness, God can't do evil. But since God is identical with Omnipotence or (roughly speaking) power to do anything doable, [Cor 3] evil must not be anything to do![13]

Even more strikingly, Lady Philosophy contends,

[Cor 4] evil humans do not exist.[14]

---

[11] Boethius, *Philosophiae Consolatio* III, 12, 29; XCIV.62.
[12] Boethius, *Philosophiae Consolatio* IV, 2, 39; XCIV.69.
[13] Boethius, *Philosophiae Consolatio* III, 11, 26-29; XCIV.61-62.
[14] Boethius, *Philosophiae Consolatio* IV, 2, 32-37; XCIV.68-69; IV, 3, 15-16; XCIV.71.

She reasons that

[xv] whatever retains the order of the nature, preserves the nature

--a premiss with which Anselm would agree. To the extent that a thing is and does that for which it was made, it is a truer specimen of its kind. Moreover, and more controversially, she insists that

[xvi] whatever defects from the order of nature, ceases to be of that nature.

Lady Philosophy's point is not that Nero didn't exist, but that his wickedness was a falling away from what it is to be human. Consequently, Nero and all vicious individuals--while they may retain a human body and a human shape--cease to be human beings and descend into bestiality. The covetous become wolves; angry brawlers, dogs; deceivers, foxes; fretters and fumers, lions; the fearful, deer; the slow, stupid and idle, donkeys; the inconstant, birds; the lustful, sows.[15]

Nuances and Complications: The dialogue in *De Casu Diaboli* brings Anselm to the conclusion that--optimistic metaphysics notwith-standing--each and all of Philosophy's corollaries require adjustment and correction. First of all, Boethius' way of talking, Lady Philosophy's accent on the negative, invites us to think of evil as *purum nihil.* Anselm takes a page from Augustine; adherents of [Cor 2] do not usually mean that any instance of non-being (e.g., the non-existence *simpliciter* of phoenixes) is an evil. Rather they understand evil to be parasitic: the privation of something in what properly ought to have it. Lack of visual power is an evil in normally sighted animal species, but not in the wall, which is not the kind of thing that could be sighted. This construal invites us always--when we hear evil spoken of--to identify what it is--the something--that has been deprived.

Thus, Anselm thinks--re [Cor 2]--that injustice is nothing but the privation of justice in a will that properly ought to have it.[16] The Triple Conversion Thesis yields the conclusion that injustice is not from God. As for what has been deprived, Anselm declares, "nothing is

---

[15] Boethius, *Philosophiae Consolatio* IV, 2, 32-37; XCIV.68-69; IV, 3, 15-21; XCIV.71-72.
[16] Anselm, *De Casu Diaboli,* c.ix; Schmitt I.247,1-3; c.xix; Schmitt I.264,7-8, 13-18; c.xxvi; Schmitt I.274,16-30. *De Concordia* I.7; Schmitt II.259,21-22.

called evil except an evil will" or because of its relevant connection with an evil will. Thus, an action is called evil, because it is willed by an evil will. And a human being is called wicked, because s/he has an evil will.[17] Nevertheless, Anselm argues, the will-instrument itself is not nothing:

[i] A good *will* is nothing more than an evil *will:* an evil will is not something evil more than a good will is something good.

[ii] If an evil will were the evil in virtue of which someone is called evil, a good will would be that in virtue of which someone is called good.

[iii] An evil will would be nothing if it were the very evil we believe to be nothing.

[iv] Therefore, a good will would be nothing as well.[18]

The will-instrument remains the same will before and after it deserts justice.[19] Not only is it something, by Triple Conversion, it is something good, even though justice is lost.[20] Likewise, contrary to (Cor 3), the power or ability to will and the turning of the will are something, not nothing.[21] They are evil because they are something that lacks but ought to have justice.

Finally, Anselm is unmistakeably clear that the nature in which there is injustice is something.[22] Contrary to (Cor 4), Adam's fallen race is still the *human* race. Human nature was corrupted and diminished in relation to its original dignity, strength, and beauty.[23] Still, to have had or to be under obligation to have justice itself adds beauty to the nature, manifests natural dignity, and distinguishes even fallen human beings from the beasts.[24] It is the dignity of human nature that the Incarnation aims, among other things, to restore.[25] God the Son

---

[17] Anselm, *De Casu Diaboli,* c.xix; Schmitt I.264,16. *De conceptu virginali et de originali peccato,*c.iv; Schmitt II.143,25- 144,2.

[18] Anselm, *De Casu Diaboli,* c.viii; Schmitt I.245,24- 246,8; c.xix; Schmitt I.264,5-18.

[19] Anselm, *De Casu Diaboli,* c.xix; Schmitt I.264,5-8.

[20] Anselm, *De Casu Diaboli,* c.viii; Schmitt I.245,24- 246,8; c.xix; Schmitt I.264,13-15.

[21] Anselm, *De Casu Diaboli,* c.viii; Schmitt I.245,21-22; c.xx; Schmitt I.265,21-26; c.xxviii; Schmitt I.276,6-9. *De Concordia* I.7; Schmitt II.258,19-21.

[22] Anselm, *De Casu Diaboli,* c.xx; Schmitt I.265,21- 266,12.

[23] Anselm, *De Concordia* III.7; Schmitt II.273,23- 274,2.

[24] Anselm, *De Casu Diaboli,* c.xvi; Schmitt I.260,14-17.

[25] Anselm, *Cur Deus Homo* I.5; Schmitt II.100,16-20; II.4; Schmitt II.99,3-13; II.16; Schmitt II.116,16- 122,21.

makes human nature His own, because it is still the nature of Adam's race, and Adam's is the race that Christ comes to redeem.[26] It is human nature that Christ rescues from hell, human nature that Christ frees from guilt, human nature that Christ leaves to suffer through the penalties of Adam's sin throughout this mortal life.[27]

Anselm agrees with Boethius that the human race was originally made in such a way that it ought not to feel carnal desire, concupiscence, or anger.[28] Yet, Anselm insists that such "base" appetites are neither bad in themselves, nor are they nothing. They are something that befits the natures of the lower animals, but they are also something that misfits humankind as it was originally created, because God did not intend Adam and Eve to be swayed by or consent to their recommendations.[29] *Pace* Boethius, subjecting Adam's race to them does not destroy human nature but punishes it.[30] For Anselm, reason and will are the core essential powers of human beings. It is not even possible for a human being to lose them.[31] Nero and Hitler were remarkably unjust and dominated by corrupt appetites. But--Anselm insists--they were still creatures that function by reason and will, and they were (and are) still human beings.

Overall, then, Anselm holds that the evil of injustice itself is nothing but the privation of justice in a rational will that ought to have it. But rational agents, their will-instruments, and the actions of turning the will are something, whether the agent upholds justice or sins.

3. Two Kinds of Evil

Virtue and Happiness, How Related? Boethius uses the Paradigm Identity argument cited above to conclude that virtue and happiness are inseparable, and hence that the virtuous cannot fail to be rewarded. His case is unconvincing because it begs the question, relying as it does

---

[26] Anselm, *Cur Deus Homo* II.16; Schmitt II.116,16- 122,21; II.21; Schmitt II.132,16-20.

[27] Anselm, *De Concordia* III.9; Schmitt II.276,7- 278,10.

[28] Anselm, *De Concordia* III.7; Schmitt II.274,3-18; III.13; Schmitt II.285,7-13.

[29] Anselm, *De Conceptu Virginali,* c.iv; Schmitt II.144,4-8.

[30] Anselm, *De Concordia* III.8; Schmitt II.274,19- 276,5; III.13; Schmitt II.285,7-9 & 287,18-21.

[31] Anselm, *De Concordia* III.11; Schmitt II.280,4- 281,2.

on the suppressed premiss 'whoever participates in Goodness virtue-wise participates in Goodness happiness-wise as well'.

Anselm agrees that Justice and Happiness are inseparable in God, Who is "all-powerful in simplicity of goodness," so that "happiness and justice are one good and not different goods in God."[32] Nevertheless, happiness and justice are not only separable in creatures, Anselm counts them two different kinds of good. Anselm distinguishes justice (*iustitia*), whic he equates with intrinsic goodness (*bonum in se*), from advantage (*commoda*) or what is good for oneself (*bonum sibi*). Happiness, Anselm declares, consists of benefits[33] sufficient to exclude all need.[34]

According to Anselm, God builds dual inclinations into the rational creature's will. The *affectio commodi* is a natural inclination to the creature's own advantage. God builds it in for two reasons: first, all creatures seek their own advantage by natural necessity; for the rational creature, *affectio commodi* in the will is inseparable because it is part and parcel of being a created thing.[35] Second, Anselm notes, God creates rational creatures to be happy, and no one can be happy without wanting to be happy![36] By contrast, the *affectio iustitiae* is a super-added gift of God that enables rational creatures to love what is good for its own sake or for God's sake.[37] It wouldn't be right for a creature to be happy unless it willed what is just or fitting.[38] Dual inclinations allow the rational creature to aim at goodness in two different ways: either by willing maximal apparent advantage, or by tempering the pursuit of advantage with justice by willing only as much apparent advantage as justice appears to allow.[39]

All creatable natures have a teleological structure: corresponding to each, there is a "that-for-which-it-was-made/came-to-be" (*ad quod*

---

[32] Anselm, *De Casu Diaboli,* c.xii; Schmitt I.253, 28-30.

[33] Anselm, *De Casu Diaboli,* c.iv; Schmitt I.241.13-14.

[34] Anselm, *De Concordia* III.13; Schmitt II.285,20-21 & 286,5-8.

[35] Anselm, *De Casu Diaboli,* c.xii; Schmitt I.255,9-12. *De Concordia* III.12; Schmitt II.284,11-12.

[36] Anselm, *De Casu Diaboli,* c.xii; Schmitt I.255,13-14.

[37] Anselm, *Monologion,*cc.lxviii-lxix; Schmitt I.78,14- 80,6. *Proslogion,* c.i; Schmitt I.100,12-13. *Cur Deus Homo* II.i; Schmitt II.97,4- 98,5. *De Concordia* II.2-4; Schmitt II.264,15- 268,25; III.8; Schmitt II.274,18- 276,5; III.12-13; Schmitt II.284,9-287,21.

[38] Anselm, *De Casu Diaboli,* c.xiii; Schmitt I.258,1-2.

[39] Anselm, *De Casu Diaboli,* c.xv; Schmitt I.259,7-8; *De Concordia* III.12; Schmitt II.284,9-13; 285, 3-5.

factum est). Indeed, there are two ends, corresponding to two levels, which we may label (though Anselm does not) "proximate" and "remote." The proximate end of rational creatures is to distinguish goods from non-goods, to rank goods accurately, to love or not accordingly, and to love the Supreme Nature above all and all else for its sake.[40] The remote end of rational creatures is to enjoy God forever.[41] Where the proximate goal is concerned, built-in powers-- reason, the will-instrument, the dual affections, the will's freedom or power to uphold justice--are sufficient to reach it in appropriate circumstances. Functioning this way is what upholding justice consists in, and this is what rational creatures owe it to God to do. But Anselm does not equate the rational creature's happiness with its loving as it ought, but rather with the secure and uninterrupted enjoyment of satisfying goods. Anselm identifies God as the good that satisfies, beatific intimacy with God as the need-banishing advantage.[42] Thus, just performance by the rational creature is not sufficient for happiness; God must provide the rational creature with enjoyable access to Godhead.[43] Anselm conceptualizes the relation between upholding justice and happiness, not as identity, but as that between performance or service rendered and its reward.[44]

The Divine plan, Anselm supposes, involves temporal sequencing: first just performance in the absence of maximal advantage; then secure possession of maximal advantage. This scenario is played out in *De Casu Diaboli.* God creates the angels, equipped with reason and will-power, with dual will-affections, with a will for justice and freedom (the power to uphold justice). In addition, the angels are surrounded with high-level advantages, but they do not yet enjoy, and know that they do not yet enjoy maximal advantage. They know, too, that God wants them to wait a little while, after which God will reward them with maximal advantage. Their choice is to

---

[40]Anselm, *Monologion,* cc.lxviii-lxix; Schmitt I.78,14- 80,6. *Proslogion,* c.i; Schmitt I.100,12-13. *Cur Deus Homo* II.i; Schmitt II.97,4- 98,5. *De Concordia* III.2-4; Schmitt II.264,15- 268,25; III.8; Schmitt II.274,18- 276,5; III.12-13; Schmitt II.284,9- 287,21.

[41]Anselm, *De Casu Diaboli,* c.xv; Schmitt I.259,7-8. *De Concordia* III.12; Schmitt II.284,9-13; 285,3-5.

[42]Anselm, *Proslogion,* c.xxv; Schmitt I.118,12- 120,20.

[43]Anselm, *Monologion,* c.lxx; Schmitt I.80,9-14.

[44]Anselm, *Monologion,* cc.lxix-lxxi; Schmitt I.79,12- 82,3.

uphold justice by willing only as much advantage for themselves at that moment as God wills them to will, or to will maximal advantage immediately. Anselm explains that God sets up this test situation to enable those who pass it to be somehow self-determined with respect to justice: they will be just, not merely because God made them that way, but somehow also by virtue of their own choice. Thus, just performance precedes reward.[45]

Likewise, in the *Monologion*, Anselm calls on his readers to strive into God with all of their powers, to love God above all and all else for God's sake, to do it incessantly throughout this mortal life. Anselm reasons that it is only fitting for Divine Justice to reward incessant created love of Itself with eventual enjoyment of Itself.[46] Divine Wisdom would tell in the same direction: an artist's designing an artifact A for an end E and not building into it enough powers to reach E makes sense only if A is inserted into a larger context where the artist reckons that s/he or someone or something else will bridge the gap between how far A's powers will take A in the direction of E, and E itself. Anselm envisions a delay between the just performance and its reward. Likewise, for lie-or-die cases: there is no excuse for not upholding justice, even if it costs you your life.[47] Virtue will be rewarded afterwards. Virtue is an excellence that rational creatures have a duty to God to preserve. But virtue is not its own reward!

Evil, Sometimes Something? Corresponding to the two types of good--justice and advantage--Anselm distinguishes two types of evil--injustice and disadvantage. Injustice is nothing but the privation of justice in a will that ought to have it. Disadvantages are often privations as well: e.g., blindness in a normally sighted species of animal. But Anselm goes on to admit that some disadvantages-- e.g., pain--are something.[48] *Monologion*-metaphysics will tell you, whatever exists depends on God for its existence. The bible confirms,

---

[45]Anselm, *De Casu Diaboli*, cc.ii-vi; Schmitt I.235,20- 244,6.

[46]Anselm, *Monologion*, cc.lxviii-lxxviii; Schmitt I.78,14- 85,9.

[47]Anselm, *De Libertate Arbitrii*, cc.v-vi; Schmitt I.214,24- 218,13; c.ix; Schmitt I.221,18-32. *De Concordia* I.6; Schmitt II.256,14-27.

[48]Anselm, *De Casu Diaboli*, c.xxvi; Schmitt I.274,8-24. *De Concordia* I.7; Schmitt II.258,22-26.

we have nothing that we have not received.[49] Anselm calmly concludes that God does cause such evils--sometimes properly speaking by directly and deliberately intending them; other times improperly speaking by permitting creatures to cause them. God does so for good reason, whether to punish or to test and purify the soul.[50]

Anselm's declaration that some evils are something constitutes a startling departure from the Triple Conversion Thesis, which is deeply entrenched in his metaphysical system. What weighty consideration could have prompted such a move? In *De Casu Diaboli*, it is the teacher's attempt to meet the student's objection from experience: if evil is nothing, why do we fear it, how can it terrorize us so? This question recalls Philosophy's attempt to reassure Boethius in *The Consolation of Philosophy*: "Don't worry! You literally have nothing to fear!" Boethius' Lady Philosophy, the student and teacher of *De Casu Diaboli*, all agree that it would be unreasonable to be afraid of nothing. But *De Casu Diaboli's* student and teacher insist--*pace* Boethius' Lady Philosophy--that we often do have something to fear. What we reasonably fear is, not *purum nihil* or the privation of something, but the somethings that are consequent upon the privation. The teacher clarifies: it is not that privations are *causes* properly speaking of the somethings that we fear. Rather we say that the privation of F caused disadvantages G and H, improperly speaking, because the presence of F would have prevented the occurrence of G and H.[51] Anselm's disagreement with Boethius' Lady Philosophy runs deep: where Adam's fallen race is concerned, fear is not to be banished altogether. In this mortal life, fear of God and eternal punishment plays a positive role in spiritual pedagogy. Anselm writes prayers to stir up proper fears![52]

The Consolation of Philosophy does not forward the distinction between justice and advantage and its mirror image contrast between injustice and disadvantage. But early on Lady Philosophy does acknowledge apparent goods--wealth, outward power, bodily pleasures, glory, and fame. Lady Philosophy does not say that they

---

[49] I Corinthians 4:7. See Anselm, *De Casu Diaboli*, c.i; Schmitt I.233,6.

[50] Anselm, *De Concordia* I.7; Schmitt II.258,26-27.

[51] Anselm, *De Casu Diaboli*, c.xxvi; Schmitt I.274,16-24.

[52] Anselm, *Prologus, Orationes sive Meditationes*, Prologus; Schmitt III.3.

is no good in them; after all, she holds that being and good convert! Instead, she argues that it is foolish to set one's heart on them for two reasons.[53] They are only mixed and limited goods (their upside is accompanied by a downside). For example, money is most valuable when used to exercize the virtue of liberality (when given away rather than possessed).[54] Bodily comforts are pleasant while they last, but leave a wound when they are over.[55] External power does not enable its possessor to control the minds of its subjects or even to organize his/her own soul aright.[56] In any event, there is nothing one can do to be secure in the possession of such goods. Fortune may snatch them away. Glory and fame are local and temporary; they fade quickly with the passage of time. As for wealth, "you can't take it with you" when you die![57] Lady Philosophy urges refocussing on what is within: the intellect which can apprehend unchangeable good, and the will which is within the power of a free mind to control.[58]

Later on, without faulting Lady Philosophy's arguments that commend virtue as the soul's true good, Boethius returns attention to those other mixed and limited goods. He protests that no one in his right mind would prefer their privations: e.g., life in poverty, exile, and public disgrace. Boethius sympathizes with what he supposes to be the reaction of most people: Lady Philosophy's austere conception of happiness is incomplete![59]

Boethius' complaint to Lady Philosophy would seem to be in sympathy with Anselm's own conception: that while only the just deserve to be happy, happiness requires satisfying benefits. Where those benefits are lacking, happiness is not to be found. What is less clear, however, is whether Boethius' objection concedes the thesis on which Lady Philosophy and *De Casu Diaboli's* teacher and student all agree: the unreasonableness of fearing nothing, of being afraid of

---

[53] Boethius, *Philosophiae Consolatio* II, 4, 25-29; XCIV.25.

[54] Boethius, *Philosophiae Consolatio* II, 5, 3-4; XCIV.26; III, 8, 17-20; XCIV.50.

[55] Boethius, *Philosophiae Consolatio* III, VII; XCIV.47.

[56] Boethius, *Philosophiae Consolatio* II, 6, 4-7; XCIV.30; III, V; XCIV.45; III, 6, 1-9; XCIV.45-46.

[57] Boethius, *Philosophiae Consolatio* II, 7, 2-23; XCIV.32-34; III, 6, 1-9; XCIV.45-46.

[58] Boethius, *Philosophiae Consolatio* II, 4, 22-25; XCIV.24-25.

[59] Boethius, *Philosophiae Consolatio* IV, 5-7; XCIV.77-78.

a privation of being. If the goodness of X gives us a reason to will it, doesn't the goodness of X likewise furnish grounds for nilling its absence. Insofar as nilling underlies both grief and fear, doesn't the goodness of X rationalize those emotions? If the goodness of a thing gives us a reason to desire it, doesn't the goodness of a thing also give us a reason to grieve its loss. If we will to have or to be something, because it is good, might we not also nill its absence for the same reason? If being is good, and all things have a natural inclination to exist as much as they can, then why shouldn't the prospect of non-being, the loss of everything terrify? If privations can be appropriate objects of fear, there is no need to posit that some disadvantages are something to explain our grief and fear.

Given the systematic entrenchment of Triple Conversion in Anselm's metaphysical system, one wonders why he did not treat pain and sorrow like the created will that turns aside from justice. Why doesn't Anselm allow that qua beings, the things which are called "pain" and "sorrow" are good and from God, but that they are called "evil," "pain," or "sorrow" because what they are misfits the functional flourishing of the animals they afflict: e.g., they are contrary to its desires, they interfere with functional flourishing, they signal physiological damage and death or some other mis-match between created ends and naturally endowed powers? Their evil aspect would reduce to a privation of fit, just as the evil aspect of sinful choices reduces to a privation of justice.

No Bad Fortune? Boethius complains to Lady Philosophy: not only does the distribution of "advantages" and hardships not follow the "good for good, evil for evil" maxim; the world as we know it seems to turn things upside down so that bad fortune befalls the righteous, while good fortune smiles upon the wicked. Boethius demands that she show cause why. Lady Philosophy replies with another dose of philosophical "strong medicine." There is no such thing as bad fortune, she declares! Divine providence is comprehensive and meticulous: each and every detail of the whole of cosmic history falls within the scope of Divine Goodness, Wisdom, and Power. When Boethius protests that people don't get what they deserve, and wonders whether the wicked will get their come-uppance in the next, Lady Philosophy sets aside the issue of post-mortem destinies to focus on the world as we know it. Her reply, in effect, is that

Divine providence does not govern this world with an eye to retributive punishment, but focuses on the cure of souls instead. Lady Philosophy declares that mere human beings including Boethius do not know what would help make a soul better. God knows. Divine providence destributes adversity and advantage according to delicate individual pedagogies calculated to cure the wicked of their vices and to exercize the virtue of the righteous, the better to help each grow. So far as this world is concerned, there is no such thing as bad fortune, because whatever befalls a person is meant to make him/her better, to turn her/him from vice and to strengthen virtue. *Ante-mortem* punishment aims at rehabilitation.[60] Following Plato in the *Republic*, Lady Philosophy is convinced that Goodness Itself would never be out to make anyone worse!

Anselm's starting point is different. He is not worried about the question, why do the righteous suffer and the wicked prosper? His anxiety is over how, after the fall, it is possible for any of Adam's race to escape hell. Put otherwise, his concern is about whether and how good fortune can be possible for any of Adam's race at all. Just as happiness will be a reward for virtue, unhappiness and other disadvantages are retributive punishments for Adam's sin. The affection for justice was God's gift at creation; it is lost with Adam's fall.[61] Not only that, the body is weakened and subject to corruption: in Adam, all die. Likewise, the soul loses cognitive power--in infancy, it cannot even think of justice--and will power.[62] In *De Libertate Arbitrii*[63] and in *De Concordia*[64], Anselm maintains that when creatures sin their will retains its freedom or power to uphold justice, even though the power is otiose because it no longer has any justice to preserve. In his late treatise *De Conceptu Virginali*, however, Anselm declares that the soul of a fully formed but fallen human being would not have power to preserve justice even if her/his affection for justice were to be restored.[65] In *Cur Deus Homo*, Anselm argues that God the Son became a member of Adam's race to make

---

[60] Boethius, *Philosophiae Consolatio* IV, 7, 1-22; XCIV.85-87.

[61] Anselm, *De Concordia* I.6; Schmitt II.256,14- 257,27; III.7; Schmitt II.273,13-17, 21-23.

[62] Anselm, *De Conceptu Virginali*, c.ii; Schmitt II.141,8- 142,5.

[63] Anselm, *De Libertate Arbitrii*, c.iii; Schmitt I.212,29-213,5; c.xi; Schmitt I.223,9-10.

[64] Anselm, *De Concordia* I.6; Schmitt II.256,18-19.

[65] Anselm, *De Conceptu Virginali*, c.viii; Schmitt I.149,22-27.

satisfaction for sin, and that the satisfaction rendered would be sufficient to cover the whole of humankind. Christ's saving work makes it possible for Divine Justice and Wisdom to award some members of Adam's race the good fortune of beatific intimacy with God.[66] Nevertheless, Anselm remains convinced that some members of Adam's race will have the bad fortune of eternal punishment. Anselm agrees with Lady Philosophy that being an unjust person is a ghastly thing to be. But vice is not its own punishment. For some, there will be hell to pay besides. In *Proslogion* 9-10, Anselm rationalizes this conclusion. It is more fitting for justice sometimes to punish rather than always to spare wrong-doing, even if it is also more fitting sometimes to spare rather than never to spare.[67]

Like Augustine, Anselm believes in bad fortune for the reprobate: after death, they will forever be deprived, not only of their inclination for justice, but also of enjoyable cognitive access to God (the good that satisfies) and cut off from many other lesser advantages. Yet, like Augustine, Anselm does not endorse a doctrine of double predestination, which would make Divine destiny-assignments prior in the order of explanation to created choices. [1] Following Boethius' lead in *The Consolation* V.III-V, Anselm insists that God's eternal predestination imposes no coercive necessity (no prior but only consequent necessity) on created acts of free choice that take place in time. [2] Anselm considers the objection that if "knowledge" does not carry the connotation that the knower *causes* what is known, "predestination" does seem imply that predestiner assigns the destinies and *causes* them to come true. Anselm's reply is that "causation" can be taken properly or improperly speaking. When the bible seems to say that God predestines the wicked to evil works, the text should not be taken to mean that God *coerces* the wicked to desert justice, but rather that God *permits* or *does not* do everything God could in advance to *correct* the creature who exercizes self-determination in willing more advantage than God wills it to will. When the bible declares that God *hardens* Pharaoh's heart, we should not understand that God *causally obstructs* Pharaoh

---

[66] Anselm, *Cur Deus Homo* II.xiv; Schmitt II.113,21- 115,4. See *Proslogion*, cc.xxiii-xxv; Schmitt I.117,6- 120,20.

[67] Anselm, *Proslogion*, cc.ix-x; Schmitt I.106,18- 109,6.

from upholding justice or from repenting and keeping his word, but rather that God *does not soften* Pharoah's heart with helps of grace that would resurrect Pharoah's inclination for justice.[68]

[3] When it comes to harmonizing grace and free choice, Anselm's strategy follows Augustine's in *The Letter and the Spirit* and makes them partners in human salvation: grace is God's free gift of the inclination for justice, little by little restored and augmented; but created wills choose whether or not to accept the gift.[69] Because of the saving work of Christ, justice-restoration is made available to Adam's race. Eternal life is not promised to those who are just in some respects and not others (e.g., to the monk who is chaste but envious), but only to those who are thoroughly just ("the pure in heart" "see God"). This is why this life should be spent striving into God with all one's powers, eagerly receiving and using the grace offered and humbly begging for more.[70] The damned do not receive or keep justice, not because the gift was not offered to them, but because they spurned it by their own self-determined choice.[71]

Where this mortal life is concerned, Anselm agrees with Lady Philosophy in *The Consolation*: Divine providence has made this world a hospital for the cure of souls, a school of rehabilitation. Anselm's God does not create in order to destroy. Anselm's God would not have deprived or disadvantaged rational creatures apart from sin. Anselm's God works incessantly to make sure that there is no time when Adam's race exists in vain: that is, for each and every time when members of Adam's race exist, some who exist at that time will be saved.[72] Nevertheless, Anselm seems to admit, there are some cases in which God does not do everything that God could for an individual to make it easy for them to accept grace. For example, God did not soften Pharoah's or Nero's or Hitler's heart!

---

[68] Anselm, *De Concordia* II.2; Schmitt II.261,2-12.

[69] Anselm, *De Concordia* III.3-4; Schmitt II.265,26- 268,25.

[70] Anselm, *De Concordia* III.4; Schmitt II.267,7- 286,25. See also *Proslogion*, c.i; Schmitt I.97,4-100,9; c.xiv; Schmitt I.111,8- 112,11; c.xxvi; Schmitt I.120,23- 122,2.

[71] Anselm, *De Casu Diaboli*, cc.ii-iv; Schmitt I.235,19- 242,23; c.xviii; Schmitt I.263,5-32; c.xx; Schmitt I.264,22- 266,12; *De Concordia* III.4; Schmitt II.268, 1-12.

[72] Anselm, *Cur Deus Homo* II.16; Schmitt II.119,3-13.

4. Comparisons and Contrasts

Anselm and Boethius develop the doctrine of evil as non-being in subtly different ways. [1] Both thinkers use fallacious Paradigm Identity Arguments. Both sponsor a triple conversion: Boethius of 'being' with 'one' with 'good'; Anselm of 'being' with 'good' with 'from God'. From either triple conversion it follows that evil is nothing, not-a-being.

[2] Both thinkers apply this result to the evil of injustice or vice. Anselm emphasizes that evils are *privations* of being. Injustice is nothing but the privation of justice in the will of a rational creature that ought to have it. But the agent, the will-instrument, the will-use or turning of the will are all something: qua beings, they are--by Triple Conversion--good and from God. Anselm likewise emphasizes that Adam's fallen race is still the *human* race. The wicked human being is still a human being, even where s/he is a human being that is deprived of justice. By contrast, Boethius' Lady Philosophy concludes that evils, evil-doings, and evil human beings do not exist. This is the starkest and perhaps the most incredible of Lady Philosophy's contentions.

[3] Both thinkers recognize goods other than justice or virtue. Boethius' Lady Philosophy insists that wealth, external power, glory, and fame, are limited and mixed goods, and argues that happiness cannot consist having them. Rather happiness is inseparable from virtue, and virtue is its own reward. She also argues that the distribution and deprivation of such mixed and limited goods are not appropriate objects of anger or sorrow, because in the hands of Divine providence they are skillful means for the cure of souls. By contrast, Anselm distinguishes two kinds of goods: justice and advantage, and locates the good of happiness on the side of advantage. Without denying that it is degrading to be a sinner, Anselm insists that virtue and happiness are separable and separated in humans, the latter being a reward for the former. Anselm agrees with Lady Philosophy that in this world, hardship and deprivation are used by God for the cure of souls, whether as punishment or purgation.

[4] Both thinkers confront the phenomenon of our human fear of evil and bring it up against the doctrine that evil is a privation. Boethius' Lady Philosophy argues that evil is nothing to be upset about, because nothing is not an appropriate object of fear, grief, or anger. Anselm agrees with the latter, but finds our fears credible. His solution is to modify his Triple Conversion thesis and admit that some disadvantages are something, and that they are what we fear. This move seems to be the weakest aspect of Anselm's treatment. Happily it seems unnecessary, because privations are appropriate objects of nilling, and nilling underwrites the negative emotions of fear, grief, and sorrow.

[5] Finally, both thinkers connect the disadvantages of this present life with the cure of souls and so with rehabilitative punishment. But Anselm also takes a page from Augustine to emphasize that--both in this world and the next--God uses pain, sorrow, and the deprivation of justice as the currency of retributive punishment. Like Augustine, Anselm embraces the doctrine that not all of Adam's race will be saved. Some will never be cured but punished eternally. Injustice, unhappiness, and other disadvantages will last forever. Some privations--of justice and of happiness--will never be filled in.

La disputa eucarística del momento y la exigencia anselmiana de la razonabilidad de la fe

Josep Manuel UDINA

Universitat Autònoma de Barcelona

Praenotanda tria

Quiero empezar con tres indicaciones previas.

En primer lugar, he de agradecer a los organizadores del Congreso que nos reúne en esta Università Gregoriana de Roma que me hayan invitado a participar en él.

Me place, en segundo lugar, explicitar mi rechazo de aquel no infrecuente «abuso de servirse de los congresos *ad usum delphini*, al presentar a ellos aportaciones que nada tienen que ver con el tema» de los mismos, como dije en una ocasión parecida a la presente, añadiendo que «nunca he hecho» semejante cosa, sino que siempre «he querido enfrentarme precisamente a dicho tema».[1] Así pues, ante el lema: *La partecipazione di Anselmo al processo di costruzione della «nuova» Europa*; tuve claro de entrada que aquí debía preguntarme en qué aspectos de su persona y de su producción escrita cabe decir que Anselmo puede participar en la construcción de una «nueva» Europa, más allá de otros aspectos — que también los hay — que impiden pensar en él como incentivador de la correspondiente nueva Europa nuestra.

Esta «nueva Europa nuestra» requiere, en tercer lugar, una indicación más. Cabe suponer que la Facoltà di *Storia* e *Beni Culturali* della Chiesa, que convoca el Congreso, entiende la *novedad* de esa «nueva» Europa en un sentido preferentemente histórico y cultu-

---

[1] Aludo aquí a lo que dije en mi aportación *La universalidad de la razón medieval es cuestionable* al XII Congresso Internazionale di Filosofia Medievale, de la SIEPM (Palermo, 12-17 de septiembre de 2007): *Universalità della ragione, pluralità delle filosofie nel Medioevo*. El texto acaba de llegarme en últimas pruebas de imprenta y será, pues, publicado en breve en el volumen de las actas.

ral. Pero mi personal dedicación profesional ha sido y es más *filosófica* que «histórica» y más estrictamente *ideológica* que «cultural» (término cuya amplitud de significado es mucho mayor que la del término relativo a las ideas). Séame permitido, pues, entender dicha *novedad* en relación no a la Europa inmediatamente postanselmiana, en una perspectiva muy propia del historiador, sino a la «nueva Europa» de nuestro tiempo: una Europa que, por un lado, no deja de ser — pese a la así llamada postmodernidad y al *pensiero debole*, tan de moda — la Europa de la Ilustración y de la exigencia racional; y una Europa que, por otro lado, ha dejado ya de ser uniformemente cristiana — pese a no poder dejar de reconocerse como heredera del cristianismo — y se abre, así, a una diversidad ideológica (llamada por muchos *multiculturalidad*, precisamente) que se manifiesta y cristaliza como autonomía de lo civil respecto de lo religioso, como libertad de conciencia y como reconocimiento de los derechos inalienables de la persona.[2]

Ordinatio quaestionis, seu index, et posterius praenotandum

Es fácil reconocer que Anselmo de Aosta, de Bec y de Canterbury no anticipa ninguna «nueva» Europa — en el sentido que acabo de explicar— por tres motivos: [1] por su doctrina soteriológica, típicamente expuesta en el *Cur Deus homo*; [2] por su inquisitorial actitud con Roscelino; y [3] por su incapacidad de abrirse al diálogo interconfesional e interrreligioso, pese a desearlo y a creerse que lo practicaba. En cambio, pueden considerarse indicios de anticipación de dicha Europa otros dos factores: [4] su proclama de la exigencia que la fe cristiana tiene en sí misma de buscar su propia razonabilidad (según el *fides quaerens intellectum*), exigencia que culmina en el *Proslogion*, dentro de la epistemología platónico-agustiniana, ineludible para Anselmo; y [5] su respuesta al conflicto entre libertad de la Iglesia y pretensiones del poder civil, en su caso el poder real, bien distinta de la reacción de un Gregorio VII

---

[2] Digo derechos de la «persona», y no del «individuo», pues los derechos personales nunca dejan de implicar a la vez unos deberes que la consideración individual tiende a olvidar demasiado fácilmente.

enfrentado al poder imperial y efectivo consumador del así llamado «agustinismo político».

A uno y otro de estos cinco puntos, presentados — a modo de *status quaestionis*— como en breves secuencias fílmicas, seguirá al final un último punto, a modo de esbozo de la que querrá ser mi segunda aportación — habiendo sido la primera la del *status quaestionis* anterior, como conjunto— , y mi aportación más específica, al Congreso, reflejada en el mismo título de esta exposición: a saber [6], el análisis y la valoración de la postura que nuestro autor adoptó frente a la cuestión eucarística con posterioridad a la disputa que había enfrentado a Berengario de Tours con Lanfranco: una postura coherente con su exigencia de una razonabilidad de la fe.

Permítaseme una cuarta y última advertencia, relativa a esta mi presentación — a manera de breves secuencias de una película, *género actual* por antonomasia— de lo ya aportado por mí en escritos anteriores sobre un autor *de hace casi mil años*. Para compensar semejante dislate cronológico y para disipar la sospecha de si quiero aquí lucir modernidades, he ido ya incluyendo en lo que precede unos cuantos latines que sonasen a anacronismo, y en adelante configuraré mi presentación remedando de algún modo la estructura de cada artículo de la *quaestio* escolástico-medieval. Reuniré, así, los tres primeros puntos anteriormente enunciados bajo un título que suene a objeciones, o razones en contra (*Videtur quod non*); y agruparé los tres siguientes bajo un rótulo que corresponda a la réplica que a ellas se da en el *corpus* del artículo (*Respondeo dicendum quod...*). Revestir medievalmente contenidos *hoy* aportados encaja con mi esfuerzo por descubrir vigencia actual en un autor de tiempo lejanos.

Videtur quod non

1. Anselmo y su triste legado soteriológico

Fue Hegel quien suscitó hace años mi interés por el arzobispo de Canterbury — y, más en concreto, por el *Cur Deus homo*— al citar en sus *Lecciones sobre la historia de la filosofía* aquella frase de dicho escrito anselmiano que dice: «*Negligentia mihi videtur, si, postquam confir-*

mati sumus in fide, non studemus quod credimus intelligere»;[3] frase a partir de la cual el profesor alemán echaba en cara a sus alumnos que se dejasen tentar por el talante fideísta y sentimental de Kant y Jacobi:

> Hoy en día se la toma [una tal afirmación anselmiana] como arrogancia; [pues] el saber inmediato y la fe se erigen como superiores al conocimiento. Anselmo y los escolásticos se propusieron, sin embargo, lo contrario.[4]

No ha de extrañar, pues, que me ilusionase cuando se me pidió, en 1990, traducir al catalán el *Cur Deus homo*. Ahora bien: a medida que mi traducción avanzaba, la ilusión se volvía desengaño. Las *rationes necessariae* allí ofrecidas sobre la encarnación del Verbo no me parecían, en efecto, ni de lejos convincentes; y a veces podían antojárseme incluso penosas.[5] Fiel al pesimismo antropológico agustiniano, Anselmo aplica a la relación Dios/creatura el esquema feudal señor/siervo, sin saber tomar distancia de la mentalidad propia de su tiempo.[6]

Con ello, el mundo cristiano posterior quedaba marcado como con hierro candente tanto por la soteriología resultante como por sus

---

[3] *Cur Deus homo*, I, cap. 1, según la ed. crítica de Schmitt (cap. 2, según Migne: PL 158, 362B): «Me parece una negligencia no esforzarnos en entender, una vez confirmados en la fe, aquello en lo que creemos». En mi trad. al catalán de la obra, de acuerdo con dicha ed. crítica (Anselm De Canterbury, *Per què Déu es va fer home*, Proa, Barcelona 1992, [Clàssics del Cristianisme, 34], p. 57-186), el texto se halla en la p. 66.

[4] *Vorlesungen zur Geschichte der Philosophie*, ed. Suhrkamp, vol. II, p. 554 (trad. cast., *Lecciones sobre la historia de la filosofía*, F.C.E., México 1955 [reimpr. ³1981], vol. III, p. 124). Al pasaje hegeliano aludí en una ponencia sobre Maimònides, contraponiendo a la agudeza de Hegel para con Anselmo su miopía para con la aportación maimonídea (cf. Josep Manuel Udina, *Ni contigo ni sin ti. La filosofía y teología de Maimónides en relación a Aristóteles y al tema de la creación*, en *Maimónides y el pensamiento medieval* (José Luis Cantón, ed.), Universidad de Córdoba, Córdoba 2007, p. 78. Y comentaba yo al respecto: Dado que los contenidos de la fe están implicados en la teología y que el conocimiento es la base de la filosofía, el autor del *Monologion*, del *Proslogion* y del *Cur Deus homo*, en particular, y la Escolástica, en general, se propusieron dar razón filosófica de la fe»: *ibidem*).

[5] Cf., por ejemplo, *Cur Deus homo*, II, cap. 9 (PL 158, 407 BC), cuando Anselmo dice probar que sólo el Verbo (y no el Padre ni el Espíritu Santo) podía encarnarse. En Anselm De Canterbury, *Per què Déu es va fer home*, ed. cit., p. 143, n. 30, ya critiqué las razones dadas por el autor: más que *necesarias* (convicentes por sí mismas), son razones de *conveniencia*; y algunas, razones *inconvenientes* y penosas (si no es que hacen reír).

[6] Sobre esto, cf. Josep Manuel Udina, *El «Cur Deus homo» anselmiano: ratio fidei y autolimitación de la razón*, en *Actas del I Congreso Nacional de Filosofía Medieval*, SOFIME, Zaragoza 1992, p. 475-483.

consecuencias: 1) esencia sacrificial no sólo de la eucaristía sino también de la Encarnación; 2) tara pecaminosa heredada desde sus orígenes por la humanidad; 3) correspondiente nulidad del ser humano; y 4) exclusividad de salvación mediante el único Dios-hombre.[7] Al respecto, Anselmo de Aosta, de Bec y de Canterbury no podría ciertamente ser considerado precursor de ninguna «nueva» Europa.

2. Anselmo, gran inquisidor contra Roscelino

El volumen que recogía mi traducción de *Por qué Dios se hizo hombre*, de 1098, incluía también la *Carta sobre la encarnación del Verbo*, en la que sería su versión definitiva de 1094.[8] Además de anticipar el *Cur Deus homo*, la *Carta* es como una respuesta a Roscelino, con el que Anselmo se había enfrentado pocos años antes en defensa de la que él consideraba la ortodoxia católica sobre la Trinidad. De ahí que, al elaborar la Introducción a dicho volumen hube de estudiar el asunto para exponerlo en ella, sin pasarlo por alto (como hiciera René Roques) ni tergiversarlo (como hizo más tarde G.R Evans).[9] Me limito aquí a resumir mi estudio de entonces.[10]

---

[7] Cf. Josep Manuel UDINA, *Anselm de Canterbury (1033-1109)*, en *Història del pensament cristià. Quaranta figures* (Pere LLUÍS, coord.), Proa, Barcelona 2002, ²2004, p. 259-289, y en particular p. 282-285.

[8] Por urgencias de tiempo, tradujo este segundo escrito el latinista Jaume Medina: cf. *Carta sobre l'encarnació del Verb*, en ANSELM DE CANTERBURY, *Per què Déu es va fer home*, ed. cit., p. 187-213.

[9] Me refiero a la biografía (por lo demás, encomiable) que de Anselmo ofrecía R. Roques en su trad. al francés de *Anselme de Cantorbéry. Pourquoi Dieu s'est fait homme*, Cerf [Sources Chrétiennes 91], París 1963, p. 11-46, y a la de Gillian R. EVANS, *Anselm*, Chapmann, Londres 1989, p. 1-25 (sobre el tema, p. 14s, donde el autor se refiere al caso Roscelino como si hablase de otra cosa y sin tener en cuenta, al parecer, ni la correspondencia entre el joven monje Juan y al abad de Bec ni la epístola de éste al obispo Foulques).

[10] Cf. Josep Manuel UDINA, *Introducció* a ANSELM DE CANTERBURY, *Per què Déu es va fer home*, ed. cit., p. 7-55; sobre el tema, p. 15-20 (*El «cas Roscelin»*) y p. 40. Estudiado con rigor per François PICAVET, *Roscelin, philosophe et théologien, d'après la légende et d'après l'histoire*, EPHE, París 1896, el caso Roscelino había sido expuesto por Alain Galonnier en sus notas a la trad. francesa de la *Lettre sur l'incarnation du Verbe*, que abre el vol. III del conjunto *L'oeuvre d'Anselme de Cantorbéry* (en 12 vols.): Michel CORBIN - Alain GALONNIER, *Anselme de Cantorbéry, Lettre sur l'incarnation du Verbe. Pourquoi un Dieu-Homme*, Cerf, París 1988, p. 192s y 262-265.

En 1090 un joven monje, de nombre Juan, escribe a Anselmo que el clérigo Roscelino proclama una extraña doctrina sobre la Trinidad — que deriva en una idea de la Encarnación con resabios de la antigua doctrina patripasianista— y además dice que con ella están de acuerdo tanto el abad de Bec como el arzobispo de Canterbury, Lanfranco, fallecido un año antes. En su respuesta epistolar a dicho monje, un año más tarde, el autor tergiversa los datos, acusando ahora a Roscelino de triteísta. (Acentuando la diversidad de personas en la Trinidad, el triteísmo cuestiona la unicidad de Dios, mientras que el patripasianismo tiende a anular dicha diversidad al acentuar la unicidad divina. ¿Fue la visceral reacción que la noticia sobre Roscelino provocó en Anselmo la que indujo a éste a sustituir una doctrina, patripasianista, por su contraria, triteísta, pensando que la referencia a tres dioses suscitaría en aquel tiempo mayor rechazo que la antigua herejía patripasianista? Que el abad de Bec tuviese la intención de agravar el error de Roscelino tampoco parece excluirlo Galonnier; y que la reacción anselmiana era visceral lo prueba el que el abad de Bec buscaba que se condenase a Roscelino en un sínodo al que él mismo no asistiría pero cuya estrategia inquisitorial había preparado escribiendo al obispo Foulques). Mientras tanto Anselmo ha ido preparando, en efecto, una carta pública de réplica al clérigo en cuestión — la que será primera versión de la *Carta sobre la encarnación del Verbo*— ; pero, como no ha conseguido acabarla, ha tomado la inciativa de escribir una carta pastoral al obispo de Beauvais, para que convoque a Roscelino a un Sínodo, que deberá regirse por las instrucciones que le da. Son las siguientes (el brutal texto, que me limitaré a subrayar en parte, se comenta por sí mismo).[11]

---

[11] Esta parte de la carta a Foulques está censurada en la ed. castellana de las mal llamadas *Obras completas* de San Anselmo (Editorial Católica [BAC 82 y 100], Madrid 1952s, 2 vols.), donde figura como *Carta 73* (ed. cit., vol. II, p. 626s), pero el pasaje de la misma que cito acto seguido está incompleto (al haberse omitido la primera mitad de la misiva); y la carta al monje Juan no se ha incluído. Ofreceré, por tenerlo a mano, el texto de PL 158, 193BC (*Epistolae*, II, 41). Cf. también *The letters of saint Anselm of Canterbury* (trad. y notas de Walter Fröhlich), Cistercian Publications, Kalamazoo, Michigan 1990-1994, 3 vols., edición en la que figura como *Letter 136* (*idem*, vol. I, p.314s); la correspondencia con el joven Juan se recoge en las *Letters 128-129* (*ibid.*, p. 302-305). La de la respuesta a Juan, está asimismo en PL 158, 1187D-188C (*Epistolae* II, 35).

Quicumque horum [fidei principiorum] aliquid negare voluerit, et nominatim quicumque blasphemiam, quam supra posui me audisse *a Roscelino dici, pro veritate asseruerit, sive homo, sive angelus, anathema est; et confirmando dicam, quamdiu in hac perstiterit pertinacia,* anathema sit. Omnino enim christianus non est. *Quodsi baptizatus et inter christianos est nutritus,* nullo modo audiendus est; nec ulla ratio aut sui erroris est ab illa exigenda, aut nostrae veritatis illi est exhibenda; *si mox, ut eius perfidia absque dubietate innotuerit, aut anathematizet* venenum quod proferendo evomuit, *aut anathematizetur ab omnibus catholicis, nisi resipuerit.*[12]

Quien nunca dejó de afirmar — ni de esforzarse por realizar en sus escritos— la exigencia de la misma fe cristiana de dar razón de su contenido, para hacerlo razonable, basándose en sólo el testimonio de terceros *prohíbe que se permita al acusado dar razón* alguna de sus opiniones sobre la Trinidad *e incluso que se le dé razón* alguna de lo que es la ortodoxia al respecto. El sínodo de Soissons, de 1092, ausente de él Anselmo, cumplió las órdenes de éste y condenó a Roscelino sin dejarle hablar y obligándole a retractarse. Aunque no falten quienes se hayan esforzado en explicar semejante comportamiento anselmiano, éste me parece absolutamente inexcusable.[13]

---

[12] «Quienquiera que haya querido negar algo [de estos principios de la fe] y concretamente quienquiera que, ángel u hombre, haya sostenido como verdad una blasfemia como la que acabo de consignar que *he oído decir* que profesa Roscelino, merece el anatema. Y me reafirmo en ello, añadiendo: todo el tiempo durante el que él persista en esta postura, *que sea anatema[tizado]. Porque no es cristiano en absoluto.* Y si ha sido bautizado y se le ha educado como cristiano, *no ha de ser escuchado en absoluto, ni se le ha de pedir que dé razón alguna* de su error, *y ni ha de dársela* de nuestra verdad; sino que desde el momento en que su perfidia sea patente sin lugar a dudas, que anematice él *el veneno que ha vomitado al proferir su error;* o, si no se retracta, que *él mismo sea anematizado por todos* los católicos».

[13] Sobre las tímidas explicaciones que ofreciera Galonnier (en las notas a su ya mencionada trad. de la *Lettre*: cf. Michel CORBIN – Alain GALONNIER, *Anselme de Cantorbéry*, ed. cit., p. 265) y sobre mi más severo juicio personal al respecto, cf. Josep Manuel UDINA, *Introducció* a ANSELM DE CANTERBURY, *Perquè Déu es va fer home*, ed. cit., p. 18-20 y correspondientes notas (sobre todo las nn. 22, 24 y 26-27). Galonnier parece excusar la reacción del abad de Bec como fruto de su desazón al ver que «el blasfemo se pretendía cristiano». Pero el deseo de comprender a Anselmo no puede camuflar el hecho de que su conducta es inexcusable: no sólo por el tono de la carta y por las indicaciones que en ella da, sino también porque no cabe excluir que su reacción se debiera a que Roscelino le involucraba a él mismo (que podría en adelante ser tenido por sospechoso de herejía) e involucraba a Lanfranco (indefenso tras morir). Así, la obsesión de Anselmo por no ser visto

En cualquier caso — sea cual sea el juicio último sobre dicho comportamiento— , éste tampoco podría hacer del entonces abad de Bec y bien pronto arzobispo de Canterbury un precursor de ninguna «nueva» Europa.

3. Anselmo y el límite de su deseo de diálogo

Como traductor al catalán del *Cur Deus homo* fui invitado al Congresso Anselmiano Internazionale organizado en Roma en mayo de 1998, con ocasión del IX centenario de la publicación de dicha obra, y mi aportación al congreso fue de carácter más bien crítico: «Sentido y límites del "diálogo interreligioso" en el autor del *Cur Deus homo*».[14] Me ceñiré aquí a resumir lo entonces expuesto, partiendo de la distinción entre los dos sentidos que tiene dicho diálogo: como reencuentro entre confesiones (católica, ortodoxa y reformada) de una misma religión o como aproximación entre diferentes religiones (hebrea, budista, cristiana, musulmana, etc.).

En el primer sentido (el de diálogo propiamente *interconfesional*), el único ecumenismo posible para Anselmo sería para con la Iglesia Ortodoxa (que se había separado de la Iglesia Católica en 1054, cuando el futuro monje de Bec tenía 21 años). Pues bien, en el prólogo a su *Monologion*, de 1076, el entonces prior de Bec advierte que

---

como heterodoxo, implícita en obras anteriores (cf. el final del Prólogo y el inicio del cap. I del *Monologion*: cf. PL 158, 143C-144B y 145AB), se hace del todo explícita después del caso Roscelino, como se ve al inicio de la *Carta sobre la encarnación del* Verbo (cf. *ibidem* 261CD) o en la «Recomendación de la obra al papa Urbano II» que precede al posterior *Cur Deus homo* (pero que en Migne se incluyó como prefacio de dicha *Carta*: cf. *ibidem* 261B).

[14] En *Cur Deus homo (Roma 1998)*, Studia Anselmiana 128, Roma 1999, p. 749-765. Sin ser el tono dominante entre las contribuciones de los congresistas, la crítica antianselmiana pudo verse también en alguna que otra aportación al Congreso: cf. Wolfgang L. GOMBOCZ, *«Cur Deus homo» als «europäische» Last: Einwände vor allem gegen den Theologen Anselm*, en *op. cit.*, p. 453-472, aportación que cabía haber incluído en apoyo de la crítica que en la primera de las «objeciones» he hecho de la doctrina de la redención, o de la salvación, derivada del *Cur Deus homo* (cf. *supra*: apartado *[1] Anselmo y su triste legado soteriológico*).

[Graeci] confitentur tres substantias in una essentia, eadem fide, qua nos [Latini confitemur] tres personas in una substantia. Nam hoc significant in Deo per substantiam, quod nos tres personas in una substantia;[15]

y lo mismo repite, en 1094, el ya arzobispo de Canterbury al final de su *Carta sobre la encarnación del Verbo*. Durante casi veinte años la actitud de diálogo, de subrayar la coincidencia con los que eran considerados cismáticos, es constante en Anselmo. Sin embargo, éste participa, en 1098, durante su primer exilio, en el concilio de Bari y, sobre la procesión del Espíritu Santo, defiende — al parecer, a instancias del papa Urbano II— la fórmula romana del *Filioque* frente a la greco-ortodoxa del *per Filium*. Es cierto que tampoco deja de insistir en la unidad de fe de Griegos y Latinos, según se reitera en su tratado *De processione Spiritus Sancti* — reelaboración, de 1102, de su intervención conciliar— , pero insiste en dicha unidad para fundar en ella la necesidad de que el *per Filium* ceda incuestionablemente ante la fórmula occidental, para él única expresión auténtica de la fe trinitaria. Así, su respeto a lo largo de dos décadas por la diferencia acaba en reducción apologética, exigente de uniformidad. Aun pudiendo ser, pues, en un principio *importante*, la postura de Anselmo al respecto sería, al menos, ambivalente.[16]

En cuanto al *diálogo interreligioso*, el de Anselmo no podía ir obviamente más allá de un esfuerzo de aproximación al judaísmo y al islam; y de entrada su *Cur Deus homo* puede parecer un buen ejemplo de un tal esfuerzo.[17] No obstante, mi impresión al respecto — tras la immersión en el contenido del libro conseguida al traducirlo— había sido, y es, bien distinta; y así lo consigné en mi aporta-

---

[15] [Los Griegos] «confiesan tres substancias en una persona con la misma fe con la que nosotros [los Latinos confesamos] tres personas en una sustancia, ya que por sustancia quieren decir lo que nosotros llamamos persona» (PL 158, 144A).

[16] Lo que precede repite lo dicho — con justificaciones textuales— en mi aportación al Congreso de 1998: cf. Josep Manuel UDINA, *Sentido y límites...*, en *Cur Deus homo (Roma 1998)*, ed. cit., p. 753 y 755.

[17] Positivo sería, de algún modo, el legado de dicha obra de cara al diálogo interreligioso según las dos aportaciones entre las que, en las *Actas* del Congreso de 1998, está la mía: Gerhard GÄDE, *Anselms Denkregel der Unüberbietbarkeit und die pluralistische Religionstheologie*, y Peter HÜNERMANN, *Anselms Cur Deus homo. Eine Hilfe für den heutigen Dialog zwischen den abrahamitischen Religionen* (cf. *Cur Deus homo (Roma 1998)*, ed. cit., p. 733-747 y 767-785, respectivamente).

ción congresual de 1998, tras comparar el escrito anselmiano con el abelardiano *Dialogus inter Philosophum, Judeum et Christianum* (de 1141s) y el luliano *Llibre del gentil e dels tres savis* (de 1274-1276).[18] Aún más que en el caso anterior (el del diálogo interconfesional), la primera impresión que el autor del *Cur Deus homo* puede dar de respetuoso con judíos y musulmanes, y de atento a sus objeciones contra el cristianismo, acaba mostrándose engañosa. Tales objeciones, en efecto, sólo se constatan (y ello, únicamente al principio de la obra);[19] y se consignan más bien como mero trampolín de un discurso que se desentiende luego absolutamente del explícito diálogo con ellas, dando la sensación de que el autor, más que en escuchar al otro, sólo está interesado en recoger aquellas objeciones de este otro que ya se habría planteado él mismo y tenía ya resueltas. Por lo demás, el valor de la pretendida resolución de las mismas dista mucho del que sería propio de unas *rationes necessariae*: tan cacareadas por Anselmo, sus razones necesarias no suelen ser sino razones de pura conveniencia e incluso pueden llegar a ser sencillamente penosas.[20]

Como hizo Ludovic Viallet, no quise — ni quiero— entrar en la cuestión del no interés de Anselmo por hechos de su tiempo como la I Cruzada y su cortejo de persecuciones.[21] Dicha falta de interés sería, en cualquier caso, coherente con la superficialidad que en el fondo esconde la apariencia de diálogo interreligioso en el *Cur Deus homo*; superficialidad tampoco incoherente, por lo demás, con la actitud que veíamos adoptar a su autor frente a Roscelino.

Sea cual sea, en fin, la valoración última que pueda hacerse tanto de esta ausencia de interés por cruciales acontecimientos de la época como de los dos aspectos del ecumenismo apuntados (el interconfe-

---

[18] Cf. Josep Manuel UDINA, *Sentido y límites...*, en *Cur Deus homo (Roma 1998)*, ed. cit., p. 755-758.

[19] En los caps. 1, 3-4, 6, 8 y final del 10 del libro I; y sólo al final del cap. 8 del libro II.

[20] Cf. *supra* nota 6. Vuelvo a recoger aquí lo dicho en 1998: cf. Josep Manuel UDINA, *Sentido y límites...*, en *Cur Deus homo (Roma 1998)*, ed. cit., p. 759-762. Abelardo criticó veladamente a Anselmo al respecto: «Me esfuerzo en descubrir razones honestas, y no tanto razones necesarias, dado que entre las personas honestas siempre se considera preferible lo recomendado por su honestidad, pues nunca deja de ser mejor la razón que trasluce honestidad que la que pretende imponerse por necesidad» (*Theologia christiana* V 15).

[21] Cf. L. VIALLET, *L'huître et la perle. Saint Anselme dans la vie intellectuelle de son temps*, en *Cur Deus homo*, ed. cit., p. 68s.

sional y el interreligioso), el conjunto parece volver a decirnos que Anselmo tampoco podría preanunciar ninguna «nueva» Europa.

Respondeo dicendum quod...

Pero junto a sus límites, e incluso sombras, hay también en Anelmo grandes luces por doquier, que quedan como resaltadas por el contraste — en un claroscuro— y que pueden hacer del autor una figura inequívocamente anticipadora de la «nueva» Europa.

4. La exigencia anselmiana de una fe lúcida

La primera de estas luces brota del que suele presentarse como lema anselmiano por antonomasia: *fides quaerens intellectum.* De raíces inequívocamente agustinianas, dicho lema cobra, en el prior y abad del monasterio benedictino de Bec, un significado mucho más radical e innovador que el que tenía en el obispo de Hipona. Al significado del lema en Anselmo dediqué parte de las páginas de la *Introducción* al volumen de mi edición catalana del *Cur Deus homo;*[22] y, por descontado, también he tratado de él en diversas páginas de algunas de mis otras publicaciones sobre el autor[23]. De ahí que no haya de abundar ahora en el tema, aunque — dada su importancia— no pueda dejar de ofrecer algo más que sólo un apunte sobre él.

Anselmo pone la *fides* por encima de toda *ratio*: en esto no deja de ser medieval; para algo era, además, un monje y escribió su *Proslogion* en forma de plegaria, como muy bien hizo en subrayar

---

[22] Cf. ANSELM DE CANTERBURY, *Per què Déu es va fer home*, ed. cit., p. 27-31 y 35-38, en l'apartat *L'aportació especulativa d'Anselm* de l'esmentada Introducció.

[23] Cf., por ejemplo — además de las de mi aportación ya mencionada: Josep Manuel UDINA, *Anselm de Canterbury (1033-1109)*, en *Història del pensament cristià*, ed. cit., p. 271-279—, las correspondientes de contribuciones como IDEM, *Duns Escoto y el argumento anselmiano*, en *Via Scoti. Methodologica ad mentem Ioannis Duns Scoti*, Edizioni Antonianum, Roma 1995, vol. II, p. 783-805; *Ressonància i dissonàncies bíblico-patrístiques en l'antropologia anselmiana*, en *Simposi Internacional de Filosofia de l'Edat Mitjana*, Patronat d'Estudis Osonencs, Vic 1995, p. 624-633; y *Ejemplificación medieval de la interrelación teoría-praxis. (De Escoto Eriúgena a Anselmo de Canterbury, con Agustín de fondo)*, en *Actas del II Congreso Nacional de Filosofía Medieval*, SOFIME, Zaragoza 1996, p. 499-512.

Karl Barth.[24] Pero, a la vez, esta misma fe *exige* al creyente la activa actitud y el positivo esfuerzo de entender su propia fe, de hacerla razonable, inteligida, lúcida: la frase anselmiana citada y loada por Hegel, recogida hacia el inicio de la presente aportación — «me parece una negligencia no esforzarnos en entender, una vez confirmados en la fe, aquello en lo que creemos»— , es más que significativa, pues sólo puede ser «negligente» por no esforzarse en hacer algo quien tiene la *obligación*, es decir, la exigencia de hacerlo. Por más independiente que, para Anselmo, la fe sea de la razón (la fe no depende ni está condicionada por el hecho de que se consiga entender sus contenidos), el creyente no cumple con su fe, también según Anselmo, si no se esfuerza en entenderla; lo que supone, a su vez, que ésta es *intelligibilis* — que puede ser entendida— siquiera en cierto grado: es decir, la fe no es absurda, contra todo un Kierkegaard.

Digámoslo de nuevo. El *intellectus fidei* — la intelección de la fe— es sólo factible partiendo de la fe (*nisi credidero, non intelligam*, repite Anselmo, glosando a Is 7, 9):[25] la fe no puede entenderla quien no cree; y el ateo, por ejemplo, nunca podrá verla como racional, ni siquiera como razonable. Pero, a la vez, dicho *intellectus fidei*, como acto de intelección, ya no es obra de la fe, sino que es fruto y logro de la capacidad de la razón y de la inteligencia humanas. Siguiendo a Agustín de Hipona (*fides quaerit, intellectus invenit*),[26] acertaba Gilson, al respecto, contra Barth y su pretensión de reducir el *Proslogion* a pura teología, privándola de valor filosófico.[27] Como

---

[24] En su célebre *Fides quaerens intellectum. Der Beweis der Existenz Gottes in Zusammenhang eines theologischen Programms*, Kaiser, Munic 1931, obra que suscitó la no menos célebre respuesta de Étienne GILSON, *Sens et nature de l'argument de Saint-Anselme*, en AHLDMA 9 (1934) 5-51.

[25] Según la versión de la Vetus Latina y los LXX. En cuanto a la reiteración anselmiana de la cita, además del pasaje de *Prosl.* 1, al final (PL 158, 227BC), ahora referido, cf. también *Cur Deus homo*, recomendación de la obra al papa (PL 158, 261A) y *Carta sobre la encarnación del Verbo* I (PL 158, 263D, en el cap. 2) para la forma literal de *nisi credideritis, non intelligetis* de la cita (ANSELM DE CANTERBURY, *Per què Déu es va fer home*, ed. cit., p. 60 y 191). Por descontado — pero hay que recordarlo— , lo que no podrá entenderse si no se tiene fe son los contenido de la fe y la fe misma; pero seguirán pudiéndose entender perfectamente las mil y mil otras cosas ¡cuya intelección nada tiene que ver con el hecho de tener fe!

[26] *De Trin.* 15, 2.

[27] En su artículo de réplica a la obra del teólogo protestante, uno y otra citados *supra* nota 24.

acertaba también el historiador de la filosofía francés al destacar el factor epistemológico como clave para entender la positiva asunción (en Anselmo, Buenaventura y Hegel, por ejemplo) o el rechazo radical (por parte de Gaunilón, Tomás de Aquino, Kant y nosotros todos: todos, en el fondo, postkantianos; o siquiera postaristotélicos) del «argumento anselmiano» (o *a priori*) en favor de la existencia — ¡y, a la vez, de la esencia!— de Dios.[28] Y no se diga que me contradigo al no criticar al respecto a Anselmo porque no supiera escapar de la epistemología reinante en su época y, en cambio, haberle citicado más arriba porque asumió sin más esquemas sociológicos dominantes como el del feudalismo (señor/siervo), aplicándolo como modelo absoluto de la relación entre Dios y la creatura humana.[29] En esto no hay, sin embargo, equivalencia válida: a todo buen pensador se le ha de exigir que sepa distanciarse de tales esquemas, mas no puede pedírsele que se desprenda de la concepción epistemológica imperante — por lo general, de duración secular— , pues de ella sólo puede escapar quien se sienta llamado a configurar o hacer suya otra distinta, que releve la anterior; y no era éste el caso de Anselmo, monje de Bec, aunque pudiera serlo de coetáneos suyos como Roscelino o Gaunilón.[30]

Si fe y razón no pueden confundirse, tampoco pueden, pues, separarse. Ni la fe sola ni la sola razón, diríamos anselmianamente. El creyente debe poder dar raón de su fe; se ha de esforzar en hacerla siquiera razonable. Pero tampoco puede querer hacerla del todo racional, en pretensión hegeliana, pues significaría acabar haciéndola innecesaria. (La «muerte de Dios» pregonada por Nietzsche ya estaba preanunciada en «el Viernes Santo especulativo» del Hegel

---

[28] Sobre el argumento anselmiano, cf. Josep Manuel UDINA, *Duns Escoto y el argumento anselmiano*, en *Via Scoti*, ed. cit., vol. II, 783-805; y *Anselm de Canterbury (1033-1109)*, en *Història del pensament cristià*, ed. cit., p. 274-279. En cuanto a la inconsistente facilidad con que suele criticarse dicho argumento desde fuera del autor (es decir, desde epistemologías que no son — ni podían ser— la del prior de Bec), cf. IDEM, *Ernst Bloch, filòsof com a medievalista*, en «Medievalia» 10 (1992) p. 455-472, especialmente p. 467-470.

[29] Cf. *supra*: apartado [1] *Anselmo y su triste legado soteriológico*.

[30] Precisamente las distintas epistemologías de este último y de Anselmo explican que el intercambio de escritos entre el monje de Marmoutier, autor del *Pro insipiente* como crítica del *Proslogion*, y el aún prior (y pronto abad) de Bec, que reacciona con la correspondiente *Respuesta*, sea un diálogo de sordos.

de Jena). Asimismo, como dijo Chesterton, el creyente puede descubrirse al pasar ante una iglesia o al entrar en ella, pero nunca ha tenido que cortarse la cabeza al sacarse el sombrero. El *hombre de fe*, por serlo, no deja de ser *animal racional*; y, por tanto, también como creyente ha de razonar. La fe sin obras es una fe muerta;[31] al igual que es mentira decir que se ama a Dios si no se ama al prójimo:[32] la fe que excluya el ejercicio activo de la razón también es, pues, una fe muerta; y quien no la dota de razones miente al decir que es buen creyente. Lo mismo vale, por lo demás, para la «obediencia de la fe»: como cualquier otra, dicha obediencia no puede ser — con permiso de Ignacio de Loyola— una obediencia ciega, lección que debieran aprender nuestros políticos, cuyos partidos no parecen ser hoy sino réplica, vestida de laico, de las órdenes religiosas o de jerarquías eclesiásticas de otras épocas (y también de la actual).

Por todo ello sí que puede, pues, el autor del *Proslogion* ser tenido como precursor e incluso propulsor de actitudes bien propias de nuestra «nueva» Europa.[33]

5. *El no violento* savoir faire *anselmiano en política*

Con mayor brevedad que en el apartado precedente cabe consignar una segunda gran luz en la herencia anselmiana. Su presentación y encomio giran ahora en torno a una comparación: la del comportamiento político del arzobispo de Canterbury frente a la monarquía inglesa con el que el pontífice de la época Gregorio VII había tenido al respecto frente al emperador.

Es conocida la historia del así llamado «agustinismo político» y su plena consumación — a la vez que su primer eclipse— con quien, como monje Hildebrando, había impulsado desde Cluny la gran reforma de los monasterios benedictinos y luego, como sucesor de

---

[31] Cf. St 2: 14-17.

[32] Cf. 1 Jn 4: 20.

[33] En perfecta coherencia, esto, con mi anterior crítica de Anselmo por su actitud para con Roscelino (cf. *supra*: apartado *[2] Anselmo, gran inquisidor contra Roscelino*), actitud que no era sino burda negación de aquella lucidez que él mismo exigía y se esforzó en buscar — y en buena parte consiguió (dentro siempre de su agustinismo neoplatònico, para él ineludible)— precisa y explícitamente como hombre de fe.

Pedro, quiso extender dicha reforma a toda la Iglesia latina. El tema, expuesto magistralmente por Arquillière en su *L'augustinisme politique*, fue objeto de la ponencia que tuve en Alcalá de Henares hace dos años y que acaba de ser publicada.[34]

En ella expuse el proceso que llevó desde la primigenia y paulina (según Rm 13: 1-7) sumisión de la Iglesia al poder civil — el del pagano Imperio romano— hasta la pretensión pontificia de ver sometido a la Iglesia dicho poder civil — el del Imperio medieval cristiano— , una pretensión puramente soñada — en tanto que sólo cristalizable tras la caída del imperio de Occidente en 476— por Agustín de Hipona (*De la ciudad de Dios*, libros II y XIX) y que ganaría su máxima expresión con Gregorio VII, cuando éste en 1076 no sólo excomulgaba a Enrique IV sino que lo deponía del trono imperial y dispensaba así a sus súbditos de obedecerle.

Pasaba luego a destacar los límites del juicio de Arquillière sobre la deposición papal, que él intentaba excusar — si no es que quisiese justificarla (como buen jesuíta, pero malinterpretando el cuarto voto de los miembros de su orden)— y apunté, al respecto, a la legendaria «donación de Constantino» y al entonces recentísimo Cisma de Oriente (1054) como factores decisivos en el injustificado e injustificable golpe de genio de Gregorio VII.[35]

La violencia del pontífice, acababa diciendo, desencadenó más violencia — por parte, ahora, del emperador— y provocó nuevos cismas: no sólo los de los antipapas, primero, y el llamado cisma de Occidente, después, sino también, más tarde, el de la Reforma misma (cuyo fracaso como reforma se debió a nuevos maridajes entre fe y poder civil), y el cisma de la misma modernidad, en tanto que la Iglesia ha ido separándose cada vez más del mundo civil por insistir en querer seguir mandando a la fuerza sobre él. De diez a

---

[34] Josep Manuel UDINA, *De Gelasio (I) a Gelasio (II), o de Iglesia mendigo a Iglesia príncipe*, en *El pensamiento político en la Edad Media* (Pedro Roche, coord.), Fundación Ramón Areces, Madrid 2010, p.65-92. Como es sabido, la célebre monografía de Henri-Xavier ARQUILLIÈRE, *L'augustinisme politique. Essai sur la formation des théories politique du Moyen Âge*, Vrin, P. 1934, fue ampliada en 1956 y reeditada en 1972.

[35] El párrafo que sigue condensa lo que dije, y puede ahora leerse, en el penúltimo apartado (*El contraste de la lección política anselmiana*) de mi última ponencia como docente de universidad en activo: cf. Josep Manuel UDINA, *De Gelasio (I) a Gelasio (II)...*, en *El pensamiento político en la Edad Media*, ed. cit., p. 90s.

quince años más joven que Gregorio VII, Anselmo puede ser, en cambio, el contraste de la actitud gregoriana, pues sugiere que una actitud distinta habría evitado tales inconvenientes. Habiendo eludido, en efecto, entrar en Cluny por creer que el rigor de la reforma de Hildebrando podía dificultarle la dedicación al estudio y a la reflexión intelectual, como monje asumió, no obstante, la reforma que, ya como Gregorio VII, aquél promovía desde 1073 en la Iglesia, buscando la libertad de ésta frente a intromisiones profanas. De ahí que aceptase en 1093 la sede de Canterbury con la condición de ser investido por Urbano II y no por el rey Guillermo II de Inglaterra, con quien no tardarían en surgir tensiones, ante las que el prelado optaba por irse a Roma en exilio (1097-1100), para evitar la violencia del enfrentamiento. Muerto el rey, su hermano Enrique I le pide volver, pero Anselmo mantiene sus exigencias sobre la investidura; y las consiguientes nuevas tensiones con el monarca le hacen emprender un segundo exilio (1003-1006). Mas esta vez el retorno no habrá de esperar a la muerte del rey, ya que éste le pide la reconciliación y que vuelva de nuevo. Sin enfrentarse ni excomulgar — ni, ya no digamos, deponer— a nadie, Anselmo consigue un final de la historia mucho mejor que el que se había buscado el violento Gregorio VII.

La opción anselmiana de no-violencia en una doble situación análoga resulta más eficaz y provechosa que la violenta opción papal. Y en esto, el arzobispo vuelve a parecernos una figura que muy bien puede ser hoy de actualidad como anticipación de nuestra nueva Europa.

6. Anselmo y la disputa eucarística entre Berengario y Lanfranco

Han sido tres las objeciones contra la tesis convencional y escolásticamente enunciable como *Utrum Anselmus praehodiernus sit*; tres han de ser, pues, los argumentos en favor de una respuesta positiva a la pregunta. Pero, a diferencia de las tres objeciones y de los dos argumentos anteriores, el tercero de ahora ya no tiene el respaldo de ningún escrito mío. Precisamente por esto figura en el título mismo de esta exposición (*La disputa eucarística del momento y la exigencia anselmiana de la razonabilidad de la fe*), título que a su vez apela a la primera de las dos razones ya dadas favorables a un Anselmo prehodierno: la de su exigencia de una fe lúcida.[36]

De ahí que se trate aquí de anticipar algo — a modo de hipótesis de trabajo— a partir de una tal exigencia de razonabilidad que tiene la fe: toda fe, digo yo; la fe cristiana, decía Anselmo. Y digo «hipótesis de trabajo» porque la presentación del argumento no incluye su *prueba* como tal — pendiente de un estudio que compare los textos de Berengario con los de Lanfranco, y los de éstos con los pasajes anselmianos relativos a la eucaristía— , sino que se limita a aducir los *indicios* que prejuzgan la posibilidad de una tal prueba y la previsibilidad de su resultado.[37] Cabe anticipar que los textos de Anselmo al respecto no sólo son escasos, sino que en ellos no hay más que *referencias*, como *de paso*, a la presencia *real*, realidad que no es el tema en ellos tratado ni fue nunca negada por Berengario, como subraya Kurt Flasch.[38] Pero, repito, el estudio de tales textos (como el de los de Berengario y Lanfranco) es también parte de un trabajo pendiente.[39]

Mi hipótesis de trabajo es que, pese a tener a Lanfranco como maestro, amigo y valedor, Anselmo jamás comulgó con su posición contra Berengario, sino que sintonizó con éste, en la línea — inaugurada medio siglo antes per Gerberto de Aurillac (después papa Silvestre II)— de simpatía por la dialéctica y por una fe razonable que no excluyese el misterio. En cuanto a los indicios en favor de tal hipótesis, son

---

[36] Cf. *Supra*: apartado *[4] La exigencia anselmiana de una fe lúcida.*

[37] Dicha prueba podría ser objeto de una futura aportación mía, siendo este final de la presente exposición algo así como el proyecto de investigación exigido en los concursos para plazas de universidad.

[38] Cf. Kurt FLASCH, *Chose ou signe: Béranger de Tours contre Lanfranc*, en IDEM, *Introduction à la philosophie médiévale*, Cerf - Éditions Universitaires, París - Fribourg 1992, p. 43-56, en especial p. 52 (donde se insiste en que Berengario afirma la realidad de esta presencia y se apoya en la autoridad de los Padres de la Iglesia antiguos, pues quería reinstaurar la doctrina primigenia contra la interpretación fisicista del siglo IX que defendía Lanfranco). Cf. también IDEM, *El pensament filosòfic a l'Edat Mitjana*, Obrador Edèndum, Santa Coloma de Queralt 2006 (trad. catalana de l'original de 2000), p. 179-182. En cuanto a buena parte de los textos anselmianos detectados por mí, de lo que tratan es de la discusión sobre si el pan ha de ser ázimo o fermentado.

[39] Ciñéndome al Migne, el único pasaje (PL 159, 256 A y C) en que Anselmo contrapone *substantiam* (del cuerpo y la sangre de Cristo) y *species* sensibles (de pan y vino) es de un escrito consignado como *Epistola CVII*: una carta incompleta, sin destinatario y no recogida per W. FRÖHLICH (cf. *supra* nota 11).

tres (presentados como positivos, los dos primeros; y el tercero, ofrecido anticipándome a la objeción que pudiera hacérseme en caso de que el estudio pendiente descubriese algún texto comprometedor).

1) Nuestro autor no duda en elaborar *tratados* en los que dar razonabilidad a doctrinas aparentemente tan opuestas a toda racionalidad como las de la Trinidad, la Encarnación, la divinidad de Jesús y la virginidad de María; y, en cambio, no hace lo mismo respecto de la presencia eucarística. ¿No indica esto que prefiere la explicación que de ella diera Berengario a la impuesta como ortodoxa por Lanfranco, indudablemente opuesta a toda racionalidad?

2) Preocupado siempre por la ortodoxia — pudiendo llegar al respecto a perder los estribos, como en el caso Roscelino— , en Anselmo acaso sorprenda semejante ausencia de atención directa al tema de la presencia eucarística. Pero ¿no significa, más bien, dicha ausencia que él nunca consideró que la interpretación de Berengario fuese herética o blasfema?

3) Pese a nunca haberse interesado, pues, en tomar como objeto directo de su reflexión la interpretación que debiera hacerse de la presencia eucarística, Anselmo podría tener algún texto que aludiese de paso a una tal cuestión. Mas ¿no cabría ver esto como excepcional reflejo de un uso del lenguaje no inhabitual en su época o como fácil recurso para evitar entrar en polémica con el interlocutor (en caso de tratarse de correspondencia) o con el posible lector?

Son indicios, sí; pero, como indicios, *indican* que, más allá del hecho contextual de que Lanfranco fuera su maestro y su predecesor como prior, como abad y como arzobispo, Anselmo supo comportarse con honestidad (*amicus Lanfrancus, amiciores veritas et iustitia*), siendo coherente consigo y con su más profunda convicción de que la fe no tiene derecho ni a decapitar al creyente o al seguidor de un ideal ni a pedirles que se corten la cabeza, sino todo lo contrario, según quisieron hacer tanto Berengario como él.

En esto el abad de Bec y arzobispo de Canterbury puede también ser, en fin, figura que anticipa una nueva Europa: la que debiera ser la nuestra.

Anselm's challenge to contemporary philosophy: its origins and its significance

Ian LOGAN

Blackfriars Hall, University of Oxford

In this paper I focus on one way in which Anselm can be seen to address a major strand of contemporary culture that is both secularist and atheistic, a central goal of which is to drive God from the public square. If, as I suspect, such an attempt to remove God requires ultimately a philosophical foundation and a key part of such a foundation is the denial of God, then entailed in Anselm's proof of God in the *Proslogion*[1] is a claim about the permanent presence of God in language and thought, which implies that God cannot be eliminated from debate, as such a secularism demands, and represents a direct challenge to atheism and its philosophical defenders. On this basis, I wish to suggest that Anselm's argument in the *Proslogion* and the history of its reception indicate that the attempts to achieve the goal of permanently removing God from the public square will end in failure.

An important element of my thesis is that the argument of the *Proslogion* remains unrefuted,[2] in spite of the apparent consensus amongst the majority of philosophers that it has been refuted.[3] When one drills down into the detail of this consensus, one finds that it is based on competing, and even mutually exclusive, attempts at refutation.[4] Anselm's challenge to philosophers is to refute his

---

[1] Anselm states explicitly that he is setting out to prove the existence of God, that He is the supreme good and "whatever else we believe about the divine substance" (ANSELM, *Proslogion*, Proemium.) By 'we' he is referring to Catholic Christians.

[2] See I. LOGAN, *Reading Anselm's* Proslogion: *The History of Anselm's Argument and its Significance Today*, Farnham: Ashgate 2009, pp. 115-196.

[3] There is a more positive view of his argument amongst philosophers who are serious students of Anselm.

[4] See G. OPPY, *Ontological Arguments and Belief in God*, Cambridge: Cambridge University Press 1995, *passim*. Oppy would deny "dialectical effectiveness" to

argument. He is certain that they cannot. In the first part of this paper, I seek to show why he thinks that the unbeliever's attempt to deny coherently the existence of God cannot succeed. In doing so, I present an account of his argument from the perspective of the dialectician that he was. I do not seek to justify his argument here, although I think that it can be justified, as I have argued elsewhere.[5] (Nevertheless, where relevant to the theme of this paper I will provide some pointers to its justification.) In the second part of the paper, I develop an account of Anselm's continuing challenge to philosophy in its contemporary secular and atheistic guise and of the latter's failure to dispose of his argument. In presenting this account, I take seriously the possibility that the reason Anselm's argument has not been refuted is because it is sound, and that the denial of God arises from improper linguistic usage. Finally, I conclude with a brief Anselmian reflection on Nietzsche's influential claim that God is dead. It should be noted that it is not within the scope of this paper to provide a description of the cultural or sociological basis of the process of secularisation.[6]

Two more introductory points. Firstly, I am not suggesting that Anselm is held by religious believers to be their only, or even their main, representative in the dialogue with secular culture. Even in his own time his stance against the interference of the secular power in the affairs of the Church was not universally popular. As an eleventh century monk and archbishop, he is hardly the obvious choice as a spokesperson on behalf of twenty first century believers in dialogue with contemporary secularism and atheism. Nor, secondly, am I suggesting that the *ratio Anselmi* is generally accepted by believers. The theme of this paper might just as easily be 'Anselm's challenge to contemporary religious thought'.[7]

Anselm's argument, regardless of whether it is sound or not (p. 119). But in a matter of dialectical controversy to get your opponent to admit that your argument may be sound, but that he will not accept its conclusion even if it is, seems remarkably effective to me.

[5] LOGAN, *Reading, passim*.

[6] A useful starting point here might be H. JOAS and K. WIEGANDT, *Secularization and the World Religions*, Liverpool: Liverpool University Press 2009. See also O. CHADWICK, *The Secularization of the European Mind in the Nineteenth Century*, Cambridge: Cambridge University Press 1975.

[7] See the example of Alister MCGRATH, *Why God Won't Go Away: Engaging with the New Atheism*, London: SPCK 2011, who quotes approvingly the statements that the "ultimate questions and their answers ... finally elude our intellectual grasp

1. The origins of Anselm's challenge: Anselm the dialectician

According to Boethius (in his second commentary on Porphyry), "it was necessarily the case that those who rejected the science of disputation would fail in their investigation of the nature of things".[8] For Augustine too, dialectic was built into the divinely instituted scheme of things.[9] That Anselm shared this view is not simply a matter of historical accident, but can be explained by the context of the world into which he entered as a student in the mid-eleventh century. That world of learning of Anselm's time was linked to the world of Augustine and Boethius through the schools of northern France, such as those of Gerbert, Fulbert, Berengar and Lanfranc.[10]

By the time of Anselm's arrival at Lanfranc's school at Bec, Lanfranc had already begun to turn his attention from dialectic to the study of scripture. A renowned teacher of dialectic, Lanfranc, was aware of how syllogistic reasoning could be used against the beliefs of Catholics. In his commentary on Paul's letter to the *Colossians*, chapter 2 verse 4, he mentions how philosophers deny that a man can be born of a virgin.[11] One source of his concern was Boethius's discussion of the topic 'from antecedents to consequents', in which he asserted: "*Si peperit, cum viro concubuit*" ["if she has borne a child, she has lain with a man"].[12] The fact that authoritative texts of dialectic such as this make use of examples involving positions seemingly incompatible with the beliefs of Catholics was taken by Lanfranc as an indication of the weakness of dialectic in addressing matters of faith. The flight from sacred authority to

---

and strict logical proof" (p. 60) and that logic and facts "take us so far, then we have to go the rest of the way toward belief" (p. 61). If Anselm's argument is sound - a question that cannot be determined on theological grounds - then it would appear that neither of these claims, though widely shared amongst believers, provides a satisfactory account of the limitations of reason and its relation to faith.

[8] Boethius's second *Commentaria in Porphyrium* [*PL* 64 col. 73A]: "*Quare necesse erat eos falli, qui abjecta scientia disputandi de rerum natura perquirerent.*"

[9] See *De Doctrina Christiana*, II, 32, 50.

[10] In Anselm's time some rejected the use of secular learning in divine matters. Thus, for Peter Damian the devil is the *artifex doctor* (the teacher of the liberal arts) who introduces the declination of the word 'God' in the plural. (*De sancta simplicitate*, 1).

[11] *PL* 150 col. 323B: "*Tradiderunt philosophi … hominem non potuisse nasci ex virgine.*"

[12] *De Topicis Differentiis*, III. E. Stump, *Boethius's De topicis differentiis*, Ithaca-London: Cornell University Press 1978, p. 68 (*PL* 64 col. 1198C).

dialectic, of which he accused Berengar,[13] was a direct threat to the teachings of scripture and the church.

But it is Anselm, not Berengar, who eschews the argument from authority and whose method is characterised by the attempt to proceed *"sola ratione"*.[14] Thus, William of Malmesbury compares Anselm with his predecessors: *"They* want to force us into belief by their authority; *he* uses reason to build up belief in us, proving by irresistible arguments that what we believe is so and cannot be otherwise."[15] This interesting reference shows that at least one of Anselm's near contemporaries understood that what was particularly distinctive about Anselm's approach was the prominent place it gave to reason.

Anselm appears to be unapologetic in his use of dialectic in a way that he must have known Lanfranc would find difficult to accept. In his response to Anselm's request to him concerning the publication of the *Monologion*,[16] Lanfranc is concerned at Anselm's failure to base his argument on that of authorities, which he considered to be Berengar's error. However, Anselm forces Lanfranc's hand by asking for his approval in publishing the *Monologion*. If Lanfranc can find nothing in the work that is opposed to scripture or the authorities, then what basis can he have for criticising the method employed in it and rejecting its publication?

In the *Monologion*, Anselm works out the implications of the view he shared with Berengar that "it is by the gift of reason that man was made in the image of God".[17] According to Berengar, "to have recourse to dialectic is to have recourse to reason; and he who refuses this recourse, since it is in reason that he is made in the

---

[13] *De Corpore et Sanguine Domini*, VII (*PL* 150 col. 416D): *"Relictis sacris auctoritatibus, ad dialecticam confugium facis."*

[14] See *Monologion*, 1, and *Cur Deus Homo*, I, 20 and II, 22. The only authority Anselm ever refers to explicitly in the process of expounding his thought is Aristotle. See *De Grammatico*, 9, 10, 16-19 and *Cur Deus Homo*, II, 17. Anselm's references to Augustine are not employed to develop his argument, but to state that what he writes is consistent with Augustine, see *Monologion*, Preface.

[15] William of MALMESBURY, *Gesta Pontificum Anglorum*, Vol. 1, edited and translated by M. WINTERBOTTOM with R.M. THOMSON, Oxford: Clarendon Press 2007, p. 113.

[16] See *Ep.* 72 for Anselm's original request to Lanfranc, and *Ep.* 77 for Anselm's reply to Lanfranc's response. Unfortunately, Lanfranc's response is not extant.

[17] E. GILSON, *History of Christian Philosophy in the Middle Ages*, New York: 1955, p. 615 n. 41.

image of God (*cum secundum rationem sit factus ad imaginem dei*), abandons his glory...."[18] In *Monologion*, chapter 66, Anselm writes that the rational mind "alone is that through which it itself is most able to advance to the discovery of [the Supreme Essence]". Thus, Anselm believes that in the *Monologion* he is able to establish the necessity of the Trinity "by reason alone" ("*sola ratione*").[19] Nevertheless, he is aware of the dangers of a dialectic which does not treat sacred authority as normative, as his criticism of Roscelin and the "heretics of dialectic" shows.[20] The dialectician must have scaled "the ladder of faith"[21] before he can pursue dialectic. *Ratio* does not exist for its own sake, but must lead to the love of God.[22]

The *Proslogion* was the result of a particular dialectical task Anselm had set himself: to find a self-sufficient argument[23] to prove the existence of the God that Catholics believe in. Anselm was searching for something very specific – the middle term of the argument he wished to propound. Just as he demanded of his student in *De Grammatico* that he "construct the syllogism" ["*contexe syllogismum*"],[24] using a middle term, so Anselm had now to do this himself in order to obtain what he was looking for.[25] In *Proslogion*, chapter 2, Anselm tells us what the middle term is. In addressing God, he writes, "we believe You to be something than which nothing greater can be thought".[26] The proposition contained in this

---

[18] Beringerius TURONENSIS, *Rescriptum contra Lanfrannum (Corpus Christianorum Continuatio Medievalis 84)*, edited by R. HUYGENS, Turnholt: Brepols 1988, p. 85. Translation from T. HOLOPAINEN, *Dialectic and Theology in the Eleventh Century*, Leiden: Brill 1996, p. 116.

[19] *Monologion*, 1.

[20] *De Incarnatione Verbi*, 1.

[21] *Ibid.*

[22] See *Monologion*, 68.

[23] It should be noted that Anselm employs the terms *argumentum* and *argumentatio* interchangeably. This should inspire a certain caution in identifying Anselm's use of the terms with the distinction found, for example, in Boethius. See LOGAN, *Reading*, pp. 15-17.

[24] *De Grammatico*, 4.

[25] With Boethius, the topics had become "a specific method for the discovery of middle terms in syllogistic arguments" (LOGAN, *Reading*, p. 14). See E. STUMP, *Dialectic and its Place in the Development of Medieval Logic*, Ithaca-London: Cornell University Press 1989, p. 57.

[26] It is important to note that Anselm says that he believes this to be the case, so it will be necessary to demonstrate that it *is* the case at some point.

statement of belief functions as the minor premise in Anselm's argument: God is "something than which nothing greater can be thought". Now, Anselm knows what the conclusion of his argument is going to be - that God exists in reality [*in re*], i.e. that God is real. (For the sake of brevity I assume that I can use the term 'real' in a logically predicative way.[27] I also take it as given that Anselm does not confuse what is real and what exists [assuming that something can subsist without existing, as suggested by Meinong] and does not confuse real and intentional objects, since he makes it clear that he is addressing both what exists in the understanding [the intentional object] and what exists in reality [the real object].)

> Thus, we have the terms of Anselm's syllogism:
> firstly, the minor term – God;
> secondly, the major term – [exists] in reality; and
> thirdly, the middle term – "that than which nothing greater can be thought".[28]

Knowing how to construct a syllogism, it is possible to précis Anselm's argument as follows:
1. God is that than which nothing greater can be thought (minor premise)
2. That than which nothing greater can be thought exists in reality (major premise)
3. *Therefore, God exists in reality (conclusion).*

Having stated his major premise, the first thing Anselm seeks to do is to establish it. He famously employs a *reductio ad absurdum*

---

[27] This is not to ignore the discussion of the logical use of 'real' initiated by J.L. AUSTIN in his *Sense and Sensibilia*, Oxford: Clarendon Press 1962.

[28] Given that this exposition involves précising Anselm's argument, there are some steps that are not explained here. For example, it may seem that Anselm shifts too seamlessly from the indefinite *'aliquid'* to the definite *'id'*. Such a criticism is made by Jonathan BARNES, *The Ontological Argument*, London: Macmillan 1972, p. 80, who argues that Anselm presupposes that there is just one thing than which a greater cannot be imagined. In fact, Anselm does assume this for the purposes of his argument, but then goes on to establish it in that part of the *Proslogion* to which Barnes pays no attention. Thus, Anselm concludes the argument on the unity and trinity of God in *Proslogion*, 22-23, by stating that God is the *"unum necessarium"*: God must be unique and simple. In this way he justifies the assumption he made in his minor premise.

argument to establish that "that than which nothing greater can be thought" must exist in reality, since its negation is self-contradictory. The *reductio* goes as follows:

1. If "that than which nothing greater can be thought" does not exist in reality, then something greater than it can be thought.
2. If something greater than "that than which nothing greater can be thought" can be thought, then "that than which nothing greater can be thought" is not "that than which nothing greater can be thought".
3. "That than which nothing greater can be thought" cannot be "that than which nothing greater can be thought" and not "that than which nothing greater can be thought".
4. Therefore, "that than which nothing greater can be thought" exists in reality.

In the dialectical tradition, a key moment in a disputation is to get your opponent to accept your premises. To achieve this Anselm introduces the *insipiens*, the fool. In the *Psalms* the fool is the person who says that God does not exist.[29] The Psalmist's fool has two roles here for Anselm: firstly, as a confirming authority for a rational argument for God, since one implication of the Psalmist's reference to the unbeliever as a fool is that scripture views the denial of God as irrational; and secondly, as a dialogue partner in Anselm's dialectical argument. Now, if the fool were a real participant in a real debate, and realised that Anselm was referring to God when he spoke of "that than which nothing greater can be thought", he might refuse to admit that he understood this term. However, Anselm took some steps to avoid this possibility. Although there are several possible sources, it seems highly probable that he took the phrase, "*quo nihil maius cogitari potest*", from Seneca's *Naturales Quaestiones*, where Seneca identifies it with the magnitude of the world: "*magnitudo ... qua nihil maius cogitari potest.*"[30] (Of all the possible sources, this is the only one that shares precisely the language of Anselm's formula.) Thus, Anselm uses a

---

[29] *Psalms* 13:1 and 52:1 – "*dixit insipiens in corde suo non est deus.*"

[30] SENECA, *Naturales Quaestiones*, I, Praefatio 13. In the 13th century, Thomas of York identifies its origins in CICERO, *De Natura Deorum*, II, 7, 18, but Cicero employs there the term *melius* rather than *maius* in his formula: "*nec solum nihil est sed ne cogitari quidem quicquam melius potest*". Cicero almost repeats this formula in

term that has no obvious connotations of the Christian God. The unbeliever does not claim that he cannot understand the term.[31] It is after all a term that originates with the unbeliever. For Anselm, the unbeliever is in error in *not* applying it to God. He thinks it refers to something else, as Aquinas pointed out. (Of course, for this reason Aquinas considers its use as one of the weaknesses of Anselm's argument,[32] whilst from Anselm's perspective it constitutes one of its strengths.) In chapter 2 of the *Monologion*, Anselm explicitly disassociates the notion of 'greatness' from that of the physical magnitude expressed by Seneca. He is then able to refer to God as "*summa magnitudo*" in *Monologion*, chapter 16. If the language were understood properly (and therefore differently from Seneca's usage), then Anselm would agree that God is the "*summa magnitudo qua nihil maius cogitari potest*".

At the end of *Proslogion*, 2, Anselm believes he has established the major premise ("that than which nothing greater can be thought" exists in reality). To establish the minor premise is actually a more difficult task for Anselm, because it means proving the identity of the God he believes in with "that than which nothing greater can be thought", an identity that as we have just seen is not obvious. He sets about doing this in *Proslogion*, 3, by showing that "that than which nothing greater can be thought" cannot be thought not to exist, which for Anselm is a unique characteristic of God. In the remainder of the *Proslogion* he shows that "that than which nothing greater can be thought" possesses the attributes that Catholics ascribe to God. In this way, he establishes the identity of God and "that than which nothing greater can be thought".[33] The implication of this argument is that God cannot be thought not to exist.

---

the *Tusculan Disputations*, I, 26, 65, but here he employs the verb *intelligere* rather than *cogitare*: "*id, quo ne in deo quidem quidquam maius intelligi potest*". According to M. COLISH, *The Stoic Tradition from Antiquity to the Early Middle Ages, Volume 1: Stoicism in Classical Latin Literature*, Leiden: Brill 1990, p. 18: "There are over fifty manuscripts of [Seneca's] *Quaestiones naturales*, but they date at the earliest to the twelfth century." Was Seneca's *Naturales Quaestiones* known in the eleventh century, since, as Colish suggests, the earliest extant manuscripts come from the twelfth century? Anselm's usage provides evidence that it was.

[31] Cf. ANSELM, *Responsio*, 7.

[32] *Summa contra Gentiles*, I, 11, 3.

[33] What, since Leibniz, has been called an identity of indiscernibles argument.

For Anselm the discovery of the identity of God with "that than which nothing greater can be thought" reveals that the denial of God can only be based on a contradiction or an improper use of the word 'God'. In denying God, the unbeliever either enters into a straightforward contradiction (God as "that than which nothing greater can be thought" does not exist) or employs the term God equivocally (God as something other than "that than which nothing greater can be thought" does not exist).

In spite of the important role of dialectic in his thought, Anselm chose not to present his argument in a purely dialectical form. As a pupil of Lanfranc, he may well have been influenced by his teacher's desire to conceal the use of dialectic.[34] In leaving unexpressed the formal presentation of his argument, Anselm has opened it up to the numerous contemporary attempts to formalize it. It is as if he is saying that it is the meaning and not the form that matters,[35] leaving open to the technically minded reader the task of formalizing it in the way they consider most appropriate. In the *Proslogion* Anselm eschews the use of a formal logical or metaphysical language that 'delegitimises' the use of ordinary language. He is in many ways an 'ordinary language' philosopher, concerned with identifying and clarifying the problems inherent in common parlance (*usus loquendi*),[36] rather than developing a technical language that is as likely to conceal the truth as to expose it. Thus, although for Anselm the common usage of natural language could often be 'improper' and might need to be revised in order to introduce 'proper' usage, he does not share the distrust of a Frege for whom "natural language is in principle incoherent".[37]

Of course, much more has been written about Anselm's proof than I am able to address here. My aim, in this first part, has been to provide an indication of the foundations of Anselm's challenge to those who would deny God.

---

[34] See *De Corpore et Sanguine Domini,* VII (*PL* 150 col. 417A). Lanfranc writes that he seeks to avoid the explicit use of dialectic, but nevertheless continues to argue dialectically, concealing this where he can by the use of equipollent propositions.

[35] Cf. *De Grammatico,* 4: "*Sententia quippe ligat syllogismum, non verba.*"

[36] See for instance the discussion of "*facere*" and "*non facere*" in *Proslogion,* 7.

[37] M. DUMMETT, *Frege: Philosophy of Language,* 2nd edn., London: Duckworth 1981, p. 20.

2. The significance of Anselm's challenge to contemporary philosophy

The first point I want to make in this section concerns Anselm's primary focus on the use of language rather than on metaphysics. If there is an Anselmian metaphysics, it is best portrayed, I think, as what Strawson called a 'descriptive metaphysics',[38] concerned with how we think and talk about metaphysical 'objects'. Let me take an example. It has been argued that Anselm's notion of 'greatness' is Neo-platonist, that this Neo-platonism is the basis of his assertion that something that exists is greater than something that does not exist.[39] However, I do not need any explicit grasp of Neo-platonism to understand the claim that a God who actually exists is greater than a God who does not. I can even agree with this claim without being a Neo-platonist. Whilst it is quite possible that Anselm shared the view that 'an existing x is greater than a non-existing y', if he did so, he did not invest the *Proslogion* argument with this meaning, or, at least, his *Proslogion* argument does not require it. All his argument requires is that 'an existing y is greater than a non-existing y'. Or, to be more precise, it requires even *less* than that: that 'an existing God is greater than a non-existing God'.[40] Anselm made no attempt to construct a permanent metaphysical idiom of the kind found in Aristotle or the Neo-platonists, even though he may have made use of elements of such idioms, as for example in his statement in *Monologion*, 4, that some natures are better than others.[41] His interest is much more *in the use* of language about God. Anselm's solutions to problems are primarily linguistic solutions.[42]

The revival of Anselm's argument over the last century has been remarkable. The rise of analytic philosophy partly explains the

---

[38] P. STRAWSON, *Individuals: An Essay in Descriptive Metaphysics*, London: Methuen 1959, p. 9.

[39] See, for example, K. ROGERS, *The Neoplatonic Metaphysics and Epistemology of Anselm of Canterbury*, Lewiston: Edwin Mellen Press 1997, pp. 244-247.

[40] Or that an 'existing something than which a greater cannot be thought is greater than anything else whether existing or not'.

[41] "*Qui enim dubitat quod in natura sua ligno melior sit equus, et equo praestantior homo, is profecto non est dicendus homo.*" This is not to say that Anselm cannot be read through Neo-platonist eyes. It is just that to do so is to risk missing the point.

[42] His treatment of free will in *De Concordia* and his solution to the problem of human free will and divine foreknowledge is linguistic (that God 'foreknows' human acts as free), rather than metaphysical.

appeal of the analytic Anselm, but so too does the fact that Anselm did not expose the Aristotelian logical form of his argument.[43] One suspects that Anselm could have agreed with Geach and Strawson that "there is no one logical form which is *the* form of a given concrete argument; one and the same argument may correspond to more than one abstract schema".[44] Anselm's refusal to tie his argument to a particular logical form has encouraged the proponents of different logics to make their own attempts to formalize his argument. For example, although Anselm does not speak of alethic modalities in the *Proslogion*, (unless one counts *"cogitari non potest"*, etc.), his argument has been taken up by proponents of modal logic and possible worlds semantics, such as Robert Adams and Alvin Plantinga.[45] This chameleon-like or free character of Anselm's argument, its adaptability to changing circumstances, explains one of the difficulties involved in trying to refute it. Establishing that it shares the characteristics of a particular logical form and that this form is logically invalid may not be sufficient to refute it, since it may still share the form of other, logically valid arguments.

---

[43] I should point out here that, although Anselm himself did not present it explicitly in that form, I have reconstructed Anselm's argument in the form of a syllogism. My reasons for doing so are: (i) that the production of the middle terms of syllogisms was central to the activity of medieval dialecticians; and (ii) that Anselm's search for his *unum argumentum* centred on the search for a missing middle term, which turned out to be *"quo nihil maius cogitari potest"*.

[44] P. GEACH, 'Why logic matters' in H.D. LEWIS (ed.), *Contemporary British Philosophy: Personal Statements*, Fourth Series, London: Allen & Unwin 1976, pp. 86-99, p. 95. See P. STRAWSON, *Introduction to Logical Theory*, London: Methuen 1952, p. 53. See also P. STRAWSON, 'On referring' in *Mind*, 59 (1950) 320-344, 344: "Neither Aristotelian nor Russellian rules give the exact logic of any expression of ordinary language; for ordinary language has no exact logic" and W.V. QUINE, 'Mr Strawson on Logical Theory' in *Mind*, 52 (1953) 433-451, 438: "One conspicuous divergence between language as used and language as depicted in logical forms is the correspondence of many idioms on the one hand to few on the other. Reduction of the rich variety of more or less interchangeable grammatical constructions and logical locutions of ordinary language to a conveniently standardized minimum is imperative for algorithmic purposes; for the power and simplicity of an algorithm, or indeed of any theory, depend on there being many occurrences of few elements rather than few occurrences of many." This 'objection' to Strawson's position also acts as an admission of the necessarily Procrustean nature of logic.

[45] R.M. ADAMS, 'The logical structure of Anselm's argument' in *The Philosophical Review*, 80 (1971) 28-54 and A. PLANTINGA, *The Nature of Necessity*, Oxford: Clarendon Press 1974.

The strength of Anselm's argument, in presenting a case for the undeniability of God, is not that it forces the unbeliever out of their unbelief, but rather that it challenges the unbeliever to refute it.[46] The unbeliever must show that their denial involves neither contradiction nor equivocation, and successfully addresses the logical form(s) of Anselm's argument. If Anselm's argument cannot be successfully refuted, and my view is that so far it has not been, then this reinforces the claim that the word 'God' cannot be removed from philosophical debate, and thus from the wider debate as secularism demands that it should be, and that the project to remove God once and for all from the public square cannot ultimately succeed.

The attempt to remove God from philosophy – the first logical step in removing Him from the public square – constantly comes up against Anselm. How can the atheist overcome him?[47] Two stratagems suggest themselves – direct assault or indifference. In order to assault Anselm's position it is necessary to expose one's own position. To say Anselm is wrong it is necessary to say why he is wrong, and it is in doing this that Anselm's opponents open themselves up to the Anselmian critique. Bertrand Russell, for example, could not avoid engaging with Anselm and in doing so provides us with a clue as to how to understand Anselm's argument:[48]

"The argument can be made to prove validly that all members of the class of most perfect Beings exist; it can also be proved formally that this class cannot have *more* than one member; but, taking the definition of perfection as possession of all positive predicates, it can be proved almost equally formally that the class does not have even one member."

---

[46] This is one reason why Oppy's objection fails (see above, n. 1).

[47] I ignore here the response of 'agnostics', such as Anthony Kenny. See Logan, *Reading Anselm's* Proslogion, pp. 195f..

[48] B. Russell, 'On Denoting' in *Mind*, New Series, 14 (1905) 479-493, 491 n. 2. In 'On Denoting', Russell makes no explicit reference to Anselm, but 'perfect Being' is Russell's account of Anselm's 'that than which nothing greater can be thought'. (See Bertrand Russell, *The History of Western Philosophy*, George Allen and Unwin: London 1946, p. 609.) Russell's argument is reminiscent of Scotus' requirement that it can be shown that there is no contradiction in the concept of "that than which nothing greater can be thought". See also Leibniz, Anselm's argument only shows that if God is possible, then He exists.

However, "perfection" in Anselm's sense is *not* "the possession of all positive predicates". God does not really possess different attributes or perfections as Russell implies. He is one and they are one with each other and with Him.[49] If we talk of God as if He is identical with "a refracted set of attributes" (to employ Newman's felicitous phrase[50]), and do not take Anselm's additional step of acknowledging that the God who is "that than which nothing greater can be thought" is greater than can be thought and is a unity, which of course we cannot imagine, then we are talking of a God with competing attributes, who is not God at all. We fall foul of what Eleanor Stump calls a "pretension to precision", which "misrepresents the thing it seeks to describe".[51]

The point of Anselm's argument is to get unbelievers into the realm of God-talk, to lead them gradually to the realization that to deny God they must speak of God and that to speak of God 'properly' is only possible if one has already grasped at least implicitly that "God truly exists" and that He "is that one necessary thing, in which is every good, or rather which is every and the one and the whole and the only good".[52]

For so long, it seemed that the assertion, "existence is not a predicate",[53] was like "a magic word" that could "dissolve Anselm's enchantments", as Peter Geach famously pointed out.[54] But even oppo-

---

[49] Cf. *Proslogion*, 23: "*unum est necessarium*".

[50] Cf. J.H. NEWMAN, *The Philosophical Notebook*, edited by E. SILLEM, Vols 1-2, Louvain: Nauwelaerts 1969, Vol. 2, p. 143.

[51] E. STUMP, *Wandering in Darkness: Narrative and the Problem of Suffering*, Oxford: Oxford University Press 2010, p. 47.

[52] *Proslogion*, 23.

[53] The *locus classicus* for this assertion is I. KANT, *Critique of Pure Reason*, A598;B626, although there he speaks of existence not being a *real* predicate: " 'Being' is obviously not a real predicate; that is, it is not a concept of something which could be added to the concept of a thing." Similar to Kant's argument is that of Frege, for whom existence is a second level predicate, and therefore to be predicated of concepts not objects: "The ontological proof of God's existence suffers from the fallacy of treating existence as a first-level concept." (Frege, 'Function and Concept' in P. GEACH and M. BLACK (eds), *Translations from the Philosophical Writings of Gottlob Frege*, Oxford: Basil Blackwell 1960, pp. 21-41, p. 38 note).

[54] P. GEACH, 'Review of *From Belief to Understanding*' in *Philosophy*, 52 (1977) 234-236, 234. For some this slogan is simply irrelevant, since they think that Anselm's argument does not require existence to be a predicate. See G.E.M. ANSCOMBE, 'Why Anselm's Proof in the Proslogion is Not an Ontological Argument' in *The Thoreau Quarterly*, 17 (1985) 32-40 and B. DAVIES, 'Anselm and the ontological argument' in

nents of Anselm such as Graham Oppy and Colin McGinn have ceased to believe that Anselm's argument can be disposed of in this way.[55] Now Anselm is addressed by many thinkers who seek other, more firmly based objections. One example of this new breed of objection is that of Peter Millican in his article, 'The One Fatal Flaw in Anselm's Argument'.[56] Like so many objectors, Millican is unconvinced of the success of the objections of his fellows and seeks to find *the* refutation that will finally put paid to Anselm's argument. My position is that there has as yet been no successful refutation of Anselm's argument, not even Millican's, which is based in part on the incorrect assumption that Anselm's argument requires that anything that exists is greater than anything that does not (see the discussion above). Even those who think there has been such a refutation would have to admit that the majority of their fellow objectors would not agree with their view of what it is. Many philosophers agree that Anselm's argument fails. However, they do not agree with each other how it fails. What at first sight looks like a consensus turns out to be a mirage.

The atheists' alternative stratagem is indifference, to pay no attention to God, to let Anselm and others get on with it and to ignore them, since what they are doing is simply irrelevant. An example of

---

B. DAVIES and B. LEFTOW (eds), *The Cambridge Companion to Anselm*, Cambridge: Cambridge University Press 2004, pp. 157-178.

[55] G. OPPY, *Ontological Arguments*, p. 161: "it is very difficult to mount a decisive argument in favour of the view that there is a sense in which existence is not a predicate that poses a serious threat to ontological arguments." See also C. MCGINN, *Logical Properties, Identity, Existence, Predication, Necessity, Truth*, Oxford University Press: Oxford 2000, pp. 50f.: "I conclude that 'exists' is a predicate and that it expresses a property just as other predicates do (whatever properties are and whatever it is for predicates to express them).... By all means analyse general statements of existence in terms of the 'existential quantifier', but do not make the mistake of inferring that existence is not a predicate just because this analysis works. The existence of tigers consists in the fact that tigers severally have the property of existence; this is what grounds the fact that the concept tiger has instances and hence makes true '$(\exists x)(x$ is a tiger$)$'."

[56] P. MILLICAN, 'The One Fatal Flaw in Anselm's Argument, in *Mind*, 113 (2004) 437-476. Whilst Millican claims to detect one (fatal) flaw in Anselm's argument, Oppy claims to find several flaws in that of Millican. See G. OPPY, 'More than One Flaw: Reply to Millican' in *Sophia*, 46 (2007) 295-304. For further discussion see Y. NAGASAWA, 'Millican on the Ontological Argument' in *Mind*, 116 (2007) 1027-1039 and P. MILLICAN, 'Ontological Arguments and the Superiority of Existence: Reply to Nagasawa' in *Mind*, 116 (2007) 1041-1053.

this can be seen, for instance, in Rorty's account of Strawson's *The Bounds of Sense* as a conversation with "somebody [Kant] who is brilliantly and originally right about something dear to one's heart, but exasperatingly mixes up this topic with a lot of outdated foolishness".[57] Among such outdated foolishness Rorty includes questions about the existence of God, a subject "about which we are now better informed, and thus able to perceive the irrelevance".[58]

This approach has had some success in the past, but it depends on factors, which are losing their force: a moral consensus (the legacy of Christendom), a socially weak and privatised religion, a religion that has little impact in the political sphere nationally or internationally.[59] But the question of God just cannot be ignored in the hope that it will quietly fade away. In a world where religion drives ideological movements and vigorously challenges the current social trends,[60] indifference ceases to be an option. So we have a new breed of God haters, who no doubt would like to ignore God, but find that they cannot, and have in fact raised the profile of God in the public square.[61]

---

[57] R. RORTY, 'The historiography of philosophy: four genres' in R. RORTY *et al.* (eds), *Philosophy in History: Essays on the historiography of philosophy*, Cambridge: Cambridge University Press 1984, pp. 49-75, p. 52.

[58] *Ibid.*. It should be noted that Rorty advocates the promotion of secularism in his teaching since only the educated can participate in "our conversation". By 'educated' Rorty here means accepting the prejudices of the 'American liberal establishment'. See R. RORTY, 'Universality and Truth' in R.B. BRANDOM (ed.), *Rorty and his Critics*, Oxford: Blackwell 2000, pp. 1-30, p. 21f..

[59] Sartre, in his criticism of French radicalism which in endeavouring 'to formulate a secular morality' thought it would simply "have disposed of God as an out-of-date hypothesis which will die away quietly of itself", recognised that the question of the existence of God was of great relevance to morality. He writes: "The existentialist, on the contrary, finds it extremely embarrassing that God does not exist, for there disappears with Him all possibility of finding values in an intelligible heaven." (J.-P. SARTRE, *Existentialism and the Human Emotions*, New York: Philosophical Library 1957, pp. 21f..).

[60] I am not entering here into the discussion about what constitutes 'religion', nor am I seeking to broaden out the notion of religion to include all social phenomena that 'bind' societies together, which would include the political and cultural. Though I think a case can be made for doing that. See, for example, W. CAVANAUGH, *The Myth of Religious Violence: Secular Ideology and the Roots of Modern Conflict*, Oxford: OUP 2009, who seeks to analyze the "political conditions under which the very category of religion is constructed" (p. 5). My concern here is with 'God' rather than 'religion'.

[61] As the reaction to the visit of Pope Benedict XVI to Britain in 2010 confirmed.

At this point in the discussion, it is worth addressing the significance of the statement that God cannot be removed from our discourse. This is not merely based on the assertion that Anselm's argument remains a topic of debate amongst philosophers or on the fact that there is little agreement amongst philosophers as to what constitutes a refutation of the argument or on a Rahnerian theological claim that "man exists only when he says, 'God'."[62] It is also based on the assertion that Anselm puts forward a sound argument for the existence of God. One is tempted to ask how one shows that an argument such as Anselm's is sound, if there is no (generally accepted) empirical evidence to confirm its conclusion.[63] However, such an empiricist demand cannot function as a criterion of the soundness of a logical argument. Soundness is based on the truth of premises and the validity of at least one of the logical forms in which the argument can be presented. If Anselm's argument is sound as he alleges, then it is irrefutable.[64] To refute Anselm it is necessary to show that at least one of his premises is false or that the various logical forms of his argument are all invalid. The failure to achieve this (which after 900 years has an appearance of permanence) makes the attempt to drive out God premature at least. Furthermore, if Anselm's argument is irrefutable, then God cannot be driven from discourse, debate or the public square.

In *Proslogion*, 3, Anselm writes, "Therefore, O Lord my God, you truly exist in such a way that You cannot be thought not to exist." According to Anselm this is not the case for anything else. How then can the fool say that God does not exist, since, for Anselm, it is clear to a rational mind that He exists in a more real sense than anything else? Anselm attempts to answer this question in *Proslogion*, 4. He explains that it is only possible to deny God's existence if one

---

[62] K. RAHNER, *Grace in Freedom*, London: Burns and Oates 1969, p. 188.

[63] And, one might additionally ask why one would need such an argument, if one already had the empirical evidence to confirm its conclusion.

[64] In Moore's account, one of the criteria of a proof is that I must know its premises to be true. (G.E. MOORE, 'Proof of an External World' in *Philosophical Papers*, London: Allen & Unwin 1962, pp. 126-148, p. 144.) But this is to introduce an unacceptable psychological moment into proof theory. One can always raise an objection to the conclusion of an argument by denying one of its premises. But one needs to be able to justify that denial in order to refute the argument. It is not enough to assert that 'I' do not know that the premise is true.

uses the word 'God' without any meaning or with an extraneous meaning. As Anselm said in *De Grammatico*, 4: "it is the meaning and not the words that binds the syllogism".

Although in common usage (which often employs words improperly) it is possible to say that God does not exist, this is not possible if one uses the word 'God' properly. For Anselm, as for modern linguistic philosophers, it is in sorting out the language that one resolves the philosophical problem. Anselm's view is that the proper meaning of God is "that than which nothing greater can be thought". For Anselm, if one substitutes another term for this term, one may well end up in equivocation or contradiction.[65]

Conclusion: Anselm's 'fool' and Nietzsche's 'mad man'

In *Die fröhliche Wissenschaft*, Nietzsche introduces us to the 'mad man', who like Anselm, cries that he seeks God.[66] But Nietzsche's 'mad man' is also like Anselm's 'fool'. He thinks that God can be denied, that God can be killed. The history of the last hundred years suggests that Nietzsche is wrong. God cannot be squeezed out of existence. If we squeeze Him here, He pops up over there. Of course, it is dangerous to make historical predictions, and Nietzsche tries to cover that angle. He writes:[67]

"God is dead, but such is the way of men, that perhaps for thousands of years there will be caves in which his shadow appears. - And we – we too must still conquer his shadow."

But that sounds like an admission that God may not be dead. Anselm's response is that God can never be eradicated from "the way of men". To announce God's death, one must speak of Him.

---

[65] For Anselm one does not have had to articulate the meaning of the word to use it correctly. Just as a child can use the word, man, without being able to express its definition, which for Anselm would be 'rational, mortal animal', so we can use the term God meaningfully without knowledge of Anselm's middle term.

[66] ANSELM, *Proslogion*, 1; F. NIETZSCHE, *Die fröhliche Wissenschaft*, §125, *Der tolle Mensch*.

[67] *Ibid.*, §108, *Neue Kämpfe*: "*Gott ist todt: aber so wie die Art der Menschen ist, wird es vielleicht noch Jahrtausende lang Höhlen geben, in denen man seinen Schatten zeigt. – Und wir – wir müssen auch noch seinen Schatten besiegen.*"

The secularists' dilemma is that it is not possible to eradicate discourse about God, to eradicate God, without talking about Him.[68] Whilst for Anselm, if (*per impossibile*) God really were dead, we would have no word for Him, no shadow to conquer.

---

[68] See K. Flanagan's review of JOAS and WIEGANDT, *Secularization*, in *New Blackfriars*, 91 (2010) 736-739, 737: "The trouble with secularisation is that as a concept it never sufficiently encompasses that which it stipulates: the disappearance of religion."

Anselm of Europe: an enduring fascination

Norman TANNER, S.J.

Pontificia Università Gregoriana

Anselm was raised in Italy, became a monk in France and was promoted archbishop in England. He may rightly be called Anselm of Aosta (in Italy), where he was born and grew up, or Anselm of Bec (in France), where he was monk and abbot, or Anselm of Canterbury (in England), where he was archbishop from 1093 until his death in 1109. Of all the great intellectual personalities of the medieval West, he was perhaps the most cosmopolitan and fully European. Therefore the title of this paper styles him – appropriately I believe – Anselm of Europe. He was well known in his own lifetime, a man of European fame, both as archbishop of Canterbury and as intellectual and writer.

The approach of this paper is simple, to trace the influence of Anselm upon subsequent generations through studying his reception by some of the most prominent intellectuals of the Middle Ages and afterwards. For the Middle Ages, three authors will be looked at: Abelard, Thomas Aquinas and Duns Scotus. They lived and worked in the three countries with which Anselm was principally connected: Italy, France and England. Then, for the post-medieval period, our focus will be on Martin Luther and Robert Bellarmine together with some more general reflections on the reception of Anselm during the nineteenth and twentieth centuries.

1. Abelard

In the *Cambridge Companion to Abelard*, Anselm and Abelard are described as representing "the high point of philosophical speculation in the Latin West prior to the recovery of Aristotle in the mid-twelfth century"[1]. Though in many ways their intellectual approaches were similar, with their inquisitive and radically probing intellects, there was also tension. A likely reason for the friction was because Anselm had accused Roscelin – one of Abelard's early mentors – of heresy regarding his teaching on universals and the Trinity. The accusation was made by Anselm when he was archbishop of Canterbury and Roscelin was living in England. Later Abelard too became a forthright critic of Roscelin, but Anselm's censures of Roscelin's teachings may have left a sour taste with Abelard too.

Abelard surely knew Anselm's writings yet he quotes from them little. The volume containing Abelard's works in Migne's *Patrologia Latina* includes an index of writers cited by him. In this index, we find only three references to Anselm[2]. One is in a letter to Abelard which is attributed to Roscelin. In both the other references, regarding the Trinity, Abelard claims that Anselm was dependent upon Augustine of Hippo. Significantly, in his *Sic et Non*, the work in which Abelard cites the most authors, provocatively pitting them 'for' (*Sic*) and 'against' (*Non*) a given proposition, Anselm is not included[3].

It is true that the overwhelming majority of citations of authors in Abelard's works, according to Migne's index, are to the Fathers of the Church rather than to medieval authors. Also, Abelard was famously eager to emphasise his own originality rather than his dependence upon others, especially his teachers. Even so, the scarcity of his references to Anselm, his most illustrious immediate predecessor, is noticeable. Various works of Abelard have been discovered since Migne's edition and we still await a modern critical edition of all Abelard's works, together with an index of the authors cited in them. However, regarding Abelard's explicit references to Anselm, it is unlikely that this picture of scarcity will be altered much.

How far there was a real but concealed dependence, I must leave to better qualified scholars. My impression is that it was greater

---

[1] *Cambridge Companion to Abelard*, edited by Jeffrey E. BROWER and Kevin GUILFOY, Cambridge, Cambridge University Press, 2004, p. 2.

[2] *Patrologia Latina*, ed. Jacques MIGNE, Paris, 1844-1864, CLXXVIII, coll. 1879-1886.

[3] For this omission, see also: Peter ABELARD, *Sic et Non*, edited by Blance B. Boyer and Richard Mckeon, Chicago, University of Chicago Press, 1976, p. 647.

than Abelard liked to admit. His likely debts to Anselm regarding soteriology and redemption are discussed by David Luscombe[4].

2. Thomas Aquinas

The next medieval theologian to consider is Thomas Aquinas. A quick perusal suggests that the large majority of Aquinas's references to Anselm come in his *Summa Theologiae*, his final and most authoritative work. These references are conveniently listed in the General Index of the most recent edition of the *Summa* published by the British Dominicans[5]. There we find that Aquinas cites Anselm some twenty times in the course of his *Summa Theologiae*. Twenty is a decent number, though it pales in comparison with Aquinas's favourite authors: Aristotle and Augustine are both cited well over a thousand times.

Aquinas does not normally specify the passage in Anselm's work to which he is referring. The labours of various editors, however, have indicated a dozen of Anselm's works from which Aquinas's quotes were likely drawn, including his best known works *Proslogion*, *Monologion* and *Cur Deus Homo*.

The two most famous disagreements between Anselm and Aquinas are those regarding the immaculate conception of Mary and the ontological argument for the existence of God. Regarding the Immaculate Conception, Anselm was one of the earliest and most authoritative proponents of the doctrine in the West. Aquinas was among the good number of medieval theologians who opposed the doctrine and he explicitly mentions Anselm when he discusses the issue in the *Summa* at III.27.2. It was, of course, Anselm rather than Thomas who was endorsed when pope Pius IX solemnly defined the doctrine of Mary's immaculate conception in 1854.

The ontological argument for the existence of God – based on the thesis that *id quo maius cogitari nequit* (that than which nothing

---

[4] David LUSCOMBE, *The School of Peter Abelard*, Cambridge, Cambridge University Press, 1969, pp. 137, 192 and 274.

[5] Thomas AQUINAS, *Summa Theologiae*, edited by Thomas GILBY and others, London, Eyre & Spottiswoode, 1964-1981, LXI (Index), pp. 16-17.

greater can be conceived) must exist in reality and not just as a concept, otherwise it would not be the 'greatest' – was first expounded by Anselm in *Proslogion*, 2 and 3. It is not to be found among Aquinas's five 'ways' of proving God's existence in *Summa Theologiae*, I.2.3. The argument, moreover, is explicitly rejected by Aquinas in I.2.2 ad 2 of the same *Summa*, on the grounds that it proves the concept of God but not the existence or reality of God. In rejecting the argument Aquinas does not mention Anselm by name but, it seems to me, the omission was likely out of respect for Anselm rather that from ignorance that it had been proposed by him[6] Notwithstanding Aquinas's rejection, the argument has continued to fascinate philosophers and theologians to the present day.

Besides the Immaculate Conception, the topics covered in Aquinas's quotations from Anselm's works, when he explicitly cites Anselm, are the following (in alphabetical order and with the location in the *Summa Theologiae* given in brackets): concupiscence (I.II.89.5); devils (II.I.112.3); grace (I.100.3); humility (II.II.161.6); Incarnation (III.3.6); justice (I.21.2; I.100.1; II.I.83.3; II.II.58. 1 and 4); pride (II.II.162.4); sin, including original sin (I.63.4 and II.I.82.1); Trinity (I.34.1 and I.36.2); truth (I.16.1,6 and 8); unbelievers (II.I.89.5); vows (II.II.88.6); will (I.82.4).

It appears from these quotations that Aquinas had much respect for Anselm: indeed there is fascination. Quite often Anselm is to be found among the 'adversaries', but usually Aquinas resolves their differences in a positive manner. Altogether Anselm's influence upon Aquinas is evident. Teaching on concupiscence and sin, both original and actual, are instances of such influence. On grace and the fall, Aquinas quotes Anselm's argument that "if our first parents had not sinned when tempted, they would have been confirmed with all their progeny in such a way that they could not sin in the future" (*Cur Deus Homo*, 1.18). But, he says, Anselm proposed it as an opinion rather than a "positive assertion", hence he feels free to disagree. Likewise, in pitting Anselm's seven degrees of

---

[6] However, Brian Davies, in his excellent summary of the matter, doubts whether Aquinas was aware that the argument came from Anselm: Brian DAVIES, *The Thought of Thomas Aquinas*, Oxford, Oxford University Press, 1992, pp. 16-17.

humility against saint Benedict's twelve degrees, he argues that Anselm was expressing only an opinion (*opinio*).

3. Duns Scotus

For Duns Scotus, the third of our medieval theologians to be considered, we still lack an authoritative edition of all his works, together with appropriate indices. Therefore I shall rely upon the findings of Richard Cross, the leading Scotist scholar in the Anglophone world. He lists five areas of Anselm's influence upon Scotus's thought: the ontological argument for the existence of God; divine perfections; original sin; affections of will; redemption[7].

Scotus, unlike Aquinas, substantially endorsed the ontological argument for God's existence. As Cross says, "the argument (as proposed by Scotus) is in fact more or less indistinguishable from that provided by Anselm in chapter 3 of the *Proslogion*"[8]. Scotus's debt to Anselm in this regard seems clear[9]. Regarding divine perfections, Scotus follows Anselm even more closely. "According to Anselm, then, we first know something to be a pure perfection and then we attribute this perfection to God." Then Scotus follows the list of divine perfections given earlier by Anselm: "[God] must be living, wise, omnipotent, true, just, eternal and anything, absolutely speaking, that it is better to be than not to be"[10].

On original sin, Cross states, "Scotus's theory derives fairly closely from that of Anselm": for both writers, original sin is a privation – the lack of original justice – rather than a positive quality, whether spiritual or bodily. Thus both writers rejected any simple explanation of original sin, such that "concupiscence is like a bodily infection ...[which] can be passed from parent to child"[11]. On affections of will, Cross argues, Scotus follows Anselm closely in laying the basis "in

---

[7] Richard CROSS, *Duns Scotus*, Oxford, Oxford University Press, 1999, Index p. 240 under 'Anselm'.

[8] *Ibidem*, p. 20.

[9] For a fuller treatment, see Richard CROSS, *Duns Scotus on God*, Aldershot, Ashgate, 2005, *passim*.

[10] R. CROSS, *Duns Scotus*, 1999, p. 32.

[11] *Ibidem*, p. 99.

two inclinations, respectively *affectio commodi* (affection for the beneficial or advantageous) and *affectio iustitiae* (affection for justice)"[12].

Regarding redemption, however, Scotus contested Anselm's findings[13]. The disagreements are complex, though of course both men accept the need of Christ's redemptive work. To oversimplify, one might say that Anselm emphasizes redemption as payment of an infinite debt through Christ's death on the cross: infinite because sin is an offence against God who is infinite. Scotus emphasizes, rather, the role of love in Christ's incarnation and work of redemption: redemption as expressing God's free love for us – altogether, in my opinion, a more attractive theology. Anselm's approach is one of 'satisfaction' for sins, Scotus emphasizes rather 'merit': Christ meriting our redemption. Despite these and other differences, Anselm's theology of redemption, as expressed principally in *Cur Deus Homo*, remained foundational for theologians in the medieval West, including Scotus.

4. Martin Luther

As we move out of the Middle Ages, Martin Luther makes an appropriate choice for the first theologian to be considered. The index to the standard English translation of Luther's works provides half a dozen instances of Luther citing Anselm[14]. The number is minute compared with some thousand references to Augustine of Hippo and almost as many to the letters of the apostle Paul. Even so, Luther's respect for Anselm is noticeable. Unfortunately Luther does not give precise references to Anselm's works when citing him, so it is difficult to verify the alleged quotations.

In criticizing monastic life, in his *Commentary on Genesis*, Luther claims support from Anselm when he (Luther) describes this way of life as "a manufactured religion, which was established without the Word by the will of man"[15]; though, as mentioned, we are given no precise reference for Anselm's alleged criticism regarding the very

---

[12] *Ibidem*, p. 87.

[13] *Ibidem*, pp. 129-132.

[14] *Luther's Works*, edited by Jaroslav PELIKAN and Helmut T. LEHMANN, Philadelphia, Fortress Press, 1955-1986, LV, Index 'Anselm'.

[15] *Ibidem*, II, p. 270.

style of life – the monastic – he (Anselm) had chosen. Anselm is praised, too, for his unexpectedly broad view of life and its pleasures: "Solomon", Luther says, "does not forbid joys and pleasures, as those foolish teachers, the monks, did. For this is nothing else than making young people into stumps and, as even Anselm, the most monkish of monks, said, trying to plant a tree in a narrow pot"[16].

Regarding temptation and the importance of resisting it right at the beginning, Luther refers to Anselm with particular respect as "blessed Anselm" and then quotes with approval, without further explanation, Anselm's "parable about the puppy and the hound" – possibly, the editor conjectures, a reference to the proverb "The puppy is whipped so that the hound may be afraid" – in support of the Old Testament texts "the serpent's head must be crushed (Genesis 3.15) and the root must be plucked up from the land of the living"[17].

Luther also praises Anselm in his Commentary on Psalm 90, while admitting his inability to locate the quotation in Anselm's works: "Thus somewhere in his writings Anselm draws this surprising but nevertheless good and true conclusion: Adam and Eve were Christians and justified sinners, and it was an inescapable necessity that immediately after the Fall they returned by faith to the true way, so that there might not be a time when the Church did not exist"[18].

More critical is Luther's assessment of Anselm's Mariology. Here Anselm is placed alongside Bernard of Clairvaux. Their praise of Mary, Luther argues, did not extend sufficiently to the effects of the Incarnation; it is too focused on Mary herself. "Mary cannot be sufficiently praised as a creature, but that the Creator comes to us and becomes our ransom – this is the reason for our rejoicing"[19]. Luther is also critical of Anselm's teaching on concupiscence: "The definition of Anselm is too weak, when he says that it (concupiscence) is the lack of original righteousness, which should be in us. For it (concupiscence) is not only the lack of righteousness, but also innate evil making us guilty of eternal death"[20].

---

[16] *Ibidem*, XV, p. 177.
[17] *Ibidem*, XI, p. 294.
[18] *Ibidem*, XIII, p. 91.
[19] *Ibidem*, LIV, p. 85.
[20] *Ibidem*, XXXIV, p. 85.

The editor has detected a few other likely references to Anselm where he is not mentioned by name, including an apparently favourable reference to Anselm's ontological argument for the existence of God[21]. We can say, in short, that Anselm provides a notable exception to Martin Luther's generally dismissive attitude towards medieval theologians. Luther takes him seriously: he approaches Anselm with both respect and fascination.

5. Robert Bellarmine

After Martin Luther, interest in Anselm appears to decline. The Reformation debates between Catholics and Protestants, in terms of theology, were fought on the terrain of Scripture and the Fathers rather than through appeals to the medieval theologians. Robert Bellarmine provides a good example of this new approach from the Catholic standpoint. It is difficult to be precise since the various editions of Bellarmine's collected *Opera*, including the standard edition by L. Vives[22], lack proper indices of the authors cited by him. But the indications are that citations of Anselm are few, and those which are made refer to his spiritual rather than to his theological writings.

For the spiritual writings of Robert Bellarmine, those edited by Pasquale Giustiniani and Gustavo Galeota reveal some citations of Anselm. In the Introduction, Galeota lists Anselm among twenty-one Fathers, Doctors and other theologians cited by Bellarmine in these spiritual works. In one of the passages, *De Aeterna Felicitate Sanctorum*, book 2, chapter 12, Bellarmine quotes with approval Anselm's warning that the pains of hell are worse than any sufferings in this life. He makes a similar appeal to Anselm when he treats of these same pains of hell in *The Mind's Ascent to God*, Step 15, chapter 5.

More original are the views of Anselm regarding Mary, as cited by Bellarmine. Thus in *De septem verbis a Christo in cruce prolatis*, Book 1, chapter 11, Bellarmine quotes Anselm to support his argument that "martyrdom of the heart" may be even more atrocious than "martyrdom of the body". He notes, accordingly, that Anselm in *De excellen-*

---

[21] *Ibidem*, XXVII, p. 172 (ontological argument); XXX, p. 107; XXXIV, pp. 54 and 155.
[22] Robert BELLARMINE, *Opera omnia*, edited by L. VIVES, Paris, 1870-1874, 12 vols.

tia virginis, chapter 5, taught that the martyrdom of Mary was more acute (*acerbior*) than any bodily martyrdom. And later in *De septem verbis*, Book 1, chapter 12, Bellarmine quotes from the same *De excellentia virginis* of Anselm on the power of Mary's intercession. Christ acts with justice but Mary can intercede with her son. Thus Anselm argued, says Bellarmine, that salvation may come, in a sense, even more readily through Mary than directly from her Son![23]

6. Modern Era

Anselm was regarded as a saint from an early date, though he lived before the introduction of the formal process of canonization in the late twelfth century. We find his name included in the Roman Martyrology authorized by pope Gregory XIII in 1584. He was declared a Doctor of the Church by pope Innocent VIII in the year 1700.

During the nineteenth and much of the twentieth century we find Anselm respected but not overmuch cited by theologians. John Henry Newman, recently beatified by pope Benedict XVI and perhaps the most eminent theologian of the nineteenth century, focused his interest upon the early Fathers of the Church rather than upon medieval theologians. Pope Leo XIII's encouragement of scholastic theology for seminary studies focused principally upon Thomas Aquinas. In 1909, however, the ninth centenary of Anselm's death was celebrated by pope Pius X with the encyclical *Communium rerum*, in which he praised Anselm for his acute and stalwart defence of doctrine and of the rights of the Church. At the same date Aosta, the city of his birth, erected a monument in his honour, which may still be seen today.

Anselm was not one of the theologians cited by the second Vatican council in its sixteen documents, nor indeed is he quoted in the decrees of other ecumenical councils[24]. The omission, however,

---

[23] Robert BELLARMINE, *Scritti Spirituali (1615-20)*, edited by Pasquale Giustiniani and Gustavo Galeota, Brescia, Morcelliana, 1997, I, p. 502 note 8 and pp. 634-635, II, pp. 604-605 and 616-617; IDEM, *Spiritual Writings*, Mahwah (New York), Paulist Press, Classics of Western Spirituality, 1989, p. 223.

[24] *Decrees of the Ecumenical Councils*, edited by Norman Tanner, London, Sheed & Ward, 1990, II, pp. 1221 and 1231.

is scarcely remarkable. Citations of the early Fathers of the Church were common, but it was not the custom of medieval and later ecumenical councils to quote frequently from theologians after the Patristic era – Thomas Aquinas was exceptional in this respect[25].

Recently, however, there has been interest in Anselm's thought among philosophers of the Anglo-American school. His ontological argument for the existence of God has fascinated philosophers preoccupied with linguistic analysis.

7. Conclusion

We may conclude by saying that Anselm surely finds his place among the lodestars of western thought. He may be acclaimed both for his orthodoxy and his encouragement to search ever deeper into the Christian message, indeed to seek to plumb the depths of this infinite wisdom. Pope Innocent VIII in his bull of 1700 proclaiming Anselm a Doctor of the Church, declared the saint to be the most important Christian writer between Augustine and Thomas Aquinas.

Faith seeking understanding, and the mind at the service of faith, were keys to his life and teaching. May both endeavours inspire us, too, in our world today. To this end we are encouraged by this conference at the Gregorian University as well as by many others that are being held in various places around the world to celebrate the ninth centenary of Anselm's death. So as Dean of the *Facoltà di Storia e Beni Culturali della Chiesa* of the Pontifical Gregorian University, I take this opportunity of thanking again all those who have contributed towards this inspiring Conference.

---

[25] *Ibidem*, II, pp. 1221, 1229, 1231 and 1237.

II Sessione
Pensieri e parole

I falsi di Canterbury tra Lanfranco e Anselmo d'Aosta (1070-1109)

S.E.R. Mons. Sergio Pagano
Prefetto Archivio Segreto Vaticano

Il tema della falsificazione dei documenti papali (per restringere la nostra attenzione a questo settore della Diplomatica) non è moderno, non è semplice e per buona parte è ancora da studiare. Infatti, se si eccettuano la donazione di Costantino o le decretali isidoriane (ben note falsificazioni alto medievali), diversi altri falsi pontifici dell'alto e basso medioevo si conoscono in modo sporadico. Né ci deve stupire che i falsari abbiano cercato, per diversi secoli e con metodi sempre più sofisticati, di intercettare e quindi interpolare surrettiziamente o falsificare completamente i documenti dei pontefici di Roma (inclusi persino i sigilli), tenuto conto della preminenza dell'autorità del papa (che con la teocrazia di Gregorio VII, Innocenzo III e Bonifacio VIII si poneva al di sopra dello stesso imperatore e persino sopra la Chiesa); è palese quindi il conseguente valore giuridico dei documenti della loro cancelleria. È noto come fosse proprio Innocenzo III ad introdurre nelle sue decretali pene severissime per i falsificatori dei privilegi o delle lettere pontificie (*de crimine falsi*) nel primo anno del suo pontificato, il 1198.

Sui problemi delle falsificazioni, sui moventi diversissimi e molteplici che le originarono, si sono soffermati celebri studiosi radunati in un congresso di studi a München dalla direzione dei «Monumenta Germaniae Historica» dal 16 al 19 settembre 1986. Gli apporti degli storici e diplomatisti furono poi radunati in ben 5 volumi dal titolo *Fälschungen im Mittelalter* (Hannover 1988).

Fra i contributi di questo convegno apparve anche uno stimolante saggio di Umberto Eco, *Tipologia della falsificazione*,[1] utile anche a comprendere l'ambiente, o meglio i ricorrenti moventi in cui maturarono a Canterbury le falsificazioni di documenti papali che chia-

---

[1] *Fälschungen im Mittelalter*, I, Hannover 1988, pp. 69-82.

mano in causa non tanto il nome dell'arcivescovo Anselmo d'Aosta, quanto quello del suo predecessore Lanfranco di Pavia.

I fatti sono generalmente noti.

Eletto alla sede di York nel 1070 l'arcivescovo Tommaso, secondo la consuetudine avrebbe dovuto giurare, prima della consacrazione, nelle mani dell'arcivescovo di Canterbury Lanfranco, come quest'ultimo pretendeva. Tommaso però sulle prime si rifiutò di sottoscrivere il giuramento, non riconoscendo la prerogativa primaziale alla sede di Canterbury, e Lanfranco a sua volta non volle consacrarlo. Fu l'intervento del re Guglielmo I che obbligò Tommaso al giuramento, approvando così le ragioni di Lanfranco, e finalmente l'arcivescovo di York poté essere consacrato. Nell'ottobre dell'anno seguente però (1071) Tommaso si recava a Roma per ricevere il pallio dalle mani di Alessandro II, ma ricevutolo, – scrive lo stesso Lanfranco in una sua memoria indirizzata allo stesso pontefice due anni dopo i fatti, nota come *Scriptum Lanfranci de primatu* – *calumniam movit de primatu Dorobernensis aecclesiae [...] dicens Cantuariensem aecclesiam atque Eboracensem parem ad se invicem honorem habere, nec alteram alteri secundum beati Gregorii constitutionem debere ullatenus subiacere.*[2]

Papa Alessandro, privo di elementi critici e sicuri per emettere un giudizio, demandò la discussione ad un concilio da convocarsi in Inghilterra alla presenza del legato pontificio. Ciò che poi avvenne nei concili di Winchester e di Windsor nel 1072.

Per poter difendere il primato di Canterbury di fronte al legato papale e soprattutto ai vescovi inglesi radunati in sinodo, sulla scorta soprattutto della *Historia ecclesiastica gentis Anglorum* di Beda, che al primo arcivescovo di Canterbury, l'evangelizzatore della Britannia sant'Agostino, riservava senza dubbio per la fine del VII secolo e gli inizi dell'ottavo un sicuro rilievo, e in un secondo momento sulla base delle lettere papali di Bonifacio V (619-625), Onorio I (625-638), Sergio I (687-701), Gregorio III (731-741) e Giovanni XII (955-964) - risultate poi tutte falsificate - Lanfranco ribadì con forza le proprie rivendicazioni di fronte alla Sede Apostolica per l'esercizio di un primato di giurisdizione sulle altre sedi inglesi, soprattutto su quella di York.

---

[2] *The Letters of Lanfranc Archbishop of Canterbury*, edited and translated by the late Helen Clover and Margaret Gibson, Oxford 1979, p. 42.

Però né Beda, né i citati pontefici (a quanto oggi sappiamo) ebbero intenzione di concedere alla sede di Canterbury un qualche primato sulle altre poche diocesi britanniche, perché lo storico menzionava lettere di Gregorio I ad Agostino e poi di papa Agatone che riconoscevano come sedi metropolitane dell'Inghilterra solo Londra e York.

Lanfranco, esperto uomo di diritto, sapeva d'altra parte che la *Historia* del Venerabile Beda non gli avrebbe offerto grandi prove; queste bisognava che affiorassero dalle concessioni dei pontefici o dei sovrani successivi a Beda. Fu così (come scrive Böhmer ed altri dopo di lui) che nelle sette settimane che corsero fra la Pasqua e la Pentecoste del 1072, in concomitanza con la celebrazione del sinodo di Winchester (Pasqua) e di Windsor (Pentecoste), riuscì a Lanfranco di «ritrovare» nell'archivio arcivescovile di Canterbury i nove documenti papali attestanti il primato, ovvero, più esattamente, gli riuscì di costruire i falsi e di produrli al sinodo di Windsor in copia. I padri sinodali e lo stesso legato pontificio, cardinale Uberto, non essendo in grado, evidentemente, di esercitare alcuna critica su quelle copie, ritennero i documenti autentici e legittimarono quindi il primato che in tali scritti surrettiziamente Lanfranco (o chi per lui) aveva introdotto.

Le nove lettere papali falsificate (sempre a giudizio di Böhmer) erano del seguente tenore:

1) Bonifacio V a Giusto arcivescovo di Canterbury: il papa gli ordina che, secondo lo *statutum Gregorii*, Canterbury da allora in poi fosse sede metropolitana di tutta la Britannia: *ut in Dorobernia civitate semper in posterum metropolitanus totius Britanniae locus habeatur, omnesque provinciae regni Anglorum [...] ut praefati loci* (JL 2007). La lettera non ha data (il falsario non ebbe animo di datarla perché non conosceva probabilmente gli spostamenti di papa Bonifacio V), ma alcuni editori dei secoli XVIII e XIX l'ascrissero all'anno 625 e così la riporta Jaffé, credendola autentica, mentre avrebbe dovuto (come scrisse Böhmer) quantomeno sospettarla.

2) Onorio I conferma a Onorio, arcivescovo di Canterbury, e ai suoi successori il primato su tutte le chiese della Britannia e stabilisce che Canterbury abbia giurisdizione su tutte le altre diocesi inglesi: *iuxta ritum priscae consuetudinis, quae a temporibus sanctae*

recordationis Augustini praedecessris vestri nunc usque tua detinuit ecclesia [...], primatum omnium ecclesiarum Britanniae tibi Honorio tuisque successoribus in perpetuum obtinere concedimus [...]; tuae ergo iurisdictioni subiici praecepimus omnes ecclesias Angliae (JL 2021). Anche questo documento (che pretende essere un privilegio) non ha data, e sempre i soliti autori tardi lo pongono nell'anno 634.

3) Papa Vitaliano conferma all'arcivescovo di Canterbury Teodoro i privilegi di primato su *omnes Britanniae ecclesias* concessi dai suoi predecessori (JL 2095). Privo di data, questo documento (anch'esso un privilegio) è riferito dalla tradizione tarda all'anno 668.

4) Sergio I raccomanda ad Ethelredo, Alfredo e ad Aldulfo, re degli inglesi, l'arcivescovo di Canterbury Bertwald, come *totius Britanniae regionis primum pontificem* (JL 2132). Anche questo scritto è privo di data e viene ascritto all'anno 693.

5) Sempre papa Sergio I, poco dopo, comunica a tutti i vescovi inglesi di aver conferito a Bertwald, arcivescovo di Canterbury, il primato su tutte le chiese della Britannia e di avergli concesso il pallio e l'uso della dalmatica (JL 2133). Anche questo documento è privo di data e si pone ovviamente sempre all'anno 693.

6) Gregorio III comunica ai vescovi dell'Inghilterra di aver concesso in Roma a Tatwine, arcivescovo di Canterbury, il pallio, l'uso della dalmatica, di aver sottomesso alla sua giurisdizione tutte le chiese della Britannia e di averlo nominato suo vicario: *tibi Tatuine, Doroberniae civitatis archiepiscope, tuisque successoribus legitimis omnes ecclesias Britanniae earumque rectores tibi subjicimus, apostolica auctoritate praecipientes, ut omnis homo totius Anglicae regionis tuis canonicis iussionibus obaediat et te sciat esse speculatorem atque primatem totius insulae, cui vices nostras per omnia in regione illa gerendas commisimus* (JL 2243). Privo anch'esso di data, questo privilegio si pone fra gli anni 731 e 734.

7) Leone III conferma a Ethelhard, arcivescovo di Canterbury, il primato su tutte le chiese della Britannia: *tibi Ethelharde, tuisque successoribus omnes Anglorum ecclesias, sicut a priscis temporibus fuerunt, in perpetuum in ipsa tua metropolitana sede per subiectionis cognitionem irrefragabili iure concedimus detinendas.* Questo privilegio è datato al 18 gennaio 802 (JL 2510).

8) Papa Formoso comunica a tutti i vescovi inglesi di aver avuto in animo di scomunicarli a causa della loro arrendevolezza di fronte alla ripresa dei costumi pagani, poi, a motivo del loro ravvedimento – comunicatogli da Pleimund, arcivescovo di Canterbury – dice di aver desistito dalla sua decisione; loda il loro rinato zelo per la disciplina ecclesiastica, impartisce la benedizione apostolica e li esorta, alla morte di un presule, a voler proporre subito un successore, secondo la prassi canonica; conferma infine a Pleimund il primato su tutte le sedi della Britannia e lo elegge suo vicario (JL 3506). Il documento è privo di data, ma si colloca fra gli anni 891-896.

9) Giovanni XII conferma a Dunstan, arcivescovo di Canterbury, il primato sulle altre sedi inglesi e gli concede il pallio: *primatum itaque tuum, in quo ex more antecessorum tuorum vices apostolicas exercere convenit, ita tibi ad plenum confirmamus* (JL 3687). Lo scritto è datato al mese di ottobre dell'anno 960.

Furono probabilmente questi i documenti prodotti da Lanfranco in copia al sinodo di Windsor, il cui testo è conservato oggi in due codici della British Library di Londra.[3]

Al termine dei lavori sinodali di Windsor Lanfranco inviò al papa una lunga relazione, naturalmente sicura del primato di Canterbury, che disse sostenuto anzitutto dalla *Historia* dal Venerabile Beda, in base alla quale si asseriva che per i primi 150 anni della Chiesa inglese, sulla scorta dell'autorità di Gregorio Magno, l'arcivescovo di Canterbury aveva consacrato vescovi in tutte le zone del paese, convocato concili, deposto vescovi e sacerdoti indegni e diffuso il cristianesimo nel Galles e in Scozia. Quanto alle testimonianze posteriori a Beda, Lanfranco si rifaceva alle lettere dei papi che abbiamo citato or ora.

---

[3] London, British Library, Ms. Cotton Cleopatra, E. I. ff. 41r-47v (in ordine sparso); ivi, Ms. Cotton Tiberius, II (in ordine cronologico); si veda H. E. J. COWDREY, *Lanfranc scholar, Monk, and Archbishop*, Oxford 2003, p. 97, nota 50. Le lettere furono edite da Eadmero nella *Historia Novorum: Eadmeri Historia Novorum in Anglia et opuscula duo de vita Sancti Anselmi et quibusdam miraculis eius*, ed. Martin Rule, London 1884 (ristampa anastatica Wisbaden 1965), pp. 261-276; da Gugliemo di Malmesbury nei *Gesta Pontificum*; WILLIAM OF MALMESBURY, *Gesta Pontificum Anglorum. The history of the English Bischops*, I. Text and Translation by M. Winterbottom, Oxford 2007, pp. 58-60. Un testo sicuro si ha in Heinrich BÖHMER, *Die Falschungen Lanfrancs*, Leipzig 1902, pp. 145-161.

Scriveva più precisamente Lanfranco ad Alessandro II:

Ultimum quasi robur totiusque causae firmamentum prolata sunt antecessorum vestrorum Gregorii, Bonfacii, Honorii, Vitaliani, Sergii, item Gregorii, Leonis, item ultimi Leonis privilegia et scripta, quae Dorobernensis aecclesiae presulibus Anglorumque regibus aliis atque aliis temporibus variis de causis sunt data aut transmissa.[4]

Dunque Lanfranco mostra di conoscere lettere probanti per il primato della sede di Canterbury dei papi anzidetti, e in più di Leone IX (*ultimi Leonis*, 1048-1054); di quest'ultimo pontefice però non vi è traccia fra i documenti-copia di Canterbury e forse, posto che si fosse creato un falso anche per questo pontefice, poté smarrirsi.

Hanno destato l'attenzione degli storici le parole con cui Lanfranco presenta al papa Alessandro le lettere dei suoi antichi predecessori; lettere che sarebbero state in grado di provare senza ombra di dubbio il primato di Canterbury: *ultimum quasi robur*, ovvero «come conferma (corroborazione) finale» delle motivazioni precedenti (in pratica la sola tradizione). Se tali lettere testimoniavano una chiara preminenza della sede di Lanfranco, perché egli non le presentò al papa o almeno non citò nella sua relazione i passi più salienti in grado di provare l'asserito primato? Perché Lanfranco sperava da Alessandro II l'approvazione delle sue richieste solo sulla scorta di Beda e della tradizione, se aveva a sua disposizione *privilegia et scripta* (cioè privilegi e lettere) di diversi pontefici dei secoli VII, VIII, IX e X assertive su tale argomento?

La risposta del celebre diplomatista Heinrich Böhmer,[5] data in un lungo saggio del 1902 (che faceva tesoro delle precedenti riflessioni critiche di Williams Stubbs, Heinrich Hahn, Felix Makower, Charles Plummer), fu che lo stesso Lanfranco si era costruito questi falsi documenti in circa cinquanta giorni, fra il sinodo di Winchester e quello di Windsor.

Lasciando ora da parte l'ipotesi di Böhmer e di altri storici sulla paternità di Lanfranco in relazione ai falsi, ci chiediamo come abbia agito il falsificatore, sia stato lo stesso Lanfranco o forse (ipotesi però molto debole) altri prima di lui.

---

[4] *The Letters of Lanfranc*, pp. 48-56.
[5] BÖHMER, *Die Falschungen Lanfrancs*, cit.

E anzitutto: è credibile che nell'archivio di Canterbury nel 1072 si conservassero documenti originali dei papi Bonifacio V, Onorio I, Sergio I, Gregorio III e Giovanni XII? Se i privilegi o le lettere di questi papi fossero davvero esistite, spedite cioè regolarmente dalla cancelleria pontificia ai presuli di Canterbury fra il 625 e il 960 e qui conservate, esse dovevano essere su papiro, perché questo e non altro fu il supporto scrittorio usato dalla cancelleria dei pontefici almeno fino all'anno 1057.[6] È possibile però che privilegi e lettere tanto antiche su papiro abbiano potuto resistere alle ingiurie del tempo, alla friabilità e debolezza del materiale scrittorio, alla corrosione degli inchiostri per ben cinque o più secoli? La cosa non è affatto credibile, perché di tutto il patrimonio documentario dei papi dell'Alto Medioevo sono giunti a noi solo pochissimi atti papiracei conservati negli archivi di tutta Europa e nessuno in quelli inglesi.[7]

Basterà pensare che persino la pergamena, materia ben più resistente del papiro (che sorpassa senza fatica decine di secoli), era sovente corrotta dall'umidità degli archivi inglesi (ma non solo) o dal danno provocato degli inchiostri, al punto che – per fare due soli esempi tardivi e rimanendo in suolo anglossassone – sotto Bonifacio IX (1389-1404) l'abate benedettino di S. Albano di Lincoln nel 1395 chiedeva al papa la conferma di un privilegio di Onorio III del 1219 (certamente su pergamena), e spediva a Roma lo stesso originale, che però la cancelleria pontificia non riusciva a leggere nella sottoscrizione di un cardinale, perché la pergamena in quel punto era già contagiata da muffe e non più leggibile, sicché la cancelleria inserì il vecchio testo nella nuova lettera di Bonifacio IX per la conferma, però *preter subscriptionem unius cardinalis in dictis litteris se subscribentis, que propter vetustatem legi et hic poni non potuit presentibus inseri*.[8] E dire che la pergamena aveva 176 anni.

Nel 1398 ancora Bonifacio IX, accogliendo la supplica presentata dalla comunità e monastero cistercense di S. Maria di Karlion alias Lanternam, diocesi di Llandaff (siamo ancora in suolo inglese), conferma loro la lettera graziosa concessa nel 1257 da Alessandro IV

---

[6] Leo SANTIFALLER, *Beiträge zur Geschichte dr Beschreibstoffe im Mittelalter, mit besonderer Berücksichtung der päpstlichen Kanzlei*, Graz-Köln 1953, pp. 33-35 [Mitteilungen des Instituts für Österreichische Geschitsforschung. Ergännzungsband, 16/1].

[7] *Ibid.*

[8] ASV, *Reg. Lat.* 38, ff. 1^r-3^v.

all'abate cistercense di Chalons sur Saône e ai coabbati dell'Ordine cistercense; i monaci di Karlion avevano chiesto la conferma di questo documento con la seguente motivazione: *quia littere ipse incipiunt vetustate consumi, an in iudicio et alibi, cum expedit, producere dubitant.*[9] La lettera di Alessandro IV in possesso dei monaci inglesi era ormai consunta dal tempo e forse dall'umidità degli archivi e si trovava in stato tale da non poter essere prodotta in un eventuale contesa giudiziaria. La pergamena in questione aveva 141 anni.

Se i documenti su pergamena (assai più resistente del papiro, come dicevamo) dopo un secolo o poco più si presentavano già compromessi nella loro conservazione e lettura, come credere che privilegi su papiro che avevano 4 secoli e mezzo e il più recente 112 anni, potessero ancora essere ritrovati nel 1072? Posto che Lanfranco o un anonimo falsario abbia operato su documenti dei papi dei secoli VII-X esistenti nell'archivio di Canterbury, questi dovevano ormai trovarsi o nello stato di copie (presumibilmente su pergamena) o inseriti in cartulari, regesti o codici. Se così stavano le cose (come crediamo), ben più agevole fu per il falsario introdurre nelle copie o nei transunti creati prima del sinodo di Windsor i passi sul primato che stavano tanto a cuore a Lanfranco. Perduti gli originali, mancavano sulle copie quegli elementi che permettono di solito la critica fra vero e falso: sigilli, note di cancelleria, tipo di scrittura, sottoscrizioni, saluti e la stessa datazione. Si comprende così come le copie falsificate presentate al legato pontificio e ai padri sinodali di Windsor nel 1072 potessero essere ritenute documenti genuini e come tali fossero in seguito accolte lungo i secoli, fino ai primi sospetti degli storici, però solo alla metà dell'Ottocento.

Sappiamo del resto da Eadmero, fedele compagno e biografo di Anselmo, autore della *Historia Novorum in Anglia*, che molti documenti antichi originali dell'archivio di Canterbury andarono distrutti nel grave incendio del 1067, che ridusse quasi al suolo la stessa cattedrale. Così scrive nel libro I: *quod antiqua ipsius ecclesiae privilegia in ea conflagratione* [l'incendio del 1067] *pene omnino perierant;*[10] e nel libro VI: *paucis illarum in antiquis schedulis vel veteribus libris quoquomodo raptim transcriptis atque retentis, quarum veritas et*

---

[9] Ivi, *Reg. Lat.* 59, f. 276[rv].
[10] *Eadmeri Historia Novorum*, p. 16.

Romani stili eloquii, et auctoritate iam per quadringentos et eo amplius annos ab Ecclesia ipsa inconcusse possessa, declaratur.[11] Nel quinto libro lo stesso Eadmero aveva menzionato alcuni papiri ritrovati nell'archivio della cattedrale, ma in condizioni tali che egli non riuscì a leggerli perché il tempo aveva cancellato la scrittura: *et quidem his plura inventa sunt, sed aliquibus eorum nimia vetustate obliteratis, aliquibus in cartis ex biblo compositis et peregrinis characteribus inscriptis, et ipsis quoque maiori ex parte detritis, notitiae nostra usquequaque non patuerunt.*[12] Difficile dire se questi fossero frammenti di documenti pontifici o d'altra natura. Pare comunque assodato che dopo l'incendio del 1067 a Canterbury si conservassero soltanto copie dei documenti diretti dai pontefici di Roma a quegli arcivescovi. E su tali copie o tradizioni da codici deve aver lavorato Lanfranco o l'anonimo falsario.

Assai complesso ed oggi in pratica irrisolvibile è il problema dell'esistenza o meno a Canterbury fra il VII e il X secolo di documenti dei pontefici sopra menzionati, oggi esistenti solo in copie, e in copie interpolate o falsificate. A partire da questi testi, e in mancanza dei registri pontifici che difettano per tutti i papi menzionati da Lanfranco, non è possibile stabilire se le copie dei testi papali antichi redatte a Canterbury *raptim et quoquomodo* a ridosso dell'incendio, rimontassero ad originali autentici oppure fossero create *ex novo*, o ancora derivassero a loro volta da copie precedenti.

Se Lanfranco (come pare molto probabile) fu il falsario che operò nel 1072, mentre si celebravano i sinodi di Winchester e di Windsor, deve aver fatto redigere le falsificazioni in tutta fretta, perché nel sinodo di Pasqua egli, malgrado avesse ovviamente già cercato nell'archivio della cattedrale documenti comprovanti il primato che intendeva difendere, ancora non li aveva «scoperti»; fu in grado però di produrli al sinodo di Pentecoste, «ritrovati» quindi sette settimane dopo. Tanta urgenza deve pur aver avuto un forte movente e questo si evince dalla situazione politica di Lanfranco attorno al 1071-1072: nel sinodo di Worchester le argomentazioni di Lanfranco circa il primato furono ritenute dai padri insufficienti; l'arcivescovo di Canterbury rischiava di veder sconfitte le sue riven-

---

[11] *Ibid.*, p. 296.
[12] *Ibid.*, p. 276.

dicazioni se non avesse prodotto prove decisive ed efficaci, nel prossimo sinodo di Pentecoste. Una tale sconfitta sarebbe venuta a distruggere tutto il suo lavoro condotto fin dal 1070 per accreditare Canterbury come sede primaziale, convincendo i grandi della Britannia e il re Guglielmo I, il quale, come tutti i Normanni, mal sopportava la vigilanza del papa sulle sedi del suo regno, così come del resto accadrà vent'anni dopo in Sicilia con Ruggero, conte di Calabria e di Sicilia e fratello di Roberto il Guiscardo, a cui Urbano II nel 1098 fu forzato a concedere la legazia apostolica sulla Sicilia.[13]

Era dunque in gioco l'onore di Lanfranco, ma non questo soltanto; anche tutto il sistema di politica ecclesiastica tessuto da Lanfranco con le sue influenze a corte rischiava di frantumarsi, profilandosi eventualmente all'orizzonte una possibile vittoria della sede di York, e così Canterbury avrebbe perso la sua sovranità sulla provincia del Nord. Lanfranco aveva poi un dichiarato nemico personale nel vescovo Odo di Bayeux, fratellastro del re Guglielmo, che come conte di Kent governava anche Canterbury ed aveva già molte volte vessato con violenza questa Chiesa. E il vescovo-conte Odo era un forte sostenitore dell'arcivescovo Tommaso di York. Quindi se avesse vinto York, avrebbe vinto Odo, e se avesse vinto Odo, Lanfranco non avrebbe più potuto accampare alcun primato di Canterbury. Il movente dei falsi documenti, come si vede, è ben chiaro e prepotente.

Ma dagli *antiquorum scriniorum abdita* (come scrive Eadmero) ecco venire alla luce, prima di Pentecoste del 1072, i documenti che servivano a Lanfranco. E si badi bene che il falsario fu così abile da far convalidare il primato di Canterbury su tutte le chiese della Britannia fin dal VII secolo (in pratica, a prosecuzione della *Storia* di Beda), ma non solo; nei falsi privilegi di Gregorio III e Formoso appariva la nomina dell'arcivescovo di Canterbury come vicario papale per l'Inghilterra. Il falsario voleva certamente irrobustire con questo titolo la persona del primate di Canterbury, e – guarda caso – Lanfranco era stato nominato vicario papale a Roma alla fine del 1071. Se non si trattasse di falsi, si potrebbe pensare che il ritrovamento dei nove documenti papali alla vigilia della Pentecoste del 1072, sia stato per

---

[13] Cfr. Salvatore VACCA, *La Legazia apostolica nel contesto della societas christiana*, in *La Legazia apostolica. Chiesa, potere e società in Sicilia in età medievale e moderna*, a cura di Salvatore Vacca, Caltanissetta-Roma 2000, pp. 45-47.

Lanfranco come un dono dello Spirito Santo, mentre sappiamo che si trattò semplicemente dello *spiritus saeculi*. È difficile non vedere, dietro questa opera di falsificazione, la mano o meglio la mente di Lanfranco, perché nessuno a Canterbury, nella cerchia dei *clerici* o monaci amanuensi, possedeva la perizia grafica, la conoscenza del diritto e del formulario papale che egli invece possedeva.

Si tenga poi conto che nel medesimo tempo in cui si costruivano i falsi papali, furono falsificati nel medesimo archivio di Canterbury anche 3 canoni di concili romani e una memoria storica su un re simoniaco del Northumberland. Anche queste operazioni chiamerebbero in causa – a giudizio di Böhmer – l'arcivescovo Lanfranco.

Quando poi, alla fine del maggio del 1123, l'arcivescovo di Canterbury in carica, Guglielmo di Corbeil, produsse alla curia romana copia dei nove documenti pontifici falsificati (credendoli egli forse genuini, mentre i canonici di York sapevano che erano falsi) e ne chiese la conferma, – ci informa Ugo il Cantore – Callisto II ne volle ascoltare la lettura: *iussa sunt legi privilegia predicta*. All'udienza erano presenti anche alcuni canonici di York, i quali chiesero quindi agli agenti dell'arcivescovo di Canterbury (con l'evidente intento di soffiare sul fuoco) se detti documenti avessero i sigilli (*si privilegia illa bullas haberent*); risposero sulle prime di sì, poi alcuno disse che i sigilli si erano corrosi e perduti. Vi fu fra i dignitari di curia e gli officiali della cancelleria che assistevano una fragorosa risata, perché appariva ben strano che si fossero conservati i documenti (*pergamenum*) e si fossero corrotti i sigilli, che erano in piombo. Tutto considerato, la curia respinse i documenti presentati in quanto dissonanti dagli usi e dallo *stilus curiae* di Roma: *set stilum Romanum nichil sapiebant*.[14]

Ciò nonostante, a Canterbury e in Inghilterra furono ritenuti genuini, come sopra dicevamo, e tali li ritenne anche, a suo tempo, il successore di Lanfranco, Anselmo d'Aosta.

Siamo ben coscienti, tuttavia, che alcuni storici – come ha fatto per ultimo Herbert E. J. Cowdrey in un interessante e ampio saggio su Lanfranco[15] – sostengono tesi diverse, come a dire che i falsi siano stati costruiti dopo Lanfranco e comunque non da lui, e che questi

---

[14] Cfr. HUGH THE CHANTER, *The history of the Church of York 1066-1127*, ed. and translated by Charles Johnson, Oxford 1990, pp. 192-194.

[15] Si veda sopra, nota 3.

non collimano con la famosa lista di documenti papali citati da Lanfranco a Alessandro II. Ci si è chiesti poi: perché i documenti papali furono rifiutati come spuri alla curia romana nel 1123 e non prima? E ancora: se i falsi esistevano nel 1072, perché per i successivi cinquat'anni non vennero usati?

A parere di questi storici i falsi documenti sarebbero stati quindi realizzati a ridosso del 1120 e non prima. A mio avviso queste tesi sono difficilmente sostenibili, perché sia Eadmero (contemporaneo di Anselmo e bene informato sui fatti di Lanfranco), che nella sua *Historia Novorum* (terminata in una buona forma attorno al 1115), sia Guglielmo di Malmesbury nei suoi *Gesta Regum Anglorum* (terminati verso il 1126), riferiscono il reperimento dei documenti all'anno 1072, e nei successivi *Gesta Pontificum Anglorum* Guglielmo ne dà l'edizione, ponendoli ancora sotto la data del 1072.[16] Dice anzi di più: *haec sacra privilegia sanctorum Apostolorum, in concilio totius Angliae lecta, magnam firmitatem Cantuariensis aecclesiae primatui attulere.*[17] Difficile credere che due monaci addentro ai fatti, l'uno (Eadmero) vivente nel monastero di Canterbury già ai tempi di Lanfranco, l'altro (Guglielmo) scrupoloso raccoglitore di testimonianze negli archivi inglesi (scrisse attorno al 1125), si siano ingannati.

Vi è chi ha scritto che Eadmero e Guglielmo di Malmesbury siano venuti a conoscenza dei fasi fra il 1120 e il 1123 e che li abbiano poi posti sotto l'episcopato di Lanfranco al 1072 per collocarli nell'alveo della nota discussione sul primato di Canterbury affrontata in quell'anno dai sinodi di Winchester e di Windsor. A me pare che questo sia poco probabile, tanto più se si tiene conto che lo storico Guglielmo dice che i documenti furono prodotti in un concilio generale: *in concilio totius Anglie lecta,* e questo doveva essere quello di Lanfranco del 1072, presenti il legato pontificio cardinale Uberto, 15 fra arcivescovi e vescovi inglesi e 12 abati.[18]

Qualunque sforzo si possa compiere per allontanare da Lanfranco il sospetto della paternità dei falsi, sarà ben difficile riuscirvi.

---

[16] WILLIAM OF MALMESBURY, *Gesta Pontificum Anglorum,* pp. 56-60.

[17] *Ibid.,* p. 84.

[18] Cfr. *Concilia magnae Britanniae a synodo Verolamiensi A. D. CCCCXLVI ad Londinensem A. D. M DCCXVII a Davide Wilkins ...collecta,* I, Londini 1737, pp. 324-325.

Il successore di Lanfranco, Anselmo, eletto alla sede di Canterbuy nel 1093 (dopo una tribolata sede vacante di quasi quattro anni), trovò la situazione che aveva lasciato l'antico amico, maestro e predecessore suo. Ne ereditò quindi anche l'idea del primato di Canterbury su tutte le chiese della Britannia, come del resto scriveva il suo confidente e fedele biografo Eadmero. Così narrava le prime mosse del nuovo re Guglielmo Rufo circa l'anno 1089: *Nam mox ipsam totius Angliae, Scottiae et Hiberniae, necnon adjacentium insularum matrem, ecclesiam scilicet Cantuariensem, [rex] invasit.*[19] Anche per Anselmo la sede di Canterbury fu sempre, per tradizione e per diritto, *mater omnium ecclesiarum Britanniae et adiacentium insularum.* Ed anche il monaco Osberno di Canterbury così scriveva dopo il marzo 1093 ad Anselmo, per incitarlo ad accogliere la nomina ad arcivescovo: *Ecce etenim sponsa mea, sancta Cantuariensis ecclesia, apostoli mei Petri benedictione a principio sanctificata, piissimo piisssimi Gregorii studio nobiliter fundata, sanctorum Bonifacii, Honorii, Vitaliani, Agathonis et ceterorum orthodoxorum patrum singulari semper privilegio donata.*[20] Come si vede i falsi privilegi «scoperti» da Lanfranco erano ormai entrati nella tradizione delle *auctoritates* attestanti il *privilegium* di Canterbury.

Com'è noto Anselmo non cessò mai, come arcivescovo di Canterbury, di cercare di ottenere dal papa Pasquale II un esplicito riconoscimento delle pretese della sua Chiesa; diversi suoi messaggeri intrapresero la via di Roma per tentare di strappare al pontefice la conferma del primato o quantomeno dell'autorità legatizia: come arcivescovo di Canterbury Anselmo pretese sempre di essere permanente in Britannia e a stento accettò che i re Guglielmo Rufo ed Enrico I pretendessero per sé, da buoni Normanni (come sopra dicevamo), quella legazione. Alludendo ad un suo colloquio su questo tema che Anselmo avrebbe avuto a Roma con Urbano II nel 1099, così ne scriveva a Pasquale II nel 1100: *Quando Romae fui, ostendi praefato domino papae [Urbano] de legatione Romana super regnum Angliae [...], quam necessarie ita esse oporteat, nec aliter nisi contra utilitatem ecclesiae Romanae et Anglicae fieri possit.*[21] Su questo

---

[19] *Eadmeri Historia Novorum,* pp. 25-26.

[20] ANSELMO D'AOSTA, ARCIVESCOVO DI CANTERBURY, *Lettere,* a cura di Inos Biffi e Costante Marabelli, I, Milano 1988, p. 108 (ep. 149).

[21] *Ibid.,* p. 288 (ep. 214).

punto papa Pasquale non poteva ovviamente accettare la proposta di Anselmo, soprattutto dopo la centralizzazione romana voluta da Gregorio VII, però, pressato dalla forte personalità dell'arcivescovo di Canterbury, e dopo che il legato papale nominato, Guido arcivescovo di Vienne, non venne ricevuto da alcun dignitario in suolo inglese, giunse a concedere ad Anselmo la legazione, ma non in perpetuo, solo sua vita durante. E quanto al primato preteso da Anselmo, Pasquale II restò nel vago e non volle definire la questione, in mancanza di solidi elementi: *Quem profecto ita fraternitati tuae plenum et integrum confirmamus, sicut a tuis constat praedecessoribus fuisse possessum; hoc personaliter adicientes: ut, quamdiu regno illi religionem tuam divina misericordia conservaverit, nullius umquam legati, sed nostro tantum debeas subesse iudicio.*[22]

Perché nelle lunghe rivendicazioni del primato Anselmo non fece uso dei falsi documenti escogitati da Lanfranco? Questa la domanda avanzata da più parti. Una risposta certa noi non l'abbiamo, né sappiamo se Anselmo poté conoscere la realtà (copie falsificate) dei documenti papali ritrovati nel 1072 da Lanfranco. Non possiamo però escludere che di questi documenti egli abbia fatto un qualche uso, perché l'epistolario di Anselmo può avere lacune.

Certamente Anselmo, se non basò le sue pretese di primato sui documenti di Lanfranco, almeno testualmente, li evocò almeno quanto alla sostanza, sicché Pasquale II fu indotto nel 1103 a scrivere parole assai impegnative per la Sede Apostolica quanto alla sede di Canterbury e ai presuli che in essa si fossero succeduti: *Nunc autem, petitionibus tuis annuentes, tam tibi quam tuis legitimis successoribus eundem primatum, et quidquid dignitatis seu potestatis eidem sanctae Cantuariensi seu Dorobernensi ecclesiae pertinere cognosciutur, litteris praesentibus confirmamus, sicut a temporibus beati Augustini praedecessores tuos habuisse Apostolicae Sedis auctoritate constiterit.*[23]

Quando Anselmo moriva, nel 1109, la situazione era stabilita attorno a questi termini che, per tutto ciò che vi sta dietro, potevano essere ritenuti lusinghieri.

---

[22] *Ibid.*, p. 312 (ep. 222, del 15 aprile 1102; JL 5908).
[23] *Ibid.*, p. 470 (ep. 303; JL 5955).

Il primato di Canterbury, com'è noto, durò in pratica ancora circa vent'anni, dopo di che sprofondò tra le sterili ragioni di precedenza fra gli arcivescovi.[24]

Ci poniamo, in chiusura, due domande (fra le molte che pure verrebbero in mente). La prima: Lanfranco (o il falsario da lui guidato) creò dal nulla, senza alcuna base storica, i documenti dei papi Bonifacio, Onorio, Vitaliano, Sergio, Gregorio, Leone, Formoso e Giovanni, ormai a noi noti, oppure, benché forse mancassero i testi completi, esistevano nell'archivio di Canterbury nel 1072 memorie di tali concessioni pontificie? La risposta può essere solo ipotetica. Anzitutto notiamo che per i papi Bonifacio V, Onorio I e Vitaliano Lanfranco si ancorava saggiamente alla *Historia ecclesiastica* di Beda, che di questi pontefici conosceva intere lettere (le quali quindi potevano essere facilmente interpolate in un eventuale testo prossimo); per i papi posteriori al 731, quando Beda completò la sua opera, ovvero Gregorio III, Leone III, Formoso e Giovanni XII si resta indecisi. Ci chiediamo però su quale base Lanfranco scelse di attribuire a questi ultimi pontefici, regnanti fra il 731 e il 964, i falsi privilegi, quando aveva a disposizione, nella lista dei pontefici di quel periodo, papi ben più plausibili per eventuali concessioni di privilegi alle sedi metropolitane, quali Adriano I, Pasquale I, Gregorio IV e Giovanni VIII (e forse altri). Sembra dunque di poter ipotizzare che nella scelta che Lanfranco fece dei pontefici cui attribuire i privilegi di Canterbury egli si basasse per una parte sui papi conosciuti da Beda e per altra parte forse su una tradizione di Canterbury, la quale poteva avere dalla sua memoria di documenti degli ultimi pontefici citati da Lanfranco, i cui documenti però erano ormai perduti. Insomma è possibile che Lanfranco, scrutando gli archivi di Canterbury (tanto quello cattedrale, quanto quello del monastero benedettino), venisse a conoscenza di una notizia che avvicinava alla sede primaziale di Canterbury proprio quei pontefici. Ascrivere loro alcune lettere e privilegi era perciò, secondo la mentalità del tempo, non già creare un falso *de iure* (perché la tradizione parlava di un primato *ab antiquissimo tempore*), ma solo un falso diplomatico, *de facto*.

---

[24] Richard W. SOUTHERN, *Anselmo d'Aosta. Ritratto su sfondo*, Milano 1998, p. 383.

La seconda domanda è la seguente: se Lanfranco e lo stesso Anselmo avessero inviato a Roma i documenti falsi, dicendoli copia (magari autenticata) di originali papali perduti, avrebbe avuto la cancelleria pontificia del tempo il modo e i mezzi per appurarne la non genuinità? Böhmer pensa di sì e dice che la cancelleria avrebbe facilmente smascherato i falsi mediante il confronto con i registri dei rispettivi pontefici.[25] Questo però sarebbe stato possibile solo per i papi Onorio I e Gregorio III, perché noi sappiamo che nel 1072, sotto Alessandro II, già erano perduti i registri di Bonifacio V, Vitaliano, Sergio I, Leone III, Formoso e Giovanni XII. Infatti il cardinale Deusdedit, che lavorò attorno alla sua *Collectio canonum* sotto Gregorio VII (composta circa gli anni 1083-1086),[26] attinse ai registri dei papi antichi, ma egli conosce soltanto i registri di Gregorio Magno e Pelagio I (tradizione da codici), quindi di Onorio I, Gregorio III, Giovanni VIII, Alessandro II e Gregorio VII. Se poi la cancelleria pontificia avesse voluto verificare almeno i falsi di Onorio I e Gregorio III con i rispettivi registri, che ancora forse si conservavano, non è detto che vi trovasse i testi di Canterbury, perché, com'è noto, i registri papali di quei secoli accoglievano soltanto una minima parte della corrispondenza spedita.

L'unico strumento critico che la cancelleria di Alessandro II aveva per scoprire le falsificazioni era dunque la verifica dello *stilus curiae*, del formulario papale, dello stile delle date (ma esse mancavano quasi del tutto nelle copie di Canterbury). E di elementi di stile, addirittura di costruzioni latine e grammaticali dissonanti dal formulario usato dalla cancelleria papale nei falsi ve n'erano in abbondanza, come bene ha mostrato l'analisi minuziosa che ne ha fatto il Böhmer. E questo sarà infatti l'argomento che la curia di Callisto II avanzerà contro i canonici di Canterbury nel 1123, quando questi sottoposero al pontefice i falsi documenti di Lanfranco.

---

[25] BÖHMER, *Die Falschungen Lanfrancs*, pp. 149-161.

[26] Victor WOLF VON GLANVELL, *Die Kanonenssammlung des Kardinals Deusdedit*, *Paderborn* 1905.

Affettività e *ratio* in Anselmo d'Aosta

Paul GILBERT, S.J.

Pontificia Università Gregoriana

Con Anselmo, entra nella riflessione teologica dell'epoca una razionalità nuova. Le opere del Dottore magnifico lasciano, però, un ampissimo spazio all'affettività – lo ricorderà la prima sezione della mia proposta. La seconda sezione esaminerà come il *Monologion* e il *Proslogion* intreccino affettività e ragione in percorsi paralleli ma differenti, guidati il primo dall'appetito e il secondo dal desiderio. La terza sezione della mia proposta si concentrerà su come l'affettività, essenziale in una teologia monastica, si presenta nel *Cur Deus homo*.

1. Molti stili

Anselmo è stato chiamato «padre della scolastica»[1] per il modo di procedere nei suoi trattati speculativi, particolarmente nel *Monologion*, nel *Proslogion* e nel *Cur Deus homo*, i testi più conosciuti prima della pubblicazione dell'*Opera omnia* dal 1938 in poi, a cura del padre Francisco Salesio Schmitt[2]. Per 'scolastica', si intende una esposizione sistematicamente organizzata di un sapere filosofico e/o teologico. Sono però relativamente molti i testi di Anselmo che non sono stati organizzati sotto la legge di una razionalità sistematica puramente formale. Le sue quasi 500 lettere sono in gran parte composte secondo i modi comuni di scrivere documenti del genere, vale a dire conformemente ai destinatari e alle circostanze; ci sono delle lettere d'ufficio, altre di consiglio ad amici, altre manda-

---

[1] Cfr. Martin GRABMANN, *Geschichte der scholastischen Methode*, I, Freiburg im Breisgau, Herder, 1909, pp. 258 ss.

[2] ANSELMUS CANTUARIENSIS, *Opera Omnia*, ad fidem codicum recensuit Fr.S. Schmitt, Edinburg, Thomas Nelson, 1938-1961.

te a colleghi nella vita monastica o episcopale, o ancora d'incoraggiamento a discepoli, ecc. In queste lettere, è poco presente lo stile scolastico, salvo quando l'autore tratta di problemi propriamente speculativi, a proposito per esempio della dottrina di Roscellino[3].

Abitualmente, si può riconoscere nelle lettere la grande affabilità dell'autore, la sua penetrazione spirituale dei problemi incontrati. Le sue preghiere e meditazioni hanno invece uno stile che direi esagerato dal punto di vista dell'affettività. Insistono pesantemente, infatti, sulla miseria dell'uomo e sul suo peccato, mostrando in questo modo quanto l'anima di Anselmo fosse essa stessa angosciata dal proprio peccato, acciecata da esso[4]; l'affettività spirituale dell'autore sembra perdere in questi casi ogni discrezione o moderazione, ogni riservatezza. Molte preghiere sono però anche molte belle, quando testimoniano di una costante fiducia del loro autore nonostante la sua coscienza dell'oscurità venuta dal peccato.

La diversità degli stili di Anselmo non manca di colpire il lettore. Le lettere e le preghiere esprimono i suoi sentimenti profondi, manifestano la sua ricca affettività. I trattati, invece, che sono scritti con la tecnica della logica e della dialettica del tempo, non sembrano animati direttamente da una vita interiore. Vi ritroveremo forse degli aspetti affettivi, per esempio nella preghiera che sostiene l'inizio del *Proslogion*, ma questi aspetti non sembrano essere elementi indispensabili per andare avanti sul cammino propriamente razionale da esporre. Ne sorge una domanda: tutti i documenti che sono quindi attribuiti ad Anselmo sono autenticamente suoi? Si potrebbe dubitarne, ma la tradizione dei commentatori è unanime. Il lavoro critico di padre Schmitt non permette alcuna esitazione. L'edizione dei *Memorials of saint Anselm*[5] conferma la tradizione. Come sarà quindi

---

[3] Cfr. Ep. 129.

[4] Per esempio la *Meditatio* 1, che somiglia ad alcuni passi del cap. 1 del *Proslogion* (98:16–99:14). Ci si potrebbe però chiedere se l'insistenza di Anselmo sul peccato, origine di un dolore profondo dell'anima, non fa eco alle *Moralia in Job* di Gregorio Magno, per il quale questo dolore unisce alla 'passione' di Cristo, il che sovradetermina poi il termine stesso di 'passione' (cfr. Carla CASAGRANDE – Silvano VECCHIO, *Les théories des passions dans la culture médiévale*, in *Le sujet des émotions au Moyen-Âge*, a cura di Piroska NAGY – Damien BOQUET, Paris, Beauchesne [*Bibliothèque historique et littéraire*], 2008, p. 112).

[5] Richard W. SOUTHERN – Franciscus Salesius SCHMITT (edd.), *Memorials of St Anselm*, Oxford University Press, London, 1969.

possibile una simile diversità di stile, soprattutto la diversità tra i documenti che lasciano trasparire un'affettività che si esprime in un modo esagerato, invadente, barocco direi, ed i trattati costruiti sotto la legge di una dialettica ferrea in cui spesso abbiamo l'impressione di perdere ogni orientamento?

Siamo noi abituati a distinguere bene l'affezione e la ragione[6]. La mentalità della modernità scientifica impone l'obbedienza a delle norme formali che assicurano un sapere comune oggettivo. L'affettività è esclusa per principio da un tale sapere: è troppo soggettiva. Non conosciamo testi speculativi di Cartesio o di Wittgenstein che sarebbero pervasi da sentimenti specifici dinanzi alla miseria umana, o di allegria nel pensare a Dio. Le opere del secolo XIII, di Tommaso d'Aquino per esempio, sono ugualmente prive di retorica, di espressioni affettive, anche se il Dottore comune ha stabilito una struttura sistematica molto precisa delle emozioni[7]. Il caso di Anselmo, la diversità dei suoi stili nella loro contemporaneità, sembra quasi unico. Abelardo avrà forse la stessa capacità di scrivere in stili molto differenti, austeri o amorosi, Bernardo meno. Alcuni commentatori hanno evidenziato la coincidenza tra lo stile ardente di molti testi del dottore magnifico e la nascita del genere letterario 'cortese'. Sarà vero, ma dobbiamo notare che questo termine, molto profano, non significava all'origine frivolezza o superficialità ma generosità in un impegno personale nell'amicizia, un impegno altro da quello guerriero[8]. La speculazione anselmiana sarà sottesa da un affetto d'amicizia?

Il nostro avrebbe quindi scritto in molti stili conformemente alla particolarità delle sue molte relazioni umane e della diversità dei suoi impegni spirituali. Da un punto di vista psicologico, non possiamo però pensare che sia interiormente diviso, vale a dire auste-

---

[6] Questa distinzione era da sempre importante. I logici del secolo XIII, per esempio, sapevano distinguere «les expressions qui signifient "sur le mode de l'affect" et celles qui signifient "sur le monde du concept"» (Irène ROSIER-CATACH, *Discussions médiévales sur l'expression des affects*, in *Le sujet des émotions au Moyen-Âge*, p. 201) – si tratta di 'espressioni' distinte a seconda di dinamismi fondamentali e differenziati delle nostre potenze antropologiche.

[7] Cfr. Gianmarco STANCATO, *Quis vivit sine affectionibus? Passioni e modello culturali e politici nel Medioevo*, in *Passione. Indagini filosofiche tra ontologia e violenza*, a cura di Paul GILBERT, Assisi, Cittadella Editrice (*Religione e scienze umane*), 2007, pp. 41-69.

[8] Charles BALADIER, *Aventure et discours dans l'amour courtois*, Paris, Herman, 2010.

ro e freddo in classe, affettuosissimo e caldo con alcuni dei suoi corrispondenti. Non aveva, penserei, una doppia personalità, anche se non tutti i suoi documenti, alcune lettere di certo no, erano destinati alla pubblicazione[9]. Gli autori sanno d'altronde distinguere, nella vita affettiva, ciò che concerne i dinamismi più profondi della soggettività e quelli che provengono dalle agitazioni patite dall'anima. Sanno che non si confondono il desiderio del bene e l'entusiasmo passionale, che ci sono lì dei piani diversi e delle capacità diverse di espressione.

I testi speculativi di Anselmo evocano spesso dei sentimenti, delle affezioni, anche se non vi si tratta di passioni nel significato stretto del termine[10]. Non parlerò però di *affectiones*, un termine che si legge spesso nelle lettere ma poche volte nei testi speculativi, salvo nel *De concordia*[11] dove ha tuttavia una significazione precisa; considererò piuttosto altri termini che esprimono degli aspetti importanti, essenziali, della medesima vita affettiva. Durante il secolo d'Anselmo, l'undicesimo, è cambiato profondamente l'atteggiamento fondamentale degli autori nei confronti della vita affettiva e del corpo, nei confronti della natura stessa. L'architettura, che abbandonava lentamente i canoni del romanico con le finestre piccole per assumere quelli del gotico, più luminoso, ne è una testimonianza. La luce entrava nella vita spirituale. La natura suscitava meno paura. Era quasi addomesticata, resa bella, amabile per l'uomo. L'amore umano era visto e vissuto con gioia. Si lodava la bellezza delle amicizie[12].

Questo sguardo nuovo sulla natura e sull'uomo non era però del tutto originale; manifestava piuttosto un risveglio delle coscienze dopo molti secoli travagliati. Molti secoli prima, l'esperienza spiri-

---

[9] Sulla composizione del carteggio di Anselmo, cfr. R.W. Sᴏᴜᴛʜᴇʀɴ, *La tradizione delle lettere di Anselmo, priore e abate del Bec*, in Aɴsᴇʟᴍᴏ ᴅ'Aᴏsᴛᴀ, priore e abate del Bec, *Lettere*, Milano, Jaca Book (*Di fronte e attraverso*), 1988, pp. 89-101 e Iᴅ., *Trasmissione della corrispondenza arcivescovile di Anselmo*, in Aɴsᴇʟᴍᴏ ᴅ'Aᴏsᴛᴀ, arcivescovo di Canterbury, *Lettere*, t. 1, Milano, Jaca Book (*Di fronte e attraverso*), 1990, pp. 85-96.

[10] Sul tema dell'amicizia in Anselmo, cfr. R.W. Sᴏᴜᴛʜᴇʀɴ, *Saint Anselm. A Portrait in a Landscape*, Cambridge, Cambridge University Press, 1990, pp. 138-165 («The Nature and Importance of Friendship»); Inos Bɪꜰꜰɪ, *Amabilità e rettitudine di un monaco riuscito*, in Aɴsᴇʟᴍᴏ ᴅ'Aᴏsᴛᴀ, priore e abate del Bec, *Lettere*, pp. 43-88.

[11] Cfr. Paul Gɪʟʙᴇʀᴛ, «L'*affectio* in Anselmo d'Aosta», conferenza all'Anselmianum, Roma, 21 aprile 2009.

[12] Cfr. Damien BᴏQᴜᴇᴛ, *L'ordre des affects au Moyen-Âge. Autour de l'anthropologie affective d'Aelred de Rievaulx*, Caen, Crahm, 2005.

tuale si era, infatti, arricchita della contemplazione della natura. Nella Bibbia, i salmi lodavano Dio per le sue creature. Durante i secoli più oscuri del Medioevo, la spiritualità benedettina non ignorava però una tale lode, che era stata rinnovata da Romualdo, fondatore dei camaldolesi, un secolo prima di Anselmo[13]. La dimensione affettiva della vita monastica non si sovrapponeva contraddittoriamente a un'esigenza di austerità di vita, di disprezzo del corpo. Il divario tra le sfere dei sentimenti e della ragione sembra, infatti, risultare da una rottura fondamentale che si produsse nella cultura durante il secolo XI, quando furono create le scuole di logica, quando il *trivium* cioè prese un'importanza in precedenza sconosciuta, quando i professori di logica si impadronirono quindi del linguaggio, anche teologico. L'affettività poteva allora essere scartata dal pensiero, anche teologico, libera di seguire il proprio cammino. La logica entrava nelle scuole, la luce nelle chiese, l'amore nelle case. Il mondo cambiava, senza ordine, coerenza. Degli stili nuovi appaiono, che sembrano in Anselmo convivere senza contaminarsi a vicenda, i quali sono poi andati ciascuno per proprio conto, anche in direzioni opposte.

Dobbiamo capire le discussioni del nostro con Roscellino alla luce dei cambiamenti fondamentali della cultura e delle mentalità di questi anni. Roscellino era moderno, Anselmo pure, e molto più di Roscellino. La sua intelligenza della fede si accompagnava ad una ricerca razionale ma, contrariamente all'eresiarca, non ignorava la potenza di un intuito soggettivo e interiore. Ricercava una via altra dall'*aut-aut*, che escluderebbe un termine per ritenere solo l'altro. L'intelletto potrebbe non andare contro l'affettività, e reciprocamente, ma l'uno con l'altra, in modi anche differenti d'articolazioni che manifestano la ricchezza della vita umana. Pier Damiani, pochi anni prima che Anselmo raggiunse l'abbazia di Bec, inventò la formula «*philosophia serva theologiae*», una impostazione destinata rapidamente all'esaurimento quando la dialettica si impadronì realmente della teologia pochi secoli dopo. Le discussioni sulle legittime relazioni (o no) e sull'ordine di una riflessione autonoma con un'altra attenta alla fede, discussioni che supponeva quindi la loro reciproca autonomia *a priori*, nascono durante il secolo d'Anselmo. La situazione si

---

[13] Cfr. Piroska NAGY, *Le don des larmes au Moyen-Âge. Un instrument spirituel en quête d'institution*, Paris, Albin Michel (*Sciences humaines*), 2000.

precipitò però rapidamente. Ne troviamo una testimonianza vigorosa nella disputa che oppose Bernardo di Chiaravalle ad Abelardo, poi una nuova espressione ma meno aspra durante il secolo XIII, quando si affrontarono le teologie monastiche e universitarie, tra i francescani e i domenicani a Parigi, all'epoca di Buonaventura e Tommaso.

Anselmo sa utilizzare i mezzi letterari che si stavano creando, specializzando e separando nella sua epoca. La sua genialità è di aver portato ciascuno di essi fino al suo punto più alto senza escludere gli altri. Alcuni dei suoi testi sono di un certo tipo, altri di un altro, altri ancora dei due insieme. Da una parte sta la vita affettiva, dall'altra la ragione, ma pure, per Anselmo, l'una con l'altra, anche se intrecciate a momenti differenti. Anselmo rimane un monaco fedele alla proposta biblica intera, alla tradizione spirituale di Benedetto, e alla novità culturale. Lo spirituale si espande, infatti, nell'amore che si comunica e si condivide. La ricerca intellettuale, soprattutto quando tratta dell'alleanza divina, non fa a meno di questa comunicazione e della sua condizione, che è la vitalità affettiva. L'intelletto può tuttavia seguire anche dei cammini di cui si assumerà l'intera responsabilità senza alcuna attenzione agli affetti.

2. *Monologion* e *Proslogion*

Il lavoro intellettuale, in Anselmo, non fa a meno della vita affettiva. Si potrebbe però mettere in dubbio questa proposizione quando si considerano i testi propriamente logici del nostro autore, il *De grammatico* o il *De potestate et impotentia*. I termini costruiti attorno a «*desiderium*» non vi appaiono; quelli che girano attorno a «*sensus*» vi sono invece presenti, ma solamente dieci volte nel *De grammatico*, e non senza l'ambiguità del termine; da una parte, infatti, il testo rimanda al sensibile che appartiene all'animale e dal quale si allontana la ragione (147,3.4.6; 156,19); da un'altra, il senso è la significazione pensata (145,6; 146,20; 149,13 [«*in voce et non in sensu*»]; 150,27; 163,11); in questo caso, il 'senso' sarebbe l'odierno riferimento riconosciuto del linguaggio. La ragione dell'assenza dei termini dell'affezione in questi testi propriamente logici s'intende facilmente. Il tipo di logica che vi si esercita lo impone; si vuole sviluppare un discorso prettamente dialettico sull'apertura al riferimento dei termini più comuni che saranno utilizzati poi nei testi speculativi. La «*ratio*» vi sviluppa un tipo di discorso che conviene all'orientamento della ricerca che sta intraprendendo; lo scopo era qui specifico. Tale era poi l'impostazione globale dell'*Organon* aristotelico, che si conosceva da secoli nel mondo latino grazie a Boezio.

La situazione del *De grammatico* è però più complessa di quanto non sembri a prima vista. Neanche l'*Organon* di Aristotele costituisce d'altronde solamente un trattato di logica; espone, infatti, una filosofia del linguaggio di cui si considerano tutti gli aspetti, compresi quelli che daranno più tardi lo slancio alla riflessione sull'analogo, nella lingua delle *Categorie* di Aristotele il 'paronimo'. Ricordiamo in proposito che il titolo del primo trattato logico di Anselmo, il *De grammatico*, viene direttamente dal primo capitolo delle *Categorie* aristoteliche. Il tema studiato è costituito dall'articolazione della «*significatio*» con l'«*appellatio*», vale a dire nel linguaggio contemporaneo della 'significazione' con il 'senso', ciò che definisce anche i termini di un'intenzione quasi fenomenologica. La presenza della problematica dell'intenzionalità logica nel *De grammatico* invita a non scartare questo testo dalla ricerca generale del nostro autore che porta, infatti, sull'orizzonte dei nostri dinamismi spirituali più essenziali che pratichiamo negli atti di parola. Il *De grammatico* considera però solamente la forma delle categorie di significazione e senso, e non la loro concatenazione in un discorso che tende verso l'affermazione di una verità ampia, intera. Mostrare le condizioni della verità non è ancora, infatti, mostrarla in se stessa.

La «*ratio*» anselmiana esercita invece i suoi poteri autonomi in molte situazioni, e non solo in logica. L'inizio del *Monologion* è chiaro a questo proposito. Vi si legge l'espressione celeberrima «*sola ratione*» (13,11). L'autore si spiega scrivendo però subito dopo: «*quod cum multis modis facere possit*» – ciò che evidenzia che la «*sola ratio*» ha molti modi di pratica e non uno solo, che è cioè analoga. Siamo invitati in questo modo a ragionare senza esclusive, senza fissare il nostro cammino in modo troppo rigido, per esempio senza sottomettere i nostri termini a un'univocità troppo rigida.

Fra i «molti modi» segnalati nel *Monologion*, Anselmo ne sceglie uno che giudica preferibile ad altri giacché sarà «*promptissimum*» (13,12) – notiamo: non 'certissimum'. Si mette qui in gioco la rapidità dell'argomentazione, una rapidità che però prenderà il suo tempo, la lettura di settantaquattro pagine dell'edizione dello Schmitt, pagine per niente facili e senza passi particolarmente entusiasmanti o emozionanti. L'impresa è tuttavia determinata dal suo obiettivo. Notiamo che questo obiettivo non è di mostrare che Dio c'è (o 'esiste'). Si tratta piuttosto di meditare sulla 'natura' più elevata di tutto («*summum omnium quae sunt*» [13,5]), sul punto cioè estremo di una gerarchia, su questa 'natura' che per principio è «[*sola*] *sibi in aeterna sua beatitudine* [*sufficientis*]» (13,5-6). Tutto il resto che è «*bene*» (13,7) lo è perché la «*summa natura*» è «*omnipotens bonitas*» (cfr. 13,8-9).

L'ultimo capitolo del *Monologion* utilizza cinque volte in due righe dei termini costruiti attorno alla radice 'bene'. Termina dunque la riflessione facendo eco alle determinazioni della ricerca proposte dall'inizio dell'impresa. Vi si afferma la necessità di amare e di venerare «*hunc solum*» (87,9). Il cammino che porta dall'inizio alla fine dell'opuscolo è dichiaratamente animato da un 'appetito': «*cum omnes frui solis iis appetant quae bona putant*» (13,13). Ecco l'obiettivo che vuole raggiungere il *Monologion*: fare del «*putare*» generico dell'inizio un «*putare*» più definito, fino a confessare che il bene «*liquidissimum est*» (87,8-9). Il *Monologion* dovrebbe quindi, secondo le intenzioni dell'autore, sviluppare l'intero percorso dinamico di un 'appetito' (cfr. 13,13) che termina riconoscendo con il massimo possibile di chiarezza («*liquidissimum*») che Dio, uno e trino, è l'unico bene «*ex quo et per quem et in quo sunt omnia*» (87,6-7).

Il termine «*appetere*» del *Monologion* evoca ovviamente un qualche desiderio – altra parola per descrivere l'essenza dell'affettività. Contiene però una sfumatura precisa: il desiderio potrebbe infatti non ottenere il desiderato; anzi questa possibilità lo definisce intrinsecamente[14]; l'appetito esige invece di raggiungere con successo il suo traguardo. Una proposizione del *Monologion* lo segnala: «*quis sic amet iustitiam, veritatem* [ecc.] *ut iis frui non appetat? Quid ergo summa bonitas retribuet amanti et desideranti se, nisi seipsam*» (cap. 70, 80,22-24). Siamo ovviamente in un contesto di amore effettivo, che si mostra più nelle azioni che in parole, come direbbe Ignazio di Loyola[15]. Quest'amore effettivo tende verso il possesso dell'amato.

---

[14] La tesi di Levinas sulla differenza tra il 'bisogno' e il 'desiderio' non è lontana dalla comprensione che Anselmo ha del desiderio. Cfr. Emmanuel Lᴇᴠɪɴᴀs, *Totalità e infinito. Saggio sull'esteriorità*, Milano, Jaca Book (*Già e non ancora*), 1980.

[15] Iɢɴᴀᴢɪᴏ ᴅɪ Lᴏʏᴏʟᴀ, *Esercizi spirituali*, n. 230. Oltre, ovviamente, a Gc 2,14.

Il *Monologion* sviluppa però il dinamismo dell'appetito assumendolo all'interno di un orizzonte di ragione, e non solo di sentimenti o di emozioni. L'appetito non è, infatti, senza un qualche giudizio su ciò che è buono: «*quia indicat esse bona*» (13,15). È quindi orientato strutturalmente da un giudizio immanente su ciò che è buono o meno; progredisce «*ratione ducente*» (13,15-16). La tesi è classica. Viene da Aristotele, dalla sua *Etica Nicomachea* in particolare; questo testo non era conosciuto direttamente dagli autori del secolo XI, ma la sua influenza ha potuto passare attraverso molte tradizioni, stoiche, platoniche, agostiniane, gregoriane ecc. L'appetito è quindi finalizzato, come abbiamo detto, cioè ha un punto finale, un fine; il suo cammino verso il traguardo è poi mediato da un giudizio. Abbiamo qui i termini del campo che Anselmo intende investigare: si tratta di passare da un «*putare*» a un «*judicare*» immanente a un appetito, o di passare da un appetito indeterminato, fonte d'opinioni, verso un appetito chiaramente determinato dal proprio traguardo, fonte di giudizio assicurato. Mediante la crescita della potenza del giudizio, si adopera il passaggio dell'appetito verso il possesso. Questo modo di procedere del *Monologion* è simile a quello che guiderà il *Cur Deus homo*; il Dottore magnifico scriverà, infatti, nella lettera di presentazione del suo trattato di cristologia al papa Urbano II, che il suo testo muoverà «*inter fidem et speciem intellectum quem in hac vita capimus esse medium*» (40:10-11). Il lavoro intellettuale si orienta quindi verso le specie, vale a dire verso la visione o il possesso delle verità mediante l'uso della ragione e delle sue argomentazioni («*Si autem veritatis testimonio roboratur, quod nos rationabiliter invenisse existimamus* [...]» (133,13-14).

Il *Proslogion* non contiene alcun termine costruito con la stessa radice di 'appetito', ma considera piuttosto il 'desiderio'. Il *Monologion* conosceva questo stesso termine, anche se l'utilizzava poche volte, 7 in 74 pagine, più precisamente 6 volte nel solo capitolo 70, e una volta nel capitolo 74, quindi unicamente verso la fine del trattato. Nel *Proslogion*, questo termine (e i termini apparentati) viene 11 volte in 25 pagine, cioè una occorrenza ogni due pagine in media, con una ripartizione molto significativa: 5 volte nel capitolo 1, 2 volte nel capitolo 14 (al centro dell'opuscolo), 3 volte nel capitolo 25 e una volta nel capitolo 26, cioè 4 volte nei due ultimi capitoli. Il desiderio, dopo aver riaperto il *Monologion* una volta colmato l'appetito nei suoi ultimi capitoli, dà slancio al *Proslogion*, lo attraversa, e lo porta al fine.

L'ambito del desiderio è ovviamente affettivo. Si può notare però che esso ha un significato di più larga ampiezza nel *Proslogion*. L'ultima occorrenza del termine sembra infatti integrare la totalità degli aspetti che compongono classicamente l'uomo, corpo e anima – «*esuriat illud anima mea, satiat caro mea, desideret tota substantia mea*» (121,24–122,1). Il desiderio è di tutta la sostanza umana, anima e carne. Contrariamente all'appetito però, non accede al desiderato; rimane sempre aperto. La preghiera iniziale del *Proslogion* lo confessa senza mezzi termini: «*Accedere ad te desiderat, et inaccessibilis est habitatio tua*» (98,10); «*nos infeliciter egemus et miserabiliter desideramus*» (98,24-25).

Allo scacco annunciato dall'inizio del libretto, fa eco il capitolo 14: «*Quid puritatis, quid simplicitatis, quid certitudinis et splendoris ibi est! Certe plus quam a creatura valeat intelligi*» (112,9-11). Il desiderio è di un altro intoccabile, del «*maius*», del radicalmente inafferrabile in questo senso. Il cap. 14 del *Proslogion* mette in scena un momento importante della ricerca intellettuale, il momento della tenebra. Questo momento 'negativo', lo deve affrontare qualsiasi riflessione sui contenuti della fede. Nella sua preghiera iniziale, Anselmo chiedeva al Signore di cercarlo desiderandolo, di desiderarlo cercandolo (cfr. 100,10-11); sembra che questo 'progetto' non abbia ottenuto qualche successo. Anselmo desiderava «*intelligere veritatem tuam*» (100,17), vale a dire 'vedere', o almeno 'vedere chiaro', ma senza riuscire. Rimane nel desiderio. La ragione di ciò sarebbe la tenebra del cuore umano; lo è però anche lo splendore abbagliante di Dio. «*Cur hoc, domine, cur hoc? Tenebratur oculus eius infirmitate sua, aut reverberatur fulgore tuo? Sed certe et tenebratur in se, et reverberatur a te. Utique et obscuratur sua brevitate, et obruitur tua immensitate*» (112, 1-4). Il dramma dell'esistenza umana, tanto presente nelle preghiere e meditazioni di Anselmo, può essere riconosciuto presente anche in questo passo del *Proslogion*, ma con una raffinata sensibilità allo splendore di Dio.

Nel cap. 25, sembra però che la ricerca abbia trovato un esito. Questo non sarà tuttavia solo intellettuale. È piuttosto affettivo. «*Desidera simplex bonum, quod est omne bonum, et satis est. Quid enim amas, caro mea, quid desideras, anima mea? Ibi est, ibi est quidquid ama-*

tis, quidquid desideratis» (118,17-19). Il possesso finale sta adesso nel «*frui*» («*O qui hoc bono fruetur*» [118, 12]), non nel «*vedere*» un oggetto, un «*frui*» che non avrà fine.

3. Il *Cur Deus homo*

Nel *Monologion* e nel *Proslogion*, un atteggiamento spirituale sembra essenziale, quello dell'anima che promuove e accompagna la ricerca intera, con modalità affettive però diverse. Nel *Monologion*, l'«*appetitus*» vuole un successo, un compimento del suo movimento; nel *Proslogion*, il «*desiderium*» porta invece verso un al di là di ogni possesso, come se niente potesse corrispondere alla sua dinamica, che rimane sempre tesa verso un «*maius*». Sembra che il *Cur Deus homo* non consideri niente di simile, che il movimento del trattato non sia determinato da una forza spirituale, che sia stimolato al contrario da fuori, da forze estrinseche, con la sola volontà di soddisfare la ragione, di sottomettere il dato della fede a delle esigenze razionali, vale a dire di vedere chiaro nel tema che vi si attrae nell'ambito della «*sola ratio*». La lettera che Anselmo allega al suo volume diretta al papa Urbano II, al quale offriva il suo lavoro, è assai povera in affezioni. La preoccupazione di Anselmo era di partecipare allo sforzo degli antichi che avevano lottato contro l'«*insipientia*» (cfr. 39,3) e l'«*infidelius*» (cfr. 39,4), di trattare come loro «*de fidei nostrae ratione*» (39,2), di cercare anche lui une conferma o un'affermazione della certezza («*certitudinem*» [39,5]) della fede, sempre con i soli mezzi della ragione («*in rationis eius indagine*» [40,2]).

Ci sarebbero quindi poche tracce di affettività nel trattato cristologico. Anselmo dichiara assumere la stessa intenzione degli antichi, dando come pretesto del suo tentativo che la loro vita è stata troppo breve per poter meditare a fondo il mistero dell'incarnazione del Figlio di Dio. Le potenze della ragione sembrano però costituire un motivo sufficiente per andare oltre la fragilità dell'uomo, e forse anche oltre le sue affezioni. La vita degli antichi non ha permesso loro di condurre a termine la riflessione sulla fede (cfr. 40,3). Non si pretende ovviamente che la ragione possa penetrare fino alle ultime profondità della fede; Anselmo dice solo che si può andare più in là delle conclusioni della ragione antica.

La «*veritatis ratio*» (40,4) garantisce il successo di questo movimento di superamento continuo, essendo esso fondato però meno sull'auto-coscienza della ragione in quanto sarebbe accessibile per noi e in questi limiti, che sulla promessa evangelica per cui la grazia divina sarà data sicuramente ai fedeli fino alla fine dei tempi. Questa promessa divina dà garanzia al lavoro intellettuale. Quando Anselmo cita Isaia 7,9 nella traduzione dalla vulgata conosciuta al suo tempo: «*Nisi credideritis, non intelligetis*», intende dire che l'intelletto conduce la fede verso uno stato migliore, quella della visione. Per la tradizione, conformemente alla lettera agli Ebrei 11,1, la fede è, infatti, cieca, «*prova delle cose che non si vedono*»; la fede non è quindi capace di portare a compimento la vocazione del credente chiamato alla visione del Signore. L'intelletto sta invece tra la fede e la visione (cfr. 40,10), serve cioè per portare il credente dalla fede cieca alla visione.

È così asserito il ruolo essenziale della «*ratio*». Anselmo conclude la sua lettera di presentazione affermando di nuovo la sua intenzione di andare «*ad eorum quae credimus rationem intuendam* [...] *aliquantum conor assurgere*» (40,14), lasciandosi anche ammaestrare dai giudizi («*iudicio*» [40,17]) di altri quando egli stesso non sa come andare avanti.

Appare però nel *Cur Deus homo* un certo modo di 'affezione'. Dice l'autore, infatti, che tutti i credenti aspirano («*anhelamus*» [40,12]) alla visione. La ragione segue quindi un cammino che avrà un 'soffio', un''anima'. L'indizio di questa 'anima' sembra però debole. Cerchiamo di precisarlo. Il *Monologion* e il *Proslogion* potrebbero essere letti alla luce della stessa disposizione che Anselmo menziona, infatti, nella sua lettera al papa. La differenza è però che i due primi testi del nostro percorrono i loro temi seguendo stimoli venuti dal dinamismo della ragione stessa. La differenza tra il *Monologion* e il *Proslogion* lo dimostra. Nel *Monologion*, questo dinamismo assumeva degli elementi venuti dalla tradizione speculativa – trattava, infatti, del sommo bene, poi della sostanza, poi delle relazioni ecc. – e perciò i suoi argomenti si seguivano senza essere generati gli uni dall'interno degli altri che li precedevano. Nel *Proslogion* invece, la potenza del «*maius*» impone alla «*ratio*» un cammino continuo, senza rottura, nemmeno quella che manifesta il riconoscimento del carattere «*inaccessibilis*» (cfr. cap. 16 [112,20]) della luce dove risiede Dio. Nel *Cur Deus homo* invece, la ragione della sequenza degli argomenti non sembra venire dalla dinamica dell'«*appetitio*» o del «*desiderium*» immanente alla ragione, ma dalla necessità di difendere la fede (nella prima parte del trattato) e di portarla alla visione (nella seconda), e tutto ciò sotto la spinta della pura «*ratio*». Quale «*ratio*» però?

Il *Proslogion* aveva distinto «*ratio*» e «*intellectus*». Il desiderio nasceva dal fatto che la «*ratio*» può organizzare il suo intero percorso in un modo adeguato all'intelletto, il quale è per principio capace di intendere di un colpo la formula «*id quo maius cogitari nequit*», di intuire il suo senso. Nel *Cur Deus homo*, l'intelletto ha ovviamente un ruolo chiaramente riconosciuto, ma al contempo limitato. La visione vi è offerta, infatti, dalla «*ratio*», e meno dall'intelletto. Il tema di cui si sta trattando adesso si situa «*super intellectum hominum*» (49,19). Per entrare in questo dominio superiore, è necessaria una «*speciosa ratione*» (49,19) – un tema d'estetica, la 'ragione bella'. L'intelletto è invitato adesso a lasciarsi insegnare da una «*ratio*» superiore, che non invade il suo dominio, ma che segue il cammino di una ricerca («*quaerere*» [cfr. 18,6,7][16]) e di un desiderio («*desiderant*» [48,6], come nel *Proslogion*) che sarà propriamente suo. Al termine di questo lavoro però, Anselmo lo afferma, si raggiungerà l'evidenza dell'intelligibile, «*et propter utilitatem et rationis pulchritudinis amabilis*» (48,8-9).

Torna qui una dimensione affettiva, quella che accompagna l'apparire della bellezza — della bellezza della fede, o per meglio dire della bellezza del creduto. A questo momento, la fede passa effettivamente dal non sapere alla visione. Hans Urs von Balthasar ha evidenziato l'importanza della «*pulchritudo rationis*» in un testo fondamentale per l'interpretazione di Anselmo, in cui distingue tre momenti. Viene prima di tutto il momento di una vita retta e poi quello dello «sforzo del concetto per conseguire l'intendimento, l'*intellectus*'»[17]. Questi due momenti portano al terzo, alla «pura gioia e beatitudine ('*delectatio*', '*beatitudo*') per la verità trovata».

La gioia data in questo ultimo momento è più che umana. Certo, il lavoro realizzato dalla ragione nel *Cur Deus homo* è propriamente

---

[16] Cfr. P. GILBERT, *Analyse lexicale des mots* Quaestio *et* Quaerere *chez Anselme de Cantorbéry*, in «Medioevo», 21 (1995), pp. 1-31.

[17] Hans Urs VON BALTHASAR, *Gloria, Stili ecclesiastici*, t. 2, Milano, Jaca Book (*Di fronte e attraverso*), 1971, p. 195.

razionale, nel senso evidenziato da Karl Barth: il trattato segue, infatti, le condizioni dell'investigazione dell'armonia razionale e a priori di un insieme sensato qual è il credo cristiano, un'armonia data nel modo di un'architettonica[18]. La gioia regalata al termine della ricerca non rinchiude però l'anima in sé. Balthasar osserva, infatti, a proposito del *Proslogion* – ma questa proposta sarebbe ugualmente valida, se non di più, per il *Cur Deus homo* – che «poiché la gioia della scoperta delle misteriose armonie storico-salvifiche presuppone la grazia della fede e quindi la preghiera d'implorazione, vi saranno ad un tempo soddisfazione della ragione per l'evidenza offerta, e tuttavia più profonda riconoscenza per il fatto che tale evidenza viene misericordiosamente donata: quindi beatitudine teologica nella filosofia e tuttavia a questa superiore»[19].

La gioia finale non è quindi acquisita dal solo sforzo umano; anche se nasce al momento del suo compimento, non viene solamente da esso; l'anima riconosce, infatti, che è data (Balthasar cita allora il «*gaudebam invenisse*» del *Proslogion*, «Prologo» [93,20], benché quest'ultima citazione venga da un altro contesto), ricevuta da qualche altro, tale la gioia accolta da Anselmo che disperava di trovare l'«*unum argumentum*» e a cui il desiderato apparve in un attimo evidente alla mente. Non sarà in questa gioia che entreremo alla fine del percorso condotto da Anselmo? Lo affermava l'ultimo capitolo del *Proslogion*, dove si dice che l'anima entra nella gioia di Dio piuttosto che la gioia di Dio nell'anima dell'uomo (cfr. 121,3-4). Non sarà in questa gioia meta-razionale ma ancora tutta del percorso dell'uomo che si rivelerà la libertà di Dio, vale a dire Dio stesso, il quale avrà chiamato a sé il desiderio del ricercatore consentente? Per sostenere la sua tesi, Balthasar rimanda a un passo di Henry de Lubac[20], che «ha mostrato che [...] la soddisfazione intellettuale per

---

[18] Cfr. Karl BARTH, *Anselmo d'Aosta. Fides quaerens intellectum. La prova dell'esistenza di Dio secondo Anselmo nel contesto del suo programma teologico*, Brescia, Morcelliana (*Maestri del pensiero*), 2001.

[19] H.U. VON BALTHASAR, *Gloria, Stili ecclesiastici*, t. 2, p. 211.

[20] Il rimando di Balthasar è confuso. Si vedrà però Henry DE LUBAC, *Sur le chapitre XIV du Proslogion*, in *Spicilegium Beccense*, I, Paris, Vrin, 1959, p. 299 : «Ayant atteint son double but, n'ayant jamais voulu s'assigner un but ultérieur, la raison est donc satisfaite – la raison, mais non le désir qui l'avait mis en branle [...]. L'âme d'Anselme se sent frustrée. Anselme cherchait "la Face de Dieu" : il ne l'a pas trouvée.

la scoperta dimostrazione di Dio non è ancora affatto la gioia cristianamente promessa da Dio». Ma la gioia promessa non sarà senza la libertà dell'uomo, il suo consenso.

Non sarà in somma un'affezione, una disposizione del cuore, che accompagnerà la «ratio» fino al suo compimento paradossalmente mai compiuto, un desiderio che fiorisce entrando nell'abisso di Dio e della sua 'gioia'?

En d'autres termes, la preuve de l'existence de Dieu, l'intelligence même de son essence, telle que la raison les peut fournir, ne lui rendent pas Dieu présent; ou, comme dira Pascal, "sensible au cœur"».

Anselmian Contextualism

Sandra VISSER

Valparaiso University

This paper explores particular semantic considerations, namely contextual ones, which Anselm uses to elucidate and partially solve various metaphysical and normative problems. It is crucial, when interpreting Anselm, to be aware that he frequently uses these semantic tools because they crop up in unexpected places, and so are easy to pass over without understanding the full implication of what he's doing. But in missing them, an interpreter will nearly always mis-characterize some of Anselm's central positions, and thus also miss interesting positions to consider on central philosophical and theological issues.

A helpful way to understand Anselm's contextualism is to think about how contemporary epistemologists are currently appealing to contextual considerations in order to help solve recalcitrant problems in epistemology. If you pick up an epistemology anthology or introductory epistemology textbook today, you will most likely find a section on "knowledge and context." In it, you will find discussions of whether and how "knowledge" is context sensitive. I will quote a passage from Mark Heller at length because I believe it is particularly clear about what role semantic considerations (might) play in theories of knowledge.

Contextualism in epistemology tells us that "knowledge" is a context sensitive term. Whether or not subject S counts as having knowledge will depend on the context in which the evaluation is taking place. But contextualism is not primarily an epistemological theory. "Knowledge" is just one word among many that is context sensitive. Rather than presenting a theory of knowledge itself, contextualism is a complement to any theory of knowledge. What contextualism tells us is that "knowledge" refers to different properties in different contexts. Contextualism does not tell us anything about what those properties are. That is the job for a theory of knowledge[1].

Two important points emerge from Heller's discussion. First, supposing for the moment that knowledge *is* context sensitive, whether we say that a subject knows that *p* depends on what our interests in making the judgment are. As our interests change, the relevant considerations also change. Second, it is important to understand that supporters of contextualism (in knowledge as well as other areas), are not subjectivists. If epistemological contextualists are correct, then one's interests (which are expressed in the linguistic context) determine which considerations are relevant to ascribing knowledge, but those interests don't determine whether the subject satisfies the relevant conditions; the actual world does that.

Whether semantic considerations, i.e., considerations of linguistic context, are relevant to various philosophical discussions is nearly always controversial. While contextualism about indexicals is universally accepted, and contextualism about whether an object is flat is nearly so, most other claims that a word (and its related subject matter) is contextual are contentious, including 'knowledge' and 'free', for example. Furthermore, proponents of contextualism in one area are not guaranteed to be contextualists in another. For Anselm, unlike contemporary epistemologists, the only situations in which contextualist considerations are relevant are those in which there is more than one agent germane to the discussion.

The central places in which Anselm's contextualism is important are in analyses of 'ought', certain identity claims, and temporal claims.

Anselm is most explicit about his use of contextualism in *de Veritate* 8. It also the least controversial, and in some ways, instructive, of his contextualist moves.

S: But how can we say, with respect to the truth of a thing, that whatever is ought to be, since there are many evil deeds that certainly ought not to be?

T: How is it surprising that the same thing both ought to be and ought not to be?

---

[1] Mark Heller, "The Proper Role for Contextualism in an Anti-Luck Epistemology", *Philosophical Perspectives* 13, *Epistemology*, 1999, pp. 115-129).

S: How can that be the case?

T: I know that you do not doubt that nothing is at all, unless God either causes or permits it.

S: There is nothing I am more certain of.

T: Will you dare to say that God causes or permits anything unwisely or badly?

S: On the contrary, I contend that God always acts wisely and well.

T: Do you think that something caused or permitted by such great goodness and wisdom ought not to be?

S: What intelligent person would dare to think that?

T: Therefore, both what comes about because God causes it and what comes about because God permits it ought equally to be.

S: What you are saying is obviously true.

T: Then tell me whether you think the effect of an evil will ought to be.

S: That's the same as asking whether an evil deed ought to be, and no sensible person would concede that.

T: And yet God permits some people to perform the evil deeds that their evil wills choose.

S: If only he did not permit it so often!

T: Then the same thing both ought to be and ought not to be. It ought to be in that God, without whose permission it could not come about, acts wisely and well in permitting it; but if we consider the one whose evil will instigates the action, it ought not to be. In this way, the Lord Jesus, who alone was innocent, ought not to have suffered death, and no one ought to have inflicted death on him; and yet he ought to have suffered death, in that he himself wisely and generously and usefully willed to suffer it. There are, after all, many ways in which one and the same thing takes on contrary attributes when considered in different ways[2].

---

[2] *De Incarnatione Verbi* 8 (II:20). All English translations are from Thomas WILLIAMS, trans. *Anselm: Basic Writings*, Indianapolis, Hackett, 2007. Parenthetical citations by volume and page number refer to the critical edition of F. S. SCHMITT,

In this passage from *de Veritate*, it is crucial to notice that Anselm asserts that it is our interests in asking the 'ought' question that determines which features of the case are relevant and thus, what the correct assessment of the situation is. So, to take a concrete example in which John murders Samantha and some Christians are sitting around discussing the matter, Anselm's move is to point out that our initial bewilderment about whether to say John's murder of Samantha ought to have occurred is easily resolved by noting that, though it looks like a straightforward question, "Ought John have murdered Samantha?" or even "Ought Samantha to have been murdered?" it isn't. How we answer depends on exactly which question we're asking. Are we asking a question about God's sovereign activity or a question about human activity? If the context isn't immediately clear, a quick question or two should be sufficient to clear it up. For Anselm, the question which illuminates the relevant features to consider is one about agency. When we know which agent we're interested in assessing, we know which considerations are relevant. It's important to note that Anselm treats non-rational things, like stones, nails, and even the laws of nature, as agents. Anselm goes on to claim that context frequently matters in situations in which we make normative judgments. For example, we might (though we usually don't) ask with Anselm, "Ought nails to have pierced Christ's side?" If so, we might be asking whether, given the physical nature of nails, they should have pierced flesh on a human. The answer to that question is "yes." But we might be asking whether some human or groups of humans morally put Christ to death. The answer there is "no," since Christ committed no crime deserving death. Finally, we might be asking whether Christ should have died since God permitted it. Again the answer is "yes." One more sort of example that Anselm gives is of the following: Suppose that Thomas locks Sandra up for a year in his garage. We might ask whether Sandra ought to have been locked up. Again, if we're not careful, we might not know how to answer. Suppose that Sandra *per impossible* has committed a crime

---

S. *Anselmi Cantuariensis Archiepiscopi Opera Omnia*, Stuttgart, Bad Canstatt: Friedrich Fromann Verlag, 1968.

whose penalty is justly a year of being locked up. But Thomas wasn't the person to do it and the garage wasn't the right place. It's easy to see how to appropriately ask the question to illicit the appropriate response in each case. Given these few examples, it's easy to multiply lots more.

One might wonder whether rather than contextualism, Anselm instead might be pointing to some garden variety ambiguity in normative situations. If the passages are merely ambiguous, we should be able to restate them in such a way that the ambiguity no longer arises. Perhaps we should read Anselm, not as considering the same action in two different ways, but instead, as considering two different actions. In the first example, we are not evaluating John's murdering considered morally and John's murdering considered in terms of providence; rather, we are evaluating John's murdering Samantha and God's permitting John to murder Samantha, which are clearly distinct actions. Anselm himself asserts that we must consider which agent we wish to assess before deciding whether an action ought or ought not have occurred. Unfortunately, Anselm cannot dissolve the apparent paradox so easily. For he is interested in whether these two actions ought to have occurred, and here we cannot assess God's action of permitting without considering what it is that he is permitting, namely, John's murdering of Samantha. And since whatever God either causes or permits ought (equally) to be as he says in the passage quoted above, then John's murdering of Samantha ought to be. Yet, considering only the relevant issues of human morality, it ought not to be. Note that the diverging assessments are of exactly the same action: John's murdering of Samantha. That very same action ought to have occurred (because God permitted it and He only permits what ought to be) and ought not to have occurred (because humans shouldn't murder). The requirement that we assign different truth values to one and the same statement (which depends on one and the same action) depending on the context under consideration cannot be eliminated after all.

Anselm's contextualism has some apparently unwelcome consequences. First, Anselm cannot argue that one of the contexts is privileged and thus mitigate the awkwardness of saying that the same action both ought to be and ought not to be. First, if we are tempted to argue that it is clear that there *is* a privileged context, namely, the one in which we consider everything about how the world is, we quickly see that Anselm cannot go along with this suggestion, since it implies that any judgment of the form "X ought not to be" is, if considered in the privileged way, false. For if we consider everything, then we consider God's plan; and if we do that, then whatever is the case ought to be the case. But then there seems to be little sense left in saying that one ought not to have murdered or lied or been spiteful to one's friends, because whatever one did is what God permitted one to do and therefore what — taking everything into account — one ought to have done. And clearly Anselm is not willing to strip moral judgments of their force in this way. Second, suppose that instead of considering everything, we say that if there were a privileged context, it would surely be God's. But what is relevant for an agent like God is radically different than agents limited in power and knowledge like humans, or inanimate agents (such as they are) with no internal power or knowledge. Which context is relevant depends entirely on which agent's action we are interested. Thus, it follows that Anselm's analysis of normative statements yields the following result: there is no single best or most important standard. There is no "all things considered" standard that takes precedence over the others. Rather, each agent (or type of agent, for Anselm) has a standard appropriate to its nature. According to Anselm, one must assess, not a situation, but each agent in a situation, and there is no single perspective from which that can be done. This is one of the most troubling marks of a truly contextualist solution to a problem. We must give up the idea that there is a final, privileged, answer to a question that requires a contextualist answer. Anselm clearly accepts that position in the case of 'ought'. Anselm never says without qualification that the world is the way God wants it to be.

Of the three times that Anselm appeals to context in order to help solve a problem, the one concerning 'ought' is most clear and straightforward. In this case, the relevant context is determined by finding out what sort of thing the agent is. Notice that this means that Anselm would resist any contemporary argument for moral relativism which suggests that the particular circumstances of a particular human being are relevant to our moral assessment of her actions. For Anselm, the agency question depends on the type of agent, not the particular individual, so his account won't open him up to objections that might be leveled at a contemporary moral relativist. Anselm's philosophical tendencies are not to argue that context sensitivity solves all philosophical problems. But, he does argue in at least two other interesting cases that the philosophical problems are caused primarily from mistakenly ignoring relevant contextual changes in attempting to solve key problems. Anselm doesn't say so as explicitly as in the normative case, but his solution to philosophical problems arising from accepting the Trinity is an argument for the philosophical relevance of contexts. His solution requires rejecting absolute identity and accepting relative identity, but his motivation is a contextualist one. Consider, for example, the following two passages: In *Monologion* 43, he says, ‹‹Now the Father is one thing and the Son is another, so much so that it is altogether obvious that they are two; and yet that which they both are is so much one and the same thing that it is completely obscure what they are two of....In virtue of their relations they are opposed in such a way that neither takes on the distinguishing characteristic of the other; in virtue of their nature they are harmonious in such a way that each always has the essence of the other.››[3] In the second, from *de Incarnatione Verbi (DIV)* 9 he writes, ‹‹Now qua substance the Father and the Son are not a plurality or distinct from each other, since they are not two substances...but rather the Father and the Son are one and the same substance. Yet qua person they are a plurality and distinct from each other, since the Father and the Son are...two persons distinct from each other››[4].

In *DIV*, which Anselm wrote in response to a claim that the Christian doctrine of the Trinity as standardly understood results in a contradiction, he argues that it is Roscelin himself who makes the mistake by thinking that there should be one definite number of how many are in the Trinity. Anselm repeatedly says that we must answer two questions, namely "How many persons are in the Trinity?" and "How many substances are there in the Trinity?" He is equally firm that we cannot ask a more general question, "How many things are there in the Trinity?" According to Anselm, such a

---

[3] *Monologion* 43 (I:59).
[4] *De Incarnatione Verbi* 9 (II: 24-25).

question is impossible to answer in just the same sort of way that "Should Christ's flesh have been pierced by nails?" is impossible to answer. How we answer depends on exactly which question as determined by context one is asking.

The case of the Trinity is perhaps even more controversial than the moral/physical/divine ones, however, because it has the result that we cannot say how many "things" there are in the universe. We can say how many substances there are. We can say how many persons there are. But it is incorrect to think that we can collect all the substances and persons into one pot, so to speak, and then ask how many of those there are. It is precisely because some substances are more than one person (the Trinity) and some persons are more than one substance (the Incarnate Christ) that we cannot ask the further questions. A failure to recognize this, according to Anselm, causes nearly all the conundrums in discussions of the Trinity. Once again, some of the problems concerning the Trinity arose by a failure to notice that the context of a question mattered in giving the answer. Anselm needs to do much more philosophical work in the cases of the Trinity and Incarnation once he has made that observation—he needs to appeal to a theory of relative identity, and he takes quite some time in assessing the moral state necessary to do good rational work on a theological problem, but his response begins with a contextualist move. His work on the Trinity bears an important mark of contextualism—the final answer regarding counting questions is not one which admits of an "all things considered" answer. Even God cannot answer the question of "how many?" when asked without a contextualizing or relativizing clause.

Finally, Anselm uses contextualism to resolve some puzzles about God and time. Consider these three striking and baffling passages from *de Concordia*:

> Now someone might try to use what Job says to God about human beings–'You have fixed their limits, which cannot be transgressed'–to argue that no one has ever been able to hasten or delay the day of his death, even though we might think that someone acts by free will in a way that brings about his own death. But that is no objection.... For because God does not err and sees nothing but truth, whether that truth

comes about by freedom or by necessity, something is said to be immutably fixed 'with regard to him' that, 'with regard to human beings', is subject to change up until it happens[5].
And:
In eternity it is not the case that something was or will be, but only that it is; nonetheless–and without any inconsistency–in time something was or will be. And in just the same way, something that in eternity cannot be changed is proved, without any inconsistency, to be changeable in time until it exists, thanks to free will. Now although in eternity there is only a present, it is not a temporal present like ours, but an eternal present that encompasses all times. Just as every place, and those things that are in any place, are contained in the present time, so too every time, and those things that are at any time, are enclosed all at once in the eternal present[6].
And finally:
It is in this way, therefore, that Holy Scripture speaks of actions that come about by free choice as necessary. It is speaking 'in terms of eternity', in which everything that is true, and only what is true, in unchangeably present. It is not speaking 'in terms of time', in which our wills and our actions do not always exist [...][7].

We see Anselm's contextualism in all three of these passages. In the first, we note the contextualism is related to considerations of God's existence versus considerations of human existence. In the second, we see that there are certain things we can say when speaking of eternity (which is the context of God's existence) and say other things when speaking of time (which is the context of human existence). All of the quoted passages appear like utter nonsense, but in the third passage, Anselm's contextualism is explicit. It still initially reads as nonsense, but he is very clear about what he is doing. But even after we notice his contextualist move, the passages still read as though Anselm is trying to support inconsistent positions in the desperate attempt to make sense of a hopelessly confused Christian doctrine. His claim that they are not inconsistent looks like a sleight of hand meant to deny what's obvious to anyone reading carefully. But if we instead see that it's Anselm's con-

---

[5] *De Concordia* 1.5 (II: 254).
[6] *De Concordia* 1.5 (II: 254).
[7] *De Concordia* 1.5 (II: 254).

textualism at work our analysis changes, for we can see that although Anselm is claiming that actions are both immutable and mutable, he is not claiming that they are both mutable and immutable in the same context. According to Anselm there is no single context from which we can judge God's view of events and human's view of events. To make such an attempt is like trying to say, without qualification, whether a ball falling from the top of a roof should have hit the person standing beneath it on the head. It all depends on what you mean–should falling objects fall down, i.e. should nature act according to its design? Yes. Should innocent people be clonked on the head by falling objects? No. Can we answer such a question baldly stated? No. Anselm says questions about the immutability of *free* actions are exactly the same. One can't answer the baldly stated question "was the free action immutably going to happen?" Considered eternally–yes. Considered temporally–no, because it didn't even exist before it happened. But how can one and the same action be considered temporally and eternally? How could one even possibly make that position seem plausible Indeed, I expect that one reason no one has recognized Anselm's contextualism about time and eternity is that even if one looks at it, it doesn't seem to be possible, and thus is unable to solve any philosophical problems.

Thus, in the case concerning time, more needs to be said to make Anselm's position even remotely plausible. We still want to know how it is possible for one and the same thing or action to be both temporal and non-temporal. As in the case of Anselm's discussion of the Trinity; a mere appeal to contextualism doesn't immediately stop all philosophical discussion. But accepting Anselm's position shifts the discussion. What is at issue is whether there really are two equally legitimate but incompatible contexts, neither of which is privileged. In the case of time and eternity, it might be helpful to have some better idea of what the two contrasting contexts are. It would be helpful to know how it is that the same thing exists both in time and in eternity. Fortunately, there are things to say here, unfortunately, they aren't terribly illuminating. They are helpful insofar as they can help us understand what Anselm takes the two contexts to be and how they come about.

The first clue to what Anselm has in mind comes later in *de Concordia* 1.7 when he answers the question of whether God has his knowledge about the future from seeing what the things do in the eternal present. He rejects this possibility since then those things would not come from God. Rather, he affirms that "things have their being from his knowledge." In *Monologion* 34-36 Anselm first develops his view that we both exist in eternity (i.e. in the Word who is eternal) and in time explaining that, "When the supreme spirit utters himself, he utters all created things. For before they were made, and once they have already been made, and when they are destroyed or in any way changed, they always exist in him, not as what they are in themselves, but as what he himself is. For in themselves they are a changeable essence created according to an unchangeable reason"[8]. "Whatever was made—whether it is living or non-living, or whatever it is in itself—is, in him, life and truth [...]. [J]ust as all things are life and truth in his Word, so they are also in his knowledge"[9]. Anselm never clearly explains how creation comes to be physically and changeably—it is a deficiency in his discussion of creation and one of the reasons he doesn't have an adequate theory of universals. However, it is clear that Anselm thinks that all of the created order exists both in the Word's eternal utterance of himself, and in time, and that the same things exist in both of these ways. Returning to *de Concordia* 1.5, we can see this theory at work in the following passage:

Now since we have discerned that a things exists differently in time from how it exists in eternity, so that it is sometimes true that something does not exist in time that does exist in eternity, and that its existence is past in time but not past in eternity or future in time but not future in eternity, there does not seem to be any reason to deny that in the same way something can be mutable in time that is immutable in eternity.[10]

It is with this theory that Anselm seeks to solve problems concerning foreknowledge, freedom, and predestination. It is a theory which permits him to consistently be a presentist, claim that God is eternal, and that God knows the future without relying on having

---

[8] *Monologion* 34 (I: 53).
[9] *Monologion* 35 (I: 53).
[10] *De Concordia* 1.5 (II: 254).

to, in some sense, "see" what's happening in order to know what our future free actions will be. The great unanswered question for Anselm is not how God knows, but how the eternal and temporal thing is one. For anyone satisfied that the view is coherent, Anselm has presented a novel way of solving problems of time and eternity which permits him to be an incompabilist about free will without requiring that God doesn't know which actions an agent will freely perform or an appeal to Molinism.

Libertà e predestinazione da Agostino ad Anselmo d'Aosta

Marta CRISTIANI

Università degli Studi di Roma "Tor Vergata"

1. Interrogativi agostiniani

In quel meraviglioso pasticcio teologico che è il *Tannhäuser* di Wagner, fra nostalgia di paganesimo, di cattolicesimo e luteranesimo secolarizzato, Elisabeth, la mediazione dell'amore puro fra l'umano e il divino, difende il cantore colpevole e meritevole di condanna con l'argomento della universalità e individualità della redenzione: "anche per lui il Redentore ha sofferto la sua passione" (*auch für ihn einst der Erlöser litt!*, Atto II, 4). Il primo interprete germanico della teologia agostiniana della predestinazione, Gotescalco di Orbais, lo avrebbe sostanzialmente negato.

Che il "segno" impresso dall'opera di Agostino abbia definito i caratteri del cristianesimo latino, anche nelle sue più drammatiche lacerazioni, che la tormentata indagine agostiniana sulla predestinazione e il libero arbitrio sia stata "segno" di contraddizione, costituisce un dato storicamente acquisito. Una tradizione ermeneutica che già nel secolo IX rivela alcune linee degli sviluppi futuri, consente di affrontare il problema del significato di una dottrina che conduce Anselmo a porre in termini nuovi i fondamenti stessi dell'etica.

Nell'itinerario dialettico-razionale dei *Dialoghi*, il *De quantitate animae* si conclude con un riepilogo sul tema dell'ordine provvidenziale, all'interno del quale il dono del libero arbitrio individuale, la possibilità di scelta fra bene e male, non potrà comunque compromettere la legge universale divina[1]: a questo argomento è dedicato

---

[1] *De quantitate animae*, XXXVI, 80, *PL*, XXXII, col. 1079C (CSEL, LXXXIX, Vindobonae, 1986, p. 89): "Deus igitur summus et verus lege inviolabili et incorrupta, qua omne quod condidit regit, subicit animae corpus, animam sibi et sic omnia

uno dei dialoghi più complessi, che ha per interlocutore Evodio, sviluppato nel corso di anni e in contesti diversi. Il libro I è redatto a Roma nel piena continuità d'ispirazione con l'insieme dei *Dialoghi*, mentre il II e III libro sono redatti a Ippona nel 395, quando Agostino, arrivato in città nel 391, era stato già ordinato sacerdote per volontà del vescovo Valerio e per acclamazione dei fedeli[2].

Se Dio possa considerarsi autore del male, *utrum Deus non sit auctor mali* è la *quaestio* posta formalmente da Evodio all'inizio del dialogo[3], seguita dall'interrogativo "dimmi la ragione per cui facciamo il male" (non l'*unde malum*, ma l'*unde malum faciamus*), al quale Agostino risponde con una esortazione a credere all'onnipotenza di chi ha creato il mondo *ex nihilo*[4].

Il terzo e ultimo libro, nel quale problemi più specificamente esegetici si inseriscono nell'impianto dimostrativo del dialogo, enuncia con chiarezza il problema, destinato ad attraversare il pensiero latino medievale, che si definirà, a partire da Boezio, dei "futuri contingenti". Se all'onnipotenza conoscitiva divina la realtà è eternamente presente nella visione eterna, come può considerarsi libera la scelta individuale che è stata, da tutta l'eternità, oggetto di prescienza: "Come possa accadere al tempo stesso che Dio abbia prescienza di tutti i futuri, e che noi commettiamo peccato senza essere determinati dalla necessità, è per me oggetto di turbamento indescrivibile"[5].

La soluzione agostiniana sottolinea che l'atto volontario in quanto tale, anche se oggetto di precognizione – e non necessariamente divina – resta un atto libero: "Dunque la nostra volontà non sarebbe volontà, se non fosse in nostro potere... Per cui ne consegue che, da

---

sibi: neque in ullo actu eam deserit sive poena sive praemio... Datum est enim animae liberum arbitrium; quod qui nugatoriis ratiocinationibus labefactare conantur, usque adeo caeci sunt, ut ne ista ipsa quidem vana atque sacrilega propria voluntate se dicere intellegant. Nec tamen ita liberum arbitrium animae datum est, ut quodlibet eo moliens ullam partem divini ordinis legisque perturbet. Datum est enim a sapientissimo atque invictissimo totius creaturae Domino".

[2] Cfr. *Sermo* CCCLV, 2 (degli anni 425-426), PL, XXXIX, col. 1569-70.

[3] *De libero arbitrio*, I, I, 1, CCh, SL, XXIX, 2, p. 211. Segue la distinzione tra il "fare" e il "subire" il male, *male facere*, di cui ogni malvagio è *auctor*, e *mali esse perpessum*: Dio non può essere considerato autore del male nel primo caso, ma lo è nel secondo, quando infligge, nell'ordine provvidenziale, una giusta pena per le colpe commesse.

[4] *Ibid.*, I, I, 4, 10-13, p. 213.

[5] *Ibid.*, III, II, 4, 14, p. 276: "ineffabiliter me mouet quo modo fieri possit ut et Deus praescius sit omnium futurorum et nos nulla necessitate peccemus".

una parte, non neghiamo l'essere Dio presciente di tutti i futuri, dall'altra, tuttavia, noi vogliamo quello che vogliamo. Essendo presciente della nostra volontà, la volontà sarà l'oggetto di cui è presciente"[6].

Gli interrogativi sempre più complessi di Evodio, sull'eventuale coinvolgimento dell'onnipotenza nella realtà del male, non sono lontani dalle obiezioni epicuree sulla natura divina, come le riferisce Lattanzio[7].

Auspicare una creazione dalla quale sia esclusa la volontà che sceglie liberamente le realtà inferiori sarebbe, per Agostino, un falso ideale di perfezione, perché escluderebbe la gerarchia dell'essere, che inizia dalle creature angeliche incapaci di peccare.

Una struttura ontologica gerarchicamente ordinata sostiene un disegno cosmologico in cui è difficile non riconoscere elementi aristotelici, perché agli angeli, che non potrebbero peccare senza compromettere l'ordine universale, è attribuito il governo dei corpi celesti, cioè la funzione delle intelligenze motrici[8]. La corruzione è integrabile nell'ordine universale, entro una sua misura: se una qualsiasi realtà potesse corrompersi fino alla privazione di ogni bontà sarebbe, paradossalmente, resa incorruttibile dalla stessa corruzione, *corruptione facta incorruptibilis*[9], conclusione inaccettabile, se non si è ancora ipotizzato l'"al di là del bene e del male".

L'esistenza della creatura che "non può" peccare determina tuttavia un'obiezione circostanziata e precisa: "Vorrei sapere... perché non pecca quella natura, che secondo la prescienza divina non avrebbe peccato, e pecca questa, che secondo la stessa prescienza

---

[6] *Ibid.*, III, III, 8, 33-34, p. 280: " Voluntas igitur nostra nec uoluntas esset nisi esset in nostra potestate. Porro, quia est in potestate, libera est nobis. Non enim est nobis liberum quod in potestate non habemus, aut potest non esse quod habemus. Ita fit ut et Deum non negemus esse praescium omnium futurorum et nos tamen uelimus quod uolumus. Cum enim sit praescius uoluntatis nostrae, cuius est praescius ipsa erit".

[7] H. Usener, *Epicurea*, frag. 374 (Lactantius, *De ira Dei*, XIII, 19: " 'La divinità' dice questi - *scil*. Epicuro - 'o vuole abolire il male e non può; o può e non vuole; o non vuole né può; o vuole e può. Se vuole e non può, bisogna ammettere che sia impotente... se può e non vuole, che sia malvagia, il che è ugualmente estraneo all'essenza divina; se non vuole e non può, che sia insieme impotente e malvagia; se poi vuole e può, sola cosa conveniente alla sua essenza, donde provengono i mali e perché non li abolisce?' "), Lipsiae, 1887 (rist. anast. Stuttgardiae, 1966); traduz. ital.: Epicuro, *Opere*, a cura di M. Isnardi Parente, Torino, 1974, pp. 399-400.

[8] *De libero arbitrio*, III, XI, 32, 113-114, p. 294.

[9] *Ibid.*, III, XIII, 36, 126-127, p. 297.

Marta Cristiani

avrebbe peccato. Ormai non penso che... una sia costretta a peccare, l'altra a non peccare... Se tuttavia non vi fosse una causa la creatura razionale non sarebbe così disposta che una non pecca mai, un'altra persevera nel peccato... Non vorrei sentirmi rispondere: 'La volontà'. Io, di questa volontà, cerco la causa"[10].

La risposta agostiniana, che cercare la causa della volontà aprirebbe un processo *ad infinitum*, non può risolvere il quesito ma dimostra soprattutto i limiti etici e razionali di una nozione di ordine fondato su gerarchie ontologiche più o meno armoniosamente strutturate, documentando la difficoltà di usare schemi neoplatonici quando l'onnipotenza disgrega tutti gli schemi e impone la legge di una realtà infinitamente problematica.

Anche rinunciando a percorrere le travagliate interpretazioni delle opere contro Pelagio e i suoi discepoli[11], comprendere il mutamento di prospettiva fra gli itinerari di ricerca tracciati dai *Dialoghi* e il tributo all'opera della grazia divina, che si dispiega attraverso il racconto delle *Confessioni* con il ritmo e la solennità di un salmo, apre un sentiero privilegiato per comprendere fino a che punto la cultura cristiana rielabora e trasforma gli strumenti concettuali ereditati dalla tradizione classica.

L'ingresso nella selva misteriosa della Scrittura, in particolare i commenti al *Genesi*, ai *Salmi*, alle *Lettere* di Paolo, determinano in profondità l'evoluzione del pensiero di Agostino, sempre più condizionato dagli impegni della vita sacerdotale nel contesto africano, dai conflitti con le comunità manichee e con le chiese scismatiche del vescovo Donato.

A partire dal *De Genesi contra Manichaeos* la riflessione sulla creazione dal nulla della materia di cui il mondo si compone, conduce Agostino a misurarsi con il tema dell'onnipotenza divina, di cui

---

[10] *Ibid.*, III, XVII, 47, 161-162, p. 303: "Sed tamen scire vellem... quare illa natura non peccet quam non peccaturam praesciuit Deus, et quare ista peccet quae ab illo peccatura praeuisa est. Non enim iam puto ipsa Dei praescientia uel istam peccare uel illam non peccare cogi. Sed tamen si nulla causa esset, non ita dispertiretur creatura rationalis ut alia nunquam peccet alia in peccando perseueret, alia quasi media inter utramque aliquando peccet aliquando ad recte faciendum conuertatur... Sed nolo mihi respondeatur: 'Voluntas'; ego enim causam quaero ipsius voluntatis".

[11] Si rinvia su questo tema a una monografia essenziale, G. Lettieri, *L'altro Agostino. Ermeneutica e retorica della grazia dalla crisi alla metamorfosi del 'De doctrina christiana'*, Brescia, 2001.

affronterà tutti i paradossi, mentre la sequenza dei sette giorni della creazione apre una prospettiva grandiosa di teologia della storia, nella quale ognuno dei giorni corrisponde a una fase della storia umana, ma anche a un'età della storia individuale, a partire dall'infanzia, cancellata dall'oblio, come il diluvio ha cancellato le tracce di quello che è avvenuto dopo la cacciata dall'Eden[12].

Fra il 394 e il 395, mentre la chiesa donatista assume esplicitamente posizione scismatica, l'ermeneutica agostiniana del Nuovo Testamento muove dai testi del *Sermone della Montagna* e delle lettere paoline ai *Romani* e ai *Galati*, commentando le quali è sviluppata fino alle ultime conseguenze l'affermazione dell'onnipotenza del Dio di Israele, la cui insondabile volontà decide della vita individuale, dell'eterna salvezza o dannazione, come Agostino interpreta *Rom.* 1, 4 (*Figlio di Dio, predestinato... dalla resurrezione dei morti*): "Non può essere predestinato... dalla resurrezione di quei morti che egli condannerà alla dannazione... ha preceduto quelli che in quel regno celeste... lo seguiranno" [13].

Mentre nei due commenti, *Expositio octoginta quattuor propositionum epistolae ad Romanos* e *Epistolae ad Romanos inchoata expositio*, nei quali sono probabilmente riversati i temi delle lezioni tenute in occasione del primo concilio a Cartagine, nel 394, Agostino si preoccupa di salvare il difficile equilibrio fra la grazia e il libero arbitrio, una evoluzione ulteriore si compie quando una personalità della chiesa milanese come Simpliciano, venerato per età e sapienza, guida spirituale dello stesso Ambrogio, invia una serie di quesiti su temi che la dottrina di Paolo aveva crudamente illuminato, a partire dalla nozione di legge come principio di consapevolezza del peccato. Ben più drammatico il testo di Malachia evocato da Paolo in Rom. 9, 13: *Il Signore dice; ho amato Giacobbe, ho avuto in odio Esaù* (Mal. 1, 2-3). Nelle risposte l'interpretazione della dottrina paolina è radicalizzata, mentre la difesa del libero arbitrio a cui Agostino aveva dedicato tante risorse dialettiche, è rimessa in discussione: "Ecco infatti ciò che rimane al libero arbitrio... che l'uomo non adempia la giustizia

---

[12] Cfr. *De Genesi contra Manichaeos*, I, XXIII, 35-41, PL, XXXIV, coll. 190-193.

[13] *Epistolae ad Romanos inchoata expositio*,V, PL, XXXV, col. 2092: "Non... ex illorum mortuorum resurrectione praedestinatus est, quos est damnaturus... hos autem praecessit, qui ad ipsum caeleste regnum... secuturi sunt".

secondo la sua volontà, ma che si volga con pietà supplicante a colui che gli dona di poterla attuare"[14]. La non rilevanza delle opere, come è individuata nei testi paolini, mette in crisi i fondamenti stessi dell'etica classica: "Le buone opere sono pertanto conseguenza di chi riceve la grazia: non suscitano la grazia ma sono prodotte dalla grazia. Il fuoco infatti non scalda per ardere, ma perché arde… cosí nessuno… agisce bene per ricevere la grazia, ma perché l'ha ricevuta. Come infatti può vivere giustamente chi non è stato giustificato? E vivere santamente chi non è stato santificato? O semplicemente vivere chi non è stato vivificato?… Prima è quindi la grazia, poi le opere buone"[15]. La fede stessa, che è premessa di verità, è dono della grazia: "L'uomo inizia a ricevere la grazia, e a partire da questo momento inizia a credere in Dio, che sia spinto alla fede da un avvertimento interno o da un avvertimento esterno"[16].

Mentre il dominio della volontà dovrebbe appartenere alla ragione, che però non ha potere sulle motivazioni oscure, riconducibili comunque al principio del piacere da cui la volontà è mossa[17], la scelta insondabile dell'onnipotenza, riservata alla *massa perditionis* in cui è precipitata la natura umana, consente una vera e propria "decostruzione" di un medio "perbenismo" etico, dei modelli all'interno dei quali l'uomo antico, con la sua probità e cultura, avrebbe trovato la consapevolezza di sé e avrebbe potuto "raccontare" se stesso[18].

---

[14] *De diversis quaestionibus ad Simplicianum*, I, 1, 14, CCh, SL, XLIV, p. 19: "Hoc enim restat… libero arbitrio, non ut impleat homo iustitiam cum voluerit, sed ut se supplici pietate convertat ad eum cuius dono eam possit implere".

[15] *Ibid.*, I, 2, 3, p.27: "Percipientis vero gratiam consequenter sunt opera bona, non quae gratiam pariant, sed quae gratia pariantur. Non enim ut ferveat calefacit ignis, sed quia fervet; nec ideo bene currit rota ut rotunda sit, sed quia rotunda est. Sic nemo propterea bene operatur ut accipiat gratiam, sed quia accepit. Quomodo enim potest iuste vivere qui non fuerit iustificatus? Quomodo nec sancte vivere qui non fuerit sanctificatus, nec omnino vivere qui non fuerit vivificatus. Iustificat autem gratia, ut iustificatus possit iuste vivere. Prima est igitur gratia, secunda opera bona".

[16] *Ibid.*, I, 2, 2, pp. 24-25: "Incipit autem homo percipere gratiam, ex quo incipit Deo credere vel interna vel externa admonitione motus ad fidem".

[17] *Ibid.*, I, 2, 22, pp. 54-55: « Restat ergo ut voluntates eligantur. Sed voluntas ipsa, nisi aliquid occurrerit quod delectet atque invitet animum, moveri nullo modo potest. Hoc autem ut occurrat, non est in hominis potestate ».

[18] *Ibid.*, I, 2, 22, pp. 54-55.

A partire da questa crisi del razionalismo dei *Dialoghi*, si deve tuttavia sottolineare che la consapevolezza dell'universalità ecclesiale, fondata sulla mediazione cristologica, riconduce il pensiero agostiniano a situare dialetticamente la scelta divina, che ha per oggetto la vita individuale, nel disegno di salvezza che l'incarnazione ha annunciato, come nel libro XI delle *Confessioni* una densissima preghiera esprime con chiarezza: "Ti scongiuro per il Signore nostro Gesù Cristo... mediatore fra te e noi, grazie al quale ci hai cercato mentre non ti cercavamo, e ci hai cercato perché ti cercassimo, il tuo Verbo, attraverso il quale hai fatto tutte le cose, e me fra queste, il tuo unico, grazie al quale hai chiamato in adozione il popolo dei credenti, e me tra questi"[19].

2. La controversia carolingia

In età carolingia, mentre le *élites* intellettuali e soprattutto l'episcopato del *regnum Francorum* sono impegnati in un difficile processo di istituzionalizzazione della regalità germanica, la riflessione cristiana sul potere non può procedere che dal testo di *Romani* XIII, 1, fondato a sua volta sulla distinzione fra anima e corpo: "Ogni anima sia sottomessa ai poteri che la sovrastano: non c'è potere (*potestas*) infatti che non sia da Dio; quelli che esistono sono ordinati da Dio". Quale sia la natura del rapporto fra il potere mondano, che può essere giusto, ma anche criminoso e tirannico, e la suprema volontà ordinatrice, resta sempre problematico da definire: l'esegesi biblica fornisce strumenti flessibili per tentare soluzioni che sono spesso condizionate da precise situazioni storiche. L'analisi dei testi, a partire dalla tarda antichità, tende a dimostrare che la dipendenza del sovrano terreno dalla volontà divina si sottrae in genere ad ogni forma di mediazione razionale e risiede nell'ambito dell'insondabile, rischiando però di coinvolgere l'onnipo-

---

[19] *Conf.*, XI, II, 4, Sant'Agostino, *Confessioni* (testo latino a fronte), 5 voll., Milano, 1992 –1996, vol. IV, pp. 108-111: "Obsecro per dominum nostrum Iesum Christum filium tuum... per quem nos quaesisti non quaerentes te, quaesisti autem ut quaereremus te, Verbum tuum, per quod fecisti omnia, in quibus me, unicum tuum, per quem vocasti in adoptionem populum credentium, in quo et me".

tenza nella responsabilità delle azioni del sovrano malvagio. Due testi veterotestamentari sono privilegiati da questa tradizione interpretativa, che assume toni e sfumature diverse, se i testi sono utilizzati dal sovrano o da autorità episcopali o monastiche: *Proverbi* XXI,1 ("Come la divisione delle acque, così il cuore del sovrano è nella mano del Signore; in qualunque direzione voglia, egli potrà inclinarlo") e *Proverbi* VIII, 14-16 ("Mio è il consiglio e l'equità; mia è la prudenza, mia è la fortezza. Per me regnano i re, e i legislatori decretano il giusto; per me i principi imperano, e i potenti decretano la giustizia"). In alcune interpretazioni di Alcuino o di Incmaro di Reims, primate della Gallia sotto il regno di Carlo il Calvo e grande protagonista nel mantenimento degli equilibri politici dopo il trattato di Verdun, la volontà divina che consente ai sovrani di regnare si identifica con il dono della grazia: tema che assumerà ben altro rilievo nell'XI secolo, nel trattato di ispirazione antipapale *De consecratione Pontificum et Regum* del così detto Anonimo Normanno. Incmaro di Reims, nutrito di una conoscenza del diritto romano che non trova riscontro nella sua epoca, è il primo ad esprimere una concezione giuridica della sovranità, a ricondurre alla legge giusta, alla mediazione istituzionale, la volontà divina espressa nel sovrano: "e si tratta delle leggi con le quali è ordinata e retta, quando la sapienza di Cristo Signore annuncia... *per me regnano i re*"[20]. Nel più maturo degli *specula principis* di questo periodo, il *De regis persona et ministerio regio*, dell'873[21], Incmaro, nonostante la lucidità e consapevolezza politica, deve pur sempre rico-

---

[20] *Epist.* XV, PL, CXXVI, col. 98A. Sono qui riassunti i temi di studi diversi, ai quali mi sia consentito rinviare: M. Cristiani, *La notion de loi dans le "De praedestinatione" de Jean Scot*, "Studi Medievali", 3a S., XVII (1976), pp.81-114; Ead., *Dall'"Unanimitas" all' "universitas". Da Alcuino a Giovanni Eriugena. Lineamenti ideologici e terminologia politica della cultura del secolo IX*, Roma, 1978 (cfr. soprattutto *Fondamenti scritturali delle dottrine politiche carolingie*, pp. 80-104); Ead., *"Ego Sapientia, habito in consilio. Proverbia VIII , 12-16, nella teologia politica carolingia"*, in 'Consilium'. *Teorie e pratiche del consigliare nella cultura medievale*, a cura di C. Casagrande, Ch. Crisciani, A. Paravicini Bagliani, "Micrologus Library", 10, Firenze 2004, pp. 125-138.

[21] PL, CXXV, coll. 833-856.

noscere che il dono della grazia del buon sovrano, ma anche la tolleranza del re ingiusto e malvagio, appartengono ai disegni insondabili dell'onnipotenza.

In questi disegni tenta drammaticamente di affondare lo sguardo un autore che dell'ordine instaurato nella società carolingia sarà soprattutto una vittima, il monaco Gotescalco d'Orbais, di nobile famiglia sassone, che in giovanissima età, nell'818, era stato offerto come oblato all'abbazia di Fulda e aveva poi chiesto invano di essere liberato da una disciplina monastica troppo gravosa, incorrendo nella collera del suo abate, il colto e potente Rabano Mauro, primate di Germania. Gli interrogativi di Gotescalco sul destino individuale cercano risposta nella complessità dei testi agostiniani, soprattutto antipelagiani, offrendone certo una lettura semplificatrice, che rende evidenti, perché portate alle estreme consequenze, le lacerazioni della dottrina della predestinazione. Anche se al centro dell'opera di Gotescalco[22] è la solitudine dell'individuo nell'insostenibile confronto con l'onnipotenza, i problemi incautamente sollevati toccano al tempo stesso i fondamenti dell'ecclesiologia e dell'etica politica, come acutamente comprende il suo avversario Incmaro di Reims.

Poiché era stato ordinato sacerdote nella sede di Orbais, dipendente dal vescovato di Reims, nell'849 Rabano Mauro può inviare Gotescalco al giudizio autorevole di Incmaro, come monaco girovago (chierico vagante *avant la lettre)*, che va insegnando "nuove superstizioni e una dottrina dannosa della predestinazione divina". Secondo Rabano, l'insegnamento di Gotescalco "che la predestinazione, come esiste nel bene così esiste nel male", fino al punto che i

---

[22] Nell'abbazia di Fulda dove si era formato Gotescalco aveva probabilmente conosciuto Walafrido Strabone, a cui risale il primo nucleo della *Glossa ordinaria*, il commentario alla Scrittura che sarà usato nelle scuole nei secoli successivi, una delle imprese più rilevanti nella ricca ma non originale produzione esegetica del secolo; forse aveva conosciuto anche il più elegante fra gli eruditi di questo periodo, certo il più legato alla cultura classica, Servato Lupo di Ferrières. Lo studio della grammatica, come risulta dalle argomentazioni sulla predestinazione e poi sulla Trinità, costituisce la base della formazione di Gotescalco: autore di un certo numero di opuscoli grammaticali, userà le sottigliezze di questa disciplina non senza virtuosismi (talvolta ai limiti della bizzarria), supplendo con queste risorse a un possesso rudimentale degli strumenti della logica. Cfr., ancora fondamentale, J. Jolivet, *Godescalc d'Orbais et méthode de la théologie à l'époque carolingienne*, Paris, 1958.

predestinati non hanno possibilità di correggersi, provoca negli uditori da lui sedotti considerazioni lassiste: "'a che cosa mi gioverà soffrire nel servizio divino, dal momento che, se sono predestinato alla morte, non riuscirò mai ad evitarla?'"[23].

Già condannato da un sinodo di Magonza, in presenza di Ludovico il Germanico, Gotescalco è condannato di nuovo in Gallia, al sinodo di Quiersy nell'849, alla presenza di Carlo il Calvo. Costretto a bruciare i suoi scritti, è rinchiuso nell'abbazia di Hautvillers, mentre Incmaro si impegna a formarsi una conoscenza di un problema così arduo (il *dossier* imponente di *auctoritates* patristiche che riuscirà a riunire nel secondo - o terzo - trattato *De praedestinatione* presuppone il contributo di diverse biblioteche allo *scriptorium* di Reims in piena attività). Da parte sua Carlo il Calvo, sempre interessato ai problemi teologici, chiede un intervento sul tema a due eruditi vicini alla corte, Lupo di Ferrières e a Ratramno di Corbie, mentre Incmaro di Reims, coinvolgendo il maestro palatino Giovanni Eriugena (o Giovanni Scoto: i due nomi designano l'origine irlandese), non può prevedere le nuove polemiche, cui darà luogo la sua iniziativa.

La dottrina professata da Gotescalco nel *De praedestinatione* e in alcuni scritti di autodifesa assume come punto di partenza la nozione di *gemina praedestinatio*, desunta da un suggestivo testo di Isidoro di Siviglia, grazie alla quale è possibile riservare interamente a Dio la responsabilità del bene, riservando all'uomo tutta la libertà nel male, secondo la più radicale dottrina agostiniana: "Dio non elegge nessuno che sia degno, ma con la sua elezione lo rende degno, tuttavia non punisce nessuno che ne sia indegno"[24]. Nel corso della controversia la nozione di *gemina praedestinatio* sarà considerata un'affermazione di dualità nella natura divina: la nozione di *trina deitas*, ugualmente utilizzata da Gotescalco e desunta da un inno liturgico, solleverà una discussione trinitaria con Incmaro di Reims, intrecciata alla controversia sulla predestinazione.

La logica di Gotescalco è la logica implacabile dell'onnipotenza, che non tollera alcun limite di fronte a sé, neppure il limite di una

---

[23] PL, CXXV, coll. 84-85.

[24] *Contra Iulianum*, V, 3, 13, PL XLIV, col. 791: "Nullum eligit dignum, sed eligendo efficit dignum; nullum tamen punit indignum": testo puntualmente ripreso da Gotescalco.

fragile e incerta volontà individuale: "Allora quanti dicono che Dio, il quale generalmente e universalmente, indifferentemente e secondo uguaglianza vuol rendere salvi tutti gli uomini, salva gli eletti perché essi stessi vogliono essere salvati, e perciò non salva i reprobi perché non lo vogliono, costoro negano negli eletti la grazia divina e nei reprobi, anche senza esserne consapevoli, negano l'onnipotenza. Perché se salva unicamente quanti lo vogliono, è evidente che non li salva gratuitamente ma per il loro merito... Se poi ugualmente vuol salvare i reprobi, e in essi è presente il volere, dov'è allora il potere dell'onnipotente?"[25] Il momento della predestinazione coincide, da tutta l'eternità, con la prescienza divina che fonda la realtà, ma al tempo stesso si distingue da essa, come atto di pura e assoluta volontà, perché l'eterno e immutabile giudizio divino non è condizionato dalla prescienza di eventuali meriti e colpe individuali. In questa solitudine senza speranza e senza garanzie di salvezza, l'individuo acquista però una drammatica realtà e consapevolezza. La consequenza più inquietante di questa dottrina, che contiene gli elementi delle controversie future, è la vanificazione di tutte le mediazioni fra l'individuo e l'onnipotenza, in primo luogo la vanificazione della mediazione sacerdotale, dell'ordinata distribuzione dei carismi della grazia attraverso i sacramenti. Il battesimo stesso può avere efficacia unicamente per gli eletti, predestinati alla salvezza da tutta l'eternità. La dottrina di Gotescalco giunge, con inarrestabile coerenza, a mettere in discussione il fondamento stesso del messaggio cristiano, l'universalità della redenzione promessa dal sacrificio di Cristo: avversario radicale, Giovanni Eriugena affermerà splendidamente l'identità fra messaggio cristiano e universalità "razionale" del *Logos*.

Dopo la prima condanna di Gotescalco Incmaro sollecita il consiglio della chiesa di Lione, che interviene, nella persona del dotto

---

[25] *De praedestinatione*, XIV, in *Oeuvres théologiques et grammaticales de Gotescalc d'Orbais*, éd. D.C. Lambot, Louvain, 1945, p. 239: "Namque qui dicunt quod deus qui generaliter et uniuersaliter, indifferenter et aequaliter uult omnes homines saluos fieri propterea saluat electos quia ipsi saluari uolunt et ideo non saluat reprobos quia ipsi nolunt, in electis prorsus negant dei gratiam et in reprobis licet nescienter negant dei omnipotentiam. Quia scilicet si solummodo saluat illos qui uolunt, iam profecto non saluat eos gratuito sed merito et illis iam salutem largitur ex debito. Porro si reprobos pariliter saluare uult, inest illi uelle sed omnipotentis ubi est posse?".

diacono Floro, ma per attaccare violentemente il *De praedestinatione* di Giovanni Scoto. Forse per volontà di Carlo il Calvo, nell'853 è convocato a Quiersy un secondo sinodo, che esprime il suo giudizio in quattro capitoli, vicini alla tradizione detta "semipelagiana", contraria all'agostinismo radicale, sostenuta nel V secolo dal pontefice Celestino I e di cui sono interpreti, nella Gallia della stessa epoca, Fulgenzio di Ruspe e Prospero d'Aquitania. I capitoli di Quiersy affermano decisamente il carattere ontologicamente positivo della creazione, anche della creazione dell'uomo, destinato alla salvezza, che ha perduto il libero arbitrio con il peccato, ma lo ha riconquistato grazie al valore universale del sacrificio di Cristo, che l'esistenza storica degli infedeli non autorizza a mettere in discussione. La volontà divina che tutti gli uomini siano salvati, volontà che si identifica con la grazia, non è contrastata dall'ordine della giustizia, con la quale sono puniti i peccatori. Queste tesi, di cui il trattato eriugeniano aveva definito i fondamenti metafisici, aprono un nuovo fronte di discussione, perché i vescovi meridionali riuniti a Valence nell'855 prendono posizioni fortemente contrarie, accettando poi di eliminare ogni traccia di polemica dalle successive redazioni del testo di Valence, per effetto forse della mediazione diplomatica di Incmaro, che aveva risposto con un trattato perduto (il secondo sull'argomento, se si considera primo un testo in forma di lettera ai fedeli della diocesi, *Ad simplices*). Un sinodo riunito a Douzy nell'860 conclude la questione contro il radicalismo di Gotescalco, ma anche contro la metafisica eriugeniana, affermando il difficile equilibrio fra libero arbitrio e onnipotenza, fra predestinazione divina al bene (non esiste predestinazione alla perdizione, *ad interitum*, come aveva sostenuto Gotescalco) e punizione eterna del peccato. Questo equilibrio impossibile a risolversi razionalmente, che fonda la complessità, aperta a tutti i paradossi, della tradizione cristiana occidentale, costituisce l'obiettivo dell'ultimo trattato di Incmaro, scritto fra l'859 e l'860, dopo aver raccolto una ponderosa documentazione patristica, da cui Agostino non è evidentemente assente, ma è scelto con accortezza, in un costante confronto con gli autori dell'antichità (Cipriano, Ambrogio, Gerolamo) e della tradizione altomedievale (oltre ai "semipelagiani", Cassiodoro, Leone Magno, Gregorio Magno, Beda). Le argomentazioni sul libero arbitrio, nutrite di sapienza giuridica, costituiscono l'elemento più originale del trattato del vescovo di Reims. La difesa della libertà della creatura è svolta a partire dalla distinzione fra atto conoscitivo e volitivo, fra la prescienza divina che prevede ciò che è stato fatto liberamente - il bene che gli esseri creati non hanno scelto di fare, ma anche i meriti della scelta contraria - e la predestinazione, che acquista un significato retributivo, nel glorificare i beati e dannare i reprobi. Se il dono della grazia, come tutti i doni, è gratuito per definizione, Dio non sarà obbligato a concederla, quindi la caduta nel male di chi non ne è gratificato non implica responsabilità né intervento positivo divino, neppure quando la lettera della Scrittura sembra affermare il contrario, come nel famoso testo di *Esodo* VII, 13, secondo il quale Dio stesso ha indurito il cuore del faraone: alla suprema giustizia appartiene invece la punizione della colpa. Senza negare ovviamente l'onnipotenza, Incmaro tende a sottrarre l'individuo a quel rapporto diretto da cui potrebbe essere schiacciato e sottolinea piuttosto, fra la creatura e l'assoluto divino, la mediazione della legge cosmica, fondamento della legge morale: la tradizione patristica offre a Incmaro la scelta di qualche testo suggestivo, di diretta derivazione stoica[26]. Se fra gli autori carolingi Incmaro è l'unico a sostenere esplicitamente la necessità che il sovrano sia sottoposto alla legge, nel corso della controversia sulla predestinazione sembra aver maturato la consapevolezza che in un mondo di cui la razionalità è inconoscibile, dominato dai disegni insondabili dell'onnipotenza, l'ordine istituzionale trova con difficoltà un fondamento, nella misura in cui l'ordine rinvia a un universo provvisto di una sua propria legalità[27].

Al di là dell'equilibrio di tipo giuridico che Incmaro riesce a raggiungere fra libertà individuale e onnipotenza, fra l'ordinata distribuzione della grazia attraverso i sacramenti e la suprema libertà divina, una risposta radicalmente altra di fronte al groviglio teolo-

---

[26] Cfr. ad esempio, di Gerolamo, *In Ecclesiastem*, XXXI, PL, XXIII, col. 1092, cit. in *De praedestinatione*, XII, PL, CXXV, coll. 116-117.

[27] Incmaro aveva esperimentato nella prassi politica la forza del richiamo alla legalità, perché nell'858 aveva salvato il regno di Carlo il Calvo dalla prima invasione germanica verso occidente, dopo la fine dell'età barbarica, richiamando i vescovi sottoposti alla fedeltà vassallatica, al rispetto degli impegni solenni verso il sovrano legittimo.

gico ed etico creato dal radicalismo agostiniano, era stata formulata dal più grande pensatore dell'età carolingia, fra i più grandi della cultura medievale, il maestro di palazzo Giovanni Eriugena. Nel *De divina praedestinatione* la lettura eriugeniana di Agostino ricompone un Agostino neoplatonico, utilizzando in senso razionalistico-dialettico la ben nota identificazione agostiniana di vera filosofia e vera religione: nel corso di tutta la sua opera il maestro irlandese affermerà che il linguaggio della rivelazione (e l'*auctoritas* dell'ermeneutica tradizionale, la parola dei Padri) non può trovarsi in disaccordo con la *ratio*, ove la *ratio* si identifica con le strutture logiche del pensiero, del linguaggio, della realtà.

Se la giustizia, quindi anche la giustizia divina, secondo la tradizione romana consiste nell'attribuire a ciascuno quanto dovuto, nel *suum cuique tribuere*, questo presuppone la libertà di chi alla giustizia è sottoposto, nel merito e nella colpa, ma la stessa libertà è necessaria alla manifestazione della grazia, che per definizione è dono, e in quanto tale richiede la libertà di accettare da parte di chi sia gratificato. Non esiste vita razionale che non sia volontaria: "Da quanto precede si può dedurre che la divina volontà più che onnipotente (*omnipotentissimam*), non vincolata né contrastata da alcuna legge, ha dovuto creare una volontà simile a sé, destinata ad essere retta dalle eterne leggi della creazione: essa non può essere impedita da nessuna violenza nel compiere quello che ha deciso di volere, né costretta a quello che non vuole... Non si deve credere infatti che il fondatore dell'ordine universale (*universitatis conditor*) abbia fatto di natura servile la volontà razionale"[28].

La libertà ideale è la libertà della creatura nel pensiero divino, nella "prima creazione", anteriore al peccato per una priorità di ordine ontologico, non cronologico. Ma il persistere di una pur degrada-

---

[28] *De divina praedestinatione*, VIII, 4, CCh, S.L., C.M., L, p. 50: "Praedictis quippe argumentationibus collectum est omnipotentissimam diuinam uoluntatem, quae nulla lege coartatur nec impeditur, debuisse uoluntatem sui similem creare quae aeternis legibus creatricis regeretur, nulla ui ab agendo quid uellet artaretur uel ad agendum quod nollet compelleretur. Quicquid enim facere maluisset siue boni siue mali sapientissimam creatricis suae disciplinam non excederet, quae omnes motus liberae uoluntatis siue rectos sive peruersos congruis ordinibus exciperet. Non enim credendus est uniuersitatis conditor rationalem uoluntatem fecisse seruilem".

ta razionalità dopo il peccato implica il persistere della libertà, perché non si può negare all'anima quella potenzialità di scelta che hanno i sensi del corpo: "Quanto avviene naturalmente nel nostro corpo, perché non dovrebbe avvenire nell'anima, dal momento che ove risiede la razionalità (*rationabilitas*), ivi sarà necessariamente la libertà? Ma la volontà umana è, nella sua sostanza (*substantiabiliter*), razionale. E' dunque, nella sostanza, libera"[29].

La libertà creaturale non si contrappone drammaticamente alla volontà onnipotente, perché appartengono ognuna a una sfera diversa, per la ragione precisa che l'oggetto rispettivo del volere è incommensurabile. La volontà assoluta non può volere un singolo oggetto, una singola azione, né tanto meno l'individuo nella sua singolarità, perché unico oggetto del suo volere è la totalità, istantaneo ed eterno è il progetto conoscitivo-volitivo che fonda la realtà. Di questo progetto il trattato logico-teologico del *Periphyseon* o *De divisione naturae* illustrerà le articolazioni e divisioni, fino al limite ultimo dell'oggetto individuale sensibile. In questa unità, che è *causa omnium, universitatis essentia, forma omnium summa,* causa efficiente in quanto causa formale suprema, pensabilità assoluta del reale, non esiste distinzione di funzioni fra conoscere e predestinare, volere e predestinare, se non per un artificio del linguaggio, che definisce i singoli oggetti e concetti, insufficiente a esprimere una totalità. L'unità dell'azione e conoscenza divina, al di fuori del tempo, non può avere ad oggetto che l'unità delle nature nel suo insieme, l'ordine immutabile dell'*universitas:* "Per la volontà divina preparare e operare non sono qualcosa di diverso. Come è proprio dell'uomo preparare ciò che farà, così è estraneo a Dio predestinare quanto non farà mai. Come potrebbe infatti fare qualcosa di determinato (*aliquid*) chi ha fatto tutte le cose una volta sola in un'unica operazione (*semel et simul*)?"[30]. Predestinare significa allora stabilire

---

[29] *Ibid.*,VIII, 5, p.51: "Quod ergo agitur naturaliter in corpore nostro, cur in anima nostra non ageretur, praesertim [cum] ubi est rationalitas, ibi necessario erit libertas? Est autem rationabilis substantialiter uoluntas humana. Est igitur substantialiter libera".

[30] *Ibid.*, IX, 6, p.60: "Non enim aliud est ei praeparare et operari; utque proprium hominis est praeparare quae facturus, ita deo alienum est praedestinare quae numquam facturus. Quomodo autem facturus esset aliquid qui omnia semel et simul fecit?".

la legge che definisce il limite logico-ontologico di ogni natura: "ove si deve sottilmente intendere che predestinazione è la legge stessa, e la legge stessa è predestinazione. Se infatti ogni predestinazione è definizione, e ogni legge è definizione, ogni predestinazione è legge, e ogni legge predestinazione"[31].

Il destino di ogni singola realtà creata con un progetto razionale assoluto (la cui identificazione con il Verbo divino, con la seconda persona trinitaria, si preciserà nelle opere della maturità), è un destino sottratto ad ogni sospetto di arbitrio, di dispotismo divino. Poiché il peccato non ha una realtà ontologica propria, come Agostino aveva argomentato seguendo Plotino, il disordine che può provocare non arriverà mai a infrangere i limiti invalicabili stabiliti dalle eterne leggi divine, e l'unica vera condanna destinata alla volontà malvagia è la condanna all'impotenza: "per queste ragioni la somma ineffabile divina sapienza ha predestinato nelle sue leggi i termini (*modos*), oltre i quali la malizia degli empi non può progredire. Non è consentito infatti che la malizia di qualcuno possa estendersi all'infinito, secondo il suo volere, quando le leggi divine impongono un termine al suo progredire"[32]. L'unica legge divina che fonda l'ordine mirabile della totalità, e costituisce la felicità di quanti l'accettano, costituisce il vero castigo per quanti si ribellano e conservano per tutta l'eternità la consapevolezza della ribellione impotente. Il superamento di una nozione retributiva della giustizia divina, dalla quale non potrebbe essere assente l'idea di regolamentazione della vendetta, costituisce una delle forme più luminose e solenni in cui pensare la divinità. L'universo eriugeniano è un universo da cui è assente la suprema miseria della vendetta divina: "Per quale causa infatti una natura sarà misera, se non sarà punita...? Chi non crederà in effetti che ogni natura appartiene a questo ordine di possibilità: o è Dio, o da Dio è stata fatta? Sospettare la natura creatrice capace di miseria è pura demenza. Dunque non

---

[31] *Ibid.*, XVIII, 9, p. 117: "Ubi subtiliter intelligendum, quod praedestinatio ipsa sit lex et lex ipsa sit praedestinatio. Si enim omnis praedestinatio diffinitio est et omnis lex diffinitio, omnis igitur praedestinatio lex est et omnis lex praedestinatio".

[32] *Ibid.*, XVIII, 7, p. 115: "Proinde summa et ineffabilis diuina sapientia praedestinauit in suis legibus modos, ultra quos impiorum malitia progredi non potest. Non enim sinitur alicuius malitia in infinitum, prout uelit, extendi, diuinis legibus progrediendi modum imponentibus".

trovo con quale giustizia la natura creatrice punirà le creature che essa stessa ha creato. Ma se nessuna natura sarà punita, priva di punizione non sarà misera"[33]. La pungente contestazione dell'esistenza dell'inferno, sviluppata, nella tradizione di Origene, nel V libro del *Periphyseon*, ha questi presupposti. L'inferno avrà tuttavia un incontrastato successo nella tradizione cristiana occidentale per evidenti ragioni pedagogiche, ma forse per ragioni più sottili e profonde: l'ottimismo eriugeniano, suscettibile di fornire a una cultura istituzionale i più rigorosi fondamenti metafisici, perché anche la volontà assoluta si manifesta attraverso la legge, disegna un universo in cui ogni vera ribellione è impossibile. Al contrario, l'eternità della pena di ogni singolo dannato, con la sua precisa collocazione cosmologica, documenta eternamente una ribellione avvenuta, incide sull'ordine universale.

3. La nuova ermeneutica di Anselmo

Il confronto diretto fra le diverse soluzioni dei due pensatori più illustri dell'alto Medioevo latino implica un salto di due secoli, tra la metà del secolo IX e la fine dell'XI, in cui la continuità della trasmissione del sapere, nella difficoltà dei tempi, può comunque essere pazientemente documentata.

Le due opere più note di Anselmo, il *Monologion* e il *Proslogion* appartengono rispettivamente agli anni 1076 e 1077 circa, quando il monaco riveste a le Bec la carica di priore, che abbandona nel 1078 per divenire abate: agli anni fra il 1080 e il 1085 appartiene una serie di tre opere di cui l'autore sottolinea nella prefazione l'unità di forma[34], il *De veritate*, il *De libertate arbitrii*, il *De casu diaboli*, di cui

---

[33] *Ibid.*, XVI, 1, p. 94: "Itaque si nulla natura puniri potest, nulla natura misera erit. Quis autem non crediderit omnem naturam aut deum esse aut ab eo factam? Naturam creatricem miseriae esse capacem dementissimum est suspicari... Nulla dehinc natura punietur; non punita non erit misera".

[34] Cfr. *De veritate, Praefatio*, ed. F. Schmitt, I, p. 173: "Tres tractatus pertinentes ad studium sacrae scripturae quondam feci 3 diversis temporibus, consimiles in hoc quia facti sunt per interrogationem et responsionem", ("Feci in tempi diversi tre trattati pertinenti allo studio della Scrittura, che hanno in comune la forma del dialogo"). Cfr. E. Briancesco, *Un triptyque sur la liberté. La doctrine morale de S. Anselme*, Paris, 1982.

deve sottolinearsi anche la continuità di tema nella fondazione rigorosa di un'etica cristiana, a partire dall'onnipotenza e prescienza divina e dalla realtà storico-antropologica del peccato. Nel *De veritate* la definizione di verità come *rectitudo* costituisce la premessa di ogni discorso morale: la *rectitudo* dell'enunciazione, quando significa "ciò che deve", consente di definire la verità della volontà, dell'azione libera (contrapposta all'azione determinata da leggi naturali, come il cadere verso il basso del corpo pesante)[35], e infine della giustizia, che risiede nella volontà, e della volontà giusta: "E' dunque giusta la volontà che serba la propria rettitudine per amore della rettitudine"(*voluntas ergo illa iusta est, quae sui rectitudinem servat pro ipsa rectitudine*)[36]. L'esclusione di ogni eteronomia dei fini[37] implica a sua volta la libertà della volontà, ma questa libertà, nel pensiero cristiano, si definisce drammaticamente nel rapporto con l'onnipotenza e onniscienza divina, e al tempo stesso con la condizione di schiavitù, con la degradazione ontologica determinata dal peccato.

Anselmo procede, al di là di Agostino, con perfetta coerenza metodologica elaborando una nozione di libertà che sia valida per tutte le creature razionali e spirituali, per l'uomo, per Dio, per l'angelo: partendo da una nozione positiva di libertà, non potrà non riconoscere che risiede in Dio nella sua stessa essenza, e non sarà perciò potere di fare o di non fare il male (*potentia peccandi et non peccandi*), non si definirà in rapporto al negativo: "Non credo che la libertà di arbitrio sia il potere di peccare e di non peccare, poiché, se questa fosse la sua

---

[35] *Ibid.*, II, Schmitt, pp. 177-180 (*Opere filosofiche*, a cura di S. Vanni Rovighi, Roma-Bari, 2008, pp. 160-163): "M. Quid igitur tibi videtur ibi veritas? D. Nihil aliud scio nisi quia cum significat esse quod est, tunc est in ea veritas et est vera. Ad quid facta est affirmatio? D. Ad significandum esse quod est. M. Hoc ergo debet... Cum ergo significat esse quod est, significat quod debet... At cum significat quod debet, recte significat.... Cum ergo significat esse quod est, recta est significatio.... Item cum significat esse quod est, vera est significatio. D. Vere et recta et vera est, cum significat esse quod est... M. Idem igitur est illi et rectam et veram esse, id est significare esse quod est... M. Ergo non est illi aliud veritas quam rectitudo. D. Aperte nunc video veritatem hanc esse rectitudinem". Cfr. *ibid.*, IV, pp. 180-181 (p. 164); V, pp. 181-183 (pp. 164-166).

[36] *Ibid.*, XII, p. 194 (p. 180).

[37] *Ibid.*: "D. Iustus namque cum vult quod debet, servat voluntatis rectitudinem non propter aliud, inquantum iustus dicendus est, quam propter ipsam rectitudinem. Qui autem non nisi coactus aut extranea mercede conductus vult quod debet: si servare dicendus est rectitudinem, non eam servat propter ipsam sed propter aliud".

definizione, né Dio nè gli angeli, che non possono peccare, avrebbero il libero arbitrio; conclusione, questa, che sarebbe un'empietà... Sebbene il libero arbitrio degli uomini differisca dal libero arbitrio di Dio e degli angeli buoni, tuttavia la definizione di questa libertà, secondo questo nome, deve essere la medesima negli uni e negli altri"[38]. Nella prospettiva anselmiana, vicina a Boezio piuttosto che ad Agostino, l'onnipotenza si identifica perfettamente alla giustizia, escludendo come una forma di *impotentia* la possibilità di fare il male o di affermare la menzogna, come sarà più esattamente precisato nel *Cur Deus homo*[39]. Se la libertà di Dio e delle creature non è diversa nella sua essenza, come ha potuto essere libera, quindi meritevole di condanna, la scelta originaria del male, l'esperienza della caduta?[40] Anselmo risolve questo decisivo problema con una soluzione vicina al sofisma, distinguendo cioè l'arbitrio dalla *libertas* che lo rende libero (qualche anno più tardi Bernardo di Clairvaux distinguerà più precisamente la *libertas a necessitate* dalla *libertas a peccato*)[41]: "L'angelo ribelle - e così il primo uomo - peccò in forza del libero arbitrio, perché peccò per suo arbitrio: un arbitrio così libero da non poter esser costretto a peccare da nessuna altra cosa. E perciò è giustamente condannato... Peccò dunque in forza del suo arbitrio, che era libero, ma non in. forza di ciò che lo faceva libero, ossia di quel potere per cui poteva non peccare e non servire al peccato, ma in forza del potere che aveva di peccare, potere che né gli dava la libertà di non peccare,

---

[38] *De libertate arbitrii*, I, Schmitt, pp. 206-207 (*Opere filosofiche*, pp. 189-190): "M. Libertatem arbitrii non puto esse potentiam peccandi et non peccandi. Quippe si haec eius esset definitio: hec deus nec angeli qui peccare nequeunt liberum haberent arbitrium; quod nefas est dicere".

[39] Cfr. cap. XII, Schmitt, II, p. 70.

[40] *De libertate arbitrii*, II, Schmitt, p. 209 (*Opere filosofiche*, p. 191): "D. Quare si per hanc potestatem quae sic est aliena a libero arbitrio, peccavit utraque predicta natura: quomodo dicemus eam peccasse per liberum arbitrium? At si per liberum arbitrium non peccavit, ex necessitate peccasse videtur. Nempe aut sponte aut ex necessitate. Nam si sponte peccavit: quomodo non per liberum arbitrium?"

[41] *Ibid.*, II, Schmitt, p. 210 (*Opere filosofiche*, p. 192): "M. Per liberum arbitrium peccavit apostata angelus sive primus homo, quia per suum arbitrium peccavit, quod sic liberum erat, ut nulla alia re cogi posset ad peccandum. Et ideo iuste reprehenditur, quia cum hanc haberet arbitrii sui libertatem, non aliqua re cogente, non aliqua necessitate, sed sponte peccavit. Peccavit autem per arbitrium suum quod erat liberum; sed non per hoc unde liberum erat, id est per potestatem qua poterat non peccare et peccato non servire, sed per potestatem quam habebat peccandi, qua nec ad non peccandi libertatem iuvabatur nec ad peccandi servitutem cogebatur".

né lo costringeva alla schiavitù di peccare".

Questa soluzione consente di ricondurre la libertà al supremo valore morale della, *rectitudo*, insopprimibile e incoercibile nella natura più profonda dell'essere razionale:

"Dunque, poiché ogni libertà è potere, la libertà di arbitrio è il potere di serbare la rettitudine della volontà per amore della rettitudine stessa"[42].

La negazione originaria della *rectitudo*, della verità che fonda la realtà dell'essere[43], rischia però di implicare una qualche responsabilità divina, quando si afferma, come Anselmo, l'inconsistenza ontologica, la contingenza radicale di quanto è creato *ex nihilo* e ha bisogno del dono divino della *perseverantia* per mantenersi nella stabilità della propria natura[44]: "Come dunque da lui hanno realtà le cose che sono, così sembra che le cose che non sono, o passano dall'essere al non essere, da lui abbiano il non essere... Si dice non soltanto che fa essere o non essere qualcosa colui che fa che sia ciò che non è, o che non sia ciò che è, ma si dice che fa essere anche colui che può fare che qualcosa non sia e non lo fa, e si dice che fa non essere colui che può fare che qualcosa sia, e non lo fa".

L'identificazione di Dio con la suprema giustizia conduce Anselmo ad applicare criteri di stretta giuridicità nei suoi rapporti con la creatura, fino a ridurre a problema giuridico l'atto d'amore

---

[42] *Ibid.*, III, Schmitt, p. 212 (*Opere filosofiche*, p. 195): "illa libertas arbitrii est potestas servandi rectitudinem voluntatis propter ipsam rectitudinem".

[43] Cfr. *De veritate*, IV, Schmitt, pp. 180-181 (*Opere filosofiche*, p. 164): "Sed et in voluntate dicit veritas ipsa veritatem esse, cum dicit diabolum non stetisse in veritate (*Ioh.*, 8, 4). Non enim erat in veritate neque deseruit veritatem nisi in voluntate. Nam si quamdiu voluit quod debuit... in rectitudine et in veritate fuit, et cum voluit quod non debuit, rectitudinem et veritatem deseruit: non aliud ibi potest intelligi veritas quam rectitudo, quoniam sive veritas sive rectitudo non aliud in eius voluntate fuit quam velle quod debuit."("Ma la Verità stessa dice che la volontà è anche nella verità, poiché dice che il diavolo non rimase nella verità. Era infatti nella verità e la abbandonò solo con la volontà... Se infatti... quando volle ciò che non doveva, abbandonò la rettitudine e la verità, la verità nella volontà può essere intesa come rettitudine").

[44] Cfr. *De casu diaboli*, I, Schmitt, p. 234 (*Opere filosofiche*,pp. 215-216): "Sicut ergo illa quae sunt ab illo habent esse aliquid: ita quae non sunt vel quae de esse transeunt ad non esse, videntur ab eodem ipso habere esse nihil M. Non solum ille dicitur facere aliquid esse aut aliquid non esse, et qui facit ut sit quod non est, aut ut non sit quod est, sed etiam ille qui potest facere ut non sit aliquid et non facit, dicitur facere esse; et qui potest facere ut aliquid sit nec facit, dicitur facere non esse".

dell'incarnazione. In questo caso la soluzione è analoga a quella che era stata adottata, con ben altra prospettiva, da Giovanni Scoto nel *De praedestinatione*: ogni donazione, anche il dono divino della *perseverantia*, implica la libera accettazione di chi ne è beneficiato, accettazione data dagli angeli fedeli e rifiutata sostanzialmente dagli altri, perché non mantengono la continuità del volere iniziale[45], non trasformano il *velle* in uno stabile *pervelle*, secondo il neologismo anselmiano.

La nozione e i meccanismi della volontà si definiscono infine in riferimento alla prescienza e predestinazione divina, in un'opera che segna una decisiva frattura rispetto all'eudaimonismo dell'etica antica, riaffermato dal pensiero agostiniano in una prospettiva rinnovata: il trattato, in forma di *quaestiones*, *De concordia praescientiae et praedestinationis et gratiae Dei cum libero arbitrio*, appartenente agli ultimi anni della vita di Anselmo, che sembra riassumere nel titolo i concordismi che Incmaro aveva cercato nelle *auctoritates*, per risolverli in una fenomenologia coerente della volontà.

Con lo stesso termine volontà si designano infatti *aequivoce* tre diversi elementi: l'*instrumentum volendi*, che è strumento allo stesso modo in cui la vista lo è del vedere e la ragione del pensare (sempre presente nell'uomo anche quando non lo esercita); la *voluntasaffectio*, la tendenza a volere, che è la vera causa dell'azione moralmente valutabile; e infine la volizione effettuale, la volontà come *usus* e come *opus*[46]. La volontà-affezione, che si definirebbe *habitus* secondo le categorie aristoteliche, quella attitudine a volere, in base

---

[45] *Ibid.*,II, Schmitt, p. 236 (*Opere filosofiche*, p. 218): "D. Quia si bono angelo datio est causa acceptionis, puto non-dationem esse malo angelo causam non-acceptionis, et si ponitur non-datio, video necessariam esse causam ut sequatur non-acceptio". Principio contestato nel cap. successivo, pp. 236-240 (pp. 218-223), a partire dalla nozione di "perseveranza nel volere", per cui Anselmo ricorre al neologismo di *pervelle*, per analogia con *perficere* e simili (*Dicamus igitur similiter, etiamsi non sit in usu, quod perseverare in voluntate sit 'pervelle'*): "M. Ita ergo dic quia diabolus qui accepit velle et posse accipere perseverantiam et velle et posse perseverare, ideo non accepit nec perseveravit quia non pervoluit". ("Diciamo dunque... che il diavolo, che ebbe la capacità e la volontà di ricevere la perseveranza e la volontà e la capacità di perseverare, non accettò la perseveranza perché non volle fino in fondo: *ideo non accepit nec perseveravit quia non pervoluit*"). Il testo è un'analisi serrata sui meccanismi della volontà.

[46] *De concordia*, q. III, ll, Schmitt, II, pp. 278-284 (*Opere filosofiche*, pp. 301-305).

alla quale si può dire "che l'uomo giusto ha la volontà di vivere con giustizia anche quando dorme", è a sua volta duplice, diretta cioè al volere dell'utile, *ad volendum commodum* (che è dato inalienabile di natura, incapace di produrre valore morale), e al volere della rettitudine, *ad volendum rectitudinem*, che implica l'*habere rectitudinem*, il possesso non necessariamente inerente all'essere dotato di volontà, come precisamente dimostrano gli angeli ribelli[47]. L'identificazione arbitraria che Anselmo introduce tra *volendum commodum*, la tendenza di natura al proprio utile, e *voluntas beatitudinis*, la volontà di felicità, è la chiave per comprendere il superamento dell'eudaimonismo in senso rigoristico, pre-luterano, se non pre-kantiano[48]. Il *beati esse volumus*, la certezza che costituisce per Agostino una risposta fondamentale al dubbio metodico, che implica una profonda volontà di raggiungere la perfezione dell'essere, è degradata a pura tendenza utilitaria, che non è mai interamente soddisfatta e tende all'*excessus*[49], può addirittura identificarsi con gli appetiti animali, e deve comunque farsi ancella della giustizia, che lo spirito ha designato in funzione di suprema legge[50]: "Ora Dio ordinò queste due volontà o affezioni in modo tale che la volontà-strumento adoperasse quella che è la giustizia al comando e alla direzione, sotto la guida dello spirito, che si chiama anche intelligenza o ragione; e,

---

[47] *Ibid.*, 12, p. 283 (p. 305): "Per hoc etiam cognosci potest aliam esse voluntatem instrumentum volendi, aliam eius affectionem, aliam usum eiusdem instrumenti: quia si dicitur iustus homo, etiam cum dormit et nihil cogitat, habere voluntatem iuste vivendi, et iniustus homo negatur habere, cum dormit, voluntatem iuste vivendi, eadem voluntas negatur de iniusto quae asseritur de iusto. Palam autem est quia, cum dicimus non esse in iniusto dormiente voluntatem iuste vivendi, non negatur in eo voluntas esse quam dixi instrumentum, quoniam eam semper habet omnis homo, dormiens et vigilans".

[48] Cfr. in questo senso S. Vanni Rovighi, *L'etica di S. Anselmo*, "Analecta Anselmiana", I, Frankfurt, 1969, pp. 73-99; Ead., *Il problema del male in S. Anselmo, ibid.*, V, Aosta-Torino, 1976, pp. 179-188 (ove si rileva il parallelo rapporto fra *Wohl* e *Gut* in termini kantiani, fra *commodum* e *iustitia* in termini anselmiani); Ead., *Libertà e libero arbitrio in Sant'Anselmo d'Aosta* in Ead., *Studi di filosofia medievale*, vol. 1, Vita e Pensiero, Milano 1978.

[49] *De casu diaboli*, XIV, Schmitt, I, p. 258 (*Opere filosofiche*, p. 243).

[50] *De concordia*, q.III, 13, Schmitt,II, p. 286 (*Opere filosofiche*,p. 307): "Sic autem deus ordinavit has duas voluntates sive affectiones, ut voluntas quae est instrumentum, uteretur ea quae est iustitia, ad imperium et regimen, docente spiritu, qui et mens et ratio dicitur ; et altera uteretur ad oboediendum sine omni incommoditate".

senza fatica, adoperasse l'altra all'obbedienza".

La subordinazione è di natura strutturale:

"L'intento di Dio... fu quello di far giusta e felice la natura razionale nel godimento di Dio stesso. Ma essa non poteva essere né giusta né felice senza volontà di giustizia e di felicità. Ora la volontà di giustizia è giustizia, ma la volontà di essere felice non è felicità, perché non tutti coloro che vogliono essere felici sono felici"[51].

La scelta libera del *commodum*, di una felicità tendente all'eccesso, all'essere uguali a Dio, ha perduto gli angeli ribelli e ha introdotto il male nella storia, rendendo necessaria una sanguinosa riparazione per restaurare l'ordine violato della giustizia divina. La serie di trattati monografici di Anselmo lasciava aperta infatti una lacuna, destinata a essere colmata nell'ultimo, tormentato periodo della sua vita, sul nucleo dottrinale al centro della teologia cristiana. Giunto in Inghilterra nel 1092 e divenuto, con qualche indecisione e resistenza da parte sua, arcivescovo di Canterbury, si trova a far fronte, come scrive il moderno biografo, "all'intrusione della controversia contemporanea e alla presenza di nemici attuali, non immaginari"[52]. In una risposta alle teorie di quello che diventerà il brillante protagonista delle controversie del primo XII sec., Roscellino, Anselmo, nell'*Epistola de incarnatione Verbi*[53], affronta per la prima volta il tema che sarà al centro dell'ultimo grande trattato, il *Cur Deus homo*, iniziato in data imprecisata, in fase avanzata di composizione nel 1097, quando Anselmo deve prendere la via dell'esilio per contrasti insanabili con il dispotico sovrano Guglielmo il Rosso, successore di Guglielmo il Conquistatore, terminato infine nel 1098, a Liberi, un villaggio nei pressi di Capua. Se il rigorismo giuridico di questo trattato può suscitare le più grandi perplessità, perché si applica a un mistero in cui, in massimo grado, si manifesta piutto-

---

[51] *Ibid.*, p. 285 (p. 306): "Intentio namque dei fuit, ut iustam faceret at que beatam naturam rationalem ad fruendum se. Sed neque iusta neque beata esse potuit sine voluntate iustitiae et beatitudinis. Voluntas quidem iustitiae est ipsa iustitia; voluntas vero beatitudinis non est beatitudo, quia non omnis habet beatitudinem, qui habet eius voluntatem".

[52] Cfr. R. W. Southern, *Saint Anselm and his Biographer. A Study of Monastic Life and Thought 1059-c. 1130*, p. 81.

[53] Il testo afferma, contro Roscellino, che solo la seconda persona trinitaria è coinvolta nell'incarnazione.

sto la *charitas* divina, si deve al tempo stesso considerare la profonda coerenza e, nel senso più alto, il valore "politico" del pensiero di Anselmo, che si lascia alle spalle la tradizione illustre dell'eudaimonismo etico, ma per affermare con forza il valore della libertà che si identifica, unicamente, con la giustizia.

Entro i limiti stabiliti per questo lavoro, il testo intende collocare la dottrina profondamente nuova di Anselmo all'interno di una tradizione di ermeneutica sul tema più controverso dell'opera agostiniana, tradizione ormai, nell'XI secolo, già sufficientemente tormentata. Il percorso, necessariamente schematico, consente di comprendere il significato dell'impegno di Anselmo nel rispondere agli interrogativi lasciati irrisolti a partire dal *De libero arbitrio* di Agostino: più esattamente, il testo intende delineare una prospettiva in cui approfondire, con un ulteriore, successivo confronto e analisi filologica dei testi, la ricchezza dell'ermeneutica agostiniana di Anselmo.

Credo ut mirer: Anselm on Sacred Beauty

Thomas WILLIAMS

University of South Florida

Anselm has a peculiar fascination with the art of painting. It is a favorite source of analogies for him, some of them illuminating but others noticeably strained. His most famous use of painting as an analogy, in the widely anthologized and over-studied passage that contains his so-called ontological argument, is so grossly misleading and inept for Anselm's purposes that one can account for its presence only by assuming that Anselm just had to get something about painting in there somehow. In this paper I consider Anselm's interest in the art of painting with a view to figuring why this art – this in particular – is the source of his favorite metaphors, put to service for a variety of theological and philosophical purposes.

It might help to start with a brief explanation of why painting is such an odd interest for Anselm – why, in other words, one ought to be puzzled by this fascination of his. Anselm is a Platonist. I don't mean that so much in the full-blown metaphysical sense (in fact, in that sense Anselm isn't much of a Platonist at all, despite what you read in all the standard books), but in the sense that he has a generally Platonic outlook: a tendency to think in terms of a dichotomy between an intelligible, perfect, unchangeable realm (which alone has genuine being) and a sensible, imperfect, change-able realm (which merely mimics, in a fragmentary and deficient way, the perfection of the intelligible realm). Plato famously argued that representations of sensible objects are mere copies of copies of what most truly is; if sensible objects are dangerous, all the more so are representations of sensible objects. And any Platonist worthy of the name will recoil from the sensible world and the body, and will be distrustful of the allure of bodies.

Anselm certainly shares this fundamental outlook, and nowhere more vividly than in my favorite letter of his. Anselm is writing to

Gunhilda, daughter of the late King Harold. As a member of the Anglo-Saxon royal family, she has been enjoying the protection of a monastic community since the Norman invasion. Though she has taken up the habit, she has not taken vows, and she would like to return to life outside the cloister. She had enjoyed married life before, with her late husband Count Alan Rufus; and now she would like to lay aside her habit and return to married life with her husband's brother, Count Alan Niger. Anselm writes two letters to Gunhilda to persuade her not to abandon her better, monastic way of life. In the second, and much more vivid, of these, he tries to get her to see what the pleasures of the flesh really come to:

> Turn away, sister and daughter, turn away your heart lest it be so concerned with vanity that it cannot reflect on truth. Consider: what is the glory of the world, what is it that you love? You were the daughter of the King and Queen. Where are they? They are worms and dust. Their exalted rank, their pleasures, their riches neither preserved them nor went with them. Your loved one who loved you, Count Alan Rufus. Where is he now? Where has that beloved lover of yours gone? Go now, sister, lie down with him on the bed in which he now lies; gather his worms to your bosom; embrace his corpse; press your lips to his naked teeth, for his lips have already been consumed by putrefaction. Certainly he does not now care for your love, in which he delighted while alive, and you shrink from his rotting flesh, which you longed to possess. This assuredly is what you loved in him; and this, and nothing else, is what you love in his brother.[1]

Whatever beauty there is to be found in physical things, even (or perhaps especially) in human bodies, is a sham and a deception, a quickly disappearing façade that covers the horror and rot that are the true destiny of all physical and time-bound things.

Or so at least Anselm is willing to say for certain purposes. But we will certainly be in for a surprise if we turn from this expression of Anselm's hostility to physical beauty in Letter 169 to a quite dif-

---

[1] Letter 169, in *S. Anselmi Cantuariensis Archiepiscopi Opera Omnia*, ed. F. S. Schmitt (Stuttgart-Bad Canstatt: Friedrich Fromann Verlag, 1968), IV:47-48. All translations of Anselm are my own. Further citations to the Schmitt edition are given in parentheses by volume and page number.

ferent passage in *Cur Deus Homo.* Boso has asked Anselm, "given that God is omnipotent, by what necessity and reason did he assume the lowliness and weakness of human nature in order to restore human nature?" Anselm offers several reasons for his reluctance to engage this question, culminating with an argument that invokes the physical beauty of Christ:

> I also shrink from your request because the subject matter is not merely precious but, just as it concerns one who is "beautiful in his appearance beyond the children of men," so too is it beautiful in its reasoning beyond the understanding of men. Hence, just as I am accustomed to grow indignant at incompetent painters when I see that the Lord himself is portrayed as ugly in his appearance, so too I am afraid that the same thing will happen to me if I presume to discuss such a beautiful subject in unworthy and inelegant language.[2]

There's a lot of puzzling material in that short passage. Notice first that Anselm's point is not merely that Jesus shouldn't be *represented as* ugly, but that he was *in fact* exceedingly good-looking. But on what grounds does Anselm make this claim, and why does it matter?

As for the grounds on which he makes the claim, it would appear to be a straightforward case of quoting Scripture. Psalm 45,[3] which he quotes here, was generally read with messianic implications. So if the warrior-king of Psalm 45 is really good-looking, we know that Jesus is really good-looking, right? Well, not so fast. Anselm is far from being a take-it-at-face-value kind of proof-texter, so this is a slender basis on which to erect a theory about Jesus' physical appearance. And there is another, and more widely appealed to, messianic text that suggests quite the opposite reading. It's Isaiah 53:2: "he had no form or comeliness that we should look at him, and no beauty that we should desire him."

So on Anselm's usual way of adjudicating questions of Scriptural interpretation, we have to let some more general theoretical commitments determine which of these two passages is to be taken at face value and which is to be reinterpreted. The passage I've quot-

---

[2] *Cur Deus Homo* 1.1 (II:49).
[3] 44 in the Vulgate numbering.

ed from *Cur Deus Homo* suggests the more general theoretical commitment that takes hermeneutical priority. There is a close analogy for Anselm between physical beauty and what for lack of a better word we can call rational beauty. And painting is to physical beauty what discourse is to rational beauty. Both are vehicles for representation, and our judgments about both depend on how good a job they do of representing the beauty they are supposed to represent. Given that Jesus was *speciosus forma*, a painter who represents him as ill-favored (*informis figura*) must be judged *pravus* – incompetent, but with strong moral overtones in Anselm's usage. And given that the truth about Jesus is *speciosus ratione*, Anselm worries about essaying to represent that truth and succeeding only in producing an inelegant and contemptible discourse.

So painting is to physical beauty as discourse is to rational beauty. But that still doesn't get me quite what I want. The argument so far says that *if* Jesus was good-looking, a painting that represents him as ugly must be condemned; but we still don't have a reason for thinking that Jesus was good-looking – for preferring Psalm 45 to Isaiah 53. Here I can only speculate, though I think the speculation is well-grounded. Physical beauty is a representation of rational beauty, but only in Jesus' case, because he's the only human being in which there's no original sin to worry about. The dislocation of the physical from the spiritual that is a consequence of the fall of Adam is not operative in the case of Jesus. Moreover, according to Anselm's Christology, the person to whom the physical appearance of Jesus belongs is not a human person, but a dual-natured person; the human nature is joined to the divine nature in unity of person.[4] One can imagine Anselm thinking that it would be unbecoming for a person who has a divine nature to be anything other than good-looking, assuming that such a person has a physical appearance at all. Moreover, Anselm will suppose that we don't have the same worries with him that we have with garden-variety human beings. The beauty of the God-man cannot be deceptive, since it belongs to a person who has a nature than which a greater cannot be thought. Nor is his beauty impermanent, fragile, and

---

[4] For an elaboration of Anselm's two-natures Christology, see Sandra Visser and Thomas Williams, *Anselm* (Oxford: Oxford University Press, 2008), 232-239.

unworthy of enduring love, as was the beauty of the late Alan Rufus, whose state of physical debility Anselm so memorably details. Here alone, where heaven and earth are joined, is the eternal beauty of the highest reason perfectly represented by the physical beauty of one who is *speciosus forma prae filiis hominum.*

And indeed Anselm regularly takes beauty as a metaphor for moral excellence. This is too large a topic for me to do justice to here, but a brief tour through the main points might help.[5] For Anselm, it is evident to reason that the work of a perfectly rational and perfectly good Creator will be beautiful, since beauty is a great good. And part of what beauty consists in is order: "If divine wisdom does not intervene wherever perversity tries to disturb correct order, a certain ugliness would arise from the violation of the beauty of order in the very universe that God ought to make orderly, and God would seem to fall short in his governance."[6] Thus we see that God's good governance consists in part in his establishing and maintaining a beautiful order in the world he creates. We find similar themes in the practical advice Anselm gives in his letters. From his earliest letters through his latest, we find one constant refrain: we must maintain the beauty of divine order by submitting our wills to God's. Moreover, nearly everyone is under the authority of earthly masters as well, and Anselm sees these human authorities as extensions of God's regulating arm. So maintaining the beauty of order will require not only that we conform our will to God's will but also that we obey our human superiors.

Now I want to drop the analogy between beauty and moral excellence – it will return shortly – and resume the discussion of rational beauty. Recall that what painting is to physical beauty, discourse is to rational beauty. So it makes sense to Anselm to use the analogy of painting in talking about the representation of rational beauty. That analogy receives its fullest treatment in *Cur Deus Homo.* Anselm's interlocutor, the delightfully named Boso, asks Anselm to respond to the objections of unbelievers that the Christian story of redemption portrays God as acting in an unseemly and unreason-

---

[5] The role of beauty in Anselm's moral theory is explored in detail in Visser and Williams, chapter 12.

[6] *Cur Deus Homo* 1.15 (II:73).

able way. Anselm initially replies by asserting the rational beauty of the Christian story of Atonement:

> If [unbelievers] attentively considered how fitting a way this was to accomplish the restoration of humankind, they would not deride our simplicity but join with us in praising God's wise benevolence. For it was fitting that just as death entered the human race through the disobedience of a human being, so too life should be restored by the obedience of a human being. It was fitting that just as the sin that was the cause of our damnation had its origin from a woman, so too the author of our justice and salvation should be born of a woman. And it was fitting that the devil, who through the tasting of a tree defeated the human being whom he persuaded, should be defeated by a human being through the suffering on a tree that he inflicted. And there are many other things that, if carefully considered, demonstrate the indescribable beauty that belongs to our redemption, accomplished in this way.[7]

But Boso immediately rejects the appeal to rational beauty:
All these things are beautiful, and they have to be treated like pictures. But if there is nothing sturdy underneath them, unbelievers do not think they provide a sufficient explanation for why we ought to believe that God willed to undergo the things we say he underwent. When someone wants to produce a picture, he chooses something sturdy on which to paint, so that his painting will last. No one paints on water or in the air, since no traces of the picture would remain there. So when we offer unbelievers these instances of what you say is fitting as pictures of an actual fact, they think it is as though we are painting on a cloud, since they hold that what we believe is not an actual fact at all, but a fiction. Therefore, one must first demonstrate the rational solidity of the truth: that is, the necessity that proves that God should or could have humbled himself to the things that we proclaim about him. Only then should one expound on considerations of fittingness as pictures of this truth, so that the body of truth, so to speak, might shine all the more brightly.[8]

---

[7] *Cur Deus Homo* 1.3 (II:51).
[8] *Cur Deus Homo* 1.4 (II:51-52).

Now although Boso was a real person, and frequently was Anselm's partner in theological discussion, the fact that Boso the character in the dialogue puts forward these strictures against the appeal to rational beauty, and Anselm the character accepts them, means that Anselm himself, the writer, accepts them. But why? If indeed truth is rationally beautiful, why not display that beauty in order to persuade people of its truth?

The answer seems to be twofold. First, Anselm is worried about the possibility of misrepresentation. Beauty of discourse can, in the wrong hands, pull away from rational beauty. Anselm worries about this quite frequently in his letters: "I do not care to be painted" – there's that word – "as something other than what I am." These exact words (*nec me delectat pingi quod non sum*) appear in Letter 159 (IV:29) and Letter 161 (IV:34); the sentiment they express is found much more frequently. The wrong sort of rhetorical artist can make an attractive painting even of what is unseemly in the eyes of reason.

Second, and following from the first point, Anselm appears to think that faith is necessary in order to be in the right sort of position to appreciate properly the rational beauty of the truth and to see past any deceptive rhetorical painting – whether a beautiful discourse that belies the ugliness of the subject matter, or (as is also possible) a halting discourse that, for someone lacking faith, might obscure the beauty of the truth. Faith, Anselm thinks, is not simply an epistemic attitude but a spiritual discipline marked by an obedient will:

First our heart must be cleansed by faith; Scripture describes God as "cleansing their hearts by faith." And first our eyes must be enlightened by our keeping God's commandments, since "the command of the Lord is bright, enlightening the eyes." And first we ought to become little children through our humble obedience to the testimonies of God, in order that we might learn the wisdom that the testimony of the Lord gives, for "the testimony of the Lord is sure, giving wisdom to little children."[9]

Such spiritual formation enables believers to "develop[...] spiritual wings through the firmness of their faith." They have "set aside the things of the flesh" – including the contemptible baubles of decep-

---

[9] *Epistola de incarnatione Verbi* 1 (II:8), quoting Psalm 19.

tive discourse – and are living according to the spirit, and Scripture promises that "the spiritual man judges all things, and he himself is judged by no one."[10]

These, I take it, are the reasons that Anselm accepts the strictures on the appeal to rational beauty that Boso insists on. Their dialogue then proceeds in a straightforward, rational way, with the unadorned prose that is characteristic of almost all of Anselm's works. (I note, in passing, a confirmation of my thesis about Anselm's attitude toward representing rational beauty by way of beautiful discourse. The only works in which Anselm writes poetically or strives for stylistic grace are those in which the speaker is professedly a person of faith: his prayers and meditations, and the first chapter of the *Proslogion*, which has exactly the same literary style as the prayers. When Anselm is presenting what he means to be purely rational arguments, meant to persuade people of the truth, he employs a straightforward, unadorned style.) Only once the truth is established by purely rational means is it safe to attend to the beauty of that truth.

So, many thousands of unadorned words later, Anselm has provided the arguments that he thinks should convince the unbeliever, not by their beauty but by their evident rationality. He then turns to Boso and asks, "Is what we have said solid? Or is it something insubstantial, like clouds, as you said unbelievers claim in their objections against us?" Boso answers, "Nothing could be more solid." And *now* – now that we have a solid surface – the paintings come along. Anselm says to Boso:

Then paint, not on an insubstantial fiction, but on the solid truth, and say that it is altogether fitting that just as human sin and the cause of our damnation had its beginning from a woman, so too the cure for sin and the cause of our salvation should be born from a woman. And so that women will not despair of membership in the company of the blessed because so great an evil proceeded from a woman, it is fitting that so great a good should proceed from a woman so that their hope might be restored. Paint this too: given that it was a virgin who was the cause of all evil for the human race, it is all the more fitting that it should be a virgin who will be the cause of all good. And paint this as well: given that

---

[10] *Ibid.*, quoting 1 Corinthians 2:15.

the woman whom God made from a man without a woman was made from a virgin, it is altogether fitting that the man who will come to be from a woman without a man should likewise be made from a virgin. But let these be enough for now of the pictures that can be painted on the fact that the God-man ought to be born of a virgin woman.

Boso replies, "These pictures are exceedingly beautiful and reasonable."[11]

So now we can go back to the first passage I quoted from *Cur Deus Homo* and understand better what Anselm meant by saying that he did not want to present a contemptible discourse on such a beautiful subject-matter. A contemptible discourse would be one that did not do justice to its rationality, rather than one that did not do justice to its beauty. For Anselm generally eschews any attempt to do justice to its beauty, under the strictures enforced by Boso. Reason comes first, adornment second. So after the proofs come the paintings – until the paintings are once again put away, and the art gallery is replaced yet again with the classroom.

All of this shows us very clearly the limits of the appeal to beauty as Anselm understands it in *Cur Deus Homo*. Beauty by itself is not persuasive – or at least, not reliably so – but to the person who is already persuaded an appreciation of the rational beauty of the truth strengthens and deepens understanding, giving the believer a kind of "experience," in Anselm's language: a sort of first-hand *feel* for the truth that is unmediated by argument. A colleague of mine who works in aesthetics has challenged this stricture. Shouldn't Anselm acknowledge, he asks, that the theologian can do more to win over the unbeliever or doubter by displaying the great beauty and attractiveness of what he takes to be the truth? Does not beauty do more to attract belief than arguments do? It's practically a tautology: beauty is, by definition, attractive, appealing. Arguments – well, as every philosophy professor knows from painful experience, the best arguments in the world often do surprisingly little to move their audience.

We've already seen why this won't do. The fact that I get all tingly singing Christina Rosetti poems every Christmastide is hardly evidence for the truth of the Chalcedonian definition. For one thing,

---

[11] *Cur Deus Homo* 2.8 (II:104).

it's an incommunicable experience, and hence not the right sort of thing to serve as a means of persuasion. And for another, I get tingly because I believe the definition; I don't believe the definition because I get the tingles. Just as Anselm says *Credo ut intelligam*, I believe in order that I might understand, so too he could say *Credo ut mirer*, I believe in order that I might be awe-struck.

By this point we seem to have lost contact with the actual art of painting as the making of representations and are thinking of it as a vehicle for the expression of beauty, conceived in abstraction from any physical object and treated primarily as a metaphor for moral excellence or for that quality of rational attractiveness that can be reliably discerned only by the eye of faith. We can get a better handle on what is distinctive about Anselm's approach by setting it alongside that of Julian of Norwich. As Elizabeth Robertson explains, "a simple devotional object, an image of Christ on the cross," plays a central role in Julian's visions.[12] For Julian, as for Anselm, the representational content of the image does not fully determine or circumscribe the experience that the image inspires. But for Julian, as opposed to Anselm, it does at least matter what the representational content of the image *is*. It is not incidental that Julian has her visions while looking at a crucifix, and not at just any old object. The visual details of those visions, and of the image of the lord and servant, are crucial to the ways in which Julian develops her theology. For Anselm, by contrast, the representational content of painted images is entirely beside the point. What one paints, for Anselm, isn't the image, but the beauty. Note in particular the way in which Anselm talks about painting in *Cur Deus Homo* 2.8. He does not tell Boso to paint particular images, but to paint their being "altogether fitting."

Robertson notes further that for Julian "it is not the cross alone, but rather her understanding of how she apprehends the cross that ultimately occupies the center of her theology." For Anselm, however, it is not a question of how one *apprehends* the representation, but how one *uses* the representation. This is why for Anselm, unlike

---

[12] Elizabeth Robertson, "Julian of Norwich's Unmediated Vision," in Elizabeth Robertson and Jennifer Jahner, eds., *Medieval and Early Modern Devotional Objects in Global Perspective* (Palgrave Macmillan, forthcoming).

Julian, no particular theory of vision comes into play, even though Anselm does *have* a theory of vision, or at least some thoughts about the mechanics of vision.[13] Once again, the content of the image simply disappears, along with the particularities of the way in which one apprehends it. For Anselm, all that remains is the way in which the beauty of the image can serve as a metaphor for moral or rational beauty that, by its very nature as non-physical, cannot be captured by the painter's art.

III Sessione
Tra pensiero ed azione

Anselmo d'Aosta: per un'antropologia del *magis*

Antonio ORAZZO, S.J.
Pontificia Facoltà Teologica dell'Italia Meridionale

Una delle prime impressioni che si ricavano dalla lettura degli scritti anselmiani nel loro insieme è che il linguaggio veicola una costante dimensione di eccedenza e di *surplus* semantici, un ricorrente rimando all'Assoluto che sempre oltrepassa il concettualizzabile e l'esprimibile. Un clima di forte apofaticità, col rinvio a un qualcosa o un Qualcuno che è sempre 'oltre', trova un suo puntuale contrappunto in una essenzialità e precisione linguistica, di cui tutti gli studiosi gli danno atto. Possiamo chiederci: si tratta solo di un modo di esprimersi, di una forma stilistica, di un accorgimento letterario, oppure si deve pensare a una visione complessiva della realtà, che rivela una sorta di sorgente viva di pensiero e di spiritualità che caratterizza la ricca personalità del *Doctor magnificus*?

In questo contributo proviamo a chiarire i termini essenziali di questa visione, domandandoci anche quali ne siano le conseguenze e gli sviluppi possibili in merito a un approfondimento della antropologia e spiritualità dell'Autore. Possiamo avanzare l'ipotesi che il suo mondo interiore poggi per un verso sui presupposti di un convinto realismo conoscitivo e metafisico, e sfoci per l'altro in una concezione della verità e della realtà dai forti contorni contemplativi e mistici. Sembra che Anselmo sappia coniugare bene insieme una consequenzialità logico-razionale spinta fino ai limiti estremi con un rimando costante a un 'di più', a un *magis*, che accompagna come filo rosso la sua riflessione, assumendo di volta in volta valenze particolari in rapporto alle tematiche trattate.

Non è senza significato che il biografo Eadmero, all'inizio della sua *Vita Anselmi*, racconti un sogno di Anselmo fanciullo, introducendolo in questo modo: «Siccome era un fanciullo cresciuto tra le montagne, quando udì che in cielo c'era un unico Dio che reggeva e abbracciava tutte le cose, immaginò che il luogo in cui si trovava la corte di Dio fosse la cima delle vette e che la si potesse raggiungere attraverso i monti»[1]. Nel sogno, che senza dubbio sarà stato raccontato al biografo da Anselmo stesso, si può riconoscere un valore metaforico che aiuta a interpretare il pensiero e la spiritualità del santo di Aosta. Dal racconto emerge in primo luogo che Dio è 'il signore delle vette' e si trova sempre 'al di sopra' della valle che l'uomo attraversa. D'altro canto, l'esistenza umana è come un continuo e impegnativo itinerario per cercarlo e trovarlo a tutti i livelli. Non è un caso che le opere di Anselmo siano nate per lo più da interrogativi e circostanze precise su cui ha voluto o gli stato chiesto di esporre il suo pensiero. La riflessione che ne nasce non è mai di tipo accademico o scolastico, ma è legata al flusso stesso del vivere e conduce a una consapevolezza più grande e più convinta della vocazione dell'uomo e dei valori che vi sono in gioco[2].

---

[1] Questo il sogno: il fanciullo si mette in cammino verso la corte del re, affrontando con coraggio la salita della montagna. Alle falde di questa vede delle serve del re che raccolgono spighe, ma lo fanno con trascuratezza e indolenza. Il fanciullo ne è molto rattristato e si propone di parlarne al re appena possibile. Giunto in vetta è introdotto alla corte del re, che lo accoglie con grande affabilità, gli chiede chi sia, donde venga e cosa desideri. Il fanciullo risponde come meglio può. Allora un servo gli porta un pane bianchissimo che il fanciullo mangia alla presenza del signore (cfr. Eadmero di Canterbury, *Vita di Sant'Anselmo*, trad. a cura di Simona Gavinelli, Milano, Jaca Book, 1987, p. 36).

[2] La bibliografia su Anselmo è molto estesa e non si può indicare qui. Sulla sua personalità si sono tenuti Incontri di Studio e Congressi Nazionali e Internazionali in occasione di ricorrenze e celebrazioni. Le principali pubblicazioni a cui hanno dato luogo sono: *Spicilegium Beccense*. Congrès international du IX centenaire de l'arrivée d'Anselme au Bec, Paris, Le Bec Hellouin, 1959 (= SB I); *Les mutations socioculturelles au tournant des XI-XII siècles. Spicilegium Beccense*, Études Anselmiennes (IV session), Paris, Éditions du Centre National de la Recherche Scientifique, 1984 (= SB II); *Anselmo d'Aosta, figura europea*, a cura di Inos Biffi - Costante Marabelli, Milano, Jaca Book, 1989; *Anselmo d'Aosta, educatore europeo*, a cura di Inos Biffi - Costante Marabelli - Stefano Maria Malaspina, Milano, Jaca Book, 2003 (= AEE); *Cur Deus Homo*, a cura di Paul Gilbert - Helmut Kohlenberger - Elmar Salmann, Roma, Pontificio Ateneo Anselmiano, 1999 (= GKS). Ampie indicazioni bibliografiche si trovano in: Paul Gilbert, *Le Proslogion de S. Anselme. Silence de Dieu et joie de l'homme*, Roma, Pontificia Università Gregoriana, 1990, pp. 248-279; Roberto Nardin, *Il* Cur Deus homo *di Anselmo d'Aosta. Indagine storico-ermeneutica e orizzonte triprospettico di una cristologia*, Roma, Lateran University Press, 2002, pp. 319-396.

1. Creato per un destino trascendente

Sulla scia di Agostino, i termini della riflessione anselmiana sono fondamentalmente due, Dio e l'uomo. Fatto a immagine e somiglianza del Creatore, l'uomo è impegnato in un cammino di ricerca che incrocia fin dall'inizio l'esercizio della sua libertà di arbitrio. La storia della salvezza ha qualcosa da dire su come l'uomo ha gestito la libertà e su come Dio gli è venuto incontro mediante l'offerta libera del Dio fatto uomo, aprendogli la strada alla realizzazione di sé oltre ogni limite della comprensione umana.

È da tutti riconosciuto che Anselmo si muove, per affinità umana e intellettuale, nell'ambito culturale e spirituale di sant'Agostino, anche se le due personalità, distanti nel tempo, non poco differiscono tra loro. L'ampiezza di interessi e di stimoli presenti nel vescovo di Ippona passa in Anselmo attraverso un orientamento monastico di base, che lo spinge spesso a scavare in profondità secondo un procedimento logico-formale che non è agostiniano. Rimanendo pur sempre in una consapevole prospettiva d'interiorità, il monaco Anselmo sa incanalare la sua ricerca della verità come tra le sponde di un fiume che procede dritto verso la foce, senza disperdersi per così dire nei tanti rivoli e digressioni autobiografiche, psicologiche, storiche che caratterizzano la riflessione del vescovo africano, prima di sfociare nell'oceano della preghiera e della contemplazione[3].

L'abate del Bec è accomunato ad Agostino da un'attenzione privilegiata al rapporto tra Dio e l'uomo e da una visione della vita come itinerario di ricerca verso Dio a tutti i livelli. Il suo sguardo è attratto in primo luogo non dalla bellezza e dall'ordine dell'universo fisico, ma dall'immagine e dalla somiglianza che Dio ha impresso nell'uomo. Così egli si esprime nel *Monologion*: «È chiaro che, come la mente razionale è la sola creatura che possa assurgere a

---

[3] Così si esprime al riguardo Richard William SOUTHERN: «Anselmo è un canale stretto, preciso, lucido, che non ammette elementi estranei. Espresse le sue sensazioni colme di angoscia con un'arte e una concisione che non aveva imparato da Agostino. La precisione era la sua mira e il suo dono. Non aveva il flusso di idee abbondanti di Agostino, che sparge i suoi pensieri asistematicamente e con mano prodiga: Anselmo aveva una sorgente più modesta ed egli si impegnò a fondo per trarne il frutto migliore» (*Anselmo d'Aosta, ritratto su sfondo*, trad. a cura di Pierluigi FIORIN, Milano, Jaca Book, 1998, p. 91).

investigare la somma essenza, così pure è la sola mediante la quale essa possa progredire a meglio scoprirla»[4]. Proseguendo, trova che l'immagine del Creatore si esprime nell'uomo come capacità di essere memore, di conoscere e di amare la realtà migliore e più grande di tutte[5]. L'essere dell'uomo porta iscritto in sé fin dalla nascita l'orientamento verso la somma essenza che è Dio. L'uomo gli deve il suo stesso esistere, e tale debito corrisponde nel contempo al potere più grande che lo contraddistingue come creatura razionale rispetto alle altre creature. L'essere a immagine di Dio diventa anche il dovere più grande a cui l'uomo è chiamato:

> Amare la somma essenza sopra ogni altro bene, perché questa è il sommo bene; anzi è fatta per non amare se non questa, o le altre cose per questa, poiché la somma essenza è buona per sé, e le altre cose non sono buone se non in virtù di essa [...]. È chiaro dunque che la creatura razionale deve dedicare tutto il suo potere e il suo volere ad aver presente e conoscere e amare il sommo bene, che è ciò per cui riconosce di avere il suo essere[6].

Anselmo non si preoccupa di giustificare previamente la dipendenza dell'uomo da Dio dal punto di vista razionale, ma la riceve dalla Scrittura e dalla tradizione della Chiesa, e la interpreta secondo un'ottica platonico-agostiniana. La grandezza dell'uomo consiste nell'essere partecipe dell'essenza divina, e questa dipendenza metafisica segna in profondità il suo destino. Le tracce di Dio, cioè l'essere memore, il conoscere e l'amare Dio, costituiscono per un verso la sua più alta dignità e per un altro la sua più autentica vocazione, quella di scoprire e seguire la chiamata alla beatitudine eterna, esercitando la libertà di arbitrio ricevuta con la nascita. Segnata

---

[4] *Mon* 66 (Schmitt, vol. I, p. 77, 17-20) (per semplificare in seguito ometterò la virgola e "vol.").

[5] *Mon* 67: «Non si può pensare che sia dato alla creatura razionale qualcosa di più importante e di più simile alla somma sapienza della capacità di essere memore, conoscere e amare (*reminisci et intelligere et amare*) la realtà migliore e più grande di tutte (*quod optimum et maximum est omnium*)» (Schmitt I, p. 78, 7-10). Il retroterra è agostiniano; cfr., ad es., *Trin.* 14, 12, 15: «Questa trinità dello spirito non è immagine di Dio, perché lo spirito ricorda se stesso, si comprende e si ama, ma perché può anche ricordare, comprendere e amare colui dal quale è stato creato [...]. Si ricordi dunque del suo Dio, ad immagine del quale è stato creato, lo comprenda e lo ami» (Nuova Biblioteca Agostiniana [= NBA], IV, p. 590).

[6] *Mon* 68 (Schmitt I, p. 79, 1-9).

in partenza da una impronta divina indelebile, la vita dell'uomo acquista senso e compimento nella misura in cui accetta liberamente di essere dipendente da Dio e vuole spontaneamente orientarsi verso il sommo essere, raggiungendo così la più alta felicità.

2. Per pensare l'impensabile

Nei manuali di storia del pensiero medievale la figura di Anselmo è stata spesso associata a quello che da Kant in poi è chiamato 'argomento ontologico'. Forse sarebbe più opportuno parlare di 'argomento megalogico' seguendo il suggerimento di Coloman Étienne Viola, che non esita ad affermare: «Ciò che è specificamente anselmiano è il fatto di considerare Dio nella prospettiva *esclusiva* della grandezza. Dunque questa prospettiva, che era una delle prospettive per considerare la divinità nella tradizione, diventa l'unica prospettiva del procedimento dialettico di Anselmo»[7]. In realtà, non si dovrebbe neppure parlare di 'argomento' o di 'prova' per dimostrare l'esistenza di Dio. Al santo di Aosta è estraneo l'intento di una 'dimostrazione' razionale dell'esistenza di Dio, nel senso in cui alcuni potrebbero intenderla, cioè come il risultato di un esercizio di intelligenza autonomo dalla fede e di un procedimento fondato sulle sole risorse della ragione. È infatti solo all'interno di un itinerario di fede che l'argomentazione del *Proslogion* acquista senso e valore. In tutti i suoi scritti Anselmo intende esercitare l'intelligenza a partire dal dono e dai dati della fede, anche quando per motivi metodologici li mette audacemente tra parentesi, e si affida ai procedimenti della ragione. Il suo rimane sempre un *cogitare* nella fede[8], nella consapevolezza che questa è affidata a una creatura dotata di ragione, che non può mai esimersi dal tentativo

---

[7] In *Anselmo d'Aosta. Fede e ricerca dell'intelligenza*, trad. a cura di Antonio TOMBOLINI, Milano, Jaca Book, 2000, p. 55. Il corsivo è nel testo.

[8] C'è da distinguere la *fides qua* (*creditur*) e la *fides quae* (*creditur*): la prima è intesa come un dono teologale (con la speranza e la carità), un atteggiamento soggettivo di affidamento a Dio; la seconda come l'insieme delle verità di fede oggettive, trasmesse dalla Parola di Dio e dalla tradizione della Chiesa. La prima fonda la seconda: perché mi fido di Dio in un rapporto personale di fiducia, credo veri i contenuti di fede da lui rivelati. Nell'esposizione prevale ora l'uno ora l'altro significato.

di portare all'intelligenza quanto già crede per fede. Il programma anselmiano dell'*intellectus fidei* si situa quindi all'interno di un cammino la cui meta è in definitiva la felicità eterna, il godimento del sommo bene che è Dio stesso. Anselmo spinge lo sforzo intellettuale fino ai limiti del possibile, non perché abbia bisogno di convincere se stesso o altri delle verità di fede in base a motivi di ragione (le *rationes necessariae*), ma perché la ricerca su di esse è parte integrante della vocazione dell'uomo credente[9], prima ancora di assumere finalità di annuncio o di difesa della fede stessa. Il credere che Dio sia «ciò di cui non si può pensare nulla di più grande»[10] non esime dal ricercare perché egli debba esistere nella realtà oltre che nella mente. L'*intelligere* vuole essere un passo verso quella che è la meta stessa della creatura razionale, cioè la beatitudine eterna. Pertanto, il passaggio da «ciò di cui non si può pensare nulla di più grande» all'esistenza reale di Dio è legato strutturalmente all'immagine di Dio nell'uomo. Essa si intuisce e si mostra anzitutto nel dinamismo intellettivo per cui la creatura razionale, fatta per il *summum et optimum omnium*, porta in sé un insopprimibile anelito verso Dio, che non può lasciare fuori il campo dell'intelligenza. Perciò l'affermazione dell'esistenza di Dio è una esigenza del dinamismo conoscitivo quale orizzonte trascendente di esso, e non come semplice affermazione di tipo contenutistico o categoriale, come avviene in ogni comune atto conoscitivo. L'uomo, fatto per conoscere oltre i limiti di volta in volta raggiunti, non può che approdare alla condizione stessa delle sue possibilità di conoscenza, cioè all'esistenza di Dio come il *quiddam maius*[11], che non si lascia mai afferrare e comprendere pienamente ed esprimere adeguatamente con i concetti e le categorie del linguaggio umano. Come *quiddam maius*, Dio rimane perciò sempre un mistero per l'intelligenza, e questa è in grado di intuirne la presenza e l'esistenza come orizzonte di senso, entro cui

---

[9] Per Anselmo restano valide le affermazioni agostiniane: «Una fede non pensata è nulla»; «Lo stesso credere altro non è che il pensare assentendo» (*De praed. sanct.* 2, 5: NBA, XX, p. 228); «Comprendi per credere, e credi per comprendere» (*Sermo* 43: NBA, XXIX, p. 760).

[10] *Credimus te esse aliquid quo nihil maius cogitari possit* (*Pros* 2: Schmitt I, p. 101, 5).

[11] *Pros* 15: *Non solum es quo nihil maius cogitari nequit, sed es quiddam maius quam cogitari possit.* Il testo prosegue: «Poiché infatti si può pensare che esista una tale realtà, se tu non fossi questa realtà, si potrebbe pensare qualcosa di più grande di te. E ciò non è possibile» (Schmitt I, p. 112, 14-17).

comprende che Dio nella sua essenza rimane incomprensibile[12]. In questo senso l'intelletto è a metà strada tra la *fides* e la *species*: l'*intelligere* è qualcosa in più rispetto alla *fides*, quale gradino ulteriore che avvicina l'uomo alla visione beatifica degli ultimi tempi, quando l'uomo non avrà più bisogno di credere, ma vedrà faccia a faccia l'oggetto di fede[13]. L'intelligenza è guidata come da una luce che rimanda oltre, verso un qualcosa o un Qualcuno che le sfugge, come orizzonte che si sposta sempre in avanti. Il *quiddam maius* corrisponde alla immagine divina che la creatura razionale porta in sé come condizione di possibilità del conoscere, e nel contempo ne guida il dinamismo nel suo continuo autotrascendersi. Perciò, per un verso il pensare Dio è possibile soltanto all'interno della fede, e per l'altro il credere in lui comporta l'esigenza di cercare le ragioni del credere stesso, se vuole presentarsi come un credere che sia alla portata e all'altezza dell'uomo. Il teologo Anselmo è consapevole di essere anzitutto un cercatore di Dio, di quel Dio che si è rivelato nel Figlio e che non può mai, nella condizione storica dell'*homo viator*, essere compreso ed espresso in maniera adeguata. Il *quiddam maius* del capitolo quindicesimo del *Proslogion* libera così la vera teologia dal pericolo di decadere in ideologia, sia pure religiosa: Dio supera sempre ogni concetto e linguaggio umano, permanendo come orizzonte intrascendibile e inoggettivabile del pensare[14]. A questo livello teologia e filosofia si incontrano e si integrano a vicenda. La filo-

---

[12] *Si superior consideratio rationabiliter comprehendit incomprehensibile esse...* (Mon 6: Schmitt I, p. 75, 11-12).

[13] «Poiché mi rendo conto che l'intelligenza raggiunta in questa vita è a metà strada (*medium*) tra la fede e la visione (*intra fidem et speciem*), ritengo che quanto più uno cammina verso di essa, tanto più si avvicina alla visione a cui tutti aspiriamo» (*Cur Deus homo, Commend. Op. ad Urbanum Papam*: Schmitt II, p. 40, 10-12). Sulla funzione dell'*intelligere*, tra altri studi cfr. Alessandro GHISALBERTI, *Il compito dell'*intelligere *e la figura dell'intelletto nel* Cur Deus homo, in GKS, pp. 311-331; Claudio STERCAL, *Educare e maturare la fede nell'intelligenza: "intellectum esse medium intelligo"*, in AEE, pp. 61-81. Uso i termini *intelligere-intellectus* come sinonimi di *cogitare-ratio*, ma occorre tener presente che il primo binomio è più ampio del secondo; l'*intelligere* abbraccia, oltre la *ratio necessaria*, anche la *ratio contemplationis* e la *ratio veritatis*, come si dirà più avanti (cfr. Roberto NARDIN, *Il* Cur Deus Homo, cit., pp. 247-287).

[14] Sintetizza bene Hans Urs VON BALTHASAR: «Come l'essere non è un concetto, sebbene sia il presupposto di ogni processo concettuale, così, e meno ancora, Dio non è un concetto, sebbene sia il presupposto di ogni essere (ente) e di ogni pensare (pensante). Se poi la formula negativa (*id quo maius...*) vuole designare eventualmente un'idea-limite, il comparativo (*maius*) dice chiaramente che non può

sofia, in virtù del dinamismo stesso della conoscenza, è chiamata ad aprirsi alla rivelazione che Dio ha fatto di sé nella storia. La teologia da parte sua si impegna a portare al pensiero la verità ricevuta e creduta, e la formula con nozioni e concetti presi dal mondo creaturale e sempre inadeguati, e perciò rimane in una consapevolezza di apofaticità, che comunque permette di accogliere le verità di fede in maniera umanamente comprensibile e significativa, evitando di ridursi a una pura ripetizione del linguaggio biblico. A questo proposito Anselmo usa volentieri verbi come *reperire, intueri, videre, aperire*[15]. La verità si mostra, si svela, si propone all'uomo; non è questi a scoprirla con uno sforzo autonomo condotto con le sole risorse razionali, né tanto meno a fondarla e a costituirla. Perciò si dovrebbe parlare con maggiore proprietà di 'mostrazione e non di 'dimostrazione'. L'autentico *intelligere* è consapevole dei suoi limiti e della sua inadeguatezza dinanzi al mistero, e proprio per questo è capace di nutrirsi di esso, in attesa che il mistero stesso si sveli nella visione beatifica. Il *magis* tocca quindi in profondità la struttura dinamica della conoscenza, costituendo la possibilità trascendentale del pensare Dio, come in definitiva del puro e semplice pensare.

3. Per una libertà più grande

Non c'è dubbio che la parte centrale e più coinvolgente della riflessione di Anselmo, quando prescinde dall'opera della grazia, è dedicata alla problematica della libertà[16]. All'interno di un pensiero

---

essere un'idea statica, bensì un movimento dinamico del pensiero e in tal modo un orizzonte di pensiero non circoscritto ma inclusivo d'ogni altro pensiero, che poi la formula positiva (*quiddam maius*) presenta esplicitamente come trascendente» (*Gloria. I, Stili ecclesiastici, Ireneo, Agostino, Dionigi, Anselmo, Bonaventura*, trad. a cura di Michele FIORILLO, Milano, Jaca Book, 1985, p. 209).

[15] Cfr. *Cur Deus homo, Comm. Op. ad Urb. Papam* (Schmitt I, p. 40, 13-17); esiste tutta una costellazione di espressioni equivalenti (cfr. IDEM, *Gloria*, cit., pp. 199-202).

[16] La tematica è affrontata in tre dialoghi che si richiamano l'un l'altro e devono essere letti nell'ordine di successione che l'Autore stesso ha indicato (*De veritate, De libertate arbitrii, De casu diaboli*); cfr. Schmitt I, p. 173, 4-7. Per aspetti più specifici di questa parte rinvio al mio studio: *Analogia libertatis. La libertà tra metafisica e storia in sant'Anselmo*, Cinisello Balsamo (MI), San Paolo, 2003. È da segnalare il lavoro specifico di Eduardo BRIANCESCO, *Un triptyque sur la liberté. La doctrine morale de saint Anselme: De veritate, De libertate arbitrii, De casu diaboli*, Paris, Brouwer, 1982.

metafisico che vede l'essere creaturale come fondato sull'essere divino, e di un realismo conoscitivo, per cui le cose possono essere conosciute così come sono per un rimando veritativo del pensiero all'essere e viceversa, Anselmo focalizza il discorso sulla verità, sulla giustizia e sulla libertà intorno alla nozione fondamentale di 'rettitudine'. Di origine biblica, essa ne comprende tante altre, che definiscono il conoscere, l'agire e quindi la vocazione dell'uomo[17]. La rettitudine esprime anzitutto la verità intesa come corrispondenza delle creature alle idee divine: le cose sono vere in quanto partecipano della verità somma che è Dio[18]. Le creature irrazionali posseggono solo una verità o rettitudine di carattere ontico, per cui sono quello che sono in quanto corrispondono all'idea che di esse ha l'essere supremo; non si può dire che abbiano una vocazione o un compito da realizzare, perché sono guidate da un impulso o una forza di natura, per cui immancabilmente fanno ciò per cui sono state create. La rettitudine che interessa di più è chiaramente quella di carattere etico, che nasce da una scelta della creatura razionale, la quale è chiamata a leggere nella struttura metafisica della realtà la norma di un giusto o retto esercizio della libertà di arbitrio. In altri termini, nella creatura razionale, tra l'essere e il dover essere si pone uno spazio intermedio che ne disegna e definisce la vocazione. L'uomo ha davanti a sé un compito morale, da cui dipende la realizzazione o non realizzazione di sé come creatura fatta ad immagine di Dio. Nel *De libertate arbitrii* Anselmo dà una definizione della libertà di arbitrio che riprende le definizioni di verità e di giustizia del *De veritate*[19]: «La libertà di arbitrio è il potere di conservare la rettitudine per la rettitudine stessa»[20]. Tale definizione non comprende il poter peccare. La libertà di arbitrio è stata data all'uo-

---

[17] Anche se non più recente, è fondamentale al riguardo il lavoro di Robert POUCHET, *La* rectitudo *chez Saint Anselme. Un itinéraire augustinien de l'âme à Dieu*, Paris, Études Augustiniennes, 1964.

[18] La verità è definita come *rectitudo mente sola perceptibilis* (*De ver.* 11: Schmitt I, p. 191, 19-20; «Una sola verità è in tutte le cose […]. La somma verità per sé sussistente non è di nessuna cosa, ma quando una cosa è conforme a lei, allora la si dice verità o rettitudine di quella cosa» (*De ver.* 13: Schmitt I, 9. 27-29).

[19] *Iustitia est rectitudo voluntatis propter se serbata* (*De ver.* 12: Schmitt I, p. 194, 26). Per la definizione di "verità" vedi nota precedente.

[20] *Libertas arbitrii est potestas servandi rectitudinem voluntatis propter ipsam rectitudinem* (*De lib. arb.* 13: Schmitt I, p. 225, 6-7).

mo non perché egli si allontanasse dalla comunione con Dio, cioè perdesse la rettitudine di volontà, ma perché la conservasse. Se storicamente la creatura razionale (angeli ribelli e progenitori) di fatto ha peccato, perdendo la rettitudine di volontà, questo è avvenuto non in virtù della libertà di arbitrio, ma perché la volontà è venuta meno al suo dovere (*debere*). Se ha peccato, vuol dire che aveva la possibilità di peccare, ma solo in quanto questa rendeva meritorio il conservare la rettitudine. Se il poter peccare facesse parte della definizione di libertà di arbitrio, ne seguirebbe necessariamente che Dio e i beati non siano liberi[21]. Perciò Anselmo può affermare: «Dunque è più libera (*liberior*) la volontà che non può deviare dalla rettitudine del non peccare che quella che può abbandonare la rettitudine»[22]. La grandezza dell'uomo sta nel fatto che, creato a immagine di Dio, è chiamato a custodire spontaneamente la comunione di volontà con lui, e questo non in funzione o a motivo di altro se non della rettitudine stessa. Se Dio è la rettitudine suprema e la creatura razionale è fatta a immagine di lui, non si può immaginare che la sua vita abbia altro fine che quello di conservarsi in comunione di volontà con lui. Una volta che all'uomo è stata data la rettitudine della volontà, nulla e nessuno potrà mai sottrargliela, neppure Dio stesso[23]. Affermare questo significa che l'uomo ha ricevuto dalle mani di Dio un dono che può perdere solamente se si serve male di quella volontà che all'inizio è stata retta. In altri termini, la libertà di arbitrio diventa il dono che maggiormente gli 'appartiene' , e non può essere perduto se non per un uso volontario improprio o un abuso di esso.

La visione anselmiana dell'uomo è disegnata sullo sfondo di una libertà intesa come processo di liberazione sempre maggiore e non come semplice dato di natura. L'uomo è libero solo se accetta di diventare continuamente più libero, conformando la propria volontà a quella divina, e questo non può avvenire che in virtù della volontà stessa[24]. Questa non si può perdere per nessuna causa o cir-

---

[21] Così Agostino: «Certo, bisogna forse negare che Dio ha il libero arbitrio per il fatto che non può peccare?» (*De civit. Dei* 22, 30, 3: NBA, V/3, p. 416).

[22] *De lib. arb.* 1 (Schmitt I, p. 208, 26-27).

[23] Cf. *De lib. arb.* 8 (Schmitt I, pp. 220-221).

[24] La volontà non rimanda ad altro da sé, perché in ogni atto di volere è sempre essa stessa in gioco: *Velle autem non potest invitus, quia velle non potest nolens velle. Nam omnis*

costanza esterna, ed è invalicabile: nulla e nessuno potrà mai scavalcarla, costringendola a non essere libera, cioè semplicemente a non essere se stessa[25]. L'uomo è affidato alla sua stessa volontà, e ciò comporta la responsabilità di gestire un dono che rimane tale soltanto in un processo di graduale appropriazione e accrescimento, fino alla meta finale, che è lo stato definitivo degli angeli buoni e degli uomini beati che sono confermati nel bene, e non possono più perdere la rettitudine di volontà[26]. Proprio perché fondata e sostenuta dalla libertà divina increata, la libertà creata può esercitarsi in modo retto e giusto, rendendo l'uomo sempre più autenticamente se stesso. Il poter peccare corrisponde alla possibilità negativa per la quale l'uomo non era fatto, ma che si è realizzata nel corso della storia[27]. Ciò non pregiudica che l'essere affidato ultimamente a se stesso costituisce la sua prerogativa più alta e insieme la sua vocazione specifica.

4. L'abisso del peccato

Storicamente la creatura razionale non ha custodito la rettitudine della volontà per la rettitudine stessa, e quindi ha perduto la giustizia originaria. Questo si chiama peccato. Anselmo si addentra in un'ana-

---

volens ipsum suum velle vult (*De lib. arb.* 5: Schmitt I, p. 214, 21-23). Così Agostino: «Nulla è tanto in nostro potere quanto la volontà stessa. Senza alcun indugio, essa è lì (*praesto est*) nell'atto stesso che si vuole» (*De lib. arb.* 3, 3, 7: NBA, III/2, p. 294).

[25] Anselmo sottolinea che nessuna difficoltà o tentazione, neppure la minaccia di morte, può togliere all'uomo la libertà di scelta; cfr. *De lib. arb.* 5-7 (Schmitt I, pp. 214-220). Agostino dava maggior peso all'ignoranza e alla difficoltà nella valutazione della responsabilità morale; cfr. *De lib. arb.* 3, 18, 52 (NBA, III/2, p. 346).

[26] Così Agostino: «Ma che cosa ci sarà di più libero (*liberius*) del libero arbitrio, quando esso non potrà più essere servo del peccato?» (*De corrept. et grat.* 11, 32: NBA, XX, p. 162); «La prima libertà del volere era poter non peccare; l'ultima sarà molto maggiore (*multo maior*): non poter peccare» (*De corrept. et grat.* 12, 33: NBA, XX, p. 164). Il modo di possedere o non possedere la rettitudine qualifica e struttura in modo universale i gradi dell'essere. La libertà quindi è da vedersi soprattutto in senso metafisico: il dover essere, che in Dio si identifica con l'essere, nella creatura razionale è asimmetricamente distante dall'essere e ne specifica il senso; cfr. *De lib. arb.* 14 (Schmitt I, 14, p. 226).

[27] Cfr. al riguardo Matteo ZOPPI, *La verità sull'uomo. L'antropologia di Anselmo d'Aosta*, Roma, Città Nuova, 2009, in particolare pp. 156-181 sulla dignità e responsabilità morale.

lisi approfondita e dettagliata della volontà nel *De casu diaboli*, in rapporto all'angelo decaduto, ma quanto dice dell'angelo è valido anche per l'uomo, perché la ricerca di una definizione della libertà di arbitrio e delle nozioni collegate intende avere una estensione universale. Il discepolo domanda: come ha potuto verificarsi che l'angelo ribelle perdesse la rettitudine, se ogni realtà e ogni essere viene da Dio? Se non ha perseverato nella rettitudine e non si è mantenuto nella verità (cfr. Gv 8, 44), non è forse perché Dio non gli ha dato la perseveranza, mentre l'ha data agli angeli buoni? Se così, perché è responsabile?

La risposta rovescia i termini della domanda: l'angelo ribelle non si è mantenuto nella verità non perché Dio non gli abbia dato la perseveranza, ma Dio non gliela ha data perché egli non l'ha accettata[28]. Non è stata scavalcata la libertà della creatura razionale, ma la volontà si è liberamente decisa ad abbandonare la rettitudine con un atto proprio che non rimanda se non a se stessa, e alla sua dimensione sorgiva e intrascendibile. Col peccato si è realizzata quella possibilità negativa che era legata alla libertà di arbitrio, pur non facendo parte della sua definizione. Nel disegno divino la possibilità negativa aveva solo la funzione di rendere meritorio il perseverare nella rettitudine e nella verità, aprendo così quello spazio intermedio tra l'essere e il dover essere, in cui doveva giocarsi la scelta fondamentale della creatura. L'uso giusto della libertà di arbitrio avrebbe adeguato il dover essere (*debere*) all'essere (*esse*), custodendo la comunione con Dio, rettitudine e verità suprema. Agli occhi di Anselmo il peccato ha una gravità incommensurabile, perché si misura non in base alla limitatezza creaturale di chi lo ha commesso, ma alla dignità infinita di colui contro il quale è diretto, cioè il sommo essere e sommo bene:

> Questo è il debito (*debitum*) che l'angelo e l'uomo rendono a Dio; se lo soddisfano non peccano; e chiunque non lo soddisfa, cade nel peccato. Questa è la giustizia o rettitudine della volontà, che rende giusti o retti di cuore, cioè di volontà […]. Chi non rende a Dio questo onore (*honor*) dovuto, toglie a Dio ciò che è suo, e disonora Dio, il che equivale a peccare. Fin quando poi non ha ridato quanto ha sottratto, resta nella colpa. E non basta solo restituire ciò che è stato sottratto, ma per l'offesa arrecata deve rendere più (*plus*) di quanto ha sottratto[29].

---

[28] Cfr. *De casu diab.* 2-3 (Schmitt I, pp. 235-240).
[29] *Cur Deus homo* 1, 11 (Schmitt II, p. 68, 14-21).

Il peccato nasce dal fatto che la volontà si è spontaneamente sottratta alla comunione con Dio, volendo conseguire la beatitudine senza la giustizia, due dimensioni che nel piano divino erano strettamente collegate[30]. La creatura razionale ha voluto realizzare se stessa ponendosi fuori della comunione con Dio e contro Dio, separando così la beatitudine dalla giustizia o rettitudine, che doveva essere l'unico oggetto del suo volere. Conservando la giustizia, avrebbe conseguito la felicità; perdendo la giustizia, ha smarrito anche la beatitudine per la quale era stata creata.

Nel caso del peccato gioca ancora il dinamismo del *magis*, ma in senso negativo: la gravità è determinata dal fatto che è diretto contro Dio, il *summum et optimum omnium*. Quanto più grande è la dignità di colui contro cui la disobbedienza è diretta, tanto più grave è l'atto di disobbedienza. E poiché la grandezza di Dio supera ogni limite, il peccato è grave oltre ogni misura umana, per cui risulta ormai impossibile riparare il male commesso, pagare per così dire il debito contratto con la disobbedienza[31]. Non si sottolinea mai a sufficienza quanto sia profondo il senso del peccato nell'antropologia e nella spiritualità di Anselmo, ma questo non nasce da una concezione negativa o pessimistica dell'uomo, quasi anticipando quella luterana. Infatti, pur avendo perduto la rettitudine della volontà, il peccatore non è stato privato del potere di conservarla, qualora gli venga ridonata, cosa che solo Dio può fare. Si intravede fin d'ora che il discorso sul peccato rimanda al discorso speculare sulla salvezza. Il peccato pone l'uomo nella situazione assurda di non poter riparare la colpa commessa. Sarà Dio stesso a rendere possibile la salvezza, ridonando all'uomo la rettitudine della volontà e coniugando mirabilmente la giustizia con la misericordia.

5. Il valore infinito dell'offerta del Dio-uomo

Il *Cur Deus homo* si pone al cuore della riflessione anselmiana, perché nel mistero del *Deus-homo* si rivela nel grado più alto il *quiddam*

---

[30] Cfr. *De casu diab.* 12 (Schmitt I, p. 255, 2-8).

[31] *Cur Deus homo* 1, 21: «Non c'è soddisfazione, se non dai una cosa più grande (*aliquid maius*) di quella per cui non avresti dovuto commettere il peccato» (Schmitt I, p. 89, 27-28).

maius, che unisce in sé il massimo della giustizia e il massimo della misericordia. Dal punto di vista metodologico il trattato è stato sottoposto a forti critiche per il fatto che l'Autore intende procedere mettendo tra parentesi l'evento Cristo (*remoto Christo*)[32], per cercare in forma logico-deduttiva le *rationes necessariae* della incarnazione. Con questa impostazione metodologica della *sola ratio*, Anselmo non avrebbe dimostrato la verità e la necessità della redenzione universale in virtù del Verbo incarnato, come si proponeva di fare, ma sarebbe approdato purtroppo a una riduzione e a un irrigidimento della teologia della redenzione in un complesso di categorie di ordine giuridico-penale, del tutto superate nella teologia del post-concilio. La trasgressione dell'ordine oggettivo della giustizia, la necessità di restituire l'onore sottratto, la necessità della riparazione, la corrispondenza tra debito e soddisfazione disegnerebbero le linee di una proposta cristologica e soteriologica, che per il suo impianto generale non avrebbe nulla da dire alla coscienza dei credenti e dei non credenti di oggi[33]. A questa posizione critica e negativa fa riscontro in altri studiosi un atteggiamento più positivo e costruttivo. Il trattato sarebbe un tentativo di demitizzazione e interpretazione della formula cristologica di Calcedonia[34], cioè della presenza in Cristo di due nature in una sola persona, utilizzando tutto l'impianto metafisico della riflessione sull'uomo e sulla libertà elaborata nelle opere precedenti. Oppure, il procedimento dialettico sarebbe solo funzionale a una grande ricchezza di contenuto cristologico e morale, legato alla dimensione pasquale del mistero cristiano[35].

---

[32] «Il primo [libro] contiene le obiezioni degli infedeli che respingono la fede cristiana, pensando che contraddica la ragione, e quindi le risposte dei fedeli. Mettendo infine da parte il Cristo (*remoto Christo*), come se nulla sia mai accaduto a suo riguardo, esso prova con ragioni necessarie (*rationes necessariae*) l'impossibilità che qualche uomo si salvi senza di lui. Nel secondo libro poi, si mostra con una ragione e una verità non meno chiare, come se nulla similmente si sappia di Cristo [...].» (*Cur Deus homo, Praef.*: Schmitt II, p. 42, 10-14).

[33] Cfr. ad es. Louis Bouyer, *Il Figlio eterno. Teologia della Parola di Dio e cristologia*, trad. a cura di Luigi Rolfo, Alba, Paoline, 1977, in particolare pp. 414-415.

[34] Cfr. Hans Urs von Balthasar, *Gloria*, cit., pp. 214-229; Eduardo Briancesco, *Le portrait du Christ dans le* Cur Deus Homo. *Herméneutique et démytologisation*, in SB, II, pp. 631-646.

[35] Cfr. Michel Corbin, *Prière et oraison de la foi. Introduction à l'oeuvre de Saint Anselme de Cantorbéry*, Paris, Cerf, 1992, in particolare pp. 207-296.

Occorre perciò intendere nel senso giusto l'ipotesi che l'evento Cristo non ci sia mai stato. L'ipotesi ha solo un valore metodologico, che permette di presentare in forma comprensibile ai non credenti i motivi razionali (*rationes necessariae*) della incarnazione. Tuttavia, una volta trovati tali motivi, mostrando contestualmente l'assurdità inaccettabile del *remoto Christo*, viene ricuperato l'approccio storico-salvifico, che pone come punto di partenza la fede nell'evento Cristo come fatto storico razionalmente indeducibile. Il procedere deduttivo viene di fatto abbandonato negli ultimi capitoli della seconda parte, per lasciar posto all'evento Cristo, quando si afferma:

> Ci sono molti altri motivi, per cui è oltremodo conveniente che egli possieda la somiglianza e il modo di agire degli altri uomini, ad eccezione del peccato (cfr. Eb 4, 5). Tali motivi si manifestano di per sé con più facilità e chiarezza nella sua vita e nelle sue opere, di quanto non potrebbero farlo per soli ragionamenti (*sola ratione*), prima, per così dire, di interrogare i fatti (*ante experimentum*)[36].

Appare qui la nozione nuova di *experimentum*. Essa fa subire al discorso un cambiamento di rotta. Dalla *sola ratio* si passa all'approccio esperienziale di carattere biblico. Ciò significa appunto che si ritorna alla storia, la quale è più eloquente e persuasiva del percorso razionale. La storia salvifica abbraccia un campo più ampio di verità, a cui si accede mediante l'incontro personale con Gesù di Nazareth, mentre le *rationes necessariae* esauriscono il loro compito[37]. Rimane confermato il principio ermeneutico di base, secondo cui l'esperienza suppone la fede, all'interno della quale è possibile la conoscenza[38].

Il discorso parte da un insieme di verità accettate anche da interlocutori non credenti, tra cui si distingue il dato di fatto di un'uma-

---

[36] *Cur Deus homo* 2, 11 (Schmitt II, p. 111, 26-29).

[37] Non intendo esaminare il trattato nei suoi vari aspetti e dimensioni, ma mi limito a rilevare come nella riflessione sull'incarnazione del Verbo sia presente e risplenda il dinamismo del *magis* proprio della *forma mentis* anselmiana. In proposito rimando alla mia *Introduzione* di: Anselmo D'AOSTA, *Perché un Dio uomo? Lettera sull'incarnazione del Verbo*, Roma, Città Nuova, 2007.

[38] *Ep. De Inc. Verbi* 1: «Chi non avrà creduto, non avrà esperienza; e chi non avrà avuto esperienza, non conoscerà. Nella misura in cui l'esperienza supera l'ascolto della cosa, nella stessa misura la scienza di chi ha esperienza supera la conoscenza di chi ha [solo] l'ascolto» (Schmitt II, p. 9, 6-8).

nità precipitata nel peccato e incapace di salvarsi da sola. I non credenti, per bocca di Bosone, chiedevano per quali motivi Dio abbia scelto la via della incarnazione, della passione e della morte in croce del Figlio per salvare l'umanità peccatrice. Non poteva scegliere una via diversa, meno disdicevole alla sua dignità divina? Non gli era possibile realizzare la salvezza tramite un'altra persona, angelica o umana, oppure con la sua sola volontà?

La risposta di Anselmo si articola su una serie di nozioni alcune delle quali già messe a fuoco nella trilogia sulla libertà, tra cui la definizione di verità e di giustizia, la definizione di libertà di arbitrio, il concetto di peccato, la gravità incommensurabile della colpa. A queste si aggiungono altre nozioni: la necessità che sia ristabilito l'ordine della giustizia, l'impossibilità che Dio rimetta il peccato senza una giusta soddisfazione, l'impossibilità per l'uomo di soddisfare per il peccato, la necessità che si armonizzino in Dio la giustizia e la misericordia.

Su queste nozioni Anselmo costruisce una risposta precisa in termini di libertà. E qui si annodano i fili di altre riflessioni già elaborate. Non sarebbe stato degno di Dio rimettere il debito del peccato senza restaurare e riordinare l'uomo dall'interno, cioè senza ridargli la rettitudine della volontà per la rettitudine stessa. Condonare il debito per un puro atto di misericordia sarebbe stato un rinunciare di fatto al disegno originario sull'uomo, quello di averlo come interlocutore libero nei suoi riguardi, capace di rapportarsi a lui in un dialogo spontaneo e filiale[39]. Dopo il peccato l'uomo si trovava nella condizione di non poter ritornare nella comunione con lui riacquistando la rettitudine della volontà che aveva all'inizio. Pertanto, se era stato l'uomo a peccare, bisognava che fosse un rappresentante dell'umanità a soddisfare. D'altro canto, occorreva un soggetto che avesse la possibilità di ridare all'uomo la rettitudine della volontà, e questo non poteva essere che Dio. Si rendeva quindi necessario che un Dio si facesse uomo, così che come Dio potesse riparare un'offesa la cui gravità superava le capacità umane e come uomo lo dovesse fare. In altri termini, Dio 'poteva' soddisfare per il peccato, ma 'non doveva';

---

[39] «Rimettere così [per sola misericordia] il peccato, non è altro che evitare di punire. E poiché rifare l'ordine secondo rettitudine non è che punire, se non si punisce, si rimette il peccato lasciando il disordine» (*Cur Deus homo* 1, 12: Schmitt II, p. 69, 11-13).

l'uomo 'doveva' riparare l'offesa, ma 'non poteva'; perciò era indispensabile un unico soggetto che 'potesse' in quanto Dio e 'dovesse' in quanto uomo. Di qui il Dio-uomo, capace di coniugare in maniera mirabile la giustizia più grande con la misericordia più grande[40].

Il discorso prosegue con una interpretazione di alcuni passi della Scrittura, in cui a prima vista sembra che il Figlio sia stato 'costretto' ad offrirsi al Padre e non sia stato veramente libero[41]. La riflessione deve mostrare come nell'offerta del Cristo la necessità della passione e della morte redentrice si armonizzi perfettamente con un esercizio effettivo della libertà. Lo fa sottoponendo ad esame il linguaggio ordinario quando parla di libertà e di necessità. Spesso esso ignora l'importante differenza tra volontà diretta e volontà indiretta, come quella tra necessità antecedente ed efficiente e necessità susseguente e non efficiente. Cristo ha voluto direttamente custodire la rettitudine e osservare la giustizia, cioè mantenersi in comunione di volontà col Padre; solo indirettamente la voluto la sua morte. Da parte sua, il Padre non ha voluto ordinare al Figlio di morire, ma solo di salvare gli uomini, ripristinando l'ordine della giustizia[42]. Similmente, la necessità antecedente ed efficiente è quella che precede un'azione, per cui non si è liberi di porre quella determinata azione. La necessità susseguente e non efficiente invece segue l'azione posta liberamente: dato che voglio e compio una determinata azione liberamente, è necessario che quella azione sia compiuta, e non è possibile che non sia compiuta[43].

---

[40] «La misericordia di Dio, che ti sembrava svanire quando consideravamo la giustizia di Dio e il peccato dell'uomo, la ritroviamo così grande e così accordata con la giustizia, che non se ne potrebbe pensare una più grande e più giusta (*nec maior nec iustior*)» (*Cur Deus homo* 2, 20: Schmitt II, p. 131, 27-29).

[41] I passi sono: Fil 2, 8-9; Eb 5, 8; Rm 8, 32; Gv 6, 38; Gv 14, 31; Gv 8, 11; Mt 26, 39; Mt 26, 42; cfr. *Cur Deus homo* 1, 8 (Schmitt II, p. 60, 17-25). «In tutti questi testi sembra che il Cristo abbia sofferto la morte più sotto la costrizione dell'obbedienza che per la disposizione della una volontà libera» (Schmitt II, p. 61, 1-2).

[42] *Cur Deus homo* 1, 9: «Dio non ha costretto il Cristo a morire, lui in cui non ci fu peccato. Ma egli stesso subì spontaneamente la morte, non per una necessità che gli imponesse di abbandonare la vita, ma per una obbedienza che richiedeva di custodire la giustizia, nella quale perseverò con tanta determinatezza da incorrere nella morte» (Schmitt II, p. 62, 5-8).

[43] *Cur Deus homo* 2, 17: «C'è una necessità antencedente, che è causa dell'esistenza di una realtà, e una necessità susseguente, causata dalla realtà. Si tratta di necessità antecedente ed efficiente, quando diciamo che il cielo gira, perché è necessario

La necessità di morire si iscrive in un ordine storico-salvifico di ampiezza insospettata, in cui l'obbedienza è motivata dalla volontà sovranamente libera del Figlio di rimanere unita alla volontà del Padre e per questa via salvare gli uomini. Nessuna ombra di necessità diminuisce la volontà diretta del Figlio di conservare la rettitudine o la comunione col Padre, ed è appunto questa libertà piena dell'offerta che conferisce un valore espiatorio infinito alla sua morte. Su di essa insiste la riflessione: l'ordine da ripristinare dopo il peccato non è un ordine oggettivo universale, inteso come una sorta di legge cosmica che si imporrebbe a Dio stesso e di fronte alla quale egli sarebbe impotente. Si tratta invece di un ordine interiore, che riguarda la relazione fondamentale con Dio; essa era andata distrutta col peccato ed essa doveva essere rifatta[44]. Lo sconvolgimento dell'ordine esterno e della bellezza cosmica ne era una conseguenza inevitabile. Risanando e ricreando questa relazione, l'uomo veniva reintegrato nella rettitudine della volontà, con un rinnovamento che interessava anzitutto la sua interiorità; il piano di Dio sull'uomo e sull'universo veniva ristabilito nella sua integrità e bellezza, a un livello perfino superiore a quello originario[45].

A questo punto il discepolo Bosone può affermare: «Hai mostrato molto chiaramente che la vita di quest'uomo era così sublime, così preziosa, da poter pagare il debito per i peccati del mondo inte-

---

che giri; si tratta necessità susseguente e non efficiente, quando dico che tu parli necessariamene per il fatto che parli» (Schmitt II, p. 125, 8-11). Così pure: «Ogni necessità, ogni impossibilità è sottomessa alla sua volontà; ma la sua volontà non è sottoposta da alcuna necessità o impossibilità. Nulla infatti è necessario o impossibile, se non perché egli vuole così; lo stesso suo volere o non volere qualcosa per necessità o impossibilità è lontano dalla verità» (Schmitt II, p. 122, 26-30). Questa problematica trova un'ampia trattazione teologica nelle prime quattro *quaestiones* del *De concordia praescientiae et praedestinationis et gratiae cum libero arbitrio* (Schmitt II, pp. 245-252).

[44] Cfr. al riguardo Paul GILBERT, *Violence et liberté dans le* Cur Deus homo, in GKS, pp. 673-695.

[45] *Cur Deus homo* 1, 8: «Con l'incarnazione non intendiamo che si sia verificato un abbassamento di Dio, ma crediamo che è stata esaltata la natura dell'uomo» (Schmitt II, p. 59, 27-28). Così pure 2, 16: «Dio ha restaurato (*restauravit*) la natura umana in maniera più mirabile di come l'abbia instaurata (*instauravit*) [...]. Ha agito più mirabilmente restaurando l'uomo che creandolo, in quanto la riabilitazione di un peccatore è contro ogni merito, mentre la creazione non riguarda un peccatore, né è contro un merito» (Schmitt II, p. 117, 6-13).

ro, e infinitamente di più (*et plus in infinitum*)»[46]. Il *magis* è portato alla sua massima intensità. La vittoria di Dio sul peccato risulta superiore alla misura richiesta dalle *rationes necessariae*, e la libertà con cui Dio Figlio si offre a Dio Padre supera i limiti di ogni umano *intelligere*[47]. I meriti dell'offerta sovranamente libera che il Cristo fa al Padre nella morte in croce superano la gravità stessa del peccato. Il Cristo, pur offrendosi al Padre come uomo, lo fa anche come Dio, con la sua natura e la sua persona divina. Perciò restituisce un onore maggiore del debito, capace di estendere all'infinito, nello spazio e nel tempo, la sua efficacia salvifica.

6. Un modo nuovo di essere uomo

Anselmo è un credente che cerca di portare alla ragione le verità di fede, per alimentare la vita spirituale degli interlocutori secondo un modello fondamentalmente monastico, ma valido anche per altri, chiamati a vivere nel mondo. A commento del rapporto tra necessità e libertà dell'offerta del Dio-uomo al Padre, afferma:

Benché la creatura non possieda nulla da se stessa, tuttavia quando Dio le concede di fare o non fare lecitamente qualcosa, le dà di fare l'una cosa e l'altra. Di conseguenza, anche se una cosa è la migliore, nessuna delle due si esige in maniera determinata, ma che faccia la migliore o l'altra, si dirà che fa quanto doveva fare. E se fa la cosa migliore, avrà un premio, perché ha dato liberamente ciò che è suo. Difatti, pur essendo la verginità migliore del matrimonio, nessuna delle due scelte è richiesta all'uomo in maniera determinata, ma sia di chi usa del matrimonio, sia di chi preferisce conservare la verginità, si dice che fa ciò che deve[48].

In testi come questo si attribuisce all'uomo la stessa modalità in cui sia armonizzano necessità e libertà nell'offerta di Cristo. Il monaco

---

[46] *Cur Deus homo* 2, 18 (Schmitt II, p.127, 6-8).

[47] Bene si esprime al riguardo Osvaldo Rossi: «Cristo, pagando un prezzo maggiore (*maius*) di ogni debito ci ha giustificato dinanzi a Dio. La sua incarnazione e morte è vista così a un tempo come quella "ragione in più", dunque necessaria per la salvezza dell'uomo. Ma si tratta di una "ragione in più" che è più della ragione, dunque amore» (*L'aliquid maius e la riparazione*, in GKS, p. 655).

[48] *Cur Deus homo* 2, 18 (Schmitt II, p. 128, 13-20).

(e il cristiano) è chiamato a vivere nell'ambito di ciò che è 'migliore', superando la stretta misura richiesta dal comandamento e dal precetto. Dinanzi a due possibilità di scelta, la vita matrimoniale e la vita verginale, ambedue buone, egli è chiamato ad abbracciare quella che discerne come 'più' gradita a Dio, benché possa scegliere lecitamente anche l'altra.

Parlando in termini rigorosamente razionali, in virtù dell'unità di persona il Cristo avrebbe potuto soddisfare la giustizia salvifica con un solo atto di obbedienza o una semplice parola rivolta al Padre a favore degli uomini, perché in lui ogni gesto di obbedienza rivestiva un valore salvifico infinito. Perciò, egli non è morto sulla croce solo per pagare il debito che l'umanità era incapace di soddisfare, ma è andato oltre, e questo 'oltre' è espresso nei motivi di convenienza (*convenientiae*), di cui si parla all'inizio del trattato e che non bastano ai non credenti[49]. Siamo chiaramente oltre le *rationes necessariae*, e il ragionamento deduttivo ha esaurito il suo compito, di offrire cioè motivi di razionalità al non credente, ancora bisognoso di valutare le ragioni di credibilità della fede (*praeambula fidei*). Ma l'itinerario dell'*intellectus fidei* per sua dinamica interna non si arresta qui. Esso prosegue verso un secondo livello di comprensione, di tipo sapienziale e valido solo per i credenti, che richiede l'esercizio della fede per comprendere come il Cristo sia stato attratto alla croce anche nella sua volontà umana, per conciliare in Dio la più grande giustizia con la più grande misericordia. Resta un terzo livello di comprensione, ancora più profondo, che conduce l'intelletto ai confini con la contemplazione e la mistica. Il Cristo offre spontaneamente la sua vita al Padre per ripristinare l'ordine soggettivo e oggettivo di tutta la creazione, preparando l'uomo alla visione beatifica di Dio in un universo trasfigurato e redento. Dire perciò che nel *Cur Deus homo* Anselmo ha ricercato le ragioni della incarnazione e della morte in croce di Cristo è estremamente riduttivo. Il suo non è un itinerario solo razionale, in senso logico-forma-

---

[49] *Cur Deus homo* 1, 4: «Occorre prima mostrare la solidità razionale della verità, cioè la necessità per cui Dio ha "dovuto" o "potuto" umiliarsi fino a questi estremi che noi proclamiamo. In seguito, perché più risplenda in un certo senso il corpo stesso della verità, bisogna esporre simili motivi di convenienza, come immagini dipinte del corpo» (Schmitt II, p. 52, 3- 6).

le, ma un cammino di ricerca sempre aperto che fa appello anche all'affettività, al senso della bellezza[50], all'apertura mistica, che sono le dimensioni più alte dell'*intellectus fidei*[51].

Pertanto, con l'offerta volontaria di se stesso al Padre il Dio-uomo offre all'uomo un nuovo modello di umanità. Questa non è chiamata a un rapporto con Dio di carattere formale e giuridico, esprimibile con le 'ragioni necessarie'; tende invece a una unione filiale che si basa, oltre che sulla ragione logica, sull'imitazione per amore e sulla comunione mistica. Il Verbo incarnato ha voluto rendersi fratello degli uomini peccatori, per insegnare con la sua stessa vita come si può perseverare nella rettitudine di volontà e rimanervi saldi in tutte le circostanze della vita, compresa la morte. A questo livello l'itinerario verso Dio non poggia più sulla *sola ratio*, ma sulla sequela di Cristo, che si propone all'uomo come esempio di un modo nuovo di concepirsi di fronte al Creatore, a se stesso e alla creazione:

> Chi potrebbe spiegare quanto era necessario e saggio che colui che doveva redimere gli uomini e condurli, con i suoi insegnamenti, dalla via della morte e della perdizione alla via della vita e della beatitudine eterna, vivesse con gli uomini (cfr. Bar 3, 38) e, proprio convivendo, offrisse se stesso come esempio, insegnando con la parola in che modo dovessero vivere? Come poi sarebbe stato di esempio a uomini deboli e mortali, insegnando a non allontanarsi dalla giustizia a motivo delle ingiurie, degli oltraggi, dei dolori e della morte, se non avessero riconosciuto che lui stesso aveva esperienza di tutte queste prove?[52].

---

[50] Cfr. *Cur Deus homo* 1, 1 (Schmitt II, p. 47, 11 - p. 48, 11). I tre livelli di comprensione (*ratio necessaria*, *ratio contemplationis* e *ratio veritatis*) sono ben evidenziati da Nardin, in *Il* Cur Deus Homo *di Anselmo d'Aosta*, in particolare pp. 312-314; cfr. anche nota 13; sulla bellezza del comprendere cfr. Arjo VANDERJAGT, Propter utilitatem et rationis pulchritudinem amabilis. *The Aesthetics of Anselm's* Cur Deus Homo, in GKS, pp. 717-730.

[51] Così sottolinea Nardin: «La grandezza di Anselmo e del suo metodo teologico, dal punto di vista dell'*intellectus*, sta nella sua capacità di accostarsi alla comprensione della Rivelazione attraverso un variegato spettro che va dalla logica più fine all'affettività più coinvolta. È lontana, quindi, dalla mentalità di Anselmo una *ratio* che indaghi nella propria ricerca in una modalità asettica per esprimere delle conclusioni *oggettive* non coinvolgenti però la vita quotidiana del soggetto» (*Il* Cur Deus homo, cit., p. 316). Il corsivo è nel testo.

[52] *Cur Deus homo* 2, 11 (Schmitt II, p. 111, 29 - p. 112, 4).

Nell'incarnazione del Verbo la natura umana non è umiliata, ma esaltata[53]. L'esaltazione sta nel fatto che all'umanità peccatrice e sofferente viene spalancata dal *Deus-homo crucifixus* il vasto campo di una vita da spendere nella gratuità dell'amore. Il volto di Cristo acquista così una forte valenza iconica e performativa. Solo imparando a vivere la propria libertà con la larghezza di cuore e i sentimenti del Figlio di Dio incarnato, l'uomo potrà intuire l'eccedenza dell'amore sulla giustizia che il Dio-uomo ha sovranamente espresso nella morte in croce offerta a suo favore. Solo in questa logica che non è più di carattere razionale, egli potrà e dovrà rispondere alla chiamata originaria, di «essere memore, conoscere e amare» Dio, che è la sua beatitudine eterna. A questo punto il potere e il dovere, che senza l'offerta di Cristo nell'uomo si escludevano a vicenda, con l'aiuto della grazia si incontrano nella logica nuova della gratuità e dell'amore. La rettitudine della volontà per la rettitudine stessa, smarrita col peccato, viene riacquistata al livello superiore della collaborazione spontanea con la grazia della redenzione, che sempre previene e accompagna l'esercizio della libertà.

7. Il *magis* come criterio di discernimento

Nell'*Epistolario* e nelle *Orazioni e Meditazioni* Anselmo prosegue il suo *quaerere Deum* in altre forme e con un genere letterario diverso da quelli dei trattati di carattere più dottrinale. Le *Lettere* coprono tutto l'arco di tempo che comprende la sua vita al Bec come priore e abate (1063-1093), e poi come arcivescovo di Canterbury e primate d'Inghilterra (1093-1109). Interessa notare come il ministero lo metta a contatto con domande e problematiche diverse, provenienti da persone che cercano un consiglio, un chiarimento o una conferma su questioni disparate. Spesso si tratta di interlocutori che gli chiedono un parere in merito a un discernimento sul tipo di vita (*propositum*) da intraprendere.

La vita monastica è la scelta personale di Anselmo e costituisce come il contesto vivente in cui nascono la sua riflessione e il suo

---

[53] L'idea viene espressa con i due verbi *instaurare* e *restaurare* che fanno risaltare sia la continuità dei due momenti salvifici che la superiorità del secondo sul primo; cfr. i testi in nota 45.

impegno intellettuale. Essa rappresenta la forma più alta di sequela del Signore, la via più sicura e che più imita Cristo, soprattutto
perché condivide con lui il valore salvifico della riparazione a favore dell'umanità peccatrice[54]. È eloquente in proposito quanto dice in
una lettera scritta da abate all'amico Elinando:

> Se ora dico che, tra tutte le forme di vita, tale proposito raggiunge un più
> alto grado (*altiorem gradum*) di umiltà, a cui segue un più alto riconosci-
> mento, è solo perché nessuno abbandona il proposito monastico per
> divenire migliore (*melius vivat*), e uomini di ogni ceto accorrono alla vita
> monastica per essere più vicini a Dio[55].

L'alta stima della vita monastica è tanto più significativa in quanto egli ha accettato la prestigiosa ma impegnativa nomina ad arcivescovo di Canterbury, come successore del defunto Lanfranco di
Pavia[56]. In un primo momento l'annuncio di tale nomina non poteva che suscitare in lui disagio e sconcerto[57], dal momento che il
ministero episcopale – egli pensava – gli avrebbe sottratto la calma
e il raccoglimento necessari per lo studio e la contemplazione.
Tuttavia finisce con l'accettarla in obbedienza all'autorità del papa,
ma anche perché si rende conto che il ministero episcopale costituisce in definitiva un servizio reso a Dio in una più ampia cerchia di
fratelli nella fede, così come nel monastero lo rendeva nella persona dei confratelli e dei discepoli[58]. In merito al valore della vita

---

[54] Cfr. in proposito Michel GRANDJEAN, *Laïcs dans l'Église. Regard de Pierre Damien, Anselme de Cantorbéry, Yves de Chartres*, Paris, Beauchesne, 2004, in particolare pp. 231-242 (*La vie monastique comme satisfaction*).

[55] *Ep.* 101, in Anselmo D'AOSTA, *Lettere*, I, a cura di Inos BIFFI - Aldo GRANATA - Costante MARABELLI, Milano, Jaca Book, 1988, p. 327.

[56] La vita di Anselmo è segnata da due date significative che fanno da inizio ai due periodi principali della sua vita: il 1060, quando entra come monaco al Bec e il 1093, quando viene eletto arcivescovo di Canterbury e primate della Chiesa d'Inghilterra.

[57] Vedi *Ep.* 148 ai monaci del Bec, in Anselmo D'AOSTA, *Lettere*, II/1, a cura di Inos BIFFI - Aldo GRANATA - Costante MARABELLI, Milano, Jaca Book, 1990, pp. 98-104.

[58] In una lettera scritta da arcivescovo al priore Baldrigo e agli altri monaci del Bec si dice: «Alcuni ricordano quanto solevo dire: non voler vivere se non per voi né essere mai preposto ad altri se non ai fratelli del Bec. Lo dicevo però in rappor-to alla mia personale inclinazione (*secundum affectum meae voluntatis*) [...]. Ma che vale ciò, se Dio mi fa obbligo di vivere anche al servizio di altri? Dovrei orgoglio-samente resistere? Sia io che voi apparteniamo più a Dio che non io a voi e voi a me» (Anselmo D'AOSTA, *ibidem*, p. 133).

monastica, occorre notare due cose. La prima è che Anselmo, usando il suo modo di esprimersi con la consueta negazione del comparativo (*nihil maius*)[59], non intende affermare che la vita monastica sia la migliore in assoluto, ma solo che essa è la migliore possibile nel tempo della storia. Essa vuole essere una imitazione della vita angelica, in una visione di Chiesa in cui questa cammina verso la Chiesa celeste, con la quale è chiamata a formare un giorno una cosa sola[60]. La seconda è che, esaltando tanto il carisma monastico, egli non intende negare ogni valore alla vita laicale, ma mostra solo di attribuirle un valore relativo. Impostando il discorso sulla Chiesa in termini di continuità con la Chiesa celeste, di cui la vita del monaco è come l'anticipazione profetica che si attua nella storia[61], non ha potuto sviluppare una compiuta riflessione teologica sulla vita laicale. Tuttavia, anche in mancanza di una sua precisa definizione, lascia intendere che essa ha valore come un gradino positivo della vita cristiana[62].

La vita cristiana in quanto tale è un costante ascendere verso la perfezione. Si illuderebbe chi pensasse di poter rimanere al livello raggiunto rimanendo in uno stato di quiete o d'inerzia, in attesa del premio celeste. In modo particolare nelle lettere del Bec e del primo periodo di Canterbury ricorre spesso l'idea che la vita interiore non ammette soste o battute di arresto. La dinamica e il progresso conti-

---

[59] Così scrive nella lettera all'amico Enrico: «In realtà, pur dopo un peccato grave, piace di più a Dio chi abbraccia un proposito di fronte al quale non se ne potrebbe dare né prima né dopo un altro più elevato (*quo maius habere non potest*), anziché colui che non aspira, né prima né dopo un analogo peccato, ad abbracciare un proposito al cui paragone non se ne potrebbe dare uno migliore» (*Ep.* 121, in Anselmo d'Aosta, *Lettere*, I, cit., p. 368).

[60] Sulla continuità tra Chiesa storica e Chiesa celeste, già di ascendenza origeniana, vedi Yves Congar, *L'Église chez saint Anselme*, in SB I, pp. 371-397. Più tardi anche S. Bernardo vedrà in questi termini la Chiesa della storia; cfr. Antonio Orazzo, *Il mistero della sposa nel Commento al Cantico dei Cantici di S. Bernardo*, in *Credo Ecclesiam*, Studi in onore di Antonio Barruffo S.I., a cura di Enrico Cattaneo - Antonio Terracciano, Napoli, D'Auria, 2000, pp. 237-263.

[61] Si tratta di quello che Étienne Gilson chiama *paradisus claustralis* in rapporto a san Bernardo (cfr. *La teologia mistica di san Bernardo*, trad. a cura di Sonia Mascheroni, Milano, Jaca Book, 1987, pp. 93-122).

[62] *Ep.* 189 a Guglielmo, monaco di Chester: «Si sforzino i laici nella loro condizione di vita, nella loro i chierici, nella loro i monaci, di progredire sempre con virile coraggio; e chi ha formulato un proposito più elevato superi in umiltà, in cui uno tanto più progredisce quanto più si innalza, e in ogni altra virtù, chi ha posto mano a un proposito meno elevato» (Anselmo d'Aosta, *Lettere*, II/1, cit., p. 226).

nuo devono essere la sua legge, se non si vuole arretrare: «Nessuno è capace di custodire il livello di onestà già raggiunta, se non aspira senza posa a un livello più alto. Sempre dunque è necessario che si sforzi di progredire (*proficere*) chi vuole evitare di arretrare»[63]. Anselmo mostra di essere un uomo aperto e duttile nelle considerazioni spirituali e nei consigli che gli sono richiesti. Certo, non è giunto ad elaborare una ecclesiologia che possa includere un ruolo specifico e proprio per i laici che vivono nel mondo, perché la vita monastica rimane comunque la scelta che imita la vita angelica e più avvicina a Dio. Tuttavia, sa riconoscere e ammirare le virtù e le buone disposizioni di tanti laici, che non intendono abbracciare la vita monastica. In virtù del dinamismo stesso del pensiero e della sapienza acquisita con l'esperienza pastorale, si è lasciato guidare da uno sguardo ampio ed elastico, in cui lo stesso carisma monastico rimane ridimensionato rispetto alla vocazione di base che ogni uomo riceve per nascita, in coerenza con il suo universo mentale e la sua sensibilità spirituale[64]. Nella *Meditazione III sulla umana redenzione*, scritta subito dopo aver concluso il *Cur Deus homo*, di cui è come la chiave ermeneutica più appropriata, Anselmo traspone in un linguaggio di preghiera contemplativa i contenuti cristologici del trattato. Superato il punto di vista del maestro chiamato ad esporre una dottrina da far intendere anche ai non credenti, egli si presenta chiaramente come l'uomo di fede che esprime in termini di trasporto estatico la gioia della verità contemplata, la *delectatio contemplationis*[65]. È una gioia che si trasforma in vera preghiera di offerta che lo coinvolge a tutti i livelli, a imitazione di quella del Dio-uomo.

---

[63] *Ep.* 131 alla contessa Ida (Anselmo d'Aosta, *Lettere*, I, cit., p. 388).

[64] Il discorso raggiunge un chiaro livello di universalità quando si afferma: «Codesta vita è un viaggio (*via*). L'uomo, finché vive, non fa che camminare (*ire*): senza posa ascende o discende. Ascende al cielo o discende all'inferno. Ascende d'un passo allorché compie un'azione retta; ma discende d'un passo allorché pecca in qualche modo» (*Ep.* 420 a Basilia, in Anselmo d'Aosta, *Lettere*, vol. 2, t. 2, a cura di Inos Biffi - Aldo Granata - Costante Marabelli, Milano, Jaca Book, 1993, p. 402).

[65] «Sì, Signore, per il fatto che mi hai creato io devo al tuo amore tutto me stesso. Per il fatto che mi hai redento, ti devo tutto me stesso. Poiché tu prometti cose tanto grandi, ti devo tutto me stesso. Anzi io devo al tuo amore tanto più di me stesso, quanto tu sei più grande di me, perché tu mi hai dato te stesso e prometti te stesso. Ti prego, Signore, fammi gustare con l'amore ciò che gusto con la conoscenza. Che io provi con l'affetto ciò che provo nell'intelligenza» (*Orazioni e Meditazioni*, a cura di Inos Biffi - Giorgio Maschio - Costante Marabelli, Milano, Jaca Book, 1997, pp. 488-490).

Riflessioni conclusive

Se volessimo raccogliere i molteplici spunti che la riflessione anselmiana può offrire in merito alla costruzione di una 'nuova' Europa e dell'uomo europeo, occorrerebbe una riflessione ampia e articolata che non è possibile in questa sede. Bisognerebbe precisare anzitutto che cosa si intende per 'Europa' e 'uomo europeo', attraverso un lavoro di scavo e di interpretazione in settori diversi della storia e della cultura del continente[66]. Qui non possiamo che indicare poche linee direttrici in ordine a un nuovo umanesimo, in reale continuità – nonostante i quasi dieci secoli trascorsi – con l'umanesimo del secolo undicesimo che la riflessione anselmiana ci ha consegnato.

Fede-ragione. In una Europa che va progressivamente smarrendo la sua eredità storico-culturale impregnata profondamente di cristianesimo, il rapporto tra fede e ragione è uno dei punti principali da considerare. Oggi la ragione si presenta spesso come ragione 'debole', in forme di relativismo e soggettivismo, quando non di nichilismo, in cui il radicamento nell'Assoluto sembra diluirsi sempre di più fino a scomparire. Da parte sua, la fede rischia di decadere a una questione privata, a un fatto di sentimento e di preferenza personale, senza alcun diritto ad incidere nella sfera della vita pubblica e sociale. Per un altro verso, la società e la cultura assumono sempre più un carattere multiculturale e multireligioso, per cui si vive fianco a fianco con chi professa altre fedi e si regola secondo

---

[66] Può valere come riferimento essenziale quanto affermava il papa Giovanni Paolo II nella Esortazione post-sinodale *Ecclesia in Europa* (giugno 2003): «Più che un luogo geografico, essa [l'Europa] è qualificabile come "un *concetto prevalentemente culturale e storico*, che caratterizza una realtà nata come continente grazie anche alla forza unificante del cristianesimo, il quale ha saputo integrare tra loro popoli e culture diverse ed è intimamente legato all'intera cultura europea" (*propositio* 39)» (n. 108, Bologna, Edizioni Dehoniane, 2003, p. 68). E più avanti, in rapporto alla missione che essa è chiamata a realizzare nel mondo: «Dire "Europa" deve voler dire "apertura". Nonostante esperienze e segni contrari che pure non sono mancati, è la sua stessa storia ad esigerlo: "L'Europa non è in realtà un territorio chiuso e isolato; si è costruita andando incontro, al di là dei mari, ad altri popoli, ad altre culture, ad altre civiltà" (*Propositio* 39). Perciò deve essere un *continente aperto* e *accogliente*» (n. 111, ivi, p. 69). Il corsivo è nel testo. È utile consultare la bibliografia che Giovanni REALE riporta nelle note del suo studio: *Radici culturali e spirituali dell'Europa. Per una rinascita dell'"uomo europeo"*, Milano, Raffaello Cortina Editore, 2003, pp. 161-179.

parametri culturali e valoriali differenti. Occorre anche aggiungere che i confini tra credenza e non credenza talora non sono così chiari, e i due atteggiamenti possono convivere in misura diversa nello stesso soggetto. In ogni caso, nella situazione attuale di crescente divario tra cultura e fede, Anselmo può aiutare anzitutto a ritrovare i termini giusti del rapporto fede-ragione.

Esse sono chiamate in linea di principio a collaborare, a vantaggio sia dell'una che dell'altra. La ragione è stimolata e promossa dai contenuti della rivelazione, perché trova in essi un insieme di domande e istanze che arricchiscono il suo campo di indagine, ma soprattutto perché dal rapporto con la fede rimane fecondata e fortificata nella sua attività specifica di ricerca intellettuale. La fede a sua volta ha bisogno della ragione, perché i suoi contenuti possano diventare significativi per ogni uomo, credente o non ancora credente e, in modo particolare, perché la ragione naturale è capace di scoprire autonomamente verità e valori universali che la fede cristiana deve e vuole accogliere. È possibile perciò individuare un ampio terreno comune di convinzioni antropologiche e convergenze etiche tra ragione e fede, in vista di un umanesimo che permetta una vita riconciliata nella giustizia e nella pace a livello planetario. Autori cristiani antichi – come un Giustino, un Clemente di Alessandria, un Origene – hanno parlato dei *semina Verbi*, presenti nella filosofia e nella cultura greca prima dell'era cristiana, perché il Verbo stesso li aveva seminati prima dell'incarnazione, sia pure in modo parziale. Anselmo può collocarsi idealmente in questa linea di pensiero che vede una profonda continuità tra le verità, o le parti di verità, scoperte dalla ragione e la pienezza della rivelazione cristiana. Come ricerca che precede e prepara la fede, la ragione è chiamata a mostrare l'accettabilità e la sensatezza dell'affidamento (*fides qua*) a un Essere 'sempre più grande', il *Quiddam maius*, richiesto come orizzonte di possibilità del dinamismo stesso del pensare. Come ricerca che segue e fortifica la fede, essa mostrerà che i contenuti della fede sono coerenti tra loro e formano un complesso di verità dotato di un fondamento e di una plausibilità anche dal punto di vista razionale (*fides quae*). Quando nel *Cur Deus homo* sceglie un metodo razionale e sillogistico che prescinde dall'evento Cristo, Anselmo si mette dalla parte degli interlocutori non credenti, ebrei e mussulmani, servendosi delle risorse della *sola ratio* per interloquire con loro. Tuttavia, supera decisamente tale metodo nel momento in cui si rivolge a interlocutori che hanno fatto l'incontro personale e trasfigurante con il Cristo storico. Certo, sul piano strettamente teologico-dogmatico, le verità di fede resteranno in parte avvolte dal mistero, perché la ragione non è capace di esaurirne la comprensione, ma ciò non toglie che proprio dal loro interagire con la ragione esse traggono forza per divenire eloquenti e coinvolgenti per il cristiano e per ogni uomo che, pur partendo da punti di vista differenti, si ponga in atteggiamento di sincera disponibilità nei riguardi della verità.

Proprio in quanto credenti noi dobbiamo sempre di più far leva su un sano e onesto esercizio della ragione, senza per questo abbassare o diluire la fede nella ragione. Si tratta piuttosto di elevare la ragione alla soglia della fede, mostrando i motivi di credibilità, per cui risulti 'ragionevole' aprirsi all'orizzonte della fede. Ragione e fede, è stato detto, sono come le due ali che insieme sollevano alla verità. Non possono contraddirsi o smentirsi tra loro, perché derivano ambedue da Dio, verità suprema e bene supremo.

Verità-libertà. Il relativismo e il soggettivismo non riguardano solo la sfera del pensare e del conoscere, ma anche quella dell'agire e del comunicare. In un contesto culturale che va perdendo l'ancoraggio alla trascendenza, l'Io si pone spesso come soggetto assoluto che aspira a creare valori e norme di comportamento. Recuperare il fondamento trascendente della persona e della coscienza è il compito più urgente che l'uomo europeo è chiamato a realizzare, se non vuole smarrirsi nelle sabbie mobili di una sterile autoreferenzialità, incapace di fondare un discorso civile e politico. Anselmo insegna che i valori etici si basano sulla verità; non sono posti dall'uomo, né si fondano – possiamo dire oggi – sul semplice consenso sociale e democratico. Essi sono originati dalla verità e si propongono alla libertà; né l'uomo né la società possono crearli. La condizione della libertà è la verità, che fonda a sua volta i valori morali che si offrono all'uomo e costituiscono la base della sua realizzazione. La grandezza dell'uomo sta nella sua capacità di orientarsi a Dio in piena spontaneità, senza lasciarsi condizionare da secondi fini. La definizione della libertà di arbitrio come «capacità di conservare la rettitudine della volontà per la rettitudine stessa» propone un livello quanto mai alto di impegno morale. Si può parlare di libertà solo in un contesto di dialogo in cui nessuno degli interlocutori strumentalizza l'altro, ma lo chiama in causa e lo interpella nella sua autonoma capacità di risposta. Per essere se stessa e realizzare il suo finalismo intrinseco, la libertà deve anzitutto mettersi in ascolto degli altri e, in primo luogo, di quell'Altro che la fa esistere. La libertà umana trova il suo fondamento e la sua misura nella libertà divina; non si configura mai come un dato acquisito in maniera definitiva, ma sempre come un processo di liberazione, «fino a quando la creatura non abbia raggiunto la sua ultima libertà, quando sarà libera con Dio e in Dio, liberamente e senza costrizione di sorta vorrà unicamente ciò che Dio vuole»[67]. L'itinerario anselmiano della libertà è anzitutto un cammino di liberazione interiore, in cui la creatura umana realizza se stessa attuando la capacità di rispondere liberamente al Creatore, a imitazione del Salvatore.

Il mistero di Cristo. Il cuore della fede è il mistero del Verbo incarnato, morto e risorto. Se l'Europa ha svolto nel passato un ruolo di primo piano nel mondo, è stato anche perché ha ricevuto relativamente presto l'annuncio di Cristo e, sia pure con ambiguità e lacune, lo ha portato ad altri continenti. Oggi ha bisogno essa stessa di riscoprire questo messaggio, che in definitiva è il solo capace di rivelare l'uomo a se stesso e aiutarlo ad essere veramente uomo[68]. Per questo si richiede una riappropriazione, una sorta di 'anamnesi', di quanto l'Europa, soprattutto nell'antichità e nella *societas christiana* medievale, ha saputo produrre di buono e di valido grazie alla forza plasmatrice e unificante della fede cristiana.

Il messaggio cristiano, se ben compreso, promuove l'umanità della creatura razionale, ed è al servizio della sua realizzazione e felicità ultima. Per l'uomo europeo si delineano principalmente due compiti, uno *ad intra* e uno *ad extra*. Il primo riguarda la riscoperta della forza trasformante della fede cristiana per la vita personale del credente. Occorre riascoltare l'annuncio del messaggio e inte-

---

[67] Hans Urs VON BALTHASAR, *Gloria*, cit., pp. 214-215.

[68] «Cristo, Redentore del mondo, è Colui che è penetrato, in modo unico e irripetibile, nel mistero dell'uomo ed è entrato nel suo "cuore"»; e citando la *Gaudium et Spes* del Vaticano II (n. 22), così continua: «Cristo, che è il nuovo Adamo, proprio rivelando il mistero del Padre e del suo Amore, *svela anche pienamente l'uomo all'uomo* e gli fa nota la sua altissima vocazione» (Enciclica *Redemptor hominis*, n. 8, Torino, LDC, 1979, p. 17). Il corsivo è nel testo.

riorizzarlo con tutta la capacità di rinnovamento e di conversione interiore di cui è portatore. Il mistero di Cristo deve riprendere il suo posto centrale nella coscienza e nella vita dei credenti. Liberando l'uomo dal peccato, il Cristo ha insegnato con la parola e con l'esempio soprattutto l'amore e la misericordia, e di qui scaturisce il compito *ad extra*. Offrendo liberamente se stesso al Padre fino alla misura 'più grande', ha donato all'umanità la capacità di vivere in un atteggiamento di gratuità, che è in grado di accogliere quanto di vero e di giusto c'è nell'umano e, al tempo stesso, di oltrepassare i confini della verità e della giustizia umane, viste anche nelle loro proiezioni sociali e giuridiche. Ogni uomo perciò è chiamato a passare da uno sguardo centrato su se stesso e sulla utilità particolare a una disposizione interna ed esterna di amore, basata sulla gratuità e rivolta ad uomini di ogni cultura e latitudine.

Attualità di Anselmo educatore europeo

Carla Xodo

Università degli Studi di Padova

> *"Quando uno fa o dice o pensa qualcosa,*
> *con ciò stesso indica agli altri ciò che ritiene*
> *giusto fare o dire o pensare"*[1]

A dieci anni dall'accordo di Lisbona, inteso a promuovere per il decennio 2000-2010 la ripresa e l'occupazione, la strategia UE 2020 tiene conto dell'emergenza di un'altra esigenza fondamentale, formulabile in questi termini: crescita e occupazione vanno di pari passo con lo sviluppo sociale *sostenibile*. Recuperando orientamenti e valori che sono parte del patrimonio culturale europeo si potrà favorire la costruzione di una Europa nuova, dove appunto l' innovazione si saldi con la tradizione in maniera virtuosa.

Questa prospettiva, evidentemente curvata sul versante educativo, ci porta ad approfondire la problematica sottesa ad uno dei problemi su cui regge il futuro dell'Europa. È il tema della *competenza*, termine a rischio di cadere nel luogo comune, al punto da limitare il suo autentico potenziale semantico. Nel giro di poco tempo è diventato un costrutto teorico-pratico polivalente con un campo di referenza ampio, che va dal mondo del lavoro e delle professioni a quello educativo dell'istruzione e della formazione. In questi spazi ha acquistato rapidamente centralità negli aspetti nodali del nostro tempo e delle nostre società, ampliando il suo campo di referenza al sapere, al fare, all'agire, all'efficienza, all'efficacia, alla qualità, alla competitività, e l'elenco potrebbe anche continuare.

Dobbiamo a due autori il merito di avere spostato la problematica della competenza da un terreno iniziale quasi esclusivamente econo-

---

[1] *Libro dell'arcivescovo Anselmo sui comportamenti umani mediante similitudine*, in I. Biffi et alii (a cura di) *Anselmo d'Aosta nel ricordo dei discepoli*, Jaca Book, Milano 2008, c. 130, p. 129.

mico a quello esistenziale, favorendone, in tal modo, l'incontro con la pedagogia. Mi riferisco, per un verso, all'economista Amartya Sen che lega il tema delle *capability* alla libertà della persona, per altro verso alla filosofa americana Martha Nussbaum. che attribuisce alle *capability* la possibilità di una vita piena e fiorente (*flourishing life*).

Il tema è complesso, difficile da analizzare e da trattare, anche perché il confine tra il professionale e l'esistenziale oggi è diventato labile, la preoccupazione del lavoro ha finito per dilatare enormemente lo spazio del lavoro stesso. Nondimeno, competenza è il *vademecum* per ogni luogo, il passaporto per l'Europa e per il mondo, il talismano che protegge dalle avversità e dagli imprevisti. Insomma, l' investimento che produce capitale umano e sociale.

Il termine competenza ha, insomma, una precisa collocazione in ambito educativo, non solo come aspettativa di risultato nelle giovani generazioni, ma anche come condizione di autentica professionalità in educatori, insegnanti e dirigenti. Come a dire, per formare competenti bisogna essere competenti. Ma poste queste premesse, bisogna anche riconoscere che l'estensione semantica del termine competenza resta ancora inversamente proporzionale alla consapevolezza dei significati che evoca, dei saperi che presuppone, soprattutto, del tipo di apprendimento che essa richiede.

Che cosa c'entra, si dirà, S. Anselmo in tutto questo? C'è lo stacco di un millennio (egli è nato nel 1033) Eppure, forse perché nei cosiddetti classici l'attualità è ricorrente, egli sembra assai vicino a questioni calde del dibattito pedagogico, tema che qui viene privilegiato. Proprio su questo punto, le nostre incertezze sul significato di competenza, prende corpo la tesi che qui vogliamo sostenere. La fama europea di Anselmo - conquistata "sul campo" ed inalterata nel corso dei secoli - deriva, forse, più che dalla sua dottrina e speculazione, dalla competenza raggiunta come educatore. D'altra parte, è nostra convinzione che considerare la figura di Anselmo sotto il profilo dell'educazione non comporti affatto una sua *diminutio*, ma, al contrario, valorizzi la sua genialità, facendo con ciò risaltare il profilo più completo ed autentico della sua vocazione cristiana e monastica che non poteva non aprirsi anche all'impegno educativo. Su questo aspetto, l'"umanesimo" del Nostro, non tutti i pareri coincidono. Una parte degli studiosi ha avanzato giudizi critici, parlando di anti-umanesimo di Anselmo. Eppure, come ignorare che proprio il Cristianesimo, monachesimo compreso, è un'espressione importante ed originale dell'umanesimo? Ma c'è di più, nella storia della pedagogia uno dei temi ingiustamente ed a lungo poco studiati è stata, paradossalmente, l'infanzia, come si vede tra l'altro in tutta l'iconografia dove essa riveste sembianze adulte. Ebbene, si riconosce proprio al monachesimo e alla sua scuola la difesa dell'umanità non solo nell'adulto[2] ma anche nel bambino, ed in questa svolta culturale la voce più significativa è stata sicuramente quella di Anselmo. Ragionando in termini pedagogici si potrebbe affermare che Anselmo d'Aosta sta alla pedagogia monastico-medievale, allo stesso modo in cui J. J. Rousseau sta alla pedagogia moderna. Entrambi sono stati, infatti, degli innovatori, entrambi hanno contribuito ad estendere l'attenzione educativa ad una nuova età: l'infanzia.

Tentare di analizzare la forma, il modo, il fondamento, ma soprattutto la trasferibilità della competenza educativa di Anselmo può, quindi, aiutarci a fare chiarezza rispetto ad una prospettiva professionale che oggi ci siamo posti, senza, peraltro, sapere bene come possa essere raggiunta. In tal senso il presente contributo sulla competenza di Anselmo educatore si collega dal punto di vista tematico, ma anche ideale, al convegno di Saint-Vincent del 2002, dal titolo "Anselmo D'Aosta educatore europeo"[3], in particolare al contributo di I. Biffi, centrato su talento e genialità educative di Anselmo[4]. Con questa aggiunta: più che alla valorizzazione delle risorse personali di Anselmo, intende analizzare le performance di questo grande educatore, per tentare di far emergere la *ratio* presupposta, in altri termini, la pedagogia che l'ha illuminato e guidato.

In quanto segue tratteremo i seguenti punti:

1. le fonti che parlano della competenza educativa di Anselmo
2. la forma attraverso cui tale competenza è stata rilevata dai contemporanei
3. la *ratio* pedagogica di tale competenza
4. la sua trasferibilità

---

[2] C. Xodo, *Cultura e pedagogia nel monachesimo alto-medievale*, La Scuola Brescia 1980.

[3] I. Biffi - C. Marabelli - S.M. Malaspina, *Anselmo D'Aosta educatore europeo*, Jaca Book, Milano 2003.

[4] I. Biffi, *Anselmo d'Aosta e la sua genialità educativa*, in Biffi - Marabelli - Malaspina, *Anselmo D'Aosta educatore...*, pp. 21 e segg.

1. Le fonti della competenza educativa di Anselmo

Le fonti che parlano della competenza educativa di Anselmo sono innanzitutto molte delle sue opere unite a testimonianze di contemporanei. In particolare, sono state considerate, per ricchezza di informazioni:

- le biografie scritte da Eadmero e da Giovanni di Salisbury;
- le *Lettere* ;
- le *Orazioni* e le *Meditazioni* ;
- Il *De humanis moribus per similitudines* e lo *Scriptum de beatitudine perennis vitae.*

Tuttavia, per sua stessa ammissione, è azzardato affermare che i rimanenti scritti di natura speculativa siano estranei alla sua vocazione di educatore. "Ho pubblicato – afferma Anselmo in premessa, al *Proslogium* – per le pressanti richieste di alcuni confratelli, un opuscolo, quale modello di meditazione intorno alle ragioni della fede, facendovi parlare uno che dentro di sé silenziosamente ragionando indaga sulle cose che non sa (…) Ho chiamato il primo di questi scritti Monologium, ossia Soliloquio e questo qui Proslogium, ossia Colloquio."[5]

Da tutti questi scritti, l'interesse educativo di Anselmo emerge come impegno diffuso e continuo, solo apparentemente limitato al monastero e agli anni in cui il Santo fu investito di responsabilità pedagogica nei confronti dei confratelli. Se, infatti, la maggior parte dei suoi scritti è stata concepita e prodotta nel lungo periodo trascorso presso il monastero di Le Bec, come monaco prima – dal 1056 al 1063 - come priore poi – dal 1063 al 1078 – ed infine come abate dal 1078 al 1083, anche quando divenne arcivescovo di Canterbury egli continuerà, come documenta il ricco epistolario, a vivere la sua scelta cristiana essenzialmente come una missione educativa:" La carità – scrive in quegli anni alla tormentata Gunnilda, figlia di re Aroldo II, l'ultimo re anglosassone ucciso dai soldati di Guglielmo il Conquistatore nel 1066 – la carità, per cui desidero che ogni uomo abbia a salvarsi, nonché la carica impostami, mi spingono a volerti

---

[5] S. Anselmo, *Il Proslogium, le Orazioni e le Meditazioni,* a cura di F. S. Schmitt e G. Sandri, Cedam, Padova 1959, pp. 84-85.

bene con affetto di padre e fratello e, ancora in nome di tale bene, a darmi pensiero della salvezza dell'anima tua"[6].

Tutta la produzione letteraria di Anselmo, come si avrà modo di constatare in seguito, sarebbe inconcepibile al di fuori della sua *vocatio* monastico-educativa, dal momento che niente nell'esistenza di questo Santo, che ha fatto della carità cristiana la sua ragione di vita, è rivolto a sé, che non sia prima indirizzato ad altri. In tutta la corrispondenza di Anselmo la carità e l'amore, sorgenti di vita cristiana e fonti del suo impegno educativo, sono, infatti, costantemente richiamati come sentimenti che predispongono al più corretto atteggiamento, sia nell'educatore che nell'educando. "Non è una novità strana e inattesa- scrive da Canterbury ai monaci del Bec- il fatto che la vostra fraterna carità accesa da pia compassione, di continuo implori l'aiuto divino nelle mie continue necessità ; né d'altronde ignoriate che il mio cuore è interamente occupato e posseduto dall'affetto per voi"[7].

Le biografie sono senza dubbio il testo più ricco di informazione sul profilo di questo monaco – vescovo naturalmente votato all'azione educativa. Redatte sulla testimonianza diretta dei suoi allievi, la *Vita Anselmi* di Eadmero e quella composta da Giovanni di Salisbury registrano i comportamenti del Santo nella quotidianità educativa monastica, ma anche le azioni rivolte all'esterno, proprio in virtù della competenza che gli veniva riconosciuta. In particolare, quella di Eadmero, il "biografo intelligente" che Anselmo ebbe la fortuna di avere accanto a sé, è un documento di raro interesse per informazioni su aspetti anche minimi della vita del Santo: gesti parole, discorsi, relazioni all'interno e all'esterno, personaggi contemporanei, stili di vita, modelli educativi maschili e femminili del tempo, come ad esempio nelle lettere alle contesse Ida e Adelaide, al medico Alberto[8], ma anche alla sorella Richeza e al di lei marito Burgundio[9].

---

[6] *Ep.* 168, in Anselmo D'Aosta *Lettere* voll. 2, Jaca Book, Milano 1988, I, p. 169. (d'ora in poi *AL*).

[7] *Ep.* 178, in *AL*, II, p. 205.

[8] *Ep.* 114, p. 349; p. 131; p. 389; *Ep.* 86; p. 291; *Ep.* 36, p. 179, in *AL*, I.

[9] *Ep.* 258, in *AL*, II, p. 385.

Le Lettere, dedicate tutte all'ascesi monastica, hanno come tema dominante la formazione del monaco, con le sue difficoltà, smarrimenti, progressi e traguardi, trattati da Anselmo secondo le linee di una pedagogia che pare organizzata su alcuni nuclei centrali: la preghiera, l'esperienza spirituale, la carità ma soprattutto l'amicizia, vero e proprio *leitmotif* di questi frequenti scambi epistolari.

Le lettere sull'amicizia sono rivolte a secolari, ma soprattutto a monaci, con alcuni dei quali Anselmo aveva condiviso la formazione monastica a Le Bec, esse offrono uno spaccato interessante non solo del raggio di azione educativa esercitata da Anselmo, ma sono anche una testimonianza indiretta del potere educativo attribuito alla relazione da parte di questo grande educatore, nonché della sua sapienza educativa nell'interpretarla. I suoi interlocutori sono, ad esempio, Gondulfo, entrato nello stesso monastero un anno dopo Anselmo, nel 1057 e più tardi allontanatosene per seguire Lanfranco a Caen e a Canterbury e, sorte comune, essere, infine, consacrato arcivescovo di Rochester nel 1077[10]. Altro destinatario è Enrico, monaco di Bec e poi priore del Christ Church a Canterbury nel 1074, quindi abate di Battle nel 1096[11]. Ulteriori missive sono rivolte, invece, a ex allievi, come ad esempio a Gilberto[12], o al ribelle Osberno[13] con i quali, dopo la loro formazione, Anselmo stabilisce un rapporto paritetico, di affettuosa fratellanza che rappresenta un'interpretazione originale dell'amicizia monastica, comprensibile solamente alla luce della pedagogia anselmiana

Anche le lettere di esperienza spirituale sono parte della corrispondenza degli anni del priorato e abbaziato di Anselmo nel monastero di Le Bec. Si tratta di testi che comunicano e condividono esperienze ordinarie e straordinarie dell'itinerario spirituale monastico, ma riguardano anche il percorso spirituale di laici che intraprendono nel secolo un cammino di perfezionamento avvalendosi del sostegno e dei consigli di questo grande educatore. La lettera a Unfrido sulla evanescenza dei beni terreni[14], l'invito rivolto al

---

[10] *Vita Gondulfi*, in P. L. 159, coll. 813. Cfr. *Ep.* 4, in *AL*, I, p. 117; *Ep.* 43, in *AL* I, p.177; *Ep.* 41, in *AL*, I, p. 195; *Ep.* 59; in *AL*, I, p. 228.

[11] *Ep.* 5, in *AI*, I, p. 121.

[12] *Ep. 84*, in *AL*, I, p. 287; *Ep. 130*, in *AL*, I, p. 387 .

[13] Eadmero, *Vita Anselmi* II, 13, pp. 47-48.

[14] *Ep. 81*, in *AL*, I, p. 280.

giovane Gugliemo ad abbandonare le vanità del mondo[15], il monito al giovane Lanzone[16] a progredire nella studio delle Sacre Scritture ma anche nello spirito, sono altrettante testimonianze della vocazione pedagogica-educativa di Anselmo non limitata al chiostro, ma aperta alla totalità della vita e dell' esperienza cristiana.

Le Orazioni e Meditazioni[17] sono scritti che, come è stato rilevato, hanno inaugurato "un genere poetico nuovo"[18], la devozione personale, interessante pedagogicamente non solo come esempio di preghiera personalizzata e non più standardizzata sui salmi, ma anche e soprattutto come forma di educazione del sentimento religioso. Soggetti a considerazioni controverse, questi testi, secondo uno dei suoi interpreti più acuti, "non devono essere letti come un trattato di carattere didattico o logico. Essi sono anzitutto destinate a stimolare l'umiltà, la pietà, o l'amore e non a dimostrare, con una serie di ragioni "necessarie" una verità (…). Sono prima di tutto destinati a toccare il cuore, a convertirlo il più profondamente possibile e a riempirlo di amore per Dio"[19].

"Nelle orazioni – afferma Eadmero – da lui scritte e pubblicate secondo il desiderio e la richiesta di amici – si può ben vedere, anche se io non ne parlo, con quale premura, con quale timore, con quale speranza e amore egli abbia invocato Dio e i santi e come abbia insegnato agli altri a farlo"[20]. Famosi i testi di orazione scritti tra il 1072-1073 per la principessa Adelaide, figlia di Guglielmo il Rosso, il più noto, l' *Orazione IX a San Pietro* – è accompagnato da una lettera esplicativa che chiarisce l'intento pedagogico-educativo da cui muove.

"Nelle orazioni a Santo Stefano e a Santa Maria Maddalena - raccomanda il Santo - vi è invero qualcosa che, ove siano recitate con intima convinzione del cuore, quand'è disponibile, tende ad accen-

---

[15] *Ep.* 117, in *AL*, I, pp. 354-359.

[16] *Ep.* 37, *AL*, I, p. 181.

[17] Anselmo D'Aosta, *Orazioni e Meditazioni*, a cura di C. Marabelli, Jaca Book, Milano 1977.

[18] B. Ward, *Anselmo di Canterbury: maestro di preghiera*, in J. Biffi et alii (a cura di) *Anselmo D'Aosta educatore…*, p. 135.

[19] I. Biffi, *Preghiera e Teologia nelle "orazioni meditative" di Anselmo, in Anselmo D'Aosta*, in *Orazioni e Meditazioni…*, p. 33.

[20] Eadmero, *Vita di Sant'Anselmo*, in Eadmero e Giovanni di Salisbury, *Vite di Anselmo D'Aosta*, Jaca Book, Milano 2009, p. 37.

dere maggiormente l'amore. In ognuna delle sette, poi, quale servo e amico dell'anima vostra, io vi esorto a degnarmi di considerare – concesso che a voi ciò già riesca meglio – con quale umiltà e con quale sentimento di timore e di amore si debba offrire il sacrificio della preghiera"[21].

Il **De humanis moribus per similitudines** e lo **Scriptum de beatitudine perennis vita,** raccolti nei *Memorials of St. Anselm* come parte conclusiva dell'edizione critica delle Opere Complete di Anselmo di Canterbury[22], sono state tradotti in italiano, la prima con il titolo *Sui comportamenti umani mediante similitudine*[23] e la seconda con *La beatitudine della vita senza fine dalle parole del beato Anselmo.* Per ragioni diverse, entrambi gli scritti sono pedagogicamente rilevanti. Il primo rappresenta un documento inequivocabile della sapienza pedagogica di Anselmo. Considerato il primo tentativo unitario e coerente di studio della vita morale nel Medioevo[24], l'opera viene paragonata alla *Secunda Pars* della *Summa Theologica* di Tommaso d'Aquino, che peraltro sembra aver avuto presente proprio lo scritto anselmiano. Il *De humanis moribus* è uno studio analitico dei comportamenti e dei costumi umani per capire l' origine e il radicamento delle virtù e dei vizi, sulla base di analisi psicologiche, ma soprattutto con la pratica dell'osservazione e della riflessione, che si confermano qui, come nelle *Lettere,* metodi abituali della pedagogia pratica anselmiana.

2. La competenza di Anselmo vista dai suoi contemporanei

I riferimenti alla competenza educativa di Anselmo nelle opere su citate sono numerosi, così come in quelle di autori contemporanei che per ragioni diverse hanno avuto la fortuna di conoscerlo. Ma il testo più ricco è sicuramente la biografia di Eadmero, che registra fatti ed avvenimenti in gran parte vissuti a fianco del maestro o raccolti dalla

---

[21] *Ep. X,* in *AL,* 1, p. 132.

[22] Anselmo di Canterbury, *Memorials of saint Anselm,* a cura di R.W. Soutern-F.S. Schmitt, Oxford Uniuversity Press, for The British Academy, London 1969.

[23] Anselmo d'Aosta, *Sui comportamenti umani...,* pp. 2-159 e 479-519.

[24] Ibidem, p. 5.

sua viva testimonianza. Per confermare l'autenticità della sua narrazione, "anch'io – avverte Eadmero – nella mia insignificanza, poiché non ero che un adolescente – ebbi la ventura di essere conosciuto da quest'uomo pieno di santità e di godere della sua beata familiarità"[25].

La forma espressiva del passo citato sembrerebbe tuttavia contraddire la vicinanza vantata dal discepolo. Eadmero, di fronte alla superiorità di Anselmo, dà l'impressione di sentirsi così inerte e disarmato da non osare neppure dichiarare di averlo conosciuto, mentre sembra non avere dubbi per affermare di essere stato conosciuto dal Santo. In realtà *avere conosciuto* ed *essere conosciuto* sembrano essere espressioni utilizzate nel Medioevo per indicare il rapporto di un maestro verso il discepolo. Non viceversa. Una conferma in tal senso sembra provenire, infatti, da un passo analogo, presente nell'autobiografia di un altro discepolo di Anselmo, Guiberto, in seguito abate di Nogent, che descrive la sua esperienza educativa sotto la guida del Santo in questo modo:

"Io ebbi (per l'esegesi della Scrittura) come principale iniziatore Anselmo abate di Le Bec, più tardi arcivescovo di Canterbury, nativo d'oltr'Alpe, cioè della regione di Aosta, uomo incomparabile per l'esempio e per la grande santità di vita. Nel tempo in cui era priore nel predetto cenobio, *mi ammise alla sua conoscenza*; e, benché io fossi ancora un ragazzo, estremamente immaturo sia per l'età, sia per le capacità intellettuali, si propose con molto impegno di insegnarmi come dirigere il mio uomo interiore, come dovevo seguire le norme della ragione per il dominio del giovane corpo"[26].

"*Essere conosciuto*, o *essere ammesso alla sua conoscenza*" sono, dunque, espressioni che significano essere "istruito", essere educato da. Ci siamo volutamente soffermati su questi due passi biografici perché non sono casualmente coincidenti, al contrario, nella loro corrispondenza sembrano alludere ad *habitus* radicati nella definizione dei rapporti "socio-educativi", sono, infatti, la registrazione della mentalità di un'epoca di cui il linguaggio è spia interessante. Anche attraverso questi modi di dire si colgono i segni di un modello educativo autoritario, adultocentrico che qui abbiamo indirettamente

---

²⁵ Eadmero, *Vita di Sant'Anselmo,...*, l. I, XXIX, p. 78.
²⁶ Citato in Biffi, *Anselmo D'Aosta...*, p. 36.

richiamato, proprio perché Anselmo si rifiuterà di subirlo passivamente e finirà per contestarlo apertamente nelle forme estreme in cui si esprimeva, che giungevano ad avvallare anche l'uso della forza fisica in educazione. In questa sua capacità di essere un innovatore, per idee ma anche per metodi, si manifesta la competenza educativa di Anselmo. Ed infatti, in aperta contestazione dell'autoritarismo educativo del tempo, Anselmo riesce a trasmettere ai suoi contemporanei e, prima di tutto, ai suoi discepoli un'immagine di umanità, di equilibrio, di dolcezza. Paradigmatica in tal senso la risposta che egli diede ad un abate che era ricorso al suo consiglio dopo aver registrato il fallimento dei suoi metodi educativi.

"Noi non cessiamo di frustarli giorno e notte, ma non fanno che peggiorare". "Non cessate di frustarli?" chiese stupito Anselmo, a queste parole. "E da grandi come saranno?". "Stupidi e brutali" rispose. "Con che bel risultato avete speso le vostre energie! Da uomini che erano avete cresciuto degli animali". E quello: "E noi che cosa possiamo fare? In tutti i modi li obblighiamo a migliorare, ma non otteniamo nulla". "Li obbligate? Ma ditemi un po', signor abate: se piantassi nell'orto un albero e subito da ogni parte lo comprimeste in modo tale che non possa affatto estendere i suoi rami quando, dopo alcuni anni,lo liberaste, quale albero risulterebbe? Un albero buono a nulla,dai rami rattrappiti e incurvati. E la colpa di tutto questo di chi sarebbe, se non vostra, visto che lo avete compresso in modo eccessivo. E voi fate così con i vostri ragazzi (…). Perché siete loro così ostili? Non sono uomini, non hanno la vostra stessa natura? (...) Voi li volete formare ai buoni costumi solo con le percosse e le frustate (...). Se desiderate procurarvi dei ragazzi adorni di buoni costumi è necessario che, oltre a percuoterli, riversiate loro il conforto e l'aiuto di un'amorevole pietà e mansuetudine paterna"[27].

La forma più diffusa della rappresentazione di Anselmo educatore è, dunque, quella di un uomo *mite* – "era per la pace con quelli che erano per la guerra"; *caritatevole* – "alle maldicenze rispondeva con atti di fraterna carità"; *dolce* – "la sua affettuosa sollecitudine non restava senza frutto".

---

[27] Eadmero, *Vita di Sant' Anselmo...*, l. I, c. XXII, pp. 67 e segg.

Per queste ragioni – sono ancora parole di Eadmero – "coloro che conobbero il suo carattere non debbono rimanere molto stupiti del favore di cui godette presso gli uomini, perché dovunque si trovasse il suo comportamento emanava una dolcezza accattivante, che spingeva tutti quanti all'amicizia e alla familiarità nei suoi confronti (…). Non voleva essere né opprimente né di peso per nessuno, anche se per questa ragione doveva moderare un poco la severità della disciplina monastica. Ma come gli insegnava il principio della discrezione, qualche volta egli mitigava quel rigore, facendo delle concessioni agli altri"[28].

La testimonianza più significativa dello stile educativo di Anselmo si ricava dalla descrizione del rapporto educativo che instaura con un allievo difficile, Osberno, un caso limite che detta ad Eadmero una pagina di straordinaria finezza pedagogica, un documento di insuperabile competenza educativa. Importa rilevare soprattutto nell'approccio di Anselmo il sapiente equilibrio di amore e rigore, la scelta rivoluzionaria, ma avveduta, di assegnare priorità ad una affettuosa sollecitudine senza rinunciare, per questo, ad una ferma intenzionalità educativa. L'impressione legittima di uno stile buonista è subito fugata dalla fermezza di una volontà educativa che non si lascia ingannare dall'apparenza perché il bene non può mai essere affermato al di fuori della verità – "Distogli il tuo cuore, è l'invito rivolto a Gunnilda tentata di abbandonare il chiostro, dall'aver di mira la vanità al punto da non pensare alla verità"[29].

Ma analizziamo attentamente il caso di Osberno. "Ancora adolescente – racconta Eadmero – era monaco di quello stesso monastero (Le Bec, n.d.r.), di ingegno penetrante, dotato di mani abili, nel produrre una varietà di lavori, con le egregie capacità che possedeva fondava la speranza di una buona riuscita. Ma la sua condotta assai perversa offuscava il pregio, senza dire dell'odio che, come un cane rabbioso, nutriva contro Anselmo"[30]. Oggi diremmo che Osberno potrebbe essere l'equivalente dell'adolescente intelligente, un po' ribelle, che contesta gli adulti, mosso probabilmente dall'esigenza di accettare consapevolmente una scelta di vita che, come

---

[28] Ibidem, p. 71.
[29] *Ep.* 168, in *AL*, II, p. 175.
[30] Eadmero, *Vita di Sant'Anselmo…*, X, pp. 39 e segg.

tanti oblati del tempo potrebbe aver subito. Come affronta Anselmo una tale situazione educativa? Non con la preoccupazione di ristabilire l'ordine, affermando dapprima la sua autorità, magari anche con la forza. Mette in pratica una forma di intelligenza pedagogica, evitando, cioè, di reagire emotivamente per tenere ferma la sua intenzionalità educativa: "senza dare molto peso ad un tale odio, nel vivo desiderio – sottolinea Eadmero – di accordare il suo comportamento all'acutezza dell'ingegno". Decide prima di tutto di guadagnarsi la fiducia del ragazzo, dimostrandogli affetto non astio, accettazione non rifiuto, disponibilità non evasione: "Incominciò con santa astuzia a blandire con amorevoli attenzioni quell'adolescente, a passar sopra benevolmente alle sue monellerie, a concedergli molte delle cose che si potevano tollerare (…) in cui la sua età trovasse modo di divertirsi e il suo spirito sbrigliato piegarsi e diventare docile". Sentendosi riconosciuto e gratificato da queste piccole concessioni il suo animo si addolcisce "abbandona il proprio astio, incomincia ad amare Anselmo e ad accogliere le sue ammonizioni". Il rapporto di fiducia che si crea tra educatore ed educando diventa la condizione per instaurare un' autentica relazione educativa. Cambia anche la modalità di rapporto. "Quando si accorse di poter fare affidamento sulla fermezza della sua buona volontà, subito elimina da lui qualsiasi comportamento fanciullesco e, se avverte che egli commette qualcosa di riprovevole, subito lo punisce con durezza, non solo con parole, anche con percosse."[31].

Il riconoscimento della competenza educativa di Anselmo non risuona solo all'interno delle mura del monastero, trapela anche all'esterno. "Della sua buona fama fu colma non solo tutta la Normandia, ma anche l'intera Francia, l'intera Fiandra e tutte le terre contigue. Anzi, tale fama oltrepassò il mare e riempì l'Inghilterra"[32]. "Lo ammirava ogni sesso e ogni età e, ammirandolo, gli si stringevano dattorno; quanto più egli era potente e superiore agli altri, tanto maggiore era la devozione e l'inclinazione di tutti a mettersi al suo servizio. Non c'era conte o contessa in Inghilterra, o altra persona potente, che non ritenesse di aver perso dei meriti davanti a Dio, se le fosse avvenuto di non aver allora prestato ad Anselmo abate di Le Bec il favore di un servizio".

---

[31] Ibidem, pp. 40 e segg.
[32] Ibidem, I, XXII, p. 71.

Una conferma indiretta della mitezza e dolcezza di Anselmo si ricava non solo dallo stile, ma anche dalla terminologia utilizzata nel rivolgersi ai destinatari delle sue lettere: *fratri vere dilecto; caritate et proposito dolcissime fratri; frati carissimo; dominus et patri suo desideratissimo; patri vere diligendo et delecto; dilecto dilectori, dilectus dilector.*

"Non perché – spiega a Maurizio suo discepolo – mi ritenga degno di dover da qualcuno ricevere paterno rispetto, né perché al mio affetto dia importanza, (...) ma perché da quando ti conosco, pur se non ho potuto, ho però sempre cercato d'offrire a te affetto fraterno e attenzione di padre"[33]. Alle stesse ragioni riconduce la stessa dolcezza e spirito di carità rivolti ai laici Odone e Lanzone: "Siccome il vero amore, come è speso lodevolmente, così, mentre si ama, irreprensibilmente è richiesto, penso di non peccare di sfrontatezza se fino a un certo segno vi manifesto il mio amore verso di voi, al fine di poter anche il vostro o procacciarmi o, già procacciato, ridurre a maggior perfezione (...) anche soltanto un saluto per via epistolare sia sicuro indizio che in me non è spento il ricordo della vostra amicizia"[34].

Insieme alla dolcezza nei modi, al linguaggio affettuoso, diverse sono le testimonianze sulla straordinaria capacità di Anselmo di comunicare con chiunque: "Sapeva adattare i suoi discorsi alle diverse categorie di persone, così che i suoi uditori riconoscevano che nulla si poteva dire di più adatto al loro genere di vita. Egli dispensava le sue parole ai monaci, ai chierici, ai laici, adattandole al loro rispettivo stato"[35]. Questa sua disponibilità all'ascolto, allo scambio, alla relazione, che solo apparentemente confliggeva con la sua vocazione alla solitudine e alla contemplazione in quanto era invece una conseguenza di quella, non aveva solo basi ideali, ma anche empiriche, in quanto derivava da una attenta osservazione dei comportamenti poiché "raggiunse una tale conoscenza delle caratteristiche comportamentali di ogni sesso ed età, da vederlo poi trattarne apertamente e rivelare a ciascuno i segreti del suo cuore"[36].

Mai la sua osservazione era superficiale. Indagava "le origini e per così dire i semi, le radici e gli sviluppi di tutte le virtù e di tutti

---

[33] *Ep.* 42, in *AL*, I, p. 197.
[34] Ibidem, 2, p. 109.
[35] Eadmero, *Vita di Sant'Anselmo...* I, XXXI, p. 135.
[36] Ibidem, p. 35.

i vizi, e con una chiarezza più splendente della luce insegnava come raggiungere le prime ed evitare le seconde"[37]. Da questa conoscenza pratica derivava la sua sapienza pedagogica come "la sua capacità di ben consigliare così luminosa, da non dubitare che il suo cuore fosse guidato dallo spirito del consiglio"[38].

Capacità di comunicazione, dunque, come capacità di relazione, ma soprattutto come ascolto e accettazione dell'altro nella sua diversità, con lo stesso sentimento di carità.

"Dava confidenza a chiunque volesse avere da lui una parola, senza considerare le apparenze, ma venendo incontro a tutti singolarmente, con disponibilità e benevolenza, affrontando qualsiasi problema gli sollevassero"[39]. Tra tutti però riservava un'attenzione particolare ai più giovani, "dedicava la sua massima cura agli adolescenti e ai giovani, e a quanti gliene chiedevano il motivo rispondeva con una similitudine. Paragonava l'età giovanile alla cera, ammorbidita al punto giusto per ricevere il sigillo"[40].

3. La ratio della competenza pedagogica di Anselmo

La particolare disposizione di Anselmo a ricoprire il ruolo di educatore, rilevata nelle pagine precedenti attraverso la fiducia, il riconoscimento acquisiti presso gli altri, è da imputare unicamente al suo talento personale, oppure va ricondotta ad un sapere, in virtù del quale è possibile rintracciare anche una pedagogia implicita? Più direttamente, è possibile parlare di una pedagogia anselmiana come presupposto della competenza acquisita dal Santo?

La nostra risposta è affermativa. E non solo perché esiste una pedagogia monastica, e quella anselmiana può essere considerata un'interpretazione particolare di quella, ma anche perché la competenza educativa di questo monaco-vescovo ha basi pedagogiche così salde che ci aiutano a mettere in luce i presupposti teorici, oltre che pratici, della competenza di un educatore anche oggi.

---

[37] Ibidem.
[38] Ibidem.
[39] Ibidem, I, X, XXI, p. 169.
[40] Ibidem, I, XI, p. 45.

Rispetto alla crisi che caratterizza questo momento particolare della storia europea, può essere utile ritornare a considerare i fondamenti su cui è stata edificata la grandezza dell'Europa. Tra le pietre angolari di quella costruzione vi è sicuramente Anselmo, il "monaco geniale"[41], nelle parole di J. Leclercq, che seppe coniugare la tradizione con l'innovazione. Anselmo nasce ad Aosta nel 1033, nel secolo che si lascia alle spalle le paure apocalittiche dell'anno Mille e si slancia fiducioso verso il futuro, promuovendo e conseguendo uno sviluppo significativo sia piano della vita materiale che spirituale. Ritornare a riflettere su quelle origini della storia d'Europa, cercare di capire quali risorse ed energie siano state messe in campo, anche dal punto di vista dell'educazione, per produrre quei risultati di civiltà è l'opportunità che offe una iniziativa culturale come quella di questo congresso su S. Anselmo.

Partiamo allora dalla definizione più accreditata, oggi, di competenza, "un'attitudine intrinseca casualmente collegata ad una performance eccellente". Attitudine in questo contesto, come è stato rilevato, significa capacità non innata, ma originaria subito forgiata da conoscenze ed esperienze, fino a trasformarsi in un modo di essere esperto del soggetto di fronte a situazioni e a problemi professionali. L'attitudine intrinseca che definiamo *competenza* in realtà è il risultato di un apprendimento lungo, che inizia con il sapere dichiarativo, procede attraverso l'acquisizione di abilità grazie ad esperienze mirate ed approda alla maturazione della capacità di trasferimento e adattamento delle stesse in contesti diversi, previa capacità di giudizio in situazione. Già queste rapide precisazioni evidenziano come la competenza, che pure richiede formazione, si manifesti, tuttavia, in forma personale e creativa e, proprio per questo, venga facilmente attribuita unicamente a genio e talento soggettivi. In realtà, senza conoscenze e diligente applicazione è impossibile parlare di competenza, persino per un educatore così lontano nel tempo come Anselmo d'Aosta che, di certo, non aveva a disposizione tutte le conoscenze circa il processo educativo su cui noi possiamo contare. Ma il problema da cui siamo partiti nel rileggere la vicenda monastico-medievale di Anselmo educatore riguarda, i sape-

---

[41] J. Leclercq, *Spiritualità del Medioevo*, EDB, Bologna 1969, p. 275.

ri impliciti della competenza educativa non tanto in termini di quantità, ma di qualità.

Proviamo, allora, ad analizzare brevemente le conoscenze utilizzate da Anselmo nel suo magistero.

Iniziamo richiamando la natura della pedagogia monastica quale esempio interessante, perché estremo, di pedagogia pratica, finalizzata all'azione ed articolata, per questo, su conoscenze funzionali a promuovere e mantenere l'impegno pratico del monaco.

Utilizzo qui il termine prassi nel significato aristotelico di azione che ha il fine dentro di sé, quello, cioè, che si assegna l'agente, diversamente da *poiesis* che attiene, invece, ad un fare già in parte predeterminato, e per questo esecutivo di fini esterni, già dati. In tal senso, per collegarci alla terminologia contemporanea, l'efficacia di un'azione prassica non può essere considerata unicamente in termini di risultati esteriori, di cambiamenti visibili, ma soprattutto di mutamenti invisibili, interiori. Per questo, l'attivismo della pedagogia monastica non si ferma alle opere, guarda anche e soprattutto all'interiorità, si determina come ascesi, punta al superamento dell'azione esteriore a favore di quella interiore, segue il percorso indicato dalla parabola evangelica di Maria e di Marta e raggiunge il suo acme, paradossalmente, nella contemplazione. È la conclusione cui giunge a partire dall'azione anche la filosofa contemporanea H. Arendt, facendo proprie le parole di Catone: "Numquam se plus agere quam nihil cum ageret, numquam minus solum esse quamcum solus esset"[42].

La precedenza accordata alla prassi sulla *poiesis* mette a nudo la componente conoscitivo-informativa su cui è elaborata questa pedagogia e cioè l'antropologia. La pedagogia monastica si basa, infatti, su una visione integrale della persona, alla maniera in cui, fatte le debite differenze, ne parla Benedetto XVI nella enciclica *Caritas in Veritate* e cioè come "autentico sviluppo dell'uomo" che "riguarda unitariamente la totalità della persona"[43].

Questo approccio antropologico olistico induce lo sviluppo di un'altra forma di sapere, quello psicologico, basato sull'osservazione dei comportamenti considerati, non specchio, ma indizio di movi-

---

[42] H. Arendt, *La vita della mente*, Il Mulino, Bologna 1987, p. 88.
[43] Benedetto XVI, *Caritas in Veritate*, Libreria Editrice Vaticana, Città del Vaticano 2009, p. 15.

menti interiori. Gran parte della letteratura monastica, a cominciare dalle *Collationes* di Giovanni Cassiano, presenta la vita claustrale come un laboratorio di conoscenze psicologico-pedagogiche, continuamente integrate attraverso l'osservazione attenta dei comportamenti, delle azioni e delle reazioni umane. La competenza educativa che Anselmo aveva maturato in maniera così sorprendente in gran parte era stata conseguita sul campo, attraverso l'osservazione e la riflessione. Da questo atteggiamento vigile e prudente, attento alla specificità delle situazioni e dei temperamenti, egli aveva ricavato una conoscenza così approfondita degli uomini che, come afferma il suo biografo, gli consentiva di "saper trattare apertamente e rivelare a ciascuno i segreti del suo cuore" e saper ben consigliare chiunque.

Una testimonianza ampiamente credibile se solo si considera l'impegno che Anselmo dedica a questo studio. Nel *De humanis moribus*, lo scritto composto con materiali anselmiani raccolti dai discepoli, in particolare da Eadmero e da Alessandro di Canterbury, vi è la prova tangibile del sapere pratico accumulato e coltivato da Anselmo. E, si badi bene, l' interpretazione di Leclercq che distingue tra un Anselmo dotto e un Anselmo popolare[44], non per questo avvalla, necessariamente, l'idea che da questi scritti emerga il profilo di un Anselmo minore. Considerati con un'ottica pedagogica, queste memorie documentano, al contrario, qualcosa di elevato, come appare la competenza educativa di Anselmo. Già il fatto di essere opera di discepoli attestano la stima attribuita dai suoi contemporanei al magistero di Anselmo per l'ampiezza e per l'impegno di conoscenza continua dimostrato da questo educatore, ma soprattutto per la sua capacità di ricondurre la teoria alla pratica, di tradurla in esperienza di vita e saper seguire e dirigere questo processo di apprendimento anche negli altri. Esperto conoscitore del cuore umano, Anselmo sapeva identificare attraverso i comportamenti le passioni, sia quando si connotano in positivo e alimentano le virtù, che quando si connotano in negativo e producono il vizio.

Ma queste conoscenze Anselmo non le tenne per sé, le mise a disposizione degli altri. Il secondo aspetto della sua competenza

---

[44] J. Leclercq, *Due aspetti dello stesso Anselmo: lo scrittore dotto e lo scrittore popolare,* in I. Biffi e C. Marabelli (a cura di), *Anselmo D'Aosta figura europea,* Jaca Book, Milano 1989, p. 145-148.

comunicativa deriva, infatti, da un'altra abilità, la comunicazione. Egli sapeva adeguare il discorso all'interlocutore, immedesimandosi nella sua capacità o difficoltà di comprensione. Per questo egli ricorre frequentemente alle metafore e alle parabole che, come spiegava egli stesso, più di qualsiasi trattazione teorica aiutano a ricordare gli insegnamenti ricevuti. Ecco un passo significativo:

"Per conservare più a lungo nella memoria quanto abbiamo detto sui costumi degli uomini ci siamo avvalsi di similitudini collocate al posto giusto. Come il ghiriglio di una noce si mantiene per più tempo se protetto dal guscio, e quando lo si deve mangiare lo si può ritrovare più fresco se ancora ha il guscio invece di averlo tolto, così esprimendo qualcosa con una similitudine, essa sta più a lungo in mente, e quando la si deve ricordare la si recupera agevolmente"[45].

Ma torniamo brevemente all'antropologia integrale di Anselmo rintracciabile anche nel *De hominis moribus*, fin dalla prima parte organizzata intorno al tema della volontà, centrale in una pedagogia come quella monastica, definita antiintellettualistica.

La volontà viene considerata non solo in rapporto ai sensi dell'anima che sono le facoltà, ma anche in rapporto a quelli del corpo. "La volontà - si afferma - comincia ad inclinare alle virtù e a volere ciò che si deve desiderare; la memoria a rammentare ciò che si deve rammentare, il pensiero a meditare su ciò che si deve meditare, l'intelligenza si dispone al discernimento di ciò che si deve volere, ricordare o meditare, l'anima si innalza anche fino alla carità, si abbassa fino all'umiltà"[46]. Di concerto con l'anima "sono anche i sensi del corpo, quando gli occhi vedono ciò che devono vedere, l'udito ascolta le parole di Dio, il gusto assaggia tutto ciò che è lecito gustare, l'olfatto annusa i buoni odori, il tatto ciò che è lecito toccare (…) la bocca quando dice parole buone, le mani quando compiono cose ben fatte e i piedi vanno nella direzione giusta"[47].

Questo concerto unitario e armonioso dei sensi dell'anima e del corpo si manifesta nell'obbedienza che è la determinazione della propria volontà secondo la volontà di Dio. Di contro, la disobbedienza è l'ignoranza della volontà di Dio e l'imposizione della propria.

---

[45] Anselmo d'Aosta, *Sui comportamenti umani,* in I. Biffi et alii (a cura di), *Anselmo d'Aosta nei ricordo dei discepoli,* c. 146, p. 141.

[46] Ibidem, c. 3, p. 15.

[47] Ibidem, c. 3-4, pp. 15-16.

Interessante come sintesi di questi insegnamenti la similitudine del cuore umano alla macina di un mulino.

"Il nostro cuore è simile a un mulino che gira sempre. Il suo padrone ne ha affidato la custodia ad un servo ordinandogli di macinare unicamente il suo raccolto di frumento orzo avena e di ricavarne il proprio sostentamento personale". Fuor di metafora, il servo è ciascuno di noi che deve mantenere il suo cuore impegnato in pensieri buoni, come la mola di un mulino che macina farine di cui può nutrirsi. "Se l'uomo custodisce bene il suo cuore, vi tratterà solo pensieri santi, lasciando che dalle sue labbra, come attraverso l'apertura di un mulino, escano discorsi irreprensibili; allo stesso modo tutte le sue azioni esteriori, prodotte dai sensi, sia che si tratti della vista o dell'udito, o del gusto, dell'olfatto, del tatto, tutto in lui sarà puro corrispondendo ai buoni sentimenti che interiormente nutre"[48].

Altro elemento di conoscenza dell'antropologia anselmiana è offerto dall'analisi delle beatitudini, articolata nei sette beni del corpo e nei sette dell'anima, cui sono contrapposti altrettante pene:

Beni del corpo	Castighi del corpo	Beni dell'anima	Castighi dell'anima
bellezza	bruttezza	sapienza	stoltezza
agilità	pesantezza	amicizia	odio
forza	debolezza	concordia	discordia
libertà	schiavitù	onore	disonore
salute	malattia	potere	impotenza
piacere	tormenti	sicurezza	paura
longevità	brevità della vita	gioia	tristezza

Tabella 1. Tavola delle beatitudini e delle pene

Come si vede, il motivo ispiratore è sempre una visione integrale della persona, che porta a considerare il bene a partire da quello del corpo, mai estraneo a quello dello spirito. E coerentemente con questa tavola dei premi e dei castighi, la vita buona per Anselmo è quella che si esprime come verità in tutte le forme cui all'uomo è

---

[48] Ibidem, c. 41, p. 51.

dato di esprimerla, senza distinzioni o sconti, e cioè" con l'azione, con la parola e con la mente"[49]. Per questo," tre – precisa il Santo – sono le cose indispensabili a chi voglia diventare buono, vale a dire scienza, volontà, pratica (…) se uno ne ha scienza ma non ha volontà di operarlo, non sarà in alcun modo buono. Se poi ha la conoscenza del bene e la volontà di operarlo, senza volere, pur potendolo, averne la pratica, non sarà buono (…) Se uno ha la scienza e la volontà di vivere bene, non sarà mai buono senza possedere altresì, per quanto gli è possibile, la pratica delle opere buone"[50].

Detto altrimenti, una piena realizzazione umana è affidata alla convergenza e al reciproco appoggio di conoscenza, volontà e azione. Questa sinergia tra facoltà che concorrono alla vita buona vale per ogni soggetto, nella misura in cui, però, è tenuta presente, prima di tutto, in un educatore, il cui agire ha un effetto comunicativo molto più incisivo delle parole proferite. Per rinforzare questo concetto, Anselmo ricorre alla similitudine del medico. Come un medico che prescrive ad un paziente una medicina che egli stesso non assume, non sarebbe credibile; allo stesso modo non lo sarebbe un educatore che afferma principi che egli stesso non rispetta. "Quando uno fa o dice o pensa qualcosa – sottolinea Anselmo – con ciò stesso indica agli altri ciò che ritiene giusto fare o dire o pensare"[51].

L'efficacia educativa di questa pedagogia si rivela, dunque, in un modo di essere virtuoso della persona che nel caso, ad esempio, di un adolescente si manifesta attraverso il possesso di tre qualità cioè con "la silenziosità, la compostezza e la capacità di vergognarsi. La silenziosità lo porta a tacere prima di parlare; la compostezza esteriore a non volgere con leggerezza i suoi sguardi di qua e di là, a non muoversi sconvenientemente. La capacità di vergognarsi lo fa arrossire davanti agli altri quando fa qualcosa di illecito e, tutto rosso in viso, gli fa dire il motivo di quel rossore. Ogni giovane – raccomanda Anselmo – si preoccupi di avere queste tre disposizioni perché con ciascuna di essa farà progressi"[52].

---

[49] Ibidem, c. 130, p. 129.

[50] Ibidem, *Libro del monaco di Canterbury Alessandro tratto dai detti del beato Anselmo*, in Biffi et alii (a cura di) *Anselmo d'Aosta nel ricordo dei discepoli…*, c. III, p. 191.

[51] *Libro dell'arcivescovo Anselmo sui comportamenti…*, c. 130, p. 129.

[52] Ibidem, c. 140, p. 137.

Ma queste conoscenze atropo-psico-etico-pedagogiche non sono sufficienti a spiegare la competenza educativa di Anselmo. Fin qui ci siamo posti su un piano eminentemente descrittivo, che rimanda al profilo di una educatore fine conoscitore della realtà umana, in costante atteggiamento di ricerca, sempre attento a registrare nuove informazioni. Ma non abbiamo ancora identificato la *ratio* di questa pedagogica, il fattore mobilitante in virtù del quale le diverse conoscenze si strutturano in un discorso unitario e prescrittivo.

Limitarsi alla base antropologica è, infatti, insufficiente se non si precisa che l'antropologia anselmiana è derivazione di una teologia da cui ricava la sua tensione teleologica. La pedagogia monastica, quella anselmiana in particolare, è pedagogia dell'imitatio Christi. "Considera – afferma all'inizio delle Meditazioni – che cosa signifi-chi essere stato creato ad immagine e somiglianza di Dio"[53] e altrove "Orsù, homuncio (piccolo uomo), allontanati un pochino dalle tue occupazioni, nasconditi alquanto ai tuoi rumoreggianti pensieri (...) Entra nella stanza della tua mente, lascia fuori ogni cosa, tranne Dio (...) "chiudi la porta e cercalo"[54].

Già in un'altra occasione abbiamo avuto modo di sottolineare il contributo della teologia di Anselmo alla sua pedagogia[55]. Il riferimento diventa inevitabile anche in questa occasione, poichè la teologia rappresenta la componente culturale che contribuisce a definire la *ratio* pedagogica fornendo contemporaneamente il fine che struttura l'intenzionalità dell'azione educativa e la motivazione che spinge l'educatore alla prestazione competente in termini di eccellenza.

La duplice ricaduta del fine nei protagonisti dell'azione educativa – educatore ed educando – prevista da ogni pedagogia e richiesta dalla ragioni stesse della natura relazionale dell'educazione, appare straordinariamente evidente nella esperienza di questo educatore, per l'approccio epistemologico privilegiato nei confronti della teologia. La ragione di tipo intuitivo-emotivo richiamata dalla formula anselmiana "credo ut intelligam" comporta, infatti, una straordinaria valorizzazione del sentimento come forma di conoscenza,

---

[53] Anselmo d'Aosta, *Meditazioni*, Città Nuova, Roma 1973, p. 80.

[54] S. Anselmo, *Il Proslogium, le Orazioni e le Meditazioni*, a cura di F.S. Schmitt e G. Sandri, Cedam, Padova 1959, p. 91.

[55] C. Xodo, *Anselmo e l'educazione nel contesto monastico medievale*, in I. Biffi et alii, (a cura di) *Anselmo D'Aosta educatore europeo...*, pp. 191 e segg.

presente in tutta l'azione educativa di Anselmo. È certamente un'altra via attraverso cui trova conferma la visione integrale dell'uomo di questo monaco che monitora l'interiorità attraverso il sentimento. Ma sarebbe una conclusione insufficiente se non si sottolineasse che tutta la costruzione antropologica di Anselmo si regge su quella teologica. La competenza di Dio richiede anche la predisposizione della sensibilità, che indirizza necessariamente all'educazione del sentimento. E poiché il sentimento non può essere coltivato con il linguaggio della ragione, ma con quello che gli è proprio, si comprende l'attenzione rivolta da Anselmo al linguaggio evocativo-suggestivo delle orazioni, delle meditazioni, delle similitudini e delle parabole. Testi finalizzati non a dimostrare verità di ragione o di fede, perché "sono prima di tutto destinati a toccare il cuore"[56]. Da ciò la struttura formale delle orazioni anselmiane, che si snodano non sul filo logico deduttivo del discorso, ma assecondando il movimento d'amore dell'anima in preghiera che passa attraverso il sentimento dell'umiltà, della compunzione, della pietà.

Le ragioni del cuore ispirano, come si è visto, anche il linguaggio affettivo dell'Epistolario di Anselmo che, ai fini del ragionamento che qui stiamo facendo, si presta anche ad altre considerazioni. Alcuni autori non hanno mancato, infatti, di sottolineare il valore pedagogico dell'amicizia nella vita monastica. Eppure, come è stato precisato, non esiste in Anselmo una teoria dell'amicizia, appunto perché essa non si giustifica per sé, ma in vista di altro. L'amicizia sembra garantire, infatti, quella forma di mutua educazione che educatore ed educando realizzano, quando, condiviso il senso dell'umana esistenza, entrambi si percepiscono in viaggio verso la medesima meta. A questo livello non ha più senso alcuna gerarchia o asimmetria nel rapporto educativo, perché l'unica autorità riconosciuta è quella del fine condiviso.

L' approccio affettivo di questa pedagogia, raccomandato, come si è visto, anche nei confronti dell'allievo ribelle, inconsapevole, come Osberno, e mantenuto anche quando cade ogni resistenza,

---

[56] I. Biffi, *Preghiera e teologia nelle "orazioni meditative" di Anselmo*, in C. Marabelli, (a cura di) Anselmo d'Aosta, *Orazioni e Meditazioni*, Jaca Book, Milano 1977, p. 33.

non è, dunque, imputabile a buonismo, ma a *ratio* pedagogica che trova la sua forza nella teologica da cui deriva. In tal modo la scelta di un registro linguistico di tipo emotivo-affettivo corrisponde alla messa in pratica di una meditata quanto raffinata metodologia educativa che attribuisce all'esperienza d'amore un potenziale conoscitivo e formativo superiore a qualsiasi altro apprendimento. "In presenza di una così intima unione spirituale – sottolinea Anselmo in una lettera ai monaci di Le Bec – le anime fruiscono di per sé di d'un tal grado di conoscenza reciproca che lingua o penna non arriva ad esprimerlo".

La forza educativa dell'amore è determinata, dunque per un verso dalla prossimità, dalla vicinanza, dall'accoglienza; per altro verso dalla dal reciproco appoggio e sostegno, dalla vigilanza reciproca, dalla consolazione.

"Per una più efficace difesa, consiglia ai monaci di Le Bec, sorvegliatevi affettuosamente, con correzioni e avvertimenti reciproci, e benignamente accettate l'un l'altro tali cose, nella convinzione di ricevere un grande favore. In chi è loro soggetto i superiori incoraggino lo zelo colla benevolenza, coll'esortazione riscaldino la freddezza, se vi sono caparbi li frenino colla disciplina. Quanto a voi che siete soggetti, con una simultanea obbedienza state sottomessi ai vostri superiori, in particolar modo all'abate, e lasciatevi guidare docilmente, non con difficoltà. Perché chi è soggetto pecca assai al cospetto di Dio, se non teme di affliggere colla sua condotta i superiori, i quali solo per timor di Dio e un sentimento di carità fraterna si sono assunti il compito di guidarlo"[57].

4. Trasferibilità della competenza educativa di Anselmo

Nelle pagine precedenti ci siamo proposti di analizzare la competenza educativa di Anselmo d'Aosta. Siamo partiti dalla rappresentazione che ne hanno dato i contemporanei, gli allievi in particolare che ci hanno consegnato il profilo di un educatore amato perché amabile, che ha saputo dimostrare gli effetti prodigiosi in educazio-

---

[57] *Ep.* 178, *AL*, II, p. 205.

ne dell'affabilità e della dolcezza, avendo scelto di affrontare la violenza e la menzogna con l'arma della carità e dell'amore: "Preferisco essere ingannato pensando bene di loro, senza accorgermi che sono cattivi, piuttosto che ingannare me stesso pensando male di coloro dei quali non ho potuto provare inconfutabilmente la disonestà"[58].

Questa amabilità, portato della sua benevolenza, dà vita ad una straordinaria competenza comunicativa, frutto anche di una conoscenza antropologica che egli consegue su basi empiriche attraverso l'osservazione dei costumi e comportamenti umani. Anselmo sa immedesimarsi nelle diverse situazioni e parlare chiunque senza discriminare alcuno.

Ci si potrebbe chiedere: è trasferibile questa competenza? O, che è lo stesso, può essere conseguita anche oggi? Insomma, che cosa ci manca per raggiungere il livello di competenza unanimemente riconosciuto ad Anselmo? Oggi disponiamo di più conoscenze: sul piano psicologico e pedagogico, esse hanno una valenza incomparabile rispetto al mondo in cui visse Anselmo. Oggi non ci mancano i mezzi che erano così limitati dieci secoli addietro. E se consideriamo i ruoli, non possiamo non ammettere che la dilatazione delle professioni ha portato ad una forte accelerazione del processo educativo e formativo. Modi, strumenti, competenze professionali, ma non è tutto. Rispetto ad una pedagogia come quella che ci ha consegnato Anselmo, pensando alla nostra non possiamo non avvertire un senso di inappagamento, anche se, fortunatamente, esistono, seppur rare, pagine come quelle del Nostro, che trasudano affetto e passione verso i propri allievi.

Siamo, però educatori, cui manca il valore aggiunto della pedagogia, perché la nostra, tendenzialmente appiattita sul presente, ha smarrito, o non sa più ritrovare la sua tensione ideale. Forse non mancano spiriti indomiti che non rinunciano ancora a misurarsi sulle grandi questioni. Ma il limite più che nei pedagoghi è nei pedagogisti, incapaci di elaborare un modello educativo che sia non solo risposta ai bisogni, ma anche alle esigenze di senso.

La difficoltà di essere pedagoghi e pedagogisti della fatta di Anselmo è forse nello spirito del nostro tempo. Nell'epoca del disincanto e del "basso mimetico", come direbbe N. Frye, non c'è

---

[58] Eadmero, *Vita di Sant'Anselmo...*, l. II, c. XIV, p. 135.

molto spazio per le ali dello spirito. Di contro, la profonda umanità, di Anselmo, fatta di carità ed amore del prossimo, ha sicuramente tratto giovamento ed ispirazione dalla grande fede e dalla profonda spiritualità.

Raramente i convegni hanno il potere di determinare rivolgimenti profondi nelle mentalità. Pure, in sede di conclusione, è utile ricordare che difficilmente ci liberiamo del nostro passato. Nell'idea dell'Europa che sta faticosamente prendendo piede c'è una parte non secondaria che fa riferimento allo spirito ecumenico di Anselmo, all'umanesimo universalistico che ha ispirato la sua pedagogia. Per questo l'analisi della figura di questo grande protagonista della nostra storia può aiutarci a recuperare il senso della responsabilità educativa e indicare all'Europa la giusta prospettiva per scoprire quello che, proprio in un documento della Commissione europea, viene indicato come il "tesoro dell'educazione". E se, come si sostiene nello stesso documento, la condizione per conseguire questo obiettivo passa attraverso l'accettazione di alcune sfide, come il superamento della divisione tra materiale e spirituale, può esserci di aiuto proprio la lezione pedagogica di Anselmo d'Aosta.

Il metodo teo-logico anselmiano e la costruzione della 'nuova' Europa

Roberto Nardin, o.s.b. oliv.

Pontificia Università Lateranense

1. L'importanza della *ratio* nell'opera anselmiana

Nel proporre la propria impostazione metodologia, Anselmo offre già nel Prologo della sua prima opera, il *Monologion*, l'importanza dell'*intellectus* mediante il quale rileva di poter giungere (*finis assereret*) a delle conclusioni apertamente mostrate (*patenter ostenderet*) dalla certezza della ragione (*rationis necessitas*) e dall'evidenza della verità (*veritatis claritas*)[1].

L'*intellectus* a cui fa riferimento Anselmo si pone in un orizzonte di *necessitas*, ossia di concatenazione logica rigorosa e costituirà la prospettiva con cui il nostro autore indagherà (*necessariis rationibus*) in

---

[1] «Quidam fratres sæpe me studioseque precati sunt, ut quædam, quæ illis de meditanda divinitatis essentia et quibusdam aliis huiusmodi meditationi cohærentibus usitato sermone colloquendo protuleram, sub quodam eis meditationis exemplo describerem. Cuius scilicet scribendæ meditationis magis secundum suam voluntatem quam secundum rei facilitatem aut meam possibilitatem hanc mihi formam præstituerunt: quatenus auctoritate scripturæ penitus nihil in ea persuaderetur, sed quidquid per singulas investigationes finis assereret, id ita esse plano stilo et vulgaribus argumentis simplicique disputatione et rationis necessitas breviter cogeret et veritatis claritas patenter ostenderet. [...] Quod quidem diu tentare recusavi atque me cum re ipsa comparans multis me rationibus excusare tentavi. [...] Tandem tamen victus cum precum modesta importunitate tum studii eorum non contemnenda honestate, invitus quidem propter rei difficultatem et ingenii mei imbecillitatem quod precabantur incepi, sed libenter propter eorum caritatem quantum potui secundum ipsorum definitionem effeci»: *Monologion, prologus* (Schmitt I, 7, 2-11; 13-14; 16-19). Nel presente lavoro tutte le citazioni di Anselmo sono tratte dall'edizione critica dello Schmitt (Sancti Anselmi Cantuariensis Episcopi, *Opera omnia*, ad fidem codicum recensuit F.S. Schmitt O.S.B. apud Th. Nelson, 6 voll., Edinburgi 1946-1961, rist. anastatic. Friedrich Frommann Verlag, Stuttgart-Bad Cannstatt 1968, 1984²) di cui si indicano il volume, le pagine e le righe da cui è tratta la citazione.

Roberto Nardin

modo esplicito anche nei successivi studi, dal *Proslogion*[2] sino all'opera della maturità, il *Cur Deus homo*[3]. La *ratio necessaria* non è altro che la *logica* o *dialectica* di cui Anselmo stesso fu insegnante, come è noto, nella rinomata scuola di Bec[4].

L'orizzonte logico dell'*intellectus* acquista in Anselmo un valore epistemologico in quanto si tratta di una dimensione fondata metafisicamente. Infatti, nella prospettiva anselmiana la *dialectica* o *logica* non è funzionale né convenzionale rispetto al reale che indaga. Lo si può evincere dal fatto che il nostro autore non accetti l'impostazione empirista di Gaunilone, né la nominalista di Roscellino, proponendo, invece, quale fondamento la *summa veritas*, la quale causa la verità nelle cose (*in rerum existentia*) ed essa è a sua volta causa della verità del pensiero (*quae cogitationis est*) e della proposizione (*in propositione*) che lo esprime, per cui la verità del pensiero e delle proposizioni sono sempre effetto della somma verità (*effectum summae veritatis*)[5], non causano la verità. L'orizzonte di riferimento, quindi, è metafisico fondato sulla *summa veritas* che causa la verità delle cose, del pensiero a cui le cose si riferiscono e delle proposizioni che esprimono il pensiero. Questa impostazione verrà esplicitata da Karl Barth nel suo celebre commento al *Proslogion* in cui individua tre dimensioni della *ratio*: *noetische ratio*, *ontische ratio* e *veritas ratio*[6].

Da quanto osservato, si evince che sarebbe riduttivo, come talvolta è avvenuto in passato, limitare la comprensione dell'approccio

---

[2] «[...] si quis legere dignabitur duo parva mea opuscola, *Monologion* scilicet et *Proslogion*, quae ad hoc maxime facta sunt, ut quod fide tenemus de divina natura et eius personis praeter incarnationem, necessariis rationibus sine scripturae auctoritate probari possit [...]»: *Epistola De Incarnatione Verbi*, 6 (Schmitt II, 20, 16-19).

[3] «Ad quod tu multis et necessariis rationibus respondens ostendisti restaurationem humanae naturae non debuisse remanere, nec potuisse fieri, nisi solveret homo quod deo pro peccato debebat»: *Cur Deus homo*, II, 18 (Schmitt II, 126, 26-29).

[4] La *dialectica* nei secoli XI e XII coincideva con la *logica*, cf. N. Kretzmann - A. Kenny - J. Pinborg (edd.), *La logica nel medioevo*, (or. ingl., Cambridge 1982), Jaca Book, Milano 1999, 50. Per l'epoca di Anselmo, quindi, possiamo utilizzare i due termini come sinonimi. Il nostro autore, tuttavia, parla solo di *dialectica*.

[5] «Ut cum veritas quae est in rerum existentia sit effectum summae veritatis, ipsa quoque causa est veritatis quae cogitationis est, et eius quae est in propositione et istae duae veritates nullius sunt causa veritatis»: *De veritate*, 10 (Schmitt I, 190, 9-12).

[6] Sul rapporto con Gaunilone e Roscellino e sulla valenza metafisica della *ratio* anselmina nonché sulla ripresa barthina rimando a quanto ho già trattato in R. Nardin, *Metafisica e rivelazione in Sant'Anselmo*, in *PATH. Pontificia Academia Theologica* 5 (2006) 341-363, in particolare 356-362.

della *ratio* anselmiana alla sola dimensione logica. Già nelle sue prime riflessioni nel *Monologion*, Anselmo rilevava che la *ratio* costituisce solo l'inizio della ricerca. Occorre anche rilevare che il riferimento anselmiano alla «sola ratione», presente nel primo capitolo del *Monologion*, ha come contesto immediato «saltem» (in mancanza d'altro)[7], ponendo in risalto che l'argomentazione della *ratio* (*necessaria*) offre una rilevanza non esaustiva.

L'orizzonte metodologico anselmiano che abbiamo presentato è confermato ancora nel *Monologion*:

«Mi sembra che il segreto di questa cosa così sublime trascenda ogni acutezza dell'intelletto umano (*transcendere omnem intellectus*), per cui penso che il tentativo di spiegarlo vada contenuto. Ritengo infatti che dovrebbe bastare, a chi indaga una realtà incomprensibile, se pervenisse ragionando a conoscere *che* essa esiste certissimamente, anche se non può penetrare con l'intelletto *come* essa sia; non si deve perciò applicare meno certezza della fede a quelle cose che sono asserite con *prove* [dimostrazioni] necessarie (*probationibus necessariis*), senza contraddizione di nessun altra ragione, anche se, per l'incomprensibilità della loro naturale altezza, non possono venire spiegate. [...] Perciò, se le cose che sono state fin qui disputate intorno alla somma essenza sono asserite da ragioni necessarie, sebbene non possano essere penetrate dall'intelletto in modo tale, che si possano anche spiegare con parole, tuttavia la solidità della loro certezza non vacilla assolutamente»[8].

---

[7] «[...] potest ipse sibi saltem sola ratione persuadere»: *Monologion*, I, 1 (Schmitt I, 13, 11). L'osservazione è presente in C. È. VIOLA, *Anselmo d'Aosta. Fede e ricerca dell'intelligenza*, Jaca Book, Milano 2000, 30-31.

[8] ANSELMO D'AOSTA, *Monologio e Proslogio. Gaunilone difesa dell'insipiente. Risposta di Anselmo a Gaunilone*. Introduzione, traduzione, note e apparati di I. Sciuto, Bompiani, Milano 2002, 191; «Videtur mihi huius tam sublimis rei secretum transcendere omnem intellectus aciem humani, et idcirco conatum explicandi qualiter hoc sitcontinendum puto. Sufficere namque debere existimo rem incomprehensibilem indaganti, si ad hoc ratiocinando pervenerit ut eam certissime esse cognoscat, etiamsi penetrare nequeat intellectu quomodo ita sit; nec idcirco minus iis adhibendam fidei certitudinem, quæ probationibus necessariis nulla alia repugnante ratione asseruntur, si suæ naturalis altitudinis incomprehensibilitate explicari non patiantur. [...] Quapropter si ea quæ de summa essentia hactenus disputata sunt, necessariis sunt rationibus asserta: quamvis sic intellectu penetrari non possint, ut et verbis valeant explicari, nullatenus tamen certitudinis eorum nutat soliditas»: *Monologion*, 64 (Schmitt I, 74, 30 - 75, 10). Ho tradotto *probationibus necessariis* con «prove» necessarie anziché «dimostrazioni» in quanto Anselmo non intende dimostrare la fede con la ragione, ma provare che con la ragione si può

Pur evidenziando come l'indagine della *ratio* sia complessa e superi lo stesso *intellectus* (*transcendere omnem intellectus*), Anselmo rileva che il legame tra la *ratio* e la *fides* (nel suo contenuto) è strutturale e necessario, non estrinseco e contingente (*necessariis sunt rationibus asserta*). È quella che possiamo chiamare *rationis necessitas* di cui abbiamo già parlato e sulla cui certezza si pone una notevole solidità (*nullatenus tamen certitudinis eorum nutat soliditas*), come Anselmo sottolineerà anche nel *Cur Deus homo*[9].

Un particolare interessante è offerto dalla diversa terminologia utilizzata dal dottore di Aosta per descrivere il percorso della ricerca in cui si differenzia come il *che* dell'esistenza (l'*esse*) sia riferito alla *ratio*, mentre il *come* della sua modalità (il *quomodo*) è dell'*intellectus*.

L'*intellectus*, quindi, assume nell'ambito della metodologia anselmiana, una valenza significativa e che dobbiamo indagare.

2. La valenza dinamica dell'*intellectus* in Anselmo d'Aosta

La lettera con cui Anselmo presenta il *Cur Deus homo* a Papa Urbano II offre delle considerazioni molto importanti per poter cogliere la dinamica dell'*intellectus*.

«Poiché mi rendo conto che l'intelligenza raggiunta in questa vita sta a metà tra la fede e la visione, ritengo che quanto più uno cammina verso di essa, tanto più si avvicina alla visione a cui tutti aspiriamo»[10].

---

giungere al contenuto della fede il quale, così, non viene dimostrato ma confermato, visto che era già acquisito, per chi crede, come certezza e per chi non crede, come ipotesi logica. La ragione "logica", quello che chiameremo "primo livello" della *ratio anselmina*, quindi, confermerebbe per i credenti la certezza logica creduta previamente per fede e per i non credenti la necessità logica del contenuto della fede ipotizzato previamente con la ragione, come si vedrà nel metodo assiomatico.

[9] «Quod enim necessaria ratione veraciter esse colligitur, id in nullam deduci debet dubitationem, etiam si ratio quomodo sit non percipitur»: *Cur Deus homo* I, 25 (Schmitt II, 96, 2-3).

[10] Anselmo d'Aosta, *Perché un Dio uomo? Lettera sull'Incarnazione del Verbo.* Introduzione, traduzione e note a cura di A. Orazzo, Città Nuova, Roma 2007, 76; «Denique quoniam inter fidem et speciem, intellectum quem in hac vita capimus esse medium intelligo: quanto aliquis ad illum proficit, tanto eum propinquare speciei, ad quam omnes anhelamus, existimo»: *Commendatio operis ad Urbanum papam II* (Schmitt II, 40, 10-12).

Nel testo citato e che costituisce l'orizzonte metodologico che lo stesso Anselmo spiega al Papa, l'*intellectus* assume una collocazione intermedia tra la fede e la visione (*inter fidem et speciem*). L'*intellectus*, inoltre, presenta una struttura dinamica in forza della quale esso progredisce nella misura in cui si avvicina alla *visio*.

Una formulazione simile era stata presentata da Anselmo nella parte finale del *Proslogion*:

«Ti prego, o Dio, fa che io ti conosca e ti ami, per gioire in te. E se in questa vita non lo posso pienamente, che almeno io progredisca ogni giorno per giungere poi alla pienezza. Qui progredisca in me la tua conoscenza, e là diventi piena; qui cresca il tuo amore, e là sia pieno: affinché la mia gioia qui sia grande nella speranza, e là sia piena nella realtà»[11].

È importante osservare che l'*intellectus* presente nell'indagine del *Cur Deus homo* assume una valenza particolare in quanto, in questa opera della maturità, Anselmo non solo utilizza la *ratio necessaria*, la logica, come metodo di indagine, ma la sua esclusività (*"sola" ratio*), è resa *necessaria* in quanto si astrae metodologicamente da Cristo (*remoto Christo*). Il *Monologion* aveva già posto in evidenza, come visto, che la *ratio* può giungere all'*esse* ma non al *quomodo sit*, peculiarità dell'*intellectus* ed è sull'*intellectus*, come rilevato, che deve porsi la nostra attenzione.

Approfondendo le intuizioni di Henri de Lubac[12] e di Hans Urs von Balthasar[13] — per i quali sono presenti due orizzonti dell'*intellectus*, identificato con la *ratio* se considera la fede nel suo contenuto oggettivo, oppure con la *contemplatio* se si pone sul piano esistenziale — è possibile cogliere l'*intellectus* anselmiano in una triplice pro-

---

[11] ANSELMO D'AOSTA, *Monologio e Proslogio* di I. Sciuto, 359; «Oro, deus, conosca te, amem te, ut gaudeam de te. Et si non possum in hac vita ad plenum, vel proficiam in dies usque dum veniat illud ad plenum. Proficiat hic in me notitia tui, et ibi fiat plena; crescat amor tuus, et ibi sit plenus: ut hic gaudium meum sit in spe magnum, et ibi sit in re plenum»: *Proslogion*, 26 (Schmitt I, 121, 14-18).

[12] Cf. H. DE LUBAC, *Sur le chapitre XIVe du* Proslogion, in *Congrès International du IX Centenaire de l'arrivée d'Anselm au Bec*, Vrin, Paris 1959 (Spicilegium Beccense, 1), 295-312, qui 307.

[13] Cf. H.U. VON BALTHASAR, *Anselmo*, in ID., *Gloria. Una estetica teologica*, II, *Stili ecclesiastici* (or. ted., Einsiedeln 1962) Jaca Book, Milano 1971, 189-234, qui 195.

spettiva, mediante la quale poter comprendere talune significative implicazioni cristologiche e che di seguito ripropongo[14]:

Il primo livello (*ratio necessaria*) è caratterizzato dal rapporto tra l'*intellectus* e la *fides* vista nel suo contenuto (*fides quae*). L'*intellectus* è identificato con la *ratio necessaria* (indagine logica) e la fede diventa un semplice "dato" su cui indagare. In questo livello l'*intellectus* ha come unica legge la *dialectica* (logica) di cui Anselmo è stato maestro nella scuola di Bec.

Il secondo livello (*ratio contemplationis*) considera l'*intellectus* in cui il soggetto si pone sulla prospettiva esistenziale in rapporto alla fede (*fides qua*). In questo livello la *ratio* chiede l'adesione alla fede da parte del soggetto che crede. E questa potremmo chiamarla la *ratio* monastica o sapienziale.

Il terzo livello (*ratio veritatis*) considera l'*intellectus* in rapporto con la *species*, ossia con il compimento della *fides*. Si tratta della *Veritas* che il credente vive nell'esperienza della fede dell'appartenenza a Cristo e la *ratio*, nell'accostarsi alla *Veritas*, diventa mistica ed escatologica, è la *visio*.

La dinamicità dell'*intellectus* anselmiano, quindi, si rivela essere triprospettica, comprendente uno spettro che dalla logica più rigorosa giunge sino all'intuizione mistica, passando per l'esperienza della fede a cui il soggetto aderisce.

3. La paradossalità dell'*auctoritas* anselmiana

Un classico e importante commento all'opera anselmiana del secolo scorso rilevava come l'*auctoritas*, a cui pone riferimento Anselmo nei suoi lavori, è biblica e teologica (dottrinale) in quanto

«nel *Cur Deus homo* e in tutti i suoi altri scritti [...] la Scrittura e il *Credo* non hanno smesso neppure un istante di essere presupposto e oggetto del suo pensiero; soltanto per rispondere scientificamente al problema

---

[14] Ho già proposto i tre livelli più diffusamente in R. Nardin, *Il* Cur Deus homo *di Anselmo d'Aosta*. Indagine storico-ermeneutica e orizzonte tri-prospettico di una cristologia, Lateran University Press, Roma 2002, 249-287.

particolare in questione, egli si astiene dal desumere la risposta dalle proposizioni della Bibbia o del *Credo*»[15].

Si ha conferma dell'affermazione sopra riportata soprattutto per il riferimento biblico chiamato *sacra scriptura*, o *sancta scriptura*, o *scriptura*, o *sacra pagina* che Anselmo costantemente e in modo esplicito definisce essere *auctoritas, auctoritas divina, auctoritas sacra* o semplicemente *auctoritas*[16].

Si tratta, però, di un'*auctoritas* che può essere posta tra parentesi, come rilevava il commento sopra citato «per rispondere scientificamente al problema particolare».

È lo stesso Anselmo, infatti, che a più riprese, ci informa di voler argomentare attraverso una impostazione metodologica in cui non si accolga il ricorso all'autorità della sacra Scrittura. Così nel già citato *Prologo* del *Monologion* l'autorità biblica viene programmaticamente ignorata (*auctoritate scripturæ penitus nihil in ea persuaderetur*). Uguale metodologia viene ricordata non solo per il *Monologion* ma anche per il *Proslogion* nell'*Epistola De Incarnatione Verbi*, in cui accanto alla prospettiva della *ratio necessaria*, si pone l'astrazione dalla sacra Scrittura (*necessariis rationibus sine scripturae auctoritate probari possit*)[17]. Analoga prospettiva è presente nel *De libertate arbitrii* in cui si assume ancora l'astrazione biblica, come metodo di

---

[15] K. BARTH, *Anselmo d'Aosta. Fides quaerens intellectum. La prova dell'esistenza di Dio secondo Anselmo nel contesto del suo programma teologico*, a cura di M. Vergottini, Morcelliana, Brescia 2001, 91-92. Osserviamo che Barth non rileva, tuttavia, l'atteggiamento obbediente di Anselmo all'*auctoritas* papale. «Il suo [di Barth] errore principale sta però nell'aver completamente disconosciuto l'autentico *Sitz im Leben* di questo [di Anselmo] pensiero: esso è ancorato all'obbedienza verso l'*Apostolicus*, il successore di Pietro» (C. VIOLA, *Anselmo d'Aosta*, 112).

[16] Anselmo definisce la Scrittura attraverso un lessico variegato, ne citiamo le principali denominazioni: *sacra scriptura, sancta scriptura, scriptura, sacra pagina, autentica pagina, divini libri, sacri libri, nostri libri, sacri codices, divina dicta, canonica dicta, auctoritas divina, auctoritas sacra, auctoritas, verbum dei*. Per un elenco completo, cf. S. TONINI, *La Scrittura nelle Opere di s. Anselmo*, in *Untersuchungen über Person und Werk Anselm von Canterbury*, begründet von F.S. Schmitt, Minerva, Frankfurt 1970, 57-116, qui 74-75. Cf. anche R. GRÉGOIRE, *L'utilisation de l'Ecriture sainte chez Anselme de Cantorbéry*, in *Revue d'Ascétique et de mystique* 39 (1963) 273-293.

[17] «[...] si quis legere dignabitur duo parva mea opuscola, *Monologion* scilicet et *Proslogion*, quae ad hoc maxime facta sunt, ut quod fide tenemus de divina natura et eius personis praeter incarnationem, necessariis rationibus sine scripturae auctoritate probari possit [...]»: *Epistola De Incarnatione Verbi*, 6 (Schmitt II, 20, 16-19).

ricerca in quanto centrato sulla *ratio*: «non tam auctoritate sacra [...] quam ratione»[18].

La motivazione di tale paradossale astrazione dall'*auctoritas* biblica sono evidenziate già nel Prologo del *Monologion*, ossia sono richieste espressamente da coloro che desiderano l'opera di Anselmo, i suoi confratelli:

> «Alcuni fratelli (*fratres*) mi hanno pregato spesso e con insistenza di trascrivere per loro, come esempio di meditazione (*meditationis exemplo describerem*), [...]. Seguendo la loro volontà [...] mi hanno imposto questa forma (*hanc mihi formam præstituerunt*): che assolutamente nulla vi fosse raggiunto con l'autorità della Scrittura (*auctoritate scripturæ penitus nihil in ea persuaderetur*)»[19].

Non solo gli interlocutori "interni", ma anche quelli "esterni", richiedono una simile astrazione, come è presente nell'*Epistola De Incarnatione Verbi*, in cui Anselmo afferma che non utilizzerà la Scrittura nella propria risposta perché l'interlocutore (Roscellino) non crede nella sua autorità, oppure la interpreta in modo errato[20]. Sono i destinatari delle sue opere, quindi, che in qualche modo obbligano Anselmo a questo tipo di astrazione.

Il *Cur Deus homo*, l'opera della maturità, assume un orizzonte metodologico in cui l'astrazione non è più riferita solo alla Scrittura sacra, ma viene estesa al contenuto della fede e al più alto livello, allo stesso suo fondamento, l'evento di Cristo. Anselmo lo esprime a chiare lettere nell'introduzione all'opera, in cui rivela l'assoluta astrazione da Cristo (*remoto Christo*), ossia come se Cristo non fosse esistito (*numquam aliquid fuerit*)[21]. Questo metodo è riaffermato in

---

[18] Cf. *De libertate arbitrii. Prior recensio*, 14 (Schmitt I, 226, [21]).

[19] ANSELMO D'AOSTA, *Monologio e Proslogio*. Introduzione, traduzione, note e apparati di I. SCIUTO, 41. Per il testo latino critico, cf. *supra* nota 1.

[20] «Huic homini non est respondendum auctoritate sacrae scripturae, quia aut ei non credit aut eam perverso sensu interpretatur»: *Epistola De Incarnatione Verbi*, 2 (Schmitt II, 11, 5-6).

[21] «Quorum [duos libellos] prior quidem infidelium Christianam fidem, quia rationi putat illam repugnare respuentium continet obiectiones et fidelium responsiones. Ac tandem remoto Christo, quasi numquam aliquid fuerit de illo, probat rationibus necessariis esse impossibile ullum hominem salvari sine illo. In secundo autem libro similiter quasi nihil sciatur de Christo, monstratur non minus aperta

un momento di svolta del *Cur Deus homo*, come vedremo, ossia il capitolo decimo del primo libro, in cui si riafferma che la messa tra parentesi dell'evento cristologico ha una duplice ampiezza, dall'incarnazione di Dio (*Dei incarnationem*) alla dimensione storica di Cristo (*quae de illo dicimus homine*)[22]. Si tratta, in altri termini, di non considerare la cristologia sia dalla prospettiva *dogmatica*, di quanto si conosce per fede, la cristologia dall'alto (*Dei incarnatione*), sia da quella *storica*, dal basso (*assumpto homine*).

Considerando che la tematica che Anselmo intende indagare è bene espressa dal titolo stesso dell'opera, *Cur Deus homo*, ossia centrata nella questione dell'incarnazione di Dio[23], il metodo teologico evocato secondo cui si deve ignorare radicalmente Cristo, risulta ancora più paradossale.

Ho già presentato altrove il metodo con cui Anselmo astrae da Cristo[24]. In questa sede è sufficiente rilevare che si tratta di un'astrazione di esclusivo valore metodologico, un'ipotesi previa rispetto all'argomentazione che verrà trattata. Si potrebbe definire come un'astrazione *logica*, non *ontologica*. Anche in questo caso, come per l'astrazione biblica, Anselmo opta per la messa tra parentesi dell'evento Cristo a motivo dei suoi interlocutori. Di questa astrazione cristologica, come vedremo, si ha una duplice prospettiva che verrà definita come assiologica, a causa del poliedrico orizzonte di destinatari del *Cur Deus homo*, cristiani, ebrei e musulmani[25].

---

ratione et veritate naturam humanam ad hoc institutam esse, ut aliquando immortalitate beata totus homo, id est in corpore et anima, frueretur; ac necesse esse ut fiat de homine propter quod factus est, sed non nisi per hominem-deum; atque ex necessitate omnia quae de Christo credimus fieri oportere»: *Cur Deus homo* "Praefatio" (Schmitt II, 42, 9 - 43, 3).

[22] «Ponamus ergo Dei incarnationem et quae de illo dicimus homine numquam fuisse; et constet inter nos hominem esse factum ad beatitudinem [...]»: *Cur Deus homo* I, 10 (Schmitt II, 67, 12-13).

[23] «De incarnatione tantum Dei et de iis quae de illo assumpto homine credimus, quaestio est»: *Cur Deus homo* I, 10 (Schmitt II, 67, 9-10).

[24] Cf. R. Nardin, *Anselmo d'Aosta. Una mistica senza Cristo?*, in *Filosofia e teologia* 20 (2006) 364-381.

[25] Sui destinatari di questa opera anselmiana mi permetto di rinviare a R. Nardin, *Il* Cur Deus homo *di Anselmo d'Aosta*, 81-107.

4. La metodologia assiomatica

L'orizzonte metodologico anselmiano, da quanto è stato evidenziato in precedenza, è focalizzato su due fuochi: la valenza fondamentale dell'*intellectus* e l'astrazione metodologica dall'*auctoritas*. L'*intellectus*, a sua volta, presenta due dimensioni centrali, in quanto coincide con la *ratio* (*necessitas*), con la logica mediante la quale indaga e argomenta sul contenuto (parziale, a causa dell'astrazione) della fede e con la *visio* (*species*) in cui accoglie in profondità la stessa *fides* non solo come contenuto logico, ma quale adesione con cui il soggetto credente accoglie la *revelatio Dei* su un piano non semplicemente affettivo-esperienziale, ma ontologico, quale dono di Dio. Il *Cur Deus homo*, come visto, ci permette di avere uno sguardo privilegiato in quanto l'astrazione dalla *revelatio Dei* è massima attraverso il *remoto Christo*.

Una illuminante indicazione sul metodo anselmiano presente nel *Cur Deus homo* è stata offerta da René Roques attraverso ciò che egli ha definito «méthode axiomatique»[26], in cui si presenta il percorso di Anselmo in una duplice prospettiva: *ipotetico-deduttiva* e *categorico-deduttiva*.

Per Roques, Anselmo in un primo momento argomenta da assiomi che sono (a priori) comuni con gli ebrei e i musulmani, e per questo deve omettere Cristo (astrazione), che sarà una omissione vista come *ipotesi* logica per il credente ma *categorica* per il non credente, il quanto il primo crede e il secondo non crede in Cristo. Nel secondo momento, invece, la prospettiva si capovolge in quanto viene ammessa l'esistenza di Cristo e l'argomentazione, di conseguenza, diventa *ipotetica* per il non credente e *categorica* per il credente. Nel primo momento, ossia ipotetico-deduttivo per il credente, Anselmo presenta nel capitolo 10 del libro I del *Cur Deus homo* gli assiomi da cui iniziare la riflessione: nessuna conoscenza sull'incarnazione; l'uomo è creato per la beatitudine, la beatitudine non può ottenersi in questa vita e non può darsi beatitudine nello stato di peccato; nessuno può passare in questa vita senza peccare. È da queste premesse comuni, date dalla fede, che prende corpo il per-

---

[26] Cf. R. Roques, *Introduction à Anselme de Canterbéry. Pourquoi Dieu s'est fait homme*, Cerf, Paris 1963, 84.

corso della *ratio* mediante la quale *mostrare* la necessità del Cristo della fede. Si tratta di un cammino, quindi, che parte dalla fede (come contenuto, seppur parziale) e giunge alla fede mostrandone la coerenza logica intrinseca[27]. La forza dell'argomentazione di Anselmo rivela che il percorso descritto nel metodo assiomatico deve porre come conseguenza logica (*a posteriori*) l'evento di Cristo qualora venisse astratto a priori. Più precisamente, qualora non si ammettesse come dato di partenza l'evento cristologico, quindi astraendo sul piano logico dall'incarnazione (momento ipotetico per il credente, il quale non astrae dalla propria fede), sarà proprio la concatenazione della *ratio* a rendere necessario l'evento Cristo. Si tratta del livello logico in cui la necessità cristologica è rivelata attraverso la *dialectica*. L'incarnazione, però, dovrà essere effettiva e *in re* (non solo logica) perché per salvare l'uomo Cristo dovrà spontaneamente trovare la morte[28] e il Verbo spontaneamente assumerà la carne[29]. In definitiva, l'*a priori* che non considera Cristo dal punto di vista storico-dogmatico, ponendo come punto di partenza l'umanità peccatrice che necessita della salvezza (metodo assiomatico-deduttivo) implica che l'*a posteriori* cristologico, l'evento di Cristo, sia necessario, in quanto solo attraverso il Dio-uomo l'umanità può raggiungere la *beatitudo* per la quale è stata creata.

In altri termini, nella prima parte, ponendo l'attenzione principalmente ai non credenti, l'argomentazione permette di giungere all'evento di Cristo (nell'orizzonte logico) *a posteriori* quale *presenza salvifica oggettiva* (ossia di necessità logica). Anselmo mostra la necessità (logica) di Cristo *a posteriori* senza che sia stata posta (logicamente) *a priori*. Nella seconda parte, invece, approfondisce soprattutto la fede dei credenti con cui condivide (*a priori*) l'esperienza (ontologico-esistenziale) dell'evento di Cristo. L'esperienza della fede (per il credente), permette una maggiore conoscenza (*intellectus*) dell'evento di Cristo (a posteriori) quale *presenza salvifica soggettiva*, nel senso che

---

[27] Sul metodo seguito da Anselmo nel *Cur Deus homo* mi permetto di rinviare anche a R. NARDIN, *Il* Cur Deus homo *di Anselmo d'Aosta*, 213-246.

[28] «sponte sua mortem sustinuit, ut homines salvaret»: *Cur Deus homo* I, 8 (Schmitt II, 60, 13-14).

[29] «se sponte voluit hominem facere»: *Cur Deus homo*, II, 16 (Schmitt II, 121, 9).

appartiene al soggetto in senso pieno, ontologico ed esistenziale, e non solo dal punto di vista conoscitivo, *fides quae*.

Anselmo, quindi, dapprima mostra con la *ratio* che la rivelazione dona un insieme di enunciazioni che non sono semplicemente credute per fede, ma che presentano un intrinseco legame di necessità logica, potremmo dire la *necessità della ragione*. In un secondo momento pone l'attenzione sulla fede nella sua determinazione più ampia, in altri termini sulla *necessità della fede*. Non è casuale, del resto, se la nota prospettiva isaiana (cf. *Is.* 7,9) per la quale occorre prima credere per poter capire, è citata varie volte da Anselmo[30].

Da quanto detto, è proprio nel *Cur Deus homo* che Anselmo, astraendo alla massima valenza dall'*auctoritas*, ossia da Cristo, rivela con maggiore evidenza il proprio orizzonte metodologico.

5. L'orizzonte teo-logico

Gli interlocutori non credenti (reali o ipotetici che siano) hanno permesso ad Anselmo di mostrare come la *logica* abbia piena pertinenza nell'indagine dell'*intellectus fidei*. Si tratta di una *dialectica*, come visto in precedenza, che non lascia spazio a posizioni nominaliste (e nemmeno empiriste), ma che si colloca in un fondamento metafisico dato dalla *summa veritas* orientato alla *revelatio*. La *dialectica*, inoltre, pur rivelandosi essenziale, non esaurisce il campo dell'*intellectus* alla *ratio necessaria*; ed è proprio per questa visione ampia dell'*intellectus* che Anselmo non intende giungere alla *fides* mediante la ratio (*non ut per rationem ad fidem accedant*), in quanto i suoi primi destinatari, i credenti, possano godere (*delectentur*) di comprendere e contemplare (*intellectu et contemplatione*) ciò che già credono (*quae credunt*)[31]. In altri ter-

---

[30] «Nisi credideritis, non intelligetis»: *Commendatio operis ad Urbanum papam II* (Schmitt II, 40, 8); *Proslogion*, 1 (Schmitt I, 100, 19); *Epistola de Incarnatione Verbi prior recensio*, 4 (Schmitt I, 284, 1-2); *Epistola de Incarnatione Verbi*, 1 (Schmitt II, 7, 11-12; 9, 5). Anselmo cita la traduzione latina di *Is* 7, 9 come la cita sant'Agostino e non la Vulgata, che invece traduce: «Si non credideritis, non permanebitis», confermando, così, l'influsso del vescovo di Ippona sul nostro autore.

[31] «Quod petunt, non ut per rationem ad fidem accedant, sed ut eorum quae credunt intellectu et contemplatione delectentur»: *Cur Deus homo* I, 1 (Schmitt II, 47, 8-9).

mini, il riferimento è dato da quelle che abbiamo già descritto come *ratio contemplationis* e *ratio veritatis*.

L'orizzonte metodologico anselmiano "paradossale", in quanto astrae dall'*auctoritas* biblica e persino dall'evento di Cristo, è possibile, da un punto di vista epistemologico, perché la *ratio* partecipa dello statuto formale della teologia, ossia non si dà teologia senza *ratio*, ma attraverso una modalità poliedrica e triprospettica in tre livelli. Il primo è quello *oggettivo*, logico, nel senso che la *ratio* (*ratio necessaria*) si identifica con l'*intellectus* che argomenta *sulla* fede mostrandone la coerenza intrinseca del contenuto (*fide quae*) anche per coloro che non credono, non divenendo una *ratio* convenzionale ed estrinseca alla fede, come nella prospettiva di Roscellino, nominalista, ma fondata metafisicamente[32]. Il secondo è l'orizzonte *soggettuale* in quanto la *ratio* coincide con l'*intellectus* che indaga nella fede a cui il soggetto crede e di cui ha esperienza diventando contemplazione sulla fede (*ratio contemplationis*). A questo secondo livello si pone il rapporto tra teologia ed esperienza spirituale, di cui ho già trattato recentemente altrove[33]. Il terzo livello è la prospettiva *teologale* caratterizzata dall'*intellectus* che si identifica con la *visio* e diviene la dimensione che potremmo chiamare *mistica* (*ratio veritatis*), in cui il percorso della *ratio* lascia spazio all'intuizione illuminata da Dio e si fonda nell'invocazione dell'aiuto divino[34].

Per maggiore chiarezza riprendo[35] uno schema riassuntivo con cui si possono descrivere le tre forme anselmiane e i tre corrispondenti livelli:

---

[32] Per questo livello mi permetto di rinviare a R. NARDIN, *Metafisica e rivelazione in Sant'Anselmo*.

[33] Cf. ID, *Teologia ed esperienza spirituale in Anselmo d'Aosta. Una forma teologica paradossale*, in *Lateranum* 78 (2012) 571-592.

[34] Tra i diversi studi del rapporto tra la preghiera e gli scritti di Anselmo segnalo R. ROQUES, *Structure et caractères de la prière anselmienne*, in *Sola ratione*, Anselm Studien für Pater Dr h.c. Franciscus Salesius Schmitt osb zum 75. Geburtstag am 20. Dezember 1969, F. Frommann Verlag, Stuttgart-Bad-Cannstatt 1970, 119-187; J.-R. POUCHET, *Prière et théologie chez Saint Anselme*, in *Connaissance des Pères* (1986) 35-42, M. CORBIN, *Prière et raison de la foi. Introduction à l'œvre de S. Anselme de Canterbéry*, Cerf, Paris 1992, soprattutto il capitolo "Desirer la face", pp. 331-372. Si veda anche R. NARDIN, *L'aiuto divino e la preghiera in Anselmo d'Aosta. La prospettiva del* Cur Deus homo, in M.M. ROSSI - T. ROSSI (edd.), *Sanctitatis Causae. Motivi di santità e cause di canonizzazione di alcuni maestri medioevali*, Angelicum University Press, Roma 2009, 83-97.

[35] Cf. R. NARDIN, *Teologia ed esperienza spirituale in Anselmo d'Aosta*, 576.

Forma espressiva monastica	Forma argomentativa razionale	Forma teologica paradossale
Logica	*Ratio necessaria*	*Indagine logica sulla fede astraendo logicamente dalla Scrittura e da Cristo*
Sapienziale	*Ratio contemplationis*	*Ricerca esperienziale nella fede aderendo esistenzialmente alla fede*
Mistica	*Ratio veritatis*	*Intuizione contemplativa dalla fede vivendo ontologicamente della fede*

I tre livelli dell'*intellectus* - *ratio necessaria, ratio contemplationis* e *ratio veritatis* – corrispondono rispettivamente al pensiero che riflette sulla fede come contenuto "fede logica", *fides quae* (*credere Deum*); al pensiero che vive e che riflette l'adesione personale alla fede creduta "fede esistenziale", *fides qua* (*credere Deo*); e al pensiero che riceve, vive e riflette l'appartenenza radicale a Dio nella "fede ontologica" che avrà il suo compimento nell'*éschaton* (*credere in Deum*).

Vi è anche una corrispondenza tra l'*intellectus fidei*, il piano gnoseologico, e la *veritas fidei*, il piano metafisico in cui la *ratio necessaria* corrisponde alla *veritas in propositione*, la *ratio contemplationis* corrisponde alla *veritas in rerum existentia et cogitationis* e la *ratio veritatis* alla *summa veritas*.

Da quanto rilevato in precedenza, l'astrazione cristologica e i tre livelli della *ratio* anselmiana ci indicano che l'*intellectus fidei*, che è formulato attraverso l'argomentazione logica (*ratio necessaria*), si trova *a posteriori* rispetto all'esperienza spirituale (*ratio contemplationis*) e alla rivelazione di Dio (*ratio veritatis*). Questo ci permette di concludere che il metodo anselmiano potremmo chiamarlo *teo-logico* poiché è ciò che abbiamo definito il terzo livello, la *revelatio Dei* quale *summa veritas*, che fonda l'*intellectus fidei* che diviene *ratio veritatis*, non limitandosi alla *ratio necessaria* e alla *ratio contemplationis*.

Conclusione

Il percorso che abbiano cercato di delineare ha mostrato come il metodo di Anselmo d'Aosta si possa collocare all'interno di una duplice polarità. Da un lato l'*auctoritas* centrata sulla sacra Scrittura e avente quale vertice l'evento di Cristo. Dall'altro lato l'*intellectus* caratterizzato da una triplice prospettiva. È l'*intellectus* che si è rivelato essere particolarmente significativo in ordine alla comprensione del metodo anselmiano. Infatti, l'*intellectus* si è presentato all'interno di un ventaglio di determinazioni che vanno dalla stretta logica (*ratio necessaria*), all'esperienza di fede (*ratio contemplationis*) sino alla visione mistica (*ratio veritatis*). La prospettiva a tre livelli dell'*intellectus* ha reso ragione di come sia giustificabile in una metodologia teologica, per Anselmo, la paradossale astrazione dalla sacra Scrittura e persino dall'evento di Cristo.

L'attenta analisi della messa tra parentesi della Scrittura sacra e dell'evento di cristologico ha posto in evidenza due fondamentali considerazioni:

1. *Nell'orizzonte del metodo* la legittimità della descrizione della metodologia anselmiana come propriamente teologica e non semplicemente filosofica, in quanto l'*a priori* biblico e cristologico sono definiti solo nell'ambito logico (*ratio necessaria*), senza compromettere la dimensione esistenziale e ontologica della fede del soggetto.

2. *Nell'orizzonte dello statuto formale della teologia* l'appartenenza a pieno titolo della ragione logica (*ratio necessaria*) in ordine alla valenza epistemologica dell'argomentazione, per cui la *ratio* (logica) non è estrinseca, giustapposta o funzionale rispetto alla fede.

Un'ipotesi che si potrebbe approfondire e che in parte è già stata affrontata da alcuni autorevoli studi, è data dalle implicazioni teologiche che vengono stimolate dallo sfondo culturale in cui vive Anselmo. È noto che all'inizio del secondo millennio cristiano sia assegnata una sempre maggiore importanza al soggetto. Questa sensibilità della temperie culturale coeva ad Anselmo ben si sposa con il peso che viene assegnato dal nostro autore alla *ratio*, in particolare quella logica, mostrando, così, di valorizzare il soggetto che utilizza la *ratio*, l'uomo.

In conclusione, al di là delle ipotesi *culturali* che si possono formulare, il metodo anselmiano si potrebbe descrivere come *teo-logico*. Esso, infatti, è radicalmente *fondato nella fede* (*teo-*), nonostante l'astrazione dalla fede (in quanto investe una messa tra parentesi solo sul piano logico) e *ancorato alla dialectica* (*-logico*), la quale viene a definirsi quale parte costitutiva del percorso dell'*intellectus fidei*, per cui la *logica* è concepita come strettamente unita alla fede.

L'ingresso della *logica* nello statuto formale della teologia segna un punto di non ritorno nella storia del pensiero teologico occidentale. Nasce la "nuova" Europa.

La distanza di Anselmo dal 'fervore' per la crociata. Un'obiezione di coscienza?

Giulio CIPOLLONE, O.SS.T.

Pontificia Università Gregoriana

Il primate d'Inghilterra e metropolita di Canterbury nel panorama europeo del tempo coevo, non poteva non stare al corrente dei fatti più importanti e decisivi della politica internazionale, nei suoi risvolti legati alle esigenze della vita sociale, religiosa, politica e morale. Si pensi al fatto delle puntuali e talora puntigliose definizioni del bene e del male pretese dalla teodicea, con la sensibilità di allora, nell'ambito cioè di ciò che era giusto e ingiusto, bene e male nel rapporto delle sistemazioni degli ordini celeste e terrestre, clericale e laicale, da vivere nella trama feudale dei rapporti tra *sacerdotium* e *imperium*. C'erano infatti, in via di definizione, relazioni che erano allora di capitale importanza e che a volte sfociavano in aperte contese: le relazioni tra i principi di 'questo mondo' e il vicario di Cristo, quindi le relazioni della società dei credenti 'cattolici' obbedienti al papa, vescovo di Roma, e quanti erano fuori rispetto a questa società. Gregorio VII proprio in questo periodo aveva promulgato il suo *Dictatus papae* (1075), che rimarrà la premessa più 'ragionata' alla bolla *Unam sanctam* (1302) di Bonifacio VIII.

Dal generale presupposto di calare Anselmo nel campo del pratico e osservare come egli ha reso concreti e visibili i suoi principi di filosofia e teologia, si vuole osservare il rapporto concreto con 'gli altri'; con 'quanti stanno fuori': pagani, infedeli, ebrei, saraceni, barbari. Vogliamo centrare l'attenzione sull'atteggiamento avuto da Anselmo verso la crociata, e di conseguenza verso i saraceni. Anselmo è monaco tra monaci, ma è monaco alla maniera di Anselmo e non, ad esempio alla maniera di Gregorio VII o Urbano II.

Una constatazione ci viene dalla *International Bibliography* di Klaus Kienzler[1] su Anselmo di Canterbury, che nel 1999 compren-

---

[1] Klaus Kienzler [et Alii], *International Bibliography. Anselm of Canterbury* [Anselm Studies 4], Lewiston, New York – Queenston, Ontario, The Edwin Mellen Press,

deva 3784 voci; ebbene di queste sono rare quelle che fanno riferimento all'Europa, e quelle sotto la voce *"Juden / Islam"* sono solo 42; inoltre, tra queste 42, quelle che si interessano direttamente dell'Islam sono scarse rispetto a quelle degli studi che collegano Anselmo agli Ebrei[2]. Arieh Graboïs e James A. Brundage ricollegano direttamente Anselmo all'idea di crociata[3].

Nello scorcio di questi ultimi anni le voci degli studi che collegano Anselmo a Europa e ad Anselmo e saraceni sono di numero esiguo[4]; quelle che propongono un nesso tra Anselmo e la crociata, sono di qualche unità; oltre, bene inteso, alcuni riferimenti presenti e diluiti in trattazioni più ampie: come il rapporto con i musulmani, le 'pretese della ragione' nel dialogo da imbastire con gli infedeli, lo schema della 'città' che appartiene a Dio e quella che appartiene al diavolo nel pensiero di Anselmo, e quanto fluisce nell'alveo delle riflessioni nel campo della filosofia e della teologia.

1999. Oltre che per il repertorio bibliografico, anche per gli studi proposti rimane di utilità il volume precedente appena indicato; cf. *Twenty-five Years (1969-1994) of Anselm Studies,* ed. Frederick Van Fletern e Joseph C. Schnaubelt [Anselm Studies 3], Lewiston, New York – Queenston, Ontario, The Edwin Mellen Press, 1996.

[2] È di grande utilità il confronto di *A concordance to the works of St Anselm,* ed. Gillian Rosemary Evans, Millwood, NY, Kraus International Publications, 4 voll., 1984. Nell'indice redatto sull'opera omnia di Anselmo d'Aosta, sotto la voce 'crux' non vi è alcun riferimento all'assumere la croce nel senso di peregrinazione verso Gerusalemme, *S. Anselmi Cantuariensis archiepiscopi opera omnia,* VI: *Continens indicem sacrae scripturae, Indicem auctorum, Indicem generalem personarum et rerum,* cur. Francesco Saverio Schmitt, Edimburg, Thomas Nelson, 1961, p. 95.

[3] Arieh Graboïs, *Anselme, l'Ancien Testament et l'idée de Croisade,* in *Les mutations socio-culturelles au tournant des XIe-XIIe siècles (Études anselmiennes, IVe session. Colloque international de l'Abbaye Notre Dame du Bec, 11-16 juillet 1982),* dir. Raymonde Foreville, Paris, éd. du C.N.R.S., 1984, pp. 161-173; James A. Brundage, *St. Anselm, Ivo of Chartres, and the ideology of the first crusade,* in *Les mutations socio-culturelles,* pp. 175-187, e la discussione sui contributi di Graboïs e Brundage, alle pp. 197-200.

[4] Per alcuni riferimenti interessanti valga la citazione di alcuni articoli; cfr. Ludovic Viallet, *L'huître et la perle. Saint Anselme dans la vie intellectuelle de son temps, entre Italie du Nord et espace Anglo-Normand : essai de bilan,* in *Cur Deus homo. Atti del Congresso Anselmiano internazionale, Roma, 21-23 maggio 1998* [Studia Anselmiana 128], a cura di Paul Gilbert, Helmut Kohlenberger, Elmar Salmann, Roma, Pontificio Ateneo S. Anselmo, Roma 1999, pp. 38-72, partic. pp. 68-69; Josep Manuel Udina i Cobo, *Sentido y límites del "diálogo interreligioso" en el autor del* Cur Deus homo, in *Atti del Congresso Anselmiano internazionale, Roma, 21-23 maggio 1998,* pp. 749-765, part. pp. 758-765.

1. Il contesto 'europeo' al tempo di Anselmo. I cristiani: dentro; 'gli altri': fuori

Nel periodo che si prende in considerazione, i cristiani vengono nutriti e si nutrono attraverso il costante riferimento al grande libro della Bibbia; anche quando si deve fondare e corredare il principio della giustezza del concetto di inimicizia e della susseguente pratica dell'inimicizia, si ricorre a citazioni veterotestamentarie. Sino alla fine del XII secolo si dipende essenzialmente dalla tradizione patristica, dalla trasmissione della Bibbia e dalla sua interpretazione. Di fatto i testi biblici sono utilizzati per riempire il vuoto della conoscenza e questo utilizzo, insieme all'impiego allegorico, perdurerà ancora nel XIII secolo. Come vedremo, nel nostro periodo e più oltre ancora, dai personaggi biblici di Moab, Agar, Ismaele ed altri, si trarrà la configurazione del nemico. Di questa riduzione si avrà traccia indelebile per vari secoli e una sorta di metafora biblica, per indicare il nemico, allungherà la sua ombra per tutto il medioevo.

C'è da ritenere una psicologia universale: rifiuto di ciò che non fa parte del gruppo proprio e che può virtualmente ostacolarne l'equilibrio e, al rovescio, evidenziazione dei pregi del proprio gruppo. Il processo evidenziato come *mirror image* è importante per l'esame delle azioni e reazioni nella ostilità dei gruppi. Lo specchio riflette l'immagine in forma invertita. Accade infatti di avere l'immagine senza avere la conoscenza, per cui si applicano i peggiori attributi del proprio gruppo per indicare il gruppo di chi 'sta fuori'. Da questo atteggiamento comune e rischioso possiamo dedurre la facilità di avere immagini senza conoscenze insieme al susseguente processo di consolidazione e strutturazione dell'immagine.

Un processo di demonizzazione del nemico, è attivato talora senza accorgersene. L'Occidente medievale certamente non è una struttura cristallizzata, ma dai movimenti lenti. Quindi, per l'analfabetismo che ritarda la conoscenza e per l'affidarsi con un ricorso primario e mediato alla Bibbia, parola immutabile ed eterna, i gruppi o le varie nazioni cristiane vivranno per secoli come oggetto-soggetto di sedimentazione di immagine. Si tratta di un'immagine chiusa e così radicata, da rendere estremamente difficile la intromissione di nuovi dati che la codifichino in modo diverso. Aggiornare l'immagine, sarà impresa colossale. Si correva il rischio di essere scismatici del proprio gruppo. Il nemico non presenta un'immagine unitaria di sé sino al 1095 quando, con il celebre e celebrato discorso di Urbano II, il nemico sarà inquadrato in un'immagine globale, anche per il sentimento unitario sopranazionale di una Cristianità incipiente.

1.1. *Il nemico come si chiama, ovvero il vocabolario dell'inimicizia*

Il vocabolario dell'inimicizia si incontra sovente impiegato simultaneamente nelle varie accezioni. Coloro che non sono del gruppo cristiano sono qualificati come *remoti; barbari; gentiles; pagani; idolatre*, e attingendo da quanto è poco nobile o spregevole nella Bibbia, i nemici in via di definizione sono qualificati come *Moabiti, Agareni, Ismaeliti, Camiti, Philistei, Madianiti*. Sono anche detti, *Saraceni*, secondo il modo di chiamarli dei Greci, ed utilizzato dagli autori cristiani dei primi secoli; già nell'VIII secolo troviamo *gens perfida Sarracenorum*.

Urbano II nel 1093 scrive: *sarracenorum gens; adversus sarracenos* nel 1096 scrivendo ad *Alexio constantinopolitano imperatori*; nel 1098, scrivendo a Pietro, vescovo di Huesca, scrive delle vittorie dei cristiani che hanno debellato *in Asia turcos, in Europa Mauros*, mentre riferendosi a Huesca la dice liberata dalla *sarracenorum tyrannide*.

I cronisti più accreditati della prima crociata hanno un vocabolario tanto vario quanto approssimativo nella disinvolta gamma di qualifiche. Valga come esempio: *pagani, perfidi pagani: pagana gens, increduli, infideles, satellites diaboli*.

Matteo, monaco di St. Alban, nella sua *Historia Anglorum*, si rifà alla duplice categoria di *christiani*, e di coloro che si trovano fuori di questa categoria, detti semplicemente *infideles*; dentro questa categoria poi, per indicare i nemici della Terra santa al tempo della prima crociata, usa più frequentemente il termine *turci*, ma anche *saraceni, barbari, pagani*. Rimane significativo che Matteo metta in bocca all'emiro ferito e vinto la sua preghiera in lacrime e singhiozzi: "O Creatore di tutti, che cosa è questa? Cosa è successo per spiegare questa terribile disfatta? E alla fine si dà la spiegazione che *procul dubio illorum deus omnipotens est, et pro eis pugnat*"[5].

Pasquale II nella celebre lettera del 4 maggio 1100, indirizzata all'esercito che milita in Palestina, scrive di *christiane fidei hostes, chri-*

---

[5] *Matthaei Parisiensis monachi Sancti Albani, Historia Anglorum*, ed. Frederic Madden, I, 1866, Nendeln/Liechtenstein, Kraus Reprint, 1970, p. 154.

stiani populi oppressores[6]. Con linguaggio approssimativo, ma evidentemente efficace nella mente del Papa, egli in due lettere del 14 e 15 ottobre 1100 chiama i 'nemici' in Spagna e in Sicilia: *moabiti, inimici, pagani, sarraceni*[7]. Il medesimo Pasquale II applica il termine *barbari* con evidente riferimento ai saraceni per quanto riguarda le terre di Tarragona, ma anche con riferimento alle terre d'Inghilterra[8]. E' dell'anno 1111 una lettera scritta a Gibelino, patriarca di Gerusalemme dove fa riferimento alla liberazione di Gerusalemme dal dominio *turcorum seu sarracenorum jugo*[9].

2. Anselmo e 'gli altri' nel contesto 'europeo' del suo tempo: *In* e *Extra*

Nel dicembre 1093 Anselmo succede a Lanfranco nella sede di Canterbury, dopo che la sede era rimasta vacante dal maggio 1089 alla morte di questi; dopo di Anselmo si registra ancora una lunga 'sede vacante' di cinque anni, dall'aprile 1109 all'aprile 1114, quando fu eletto il suo successore nella persona di Ralph d'Escures.

In ragione del suo ruolo eminente e posto sul candelabro, Anselmo era e doveva essere a conoscenza di politiche e dinamiche internazionali, di rapporto con gli altri che erano tutt'altro che monaci: principi, laici, giudei, saraceni, pagani e infedeli. Oltre l'approccio 'intellettuale' o dell'intelletto, c'era necessità di un approccio concreto e di scelte operative con tutto questo insieme di persone in pericolo di cadere nelle mani del diavolo o, evidentemente, già nelle mani del diavolo: secondo la visione della sua città e cittadella.

Uno sguardo, anche solo panoramico, ci fa scorgere una *societas christianorum* 'latina' variegata e alle prese con problematici assetti territoriali, con alleanze ed amicizie ed inimicizie conseguenti. Roma è molto vicina ma è anche molto lontana dall'Inghilterra. Si andava consumando lo scisma tra Oriente e Occidente quando Anselmo aveva circa venti anni.

---

[6] *PL* 163, col. 42.

[7] *Ibidem*, coll. 45-46; col. 117.

[8] *Ibidem*, rispettivamente, col. 248 e col. 250.

[9] *Ibidem*, col. 290.

In questa 'geopolitica in movimento', il mondo della *Christianitas* si trova a definire l'*outsider*[10].

Quando Anselmo era in prossimità dei suoi quarant'anni, corse la notizia della terribile disfatta dei 'fratelli' greci per mano dei pagani selgiukidi. Questo fatto entra a far parte delle preoccupazioni più importanti per le scelte delle dinamiche e strategie papali; presto diventerà la preoccupazione più importante per gli assetti internazionali, o almeno la più propagandata, per circa duecento anni.

Anselmo non poteva essere all'oscuro di questi fatti di politica internazionale, anzi, per essere stato abate di rango e quindi arcivescovo e primate d'Inghilterra, doveva conoscere le tendenze più significative negli orientamenti dei papi, in modo particolare di Gregorio VII, Urbano II e Pasquale II.

Nella connessione tra Anselmo e la crociata, l'accostamento 'Anselmo e gli altri' è necessario e comporta una riflessione su due versanti. Il fatto universale che secondo Anselmo include e/o dovrebbe includere tutti, secondo le categorie del suo pensiero; e gli 'altri' nella pratica, che però, si trovano irrimediabilmente fuori: si trovano fuori dalla città e sotto il dominio del diavolo.

2.1. In *e* Extra. *Dentro e fuori; o dentro o fuori. Gli 'altri' stanno fuori*

Anselmo, nella corrente della tradizione antica colloca il monaco nel 'più dentro' dell'intimità del rapporto con Dio e, quindi, il più in alto nella scala della perfezione; più lontano si va più, da questo 'più dentro', è presente e prepotente il diavolo; fino a stare in balìa del diavolo come i pagani e gli infedeli in genere. Come accennato all'inizio, Anselmo con il suo *Liber de humanis moribus* consente da un luogo di osservazione privilegiato e in piena adesione all'esigenza di chiarire nel concreto la sua visione di Dio, e il suo rapporto con il mondo, le persone e le cose.

Anselmo cerca di stabilire una similitudine tra Dio e un qualsiasi re. Appunto nel capitolo 76 scrive *De regno et villa et castello et dungione*, ovvero della città, del castello e del torrione:

---

[10] Gillian Rosemary Evans, *The Church in the Early Middle Ages*, London-New York, Tauris, 2007, pp. 19-35.

"Il re ha nel suo regno una città *villam* molto ampia; nella città ha un castello e sul castello un torrione. Nella città alcune case sono presidiate, molte invece sono insicure. Dentro il castello *in castello* la solidità è così tanta, che, se qualcuno vi si rifugia, almeno che non torni via da lì, non può essere molestato da alcuno. Per certo la sicurezza si trova nel torrione *in dungione*, cosicché se qualcuno vi può salire, da lì mai potrà tornare *libeat redire*. Tutto ciò è sotto il dominio del re. Il suo nemico, in verità, è così forte che tutto ciò che trova fuori dalla città *extra villam*, senza alcun ostacolo lo porta via catturato *comprehensum abducit*. Il nemico entra spesso in città e viola le case che trova indifese, e si porta via come prigionieri *captivos asportat* coloro che vi abitano. Le case che invece trova difese, dopo che ha cercato invano di forzarle, alla fine, contro voglia, le abbandona. Il nemico non può salire fin sul castello né può fare alcunché di male a coloro che lì si sono rifugiati, a meno che non tornino alla mischia della città *ad proelium villae*. Ma, se per amore dei propri parenti tornassero indietro, perché hanno saputo che sono uccisi e oppressi, oppure attraverso un foro o una finestra stanno a guardare, allora per il nemico è facile ucciderli o ferirli. Pertanto è necessario per loro di non prestare mai attenzione a nessun clamore dei parenti, e di tornare alla battaglia o di osservarla, ma sempre come hanno iniziato, fuggano sin quando raggiungano la sommità del torrione. Quando vi saranno arrivati, saranno assolutamente sicuri. Ora quel re è Dio che sta in guerra col diavolo. Questo re ha nel suo regno la società dei cristiani *Christianismum*, in questo 'Cristianesimo' il monacato, e sopra il monacato la *conversatio angelorum*. In questo Cristianesimo alcuni sono robusti per le loro virtù, ma molti sono deboli. Nel monacato invece la robustezza è tanta che, se qualcuno si rifugia in esso e diventa monaco, almeno che da questo stato torni in dietro pentendosi, non può essere leso dal diavolo. Nella relazione con gli angeli c'è tale gaudio e sicurezza, che chiunque sale fin lassù, non vuole mai più tornare indietro. Tutto ciò è nelle mani di Dio. Invece il suo nemico, il diavolo, ha un così grande potere, che tutti i giudei e i pagani che trova fuori della società dei cristiani *extra Christianismum*, senza alcun difensore rapisce e getta nell'inferno. Anche in questo 'cristianismo', il diavolo entra e quelli che trova deboli riesce a sopraffarli, e le loro anime che dimorano nei loro corpi le porta via incatenate. Quelli invece che trova forti, dopo che ha cercato di vincere, siccome non riesce a sopraffarli, anche se triste, li abbandona. Il nemico non riesce a irrompere nel monacato, né a recare danno a coloro che sono diventati monaci, al meno che non tornino nel mondo *ad saeculum* con il corpo o con il cuore"[11].

---

[11] Richard W. Southern – Franciscus Salesius Schmitt, *Memorials of St. Anselm. Auctores Britannici Medii Aevi* 1, London, Oxford University Press, 1969, pp. 66-67.

L'efficacia della similitudine è luminosa e in qualche modo traduce nel concreto un ordinamento di perfezione, un modello sociale, che si basa su quello di società cristiana: il solo spazio dove c'è salvezza e sicurezza di non cadere nelle mani del diavolo; *in* e *extra*: chi sta fuori: giudei, pagani, ovvero saraceni e infedeli, si trova sotto il dominio del diavolo. Anselmo stabilisce e in qualche modo codifica il dentro e il fuori, insieme a 'o dentro o fuori'.

Alcune altre similitudini, come quella tra Dio e un re che giudica i suoi sudditi (cap. 46) e la similitudine tra i monaci e gli angeli (cap. 79) traducono ed esemplificano il suo pensiero e le sue convinzioni.

Anselmo, da parte sua, per l'evidente distanza dal tumulto della crociata e dei crociati, nel complesso dei termini che utilizza nei suoi scritti, solamente una volta cita esplicitamente il termine *saraceni*[12]; mentre, in altre occasioni per indicare 'gli altri' fa ricorso a termini comunemente usati senza specifica determinazione: ciò che ha dato spazio per distanze e prossimità valutative tra vari studiosi come J. Gauss, R. Roques, A. S. Abulafia, J. Slomp. Oltre il termine *iudei* per chi sta fuori, Anselmo usa *pagani, infideles, gentiles*, ma mai *agareni, moabiti, ismaeliti*, come invece faranno comunemente papi e scrittori delle *historiae* del tempo delle crociate.

Nel processo secolare di conoscenza e di identificazione, non c'è dubbio che i termini *infideles* e *pagani*, come abbiamo visto più sopra e come si riscontrerà ancora secoli più tardi con Innocenzo III e addirittura ancora con Nicolò V, sono termini polisemantici, e che ambedue hanno significato comunemente anche *sarraceni* e *machometani*.

2.2. *La possibilità razionale e 'ragionevole' di dialogo con i "pagani alterius riti"*

Per le ragioni suddette che riguardano il 'vocabolario', confrontato in molte fonti[13], il pagano nel *Cur Deus Homo*, oggi dagli studiosi è riferito al saraceno di religione musulmana.

Nella *Vita Anselmi* di Eadmero, al capitolo V, n. 46, è chiaramente annotato che Anselmo si è incontrato con i saraceni durante il suo pas-

---

[12] Anselmo d'Aosta, *Lettere*, a cura di Inos Biffi e Costante Marabelli, II: Arcivescovo di Canterbury 1, Milano, Jaca Book, 1990, pp. 396-399, n. 263, del 1101.

[13] Si pensi ancora alla Chanson de Roland dove "paien, paienie, paienor, paienur, paienne" si riferiscono alla società dei saraceni.

saggio nel campo dell'esercito di Ruggero, duca di Puglia (1085-1111) e conte di Sicilia[14], che aveva assediato Capua nel 1098. I musulmani, di altro rito *pro ritu suo*, manifestano benevolenza e venerazione per Anselmo, al punto che molti si dissero disposti alla conversione, se la volontà del conte non fosse stata contraria a questo 'passaggio'[15].

"La considerazione di cui in seguito godette anche presso di loro (i pagani saraceni) fu talmente alta che quando attraversavamo il loro accampamento confinato in un'unica zona separata, gli inviavano saluti alzando le mani al cielo e, baciando le loro mani secondo una propria consuetudine, lo veneravano per la sua splendida generosità, senza però genuflettersi davanti a lui. Ci riferirono anche che per stima nei suoi confronti molti di loro avrebbero perfino accettato di essere istruiti nella sua sapienza e di sottomettersi alla fede cristiana, se non avessero temuto di inasprire la crudeltà del conte nei loro confronti con questa loro iniziativa"[16].

Abelardo e quindi Pietro il Venerabile confermano ulteriormente la 'coincidenza' tra *paganus* e saraceno - musulmano, in modo particolare nella sottolineatura degli errori di questi eretici, specie nel rigettare l'incarnazione di un Dio che nascerebbe da una donna e la complicata lettura delle sofferenze di Dio che sarebbe ucciso dagli

---

[14] *Vita Anselmi, PL* 158, col. 102; *Eadmero di Canterbury. Vita di sant'Anselmo*, a cura di Simona Gavinello, Milano, Jaca Book, 1987, pp. 134-35. *Vite di Anselmo d'Aosta*, libro II, cap. 33, a cura di Inos Biffi [et Alii], Milano, Jaca Book, pp. 170-173.

[15] Eadmero - Giovanni di Salisbury, *Vite di Anselmo d'Aosta*, a cura di Inos Biffi [et Alii], Milano, Jaca Book, 2009, p. 173, dove la nota 99 riporta un'osservazione di R. W. Southern, secondo il quale: "Il fatto che sia il papa sia Anselmo tollerarono la proibizione del conte circa la conversione delle sue truppe arabe è una sorprendente illustrazione della cessazione dell'attività missionaria in questo tempo". Personalmente ritengo imprecisa questa affermazione anche perché smentita da atteggiamenti coevi sul tema della missionarietà e sull'evidente interesse dei principi cristiani nel mantenersi i saraceni, come sudditi infedeli e non come sudditi cristiani. Ancora al tempo di Innocenzo III, i principi cristiani e i cavalieri religioso-militari, pur caldamente esortati dal papa a scambiare i prigionieri musulmani nelle loro mani con i musulmani cristiani 'fratelli' nelle mani dei musulmani, si mostrarono contrari alla richiesta di scambio fatta dai prigionieri cristiani che erano desiderosi di essere scambiati con prigionieri musulmani nelle mani dei cristiani, perché temevano per la loro fede, cf. Giulio Cipollone, *Cristianità – Islam, cattività e liberazione in nome di Dio. Il tempo di Innocenzo III dopo 'il 1187'*, [Miscellanea Historiae Pontificiae 60] Roma, Pontificia Università Gregoriana, (2a ristampa) 2003, pp. 380-385, 529-534: docc. nn. 40-42.

[16] Eadmero - Giovanni di Salisbury, *Vite di Anselmo d'Aosta*, pp. 171-173.

uomini. Più tardi Alain de Lille, in modo ancora più deciso, configura i musulmani saraceni come pagani: *Quos communi vulgo, vocabulo, Sarracenos vel Paganos nuncupant"*[17]. Altro fatto che ulteriormente legittima la coincidenza di cui sopra è la prossimità cronica del *Cur Deus Homo* con l'opera di Al-Ghazali: *Réfutation excellente de la divinité de Jésus-Christ d'après les Évangiles*[18]. In qualche modo fanno da *pendant* le sottolineature dogmatiche che si evincono dal *Cur Deus Homo*, allorché, senza mezze parole, si 'trascrivono' le riserve comuni nella cultura musulmana rispetto ai dogmi dei cristiani. Il capitolo III dell'opera è intitolato "Objections of infidels and replies of believers. Obiezioni degli infedeli e le risposte dei credenti"; ebbene in questo contesto Bosone dice ad Anselmo che: "Gli infedeli ridicolizzano la nostra semplicità giacché facciamo ingiustizia e disonore a Dio quando affermiamo che Egli è disceso nel grembo di una vergine, che è nato da donna, che è cresciuto col nutrimento del latte e con il cibo degli uomini e, omettendo molte altre cose che sembrano incompatibili con la Divinità, Dio avrebbe dovuto sopportare la fatica, la fame, la sete, le percosse, sino a sostenere la crocifissione e la morte tra ladroni". Ora sono proprio queste le obiezioni prodotte come un motivo irrinunciabile e costante quindi nella letteratura apologetica di decine e decine di teologi e filosofi musulmani e cristiani[19]. Senza dilungarci, oltre queste ragioni e per i limiti imposti allo studio, vogliamo solo annotare che il 'pagano'

---

[17] *PL* 210, col 421.

[18] *Réfutation excellente de la divinité de Jésus-Christ d'après les Évangiles*, ed. R. Chidiac (con una prefazione di Louis Massignon, in *Bibliothèque de l'École pratique des Hautes Études, Sciences religieuses*, vol. XIV, Paris, Leroux, 1939.

[19] Cf. René Roques, *Les* pagani *dans le* Cur deus homo *de S. Anselme*, in *Die Metaphysik im Mittelalter* [Miscellanea Mediaevalia 2], Berlin 1963, pp. 192ss ; Idem, *Pourquoi Dieu s'est fait homme*. Texte latin, introduction, bibliographie, traduction et notes de René Roques, Paris, Cerf, 1963, pp. 72-74; Julia Gauss, *Anselm von Canterbury und die Islamfrage*, in *Theologische Zeitschrift* 19 (1963) pp. 250-272; Eadem, *Ost und West in der Kirchen- und Papstgeschichte des 11. Jahrhunderts*, Zürich, EVZ-Verlag, 1967, particolarmente il quarto capitolo: *Anselm von Canterbury's Weg zur Begegnung mit Judentum und Islam*; Eadem, *Toleranz und Intoleranz zwischen Christen und Muslimen in der Zeit vor del Kreuzzügen*, in *Saeculum* 19 (1968) pp. 385, 387-89; A. S. Abulafia, *St Anselm and Those outside the Church*, in *Faith and Identity. Christian political Experience*, Oxford-Cambridge, Basil Blackwell, 1990, pp. 11-37; Roberto Nardin, *Il Cur Deus Homo di Anselmo d'Aosta. Indagine storico-ermeneutica e orizzonte tri-prospettico di una cristologia*, Roma, Lateran University Press, 2002, pp. 100-104.

per esigenze razionali e ragionevoli, partecipa anche lui al dialogo che intercorre tra i due monaci Anselmo e Bosone.

3. Nel contesto di un 'nuovo' grande contesto: la crociata

È un fatto di portata internazionale quello della crociata che si rivela come un contesto prioritario nel grande contesto delle 'faccende' della Chiesa romana e della nascente Cristianità.

Ciò che sollecita verso una riflessione approfondita è che le persone, personaggi eminenti del tempo coevo, non solo erano a conoscenza di un fenomeno così vasto e terribile, ma erano anche personalmente coinvolti nell'affare, dato il loro rango ecclesiastico e politico.

Va subito detto che esiste una pluralità di atteggiamenti evidente e in qualche modo 'omogeneo' da parte di queste personalità rispetto all'impresa crociata; persino tra i monaci annotiamo entusiasti irriducibili, sino ai toni 'rudi' con Bernardo di Clairvaux. Tra tanto scalpore e interesse per il fenomeno dell'impresa dei soldati di Cristo, Anselmo si mostra assente e inattivo rispetto ad un possibile 'darsi da fare' che gli competeva di diritto come primate d'Inghilterra.

3.1. *I papi contemporanei di Anselmo: dalle parole ai fatti*

Basilio II aveva restaurato un certo equilibrio in Asia Minore, ma questo fu stravolto sotto i colpi della pressione selgiuchide, nella impossibilità di resistere ai vari attacchi bellicosi su veri fronti. La battaglia di Manzinkert (1071) determinò una dura sconfitta per i bizantini che da questo momento cominciarono ad avere paura per l'esperienza di un nemico poderoso e moltitudinario. Era necessario chiedere aiuto ai 'fratelli latini'. Già con Michele VII si può parlare di richiesta di aiuto ai Latini, proprio attraverso i tentativi di intesa tra il *basileus* e il papa Gregorio VII negli anni (1073-74). Urbano II tra Piacenza e Clermont riprende le intenzioni di Gregorio VII e dà corpo all'idea di un pellegrinaggio a Gerusalemme, anche con il supporto delle armi, per liberare Gerusalemme dalle mani degli infedeli, come ci attestano i quattro grandi cronisti della prima impresa crociata, con il segno della croce addosso, Roberto il Monaco, Baudri di Dol, Fulcherio di Chartres e Guibert di Nogent.

Nel 1074 Gregorio VII progetta un'impresa 'crociata'. A motivo delle tensioni e delle pressioni di Enrico IV, nel 1085 si rifugia a Castel

S. Angelo, perché assediato da Enrico IV, da dove fa appello ai Normanni perché lo liberino e lo portino a Salerno, dove poi morirà. Fa seguito il saccheggio di Roma.

Nel 1091 i normanni conquistano Malta e concludono la conquista dell'intera Sicilia dalle mani dei musulmani. Dal primo al 7 di marzo del 1095 Urbano II celebra il concilio di Piacenza; il 27 maggio 1095, invia il pallio[20] ad Anselmo e tra il 18 e il di 28 novembre si celebra il concilio di Clermont. Nel marzo 1096 Urbano II e Pietro l'Eremita predicano la crociata, e i crocesegnati subito rispondono all'appello, quando si registrano i pogroms antigiudei tra maggio e giugno. È dell'11 settembre 1098 una lettera dei principi 'crociati' a Urbano II, perché venga ad Antiochia a *"achever sa guerre"*. Dal 3 al 10 di ottobre 1098 si celebra il concilio di Bari con il grande contributo di Anselmo sulla questione del *Filioque*, e dove si parla anche di crociata.

Il 15 luglio 1099 si consuma l'assalto finale su Gerusalemme e la conseguente conquista. Il 29 luglio, a due settimane dalla conquista muore Urbano II e gli succede Pasquale II eletto l'11 agosto. Nell'aprile del 1100 la maggior parte dei crociati rientra in Europa, e il 5 maggio Pasquale II scrive una lettera celebrativa ai crociati trionfatori.

È difficile credere che Anselmo fosse all'oscuro di questa politica internazionale dei papi e delle imprese belliche volute e propagandate dagli stessi papi. Il confronto si fa ravvicinato in modo particolare tra questi papi e Anselmo per essere tutti monaci e aver condiviso l'esperienza dell'esilio con il papa Gregorio VII. Da qui la domanda cruciale: come Anselmo agisce e reagisce a queste sollecitazioni che venivano dai papi nel contesto dell'impresa crociata, già considerata al tempo come: *sancta militia, peregrinatio*.

3.2. *Il 'fervore' della crociata; i crociati (sotto gli occhi di Anselmo)*

I crociati partirono dalle città e dalle campagne, nobili e poveracci, da varie terre 'cristiane', come dalle terre d'Inghilterra.

---

[20] Il pallio, come insegna papale, significava altissima stima e onore da parte del papa per il destinatario. Inoltre questo onore che veniva concesso su richiesta, consenso di principi secolari, aveva l'assenso dell'imperatore, ed era riservato a qualche vescovo che aveva il titolo di 'vicario del papa' e ai metropoliti di Ravenna, Milano, Canterbury, Arles, Siviglia, Corinto e Nicopoli nell'Illirico. Da qui il riconoscimento del papa che diventava anche riconoscimento a livello internazionale della personalità dei destinatari del pallio.

L'impresa militare della prima crociata è nominata in più di trenta modi; tra questi: *iter sancti sepulchri, proelium sanctum, expeditio Dei, opus Dei, bellum Domini*. È tale l'entusiasmo che molti vorrebbero lasciare le battaglie con i saraceni-mauri nella Penisola iberica per andare a godere della visione di Gerusalemme.

Un fenomeno che fece scalpore per l'ampiezza e la partecipazione, fu quello della predicazione popolare e del clima di crociata che investì e coinvolse contrade, campagne , città e intere regioni dell'Europa. Questa predicazione diluita in mille prediche e sermoni nelle chiese e nelle piazze di centinaia di contrade, esprimeva con accenti forti e vivissimi: le persecuzioni dei cristiani d'Oriente, le umiliazioni inflitte ai pellegrini occidentali, l'amore fraterno e l'obbligo di soccorrere i cristiani d'Oriente, il recupero e la liberazione dell'eredità di Cristo, il tema delle retribuzioni spirituali e gli incentivi spirituali e, insieme alle garanzie di ordine materiale, il tema escatologico: gli ultimi combattimenti e la fine del mondo. Naturalmente saranno arrivate alle orecchie di Anselmo, primate d'Inghilterra, anche le notizie collegate al fatto che il fenomeno dei *crucesignati* aveva tracimato i possibili argini e direttive; che si sarebbero dovuti incontrare presso le autorità religiose locali; così le tragiche notizie dei pogroms con le persecuzioni e sterminio degli ebrei, nemici di Dio; la spoliazione e bottini realizzati con le ricchezze trovate sul cammino dei pellegrini armati che andavano ad aiutare i fratelli in Oriente e a liberare la terra del Signore; e poi c'era la possibilità 'reale' di convertire i giudei.

4. Anselmo e la crociata: distanza e asimmetrie

Anselmo è persona di rango e altamente rappresentativa a livello internazionale, diremmo oggi, al tempo della crociata.

Per quanto riguarda i saraceni, o pagani, o *machumeti sectatores*, in accordo con gli studiosi, specialmente quelli degli ultimi cinquanta anni, c'è da ritenere che:

- Anselmo ha conosciuto direttamente i saraceni;

- dal *Cur Deus Homo* ci sono ragioni per dedurre che Anselmo conosce i principi generali della religione dell'Islam così da ammetterli in un dialogo attorno alla ragionevolezza dei dati da credere in merito all'idea di Dio;

- ciò nonostante, rimane 'distante' dalla crociata come fenomeno;
- rimane praticamente 'insensibile' alle sollecitazioni dei Papi attorno all'idea e alla prassi della spedizione dei crocesegnati;
- privilegia e antepone il salvarsi l'anima senza soccorrere i fratelli, anziché il servizio al soccorso ai fratelli in mano agli infedeli;
- è proteso assolutamente solo verso la Gerusalemme di lassù, dimenticando in qualche modo la Gerusalemme di quaggiù, eredità lasciata da Cristo ai suoi fedeli;
- si notano profonde asimmetrie tra il pensiero e l'azione dei papi e il pensiero e le azioni di Anselmo in merito alla crociata.

Evidentemente il tutto moderato nelle sue sfumature, parole e gesti, legati anche ai periodi e alle occasioni della sua vita che lo hanno visto abate a Bec, come visitatore in Inghilterra, come 'trasferito' in Inghilterra: vescovo, arcivescovo, primate, come esiliato, come padre conciliare 'costretto' a trattare della questione della *sancta peregrinatio*. Anselmo è fondamentalmente monaco, ma 'a modo di Anselmo', non secondo il modello interpretativo seguito da altri monaci, pure di eccellente levatura e posti sulla lucerna, la più alta, quella di essere monaco e papa, come Urbano II.

Un'indagine ulteriormente estesa ed ampliata sull'uso e sul significato 'polivalente' della parola pagano e infedele, ci rassicura ulteriormente sulla coincidenza del termine pagano con il termine saraceno; giacché il termine nello stesso periodo è impiegato per significare o alludere a varie realtà, fino a far prevalere connotazioni religiose al termine pagano che si evolve in: *saracenus, hereticus, machometanus, mahummicola*.

4.1. *La crociata: i principi tra teologia e diritto*

È presente in Anselmo una lotta per la Chiesa: per le sue libertà, per il suo affrancamento dalle ingerenze del re e dei principi, come dalle pretese dei vescovi sui diritti di altre chiese; ma oltre questa disponibilità e impegno in questa lotta che lo porteranno due volte in esilio, Anselmo in verità è distante da altre lotte, come l'impresa crociata di liberazione di Gerusalemme e il soccorso dei fratelli caduti nelle mani dei nemici o in pericolo di cadervi, che diventava prioritaria e universale per volontà dei papi. Sappiamo che Anselmo è arcivescovo suo malgrado e controvoglia; si sente spaesato e si trova 'fuori posto', in qualche modo costretto ad avere ed esercitare un ruolo assolutamente ingrato[21].

Cercando di calare nel pratico il rapporto di Anselmo con 'gli altri', che in modo ancora più lucido e preoccupante stanno fuori, a motivo della nobiltà della causa della liberazione di Gerusalemme, ci rifacciamo particolarmente alle sue lettere, dato l'evidente significato di traduzione pratica del pensiero di Anselmo. In verità le lettere sono il luogo delle 'incarnazioni' di Anselmo, luogo in cui è obbligato a scendere e ad applicare il suo pensiero e la sua impalcatura intellettuale ed intima per una costruzione sociale concreta.

È noto che esistono prescrizioni canoniche che vietano ai chierici e ai monaci l'uso delle armi; ma questo divieto si deve misurare talora con l'entusiasmo dei monaci *bellatores* e pieni di baldanza per portare soccorso, anche con le armi, ai fratelli in difficoltà, in ossequio alla volontà e alla propaganda dei papi. Sarà così evidente il travaglio di questo misurarsi, che il reticolato del fenomeno dei religiosi-militari si farà ampio e variegato in tutta Europa, travalicando le culture e le giurisdizioni locali.

Non è un caso se la genesi della crociata affonda le sue radici nella sensibilità baldanzosa dei monaci di Cluny. Ugo di Semur nasce nel 1024 e muore ottantacinquenne nello stesso anno e mese in cui muore Anselmo. Egli è abate di Cluny come l'abate Odone, futuro papa Urbano II, che nel 1095 inaugura a Cluny la grande chiesa abbaziale che sarà ultimata più tardi. Secondo alcuni monaci, Cluny è la sede del "celeste senato". Ebbene Ugo rimane in carica come abate per circa sessanta anni. A lui si deve anche la terza e più imponente fase di costruzione dell'abbazia. La campagna di costruzione fu finanziata dall'annuale *census* stabilito da Ferdinando I di León reggente di Castiglia e León (1053-1065); questo finanziamento fu poi riconfermato da Alfonso VI nel 1077 e nel 1090. La somma fu fissata a 1.000 *aurei* da Ferdinando, e raddoppiata da Alfonso VI nel 1090[22].

---

[21] Richard W. Southern, *Anselmo d'Aosta. Ritratto su sfondo*, Milano, Jaca Book, 1998 [trad. italiana dall'ed. inglese del 1990], pp. 196ss, 461-462. Merita sviluppo la suggestione espressa con le parole "di un altro mondo" come troviamo nel titolo del recente volume di Sally N. Vaughn, *Archbishop Anselm 1093-1109. Bec Missionary, Canterbury Primate, Patriarch of Another World*, Farnham-Burlington, Ashgate, 2012.

[22] Per Cluny, la somma equivaleva semplicemente alla più grande annualità che avesse mai ricevuto da un principe, e non venne mai superata. Il *census* alfonsino

In forza di questa generosità e riconoscenza, Ugo emanò alcuni statuti in favore del re Alfonso, e in questi si assunse l'obbligo di pregare per il re, non con una preghiera qualsiasi, ma con il *Salmo* 19 (20) con cui si chiedeva espressamente a Dio di concedere al re la vittoria contro i suoi nemici: evidentemente i monaci non potevano non pensare, pregando, se non ai nemici musulmani di Spagna. La decisione di Ugo di pregare non più solo per la pace ma anche per la vittoria di un esercito, non trova precedenti a Cluny. Le cose in contesto monastico stavano cambiando. Ugo che non aveva mai sollecitato l'invio di armati per la liberazione del sepolcro di Cristo, ora dopo che la crociata è stata bandita dal suo confratello monaco e papa Urbano, Ugo e la struttura di Cluny non fanno mancare il loro appoggio all'impresa dei crocesegnati, ormai avviata come fatto 'internazionale'. Infatti, con la connessione più vicina ai fatti registrati, è proprio a Moissac dove si confeziona *ad hoc* un testo propagandistico falso, divulgato come *enciclica di papa Sergio IV* (1009-1012)[23].

Con tutto ciò la storia registra un'ampia varietà di servizi resi dai *viri religiosi*, incluso quello del servizio armato; il confronto dei servizi in questa varietà evidenzia la possibilità dell'arruolamento nella milizia, servizio di Cristo, come *milites armati*, secondo le proprie leggi, o disarmati; comunque tutti come *milites catholici*, ovvero in obbediente e completo servizio alla Sede apostolica secondo le intenzioni di questa ritenute valide all'occorrenza, di volta in volta.

Questa sensibilità che riceve legittimazione dalla tradizione dei secoli passati, seppure mediata da interpretazioni aggiornate, travalicherà i secoli XII e XIII, anche per il grande apporto dato da Bernardo di Clairvaux con il suo *Liber ad milites Templi*.

---

nel 1088 permise all'abate Ugo di affrontare la costruzione della terza e imponente chiesa abbaziale (chiesa di San Pietro e Paolo o 'Cluny III'): lunga 187 metri; era considerata la più grande costruzione in Europa.

[23] Aleksander Gieysztor, *The genesis of the crusades: the Encyclical of Sergius IV (1009-1012)*, in *Mediaevalia Humanistica*, 5 (1948) pp. 3-23, 6 (1949) pp. 3-34, nega con argomenti probanti l'autenticità dell'enciclica, che invece era stata sostenuta da Carl Erdmann.

4.2 *Anselmo e i monaci: la Gerusalemme che conta è quella celeste*

Quando era abate a Le Bec, Anselmo scrive una lettera[24] ad un giovane *adolescentem* che si chiama Guglielmo. Il giovane è in bilico e tentenna tra l'andare in soccorso di suo fratello o lasciar perdere il progetto rimanendo nel monastero. Anselmo gli scrive: "Ti esorto, consiglio, supplico, scongiuro, e, come a me carissimo, ti fo obbligo: abbandona quella Gerusalemme, che ora non è visione di pace ma di tribolazione, nonché i tesori di Costantinopoli e di Babilonia, al saccheggio di mani lorde di sangue; e incamminati sulla via della Gerusalemme celeste".

Anselmo, circa l'anno 1096 scrive[25] al vescovo Osmundo vescovo di Salisbury in merito all'abate di Cerne su cui circolano molte malignità; tra cui le seguenti: che incita i suoi monaci a recarsi a Gerusalemme – e che già avrebbe inviato laggiù un giovanetto da lui allevato; e che con malizia dissipi e dia in pegno i beni della Chiesa; e che con giovanile leggerezza giri per molte case e giuochi ai dadi, anche con donne, e con un solo compagno vada per villaggi, offrendo al popolo motivo di scandalo e di derisione. Come non bastasse, si predispone a recarsi a Gerusalemme, e a tal fine sta già comprando in società una nave, e ha già sborsato trenta soldi. Anselmo ordina che non gli sia concesso di girovagare così senza regola o di inviare i suoi monaci o di recarsi a Gerusalemme, e, che faccia sapere a tutti i monasteri della diocesi che nessun monaco si azzardi a intraprendere detto viaggio a Gerusalemme; e che ciò sia vietato sotto minaccia di scomunica.

Con una lettera databile dopo il 30 ottobre 1097[26] Anselmo scrive al monaco Riccardo e lo incoraggia a non recarsi a Saint-Gilles in pellegrinaggio secondo un voto precedentemente emesso, giacché con la promessa di entrare nella vita monastica, in pratica è stato sciolto da ogni voto.

Anselmo, con una lettera[27] che si può datare tra il (1100-1109), scrive ad un monaco di Saint-Martin di Séez, avendo saputo che aveva

---

[24] Anselmo d'Aosta, *Lettere*, a cura di Inos Biffi e Costante Marabelli, I: Priore e abate del Bec, Milano, Jaca Book, 1988, pp. 354-359, n. 117, databile dopo il 15 marzo 1086.

[25] Anselmo d'Aosta, *Lettere*, II, pp. 240-243, n. 195.

[26] *Ibidem*, pp. 222-225, n. 188.

[27] Anselmo d'Aosta, *Lettere*, a cura di Inos Biffi, Costante Marabelli, III: Arcivescovo di Canterbury 2, Milano, Jaca Book, 1993, pp. 384-387, n. 410.

il desiderio di recarsi a Gerusalemme, e gli dice, senza mezzi termini, che:

> "Il tuo desiderio non è frutto di buona ispirazione né giova alla tua salu-
> te spirituale. Contrasta in effetti con l'impegno assunto allorché promet-
> tevi dinanzi a Dio di rimanere stabilmente nel monastero; contrasta
> altresì con l'obbedienza al papa che, con tutto il peso della sua autorità
> ha fatto divieto a chi è monaco di avere l'audacia di affrontare un tale
> viaggio; a meno che non si tratti di qualche religioso idoneo a guidare la
> Chiesa di Dio e istruire il popolo, per di più solo su suggerimento e in
> spirito d'obbedienza al suo superiore".

4.3. *Anselmo: crociata e crociati. Scelte operative*

È un fatto intricato quello del rapporto: Inghilterra, Anselmo e
impresa della prima peregrinazione di crocesegnati alla volta di
Gerusalemme. Peraltro, l'influsso di Anselmo su Urbano II e sul
Concilio di Clermont rimane un fatto accertato, come anche il fatto
che mandi Bosone a rappresentarlo al concilio. In ogni caso, Anselmo
era più che a conoscenza dei canoni stabiliti nel Concilio come anche
dell'appello del papa per il servizio 'militare' in favore della terra di
Gesù Cristo, che doveva raggiungere tutte le diocesi e le terre cristiane; il fatto poi che *quamplures nobiles* parteciparono dall'Inghilterra
all'impresa armata in direzione di Gerusalemme è una evidenza.

Seguendo Matteo di Parigi nella sua *Historia Anglorum*, dove puntualmente sono registrati i movimenti e le scelte più importanti di
Anselmo, possiamo ritenere alcune notizie, che possono giovare
per una 'rilettura' di Anselmo, specialmente per quanto riguarda il
tema della crociata e dei saraceni. Anselmo non è presente di persona a Clermont, manda infatti a rappresentarlo il monaco Bosone
che è tra i migliori suoi discepoli. Ciò non di meno la sua 'presenza' e coinvolgimento sono accertati in una fonte accreditata come è
la *Historia* di Matteo di Parigi. Questa *Historia* registra alcuni fatti
che sono di singolare importanza per il nostro studio:

> "*Eodem anno (1095) papa Urbanus, Anselmi admonitus providentia, apud
> Clarum-Montem, civitatem Alverniae, concilium tenens, haec quae sequuntur
> capitula constituit observanda*[28]; [...] *In fine autem concilii, quod mense*

---

[28] *Matthaei Parisiensis monachi Sancti Albani, Historia Anglorum*, p. 54.

Novembrio actum est, papa memoratus de negotio crucis sermonem ad populum faciens, multos nobiles cruce signavit, et ad bellum contra infideles Terram Sanctam vastantes animavit [...] Finito igitur sermone et concilio, a singulis episcopis in sua diocesi negotium Terrae Sanctae efficaciter est expeditum. Cuius facti fama totum perlustrans orbem, non solum meditarraneas provincias ad hanc peregrinationem commovit, sed et omnes, qui in penultimis insulis et terras Christianorum remotissimas inhabitabant. Susceperunt namque crucis signaculum[29]*; [...] de regno quoque Angliae quamplures nobiles et in armis strenui*[30].

Per quanto riguarda i laici e la crociata, Anselmo, pur dovendo allargare le possibilità del *viagium*, lo fa senza entusiasmo e in qualche modo contro il suo profondo sentire. Eppure Anselmo era ben cosciente della forza dei precetti che venivano dal Papa: "Quando essi i cattivi reggitori rifiutano di obbedire ai decreti dell'Apostolico, che questi promulga a sostegno della fede cristiana, mostrano senza dubbio di voler disobbedire, nella persona del suo vicario, all'apostolo Pietro, anzi a Cristo Signore, che a Pietro affidò la sua Chiesa. Chi ha in spregio i decreti cristiani del vicario di Pietro, come a dire, di Pietro e di Cristo, si cerchi pertanto un altro ingresso al regno dei cieli, perché certo non entrerà per quello di cui l'apostolo Pietro tiene le chiavi. E in verità sono indubitabilmente annoverati tra i nemici di Dio"[31].

Anselmo scrive[32] a Baldovino, "per grazia divina re di Gerusalemme" e dà lode a Dio che "Col suo favore vi ha Egli innalzato alla dignità regia nella terra in cui lo stesso nostro Signore Gesù Cristo, tramite la sua stessa persona, gettando il seme destinato a dar inizio alla cristianità, stabilì il primo sviluppo – perché di lì si diffondesse per tutto il mondo – della sua Chiesa, la quale, dopo essere stata in quelle plaghe – a causa dei peccati degli uomini e per decreto divino – a lungo oppressa dagli infedeli, ai nostri tempi fu dalla sua misericordia miracolosamente fatta rinascere". Anselmo augura a Baldovino d'innalzarsi dal regno terreno a quello celeste. All'inizio del 1103 Anselmo scrive[33] a Ugo arcivescovo di Lione, ringraziando

---

[29] *Ibidem*, p. 56.

[30] *Ibidem*, p. 57.

[31] Anselmo d'Aosta, *Lettere*, II, pp. 392-397, n. 262, al conte e marchese Umberto conte di Savoia (1100-aprile 1103).

[32] *Ibidem*, pp. 336-339, n. 235 (dopo il 25 dicembre 1100).

[33] *Ibidem*, pp. 392-393, n. 261 (inizio 1103).

il Signore e rallegrandosi del fatto che il venerabile presule è torna-
to dalla Terra santa, giacché "la pietà divina ha adempiuto il vostro
desiderio di visitare il luogo in cui la nostra salvezza s'è compiuta, e
ci ha poi allietato col vostro ritorno e col riportarvi in salvo".

L'unica citazione del termine 'saraceni' in tutti gli scritti di
Anselmo, si trova nella lettera[34] inviata a Diaco, vescovo di Santiago
di Compostela. Anselmo ha ricevuto la richiesta di rinforzo militare
"i nostri soldati a portarvi aiuto contro i saraceni [...] all'occasione
volentieri li esorteremo e indurremo a dare soccorso ai cristiani. Sarà
però informata la vostra santa persona che il regno d'Anglia è pres-
soché ogni giorno sconvolto dall'annunzio di guerre sul punto di sca-
tenarsi da ogni direzione. Ho perciò molta paura non capiti di non
potervi giovare, per il timore che i nemici ci possano danneggiare".

Il cognato Burgundio, marito di sua sorella Richeza, ha in proposito
di partire come crociato a Gerusalemme. "Mi informate, signore e
amico carissimo Burgundio, di volervi recare a Gerusalemme per servire Dio e salvare l'anima vostra e di voler fare ciò su licenza mia e di
vostro figlio, mio nipote Anselmo". Oltre ad esortarlo perché provve-
da ad una sussistenza della moglie degna del casato, gli rammenta di
disporre del suo patrimonio e di partire "proprio come fareste se sape-
ste che ora siete per morire e rendere conto a Dio della intera vostra
vita. Chiedete licenza a noi? Prego Dio che abbiate sempre e dovunque, in ogni cosa, da Dio licenza, consiglio, aiuto e protezione"[35].

Anselmo scrive a Baldovino un'altra lettera[36], raccordando l'antico valore e storia di Gerusalemme con i tempi moderni, considerando Baldovino successore del re Davide.

"Sapete, mio signore carissimo, che, prima dell'avvento del Signore e
nel corso stesso di tale avvento, Dio ha scelto da tutto il mondo la città
di Gerusalemme come luogo suo proprio e a lui familiare. Di lì vennero
infatti i primi re che Dio ebbe cari, di lì vennero i profeti; lì Dio ebbe la
sua dimora e il suo santuario; ivi si compì la nostra redenzione, ivi si
trattenne il re dei re; di lì la salvezza del genere umano si sparse per
tutto il mondo. Rifletta dunque Vostra Altezza all'insigne favore per cui
Dio ha voluto che foste re in codesta città, allo slancio, allo zelo, con cui

---

[34] *Ibidem*, pp. 396-399, n. 263 (dopo il 21 aprile 1101).
[35] *Ibidem*, pp. 398-401, n. 264 (dopo il 1100).
[36] Anselmo d'Aosta, *Lettere*, III, pp. 198-201, n. 324 (1100-1109).

al volere di Dio e al suo servizio si deve piegare il re che ivi è stato da lui stabilito. Come mio signore e mio diletto, così dunque vi supplico, scongiuro, ammonisco: cercate di dirigere voi stesso e tutti i vostri sudditi in conformità al volere e alle leggi divine, in maniera da offrire con la vostra vita un luminoso esempio a tutti i re della Terra. Nostro Signore Gesù Cristo regni nel vostro cuore e nelle vostre opere, in modo da farvi con il vostro predecessore Davide regnare senza fine nel cielo".

Finalmente, in adempimento con le norme di diritto, scrive[37] a tutti i fedeli della Christ Church chiarendo i propri diritti giacché sono diventati mia proprietà i possedimenti lasciati da Roberto di Montfort a motivo della sua scomparsa mentre si stava recando a Gerusalemme.

Alcune annotazioni sono legittime dalla documentazione prodotta. Anselmo non si assume responsabilità: la licenza per partire viene da Dio, non da lui; in genere sconsiglia o impedisce la partecipazione; manda Bosone a rappresentarlo a Clermont[38]; è presente al Concilio di Bari e al concilio di Londra, dove pure si parla del 'fatto del giorno': pellegrinaggio e Gerusalemme.

Dalle sue lettere inviate al papa Urbano II e al papa Pasquale II, è evidente la sottomissione di Anselmo nei loro confronti; ciò nonostante rimane lontano, svogliato e, se vogliamo, inadempiente rispetto ai decisi e robusti inviti dei papi a partire per la Gerusalemme di quaggiù[39].

4.4. *Anselmo e la crociata: distanza e asimmetrie*

A prima vista sembra che Anselmo in qualche modo abbia approcci differenziati con il fenomeno della crociata, ma, in realtà mostra continuità di pensiero e di atteggiamento se si ha presente il complesso dei suoi scritti e le sue decisioni non negoziabili per le scelte concrete. Egli è fondamentalmente distante e poco sensibile al fenomeno. È 'presente assente'. Era così sicuro di sé che arriva a

---

[37] *Ibidem*, pp. 502-505, n. 475 (1107-1109).

[38] Il dettaglio è di grande peso per la diretta conoscenza dei canoni emanati nel concilio e sull'invito di Urbano II, anche egli monaco, ad assumere la croce per il pellegrinaggio a Gerusalemme, come si desume da Matteo di Parigi nella sua *Historia Anglorum*.

[39] Coloman Étienne Viola, *Saint Anselme, ses historiens et les théologiens: Critique de quelques vues récentes*, in *Twenty-five Years (1969-1994) of Anselm Sudies*, pp. 10-11.

mostrare poca pazienza e una certa mala sopportazione per chi osasse offrire spazi per 'alternative alle sue ragioni'. Le "ragioni necessarie" di Anselmo sono evidentemente altra proposta di dibattito[40] rispetto alle "ragioni oneste" di Abelardo, e l'aut aut: *aut anathematitzat venenum … aut anathematizetur ab omnibus catholicis* (Lettera 136) imposto a Roscellino[41], mostra una fede assoluta nelle 'proprie' ragioni laddove, con convinzione estrema, gli rimane difficile 'mettersi nei panni di', e riuscire a pazientare per i ritmi di crescita altrui e per i vari tempi di 'avvicinamento' alla verità.

Anselmo si rivela 'estremamente convinto' come un masso immobile e inamovibile nel mezzo delle correnti vorticose di un fiume; lo scorrere dell'acqua gli gira attorno ed egli rimane indifferente a questo movimento incessante non di rado tumultuoso; eppure, con questa immagine stanno nel mezzo delle correnti tutti i battezzati e gli infedeli; tra i battezzati c'è addirittura il papa, vicario di Cristo e successore di Pietro, che invita ad assumere la croce, ci sono i cristiani indifesi, perseguitati e incatenati, gli altri colleghi monaci, che dovrebbero stare nel 'torrione', presenti nello scenario delle 'cose di questo mondo' come cristiani impegnati a leggere i segni dei tempi e a cercare di darsi e di dare una risposta.

Anselmo, personaggio eminente nella vita della società europea del tempo, si attesta più come uomo di pensiero che di azione; ma ciò rimane piuttosto un limite che una ricchezza, in una persona che doveva, per il suo ruolo, essere pastore necessariamente esposto ed impegnato ad agire per la costruzione della 'città celeste' in questo mondo e non solo attendere e rimandare il tutto alla visione della patria beata, la Gerusalemme celeste[42]. C'era la Gerusalemme 'di quaggiù', eredità dei cristiani che, secondo i Papi, doveva esse-

---

[40] Josep Manuel Udina i Cobo scrive sui rischi e i limiti della pretesa apologetica e dei limiti della ragione anche in Anselmo, in *Anselm de Canterbury. Per què Déu es va fer home*, Barcelona, Proa, 1992, pp. 38-45.

[41] Idem, *Sentido y límites del "diálogo interreligioso"* pp. 764-765.

[42] Giovanni di Salisbury, *Vita di Sant'Anselmo*, a cura di Inos Biffi, Milano, Jaca Book, 2009, p. 52 : "Egli era così allergico a trattare gli affari del mondo, che ogni qualvolta doveva per necessità partecipare a negozi secolari, si sentiva interiormente venir meno, oppure contraeva qualche grave malattia. Non poteva intervenire alle discussioni, ma la cura di tutto incombeva sul già citato Baldovino, per cui, quand'era possibile, Anselmo si ritirava in un luogo più appartato, e non interrompeva il colloquio con Dio e l'orazione né di giorno né di notte, e neppure durante i pasti".

re liberata e riconsegnata ai cristiani di quaggiù. Già da quaggiù, addirittura come servizio in vista della Gerusalemme di lassù.

Anselmo è con la mente altrove; sta dove non vorrebbe stare e ha un ruolo che non vorrebbe avere. Così scrive al papa Urbano II: "Preferisco ogni giorno morire fuori dall'Inghilterra che vivere in Inghilterra"[43]; e a Rodolfo, abate di Séez: "non so che cosa Dio vorrà fare di me, ma da quando ho ricevuto la nomina episcopale non ho ancora trovato una ragione per cui il mio cuore osi rallegrarsi"[44].

Innanzitutto c'è da sottolineare l'impiego veramente scarno e quasi obbligato dei termini che si ricollegano all'impresa del pellegrinaggio dei crocesegnati e alla liberazione di Gerusalemme in tutti i suoi scritti. Un fatto sproporzionato rispetto all'impiego che ne fanno i papi ad esempio e in considerazione della sua statura di filosofo, teologo e primate d'Inghilterra, essendo contemporaneo del tempo della gestazione e nascita dell'idea di crociata su scala 'universale'.

Dall'indagine avremmo rilevate tre spazi di asimmetrie eloquenti.

Il *"licet diverso modo"* di Gregorio VII sottolinea la straordinaria bellezza e certezza dell'esistenza dei giusti sparsi tra le nazioni, ciò che distanzia in modo 'scandaloso' Anselmo rispetto al papa Gregorio VII, anche questi monaco, così diverso da Urbano II e dallo stesso Anselmo. Si tratta della certezza sul *"licet diverso modo"* che è straordinaria base in questo senso. Questa 'confessione' del papa, si trova in una lettera del 1076[45] indirizzata ad Al-Naṣr, *regi Mauritaniae, Sitifensis provinciae*, emiro hammadita (1062-1082), signore di Bugia, in anticipo di venti anni sul celebre concilio di Clermont, un anno dopo il famoso *Dictatus papae*.

"Infatti Dio onnipotente, che vuole salvare tutti gli uomini e vuole che nessuno perisca, niente approva di più in noi, quanto il fatto che l'uomo, dopo l'amore verso di Lui, ami gli altri uomini, e, che ciò che l'uomo non vuole che si faccia a se stesso, non lo faccia agli altri. Proprio questa carità quindi, noi e voi dobbiamo praticarla più specialmente rispetto alle altre genti, noi: che crediamo e confessiamo un solo Dio, anche se in modo diverso. Dio che lodiamo e veneriamo ogni giorno Creatore dei secoli e governatore di questo mondo".

---

[43] Anselmo d'Aosta, *Lettere*, II, pp. 262-267, n. 206 (inizio 1098).

[44] *Ibidem*, pp. 192-193, n. 175 (circa il 1094).

[45] *Epistolae selectae. Gregorii VII Registrum*, Lib. I-IV, Berolini, Weidmannsche Buchhandlung, 1920, pp. 287-288, n. III, 21.

La seconda asimmetria: "*militia-malitia*"[46]. Anselmo dichiarandosi *vita peccator*, scrivendo alla contessa Adelaide, gli raccomanda di far congedare il vecchio Engelardo dalla milizia *dimittere militiam*, traducendo milizia con malizia *immo malitiam*. Bernardo di Clairvaux, qualche decennio più tardi, avrà l'occasione di tessere elogi veramente straordinari per la *militia* armata, nel suo *Liber ad milites Templi*; addirittura l'*homicida* di un saraceno sarà detto *malicida*, uccisore di un malvagio: spersonalizzato.

Infine "Le mani consacrate dal sangue; le mani sporche di sangue". Come abbiamo annotato, Anselmo obbliga il giovane Guglielmo ad abbandonare Gerusalemme al saccheggio di mani insanguinate *cruentatis manibus*[47]; mentre Pasquale II, nella lettera del 4 maggio 1100[48] inviata *ad exercitum in Palestina militantem*, che faceva festa per la conquista o riconquista di Gerusalemme, si esprime con accenti opposti: "Le vostre mani sono state consacrate dal sangue dei nemici *manus vestras, quas hostium suorum sanguine consecravit*». Pasquale II (dopo il 1099) e 'Imād al-Dīn al-Hiṣfahānī, segretario di Saladino, Ṣalāḥ-al-Dīn Yūsuf (dopo il 1187), impiegano le stesse parole per far festa dopo aver 'ripreso' Gerusalemme dalle mani sporche degli infedeli musulmani/cristiani; anzi 'Imād utilizza una prosa che spesso arriva a livelli di alta poesia[49].

Lo sguardo di Anselmo rimane miope ed appannato rispetto al 'valore' di chi sta *extra villam*: la sua visione di città; eppure altri contemporanei come Gregorio VII avevano avuto straordinarie intuizioni profetiche, attualissime ancora oggi all'inizio del terzo millennio, osservando l'esistenza di giusti sparsi tra le nazioni, *extra villam*.

A modo di conclusione-introduzione

Anselmo è monaco, ma c'è monaco e monaco; basti pensare a Gregorio VII e ad Urbano II.

Abbiamo cercato di mettere in relazione Anselmo con il suo operato, alle prese con l'applicazione dei principi in cui credeva.

---

[46] Anselmo d'Aosta, *Lettere*, I, pp. 290-293, n. 86.

[47] *Ibidem*, pp. 354-359, n. 117 (dopo il 15 marzo 1086).

[48] *PL* 163, coll. 42-43.

[49] I cristiani sono detti seguaci dei demoni, razza impura, infedeli, partigiani della Trinità, cf. Giulio Cipollone, *Cristianità – Islam*, pp. 134, 458-465.

Egli vive una profonda antropologia affettiva, che ha dato spazio a varie letture, all'interno della sua intima connessione con Dio: era credente abbandonato nella fede per capire anche le cose di questo mondo. Anselmo 'rimane fermo' in questo rapporto appassionato con Dio, per cui appare come latitante, assente dalla scena di questo mondo, o presente suo malgrado. Anselmo voleva essere altrove e, con la mente/spirito era 'fuori' da quel 'dentro' dove osservava movimenti, tensioni e dinamiche che lo lasciavano indifferente. Uomo che viveva già nell'al di là e che si trovava costretto ad avere gravi e importanti responsabilità nell'al di qua, come eminente rappresentante di un Chiesa primaziale. Uomo che si attesta nel suo insieme di parole e di opere come uomo pacifico; rimane da osservare ulteriormente se pacifico ma anche estraneo al fatto della crociata come fatto di questo mondo, problema dell'al di qua: anche se ideato, proclamato e propagandato dai papi con ampiezza 'cattolica'.

Sembra proprio che Anselmo viva fuori contesto nel suo contesto: delle cose concrete di questo momento; quell'*hic et nunc* che esigeva riposte indilazionabili e misure concrete, come il soccorso da dover prestare ai fratelli battezzati e in gravissime difficoltà, secondo la mente dei papi Gregorio VII, e ancor più esplicitamente di Urbano II e quindi di Pasquale II.

Anselmo cerca di incarnare con estrema convinzione il complesso delle virtù della vita monastica; ma, al tempo stesso si trova scisso e fratturato dalle esigenze e dalle urgenze di dover incarnare il ruolo di pastore di una chiesa primaziale dell'importanza di quella di Canterbury, e quindi con la 'incompatibilità' di essere e restare monaco fedele, e di portare avanti il compito di primate della Chiesa d'Inghilterra e di più grande sovrano territoriale del Paese, alle prese con il conflitto a tutto campo delle investiture. Anselmo rimane fondamentalmente monaco e uomo con forte disagio, come da lui più volte ammesso, a stare implicato e invischiato nelle cose di questo mondo; fossero anche comandate e propagandate dai papi, come la crociata in soccorso dei fratelli cristiani in pericolo; e Anselmo, al di là delle differenti vedute rispetto a quelle dei papi, rimane comunque *catholicus* e fedele servitore dei vescovi di Roma.

Nella sfera della vita pratica Anselmo sta a disagio e fa l'esperienza della sua *inopia*[50] su vari versanti, come egli dichiara ben volentieri. Più che obiettore di coscienza, Anselmo rimane distaccato ed estraneo; anzi consiglia il solo servizio eminente e 'sicuro' di servire Dio come monaci, solitari e staccati da tutto per salvarsi 'certamente' l'anima; mentre sconsiglia vivamente il servizio al soccorso dei fratelli in necessità: soccorso che invece era incentivato con tutta la voce, ad esempio, da Urbano II. Prima di tutto e dopo tutto c'è solo Dio; il resto: tutto il resto che è mediazione e incarnazione di questa visione assoluta, lascia Anselmo poco sensibile e distante, distaccato, o con interesse 'suo malgrado'.

Due pro-vocazioni, due movimenti verso due mete; da due paure: perdere la visione beatifica della Gerusalemme celeste, e lasciare perdere la Gerusalemme terrestre che pure apriva le porte della Gerusalemme celeste. Eppure, nel contesto 'internazionale' dell'Europa cristiana del tempo, i papi reclamizzavano con accenti forti e 'prioritari' che non si lasciasse perdere/deperire l'eredità della patria terrena di Gesù Cristo. Si tratta di due grandi paure: perdere la Gerusalemme celeste e perdere la Gerusalemme di quaggiù; comunque due paure *temores* dell'uomo medievale, sotto la minaccia asfissiante delle aggressioni del diavolo. A queste due paure corrisponderanno varie risposte; tra quelle due che interessano direttamente Gerusalemme, Anselmo ha già scelto: quella di lassù. Il primate d'Inghilterra ha altre preoccupazioni che quelle dei papi; tra i suoi principali affanni, certamente non c'è l'angustia per la crociata.

Anselmo più che obiettore di coscienza, si rivela come estraneo al fenomeno, con la convinzione di chi aveva la mente nella Gerusalemme celeste e agiva coerentemente con questa visione. Non sarebbe fuori luogo chiedersi sulla 'distanza' di Anselmo rispetto ai futuri obiettori di coscienza, nati in Inghilterra come Walter Map, tra altri.

Staccato da tutto, la mente rivolta al giudizio estremo che vale il possesso della Gerusalemme celeste e la patria beata, Anselmo sta con un piede in questo mondo e con l'altro già nell'altro mondo: e questo è il piede che dà la direzione al suo pensare e al suo agire. Con le valigie pronte.

---

[50] Anselmo d'Aosta, *Lettere*, II, pp. 236-239, n. 193, del 1095.

Anselmo e la grandezza di Dio.
Una via cristiana di dialogo con ebrei, musulmani e non credenti

Matteo Zoppi

Università di Genova

1. L'ermeneutica dialogica e lo spazio della Verità

L''ermeneutica dialogica' anselmiana non si esaurisce semplicemente nello 'stile dialogico' delle sue opere[1], ma si specifica più precisamente per due aspetti: anzitutto, per la disposizione al confronto dialettico con altre prospettive, che trovano pure espressione storica in sistemi di pensiero e religioni istituzionali, quali appunto l'ateismo, l'Islam e il Giudaismo, ma che prima ancora possono inabitare addirittura nella stessa coscienza cristiana. Secondo Anselmo, infatti, quando il discepolo di Cristo ritiene che la mente umana non sia capace di comprendere le ragioni dell'esistenza di Dio, della sua identità, del suo volto misericordioso che si rivela nell'Incarnazione, aderisce di fatto a prospettive che non le sono, in parte o del tutto, consone, in quanto semplicemente altre rispetto alla novità dell'Evangelo. L'ignoranza di quest'ultimo si prospetta tra le maggiori cause di possibile smarrimento da parte dell'uomo, chiamato da Dio a conseguire la sua salvezza e a godere della felicità. La *Similitudine tra Dio e un re* contenuta nei capitoli 75 e 76 del *Liber Anselmi archiepiscopi de humanis moribus per similitudines* offre una

---

[1] Si può rilevare, in tal senso, che in qualche modo, tutti gli scritti di Anselmo sono dialoghi: il *Monologion* è un dialogo dell'anima tra sé e sé; il *Proslogion* è un dialogo con Dio; le *Orationes* sono dialoghi con Dio, con Gesù Cristo, la Madonna e i Santi; le *Meditationes* sono dialoghi con Dio e tra sé e sé; il *De grammatico*, il *De veritate*, il *De libertate arbitrii*, il *De casu diaboli* sono dialoghi tra un maestro e un discepolo; tutte le *Epistolae*, compresa quella *de incarnatione Verbi*, sono dialoghi con un preciso destinatario; il *Cur deus homo* è un dialogo con Bosone, così anche, in un certo senso, lo sono il *De conceptu virginali et originali peccato* e il *De concordia*, come pure il *De processione Spiritus Sancti*.

immagine assai incisiva di come potesse essere recepito dai suoi più stretti collaboratori il suo immaginario dei rapporti intercorrenti tra Cristianesimo, Ebraismo e Islam. Tale tematica è ricompresa all'interno di quella più generale circa la lotta tra Dio e il diavolo, che si svolge nel mondo. Quest'ultimo è per tutta la sua estensione e per tutto quanto include dominio di Dio. Non si danno in esso territori, cose o persone propri del diavolo. La prospettiva che ne segue non è quindi quella di un mondo diviso tra fedeli e infedeli, tra buoni e cattivi, ma di un mondo buono, con realtà e persone buone, in cui Dio esercita il proprio dominio, ma di cui l'avversario tenta continuamente di appropriarsi, per realizzare la sua opera distruttiva. Di tale dominio divino fanno parte, appunto, anche i giudei e i pagani, non solo i cristiani: Dio ha tutto questo in suo potere. All'interno del suo regno vi è un grande borgo, con molte case indifese e alcune case fortificate, in esso si erge un castello solidissimo con al centro un torrione:

> Dio esercita nei confronti del diavolo la stessa inimicizia che un re esercita nei confronti di un altro principe suo avversario. Questo re è Dio in guerra con il diavolo. Egli possiede nel suo regno l'insieme dei cristiani (*Christianismum*), e in questo cristianesimo (*in Christianismo*) il monachesimo; al di sopra di esso c'è solo la compagnia degl'angeli. Tra i cristiani, alcuni restano saldi nella pratica delle virtù, ma molti sono deboli. Nell'ordine monastico invece c'è una sicurezza tale che chiunque vi si mette al riparo facendosi monaco, non può più essere colpito dal diavolo, a meno che, pentendosi di questa scelta, non gli sia capitato di abbandonarlo. Nella compagnia degli angeli, infine, si gode di una gioia talmente sicura che nessuno di quelli che riescono a salire fin lassù vorrà mai più ridiscendere. Il re, cioè Dio, ha tutto ciò in suo potere. Ma il suo nemico, il diavolo, è così potente da incantare (*rapit*), senza resistenza, tutti quelli, come Giudei o pagani (*Iudaeos atque paganos*), che sono fuori dal cristianesimo (*extra Christianismum*) e da precipitarli nell'inferno. Egli spesso fa scorrerie anche dentro la cristianità (*in Christianismum*), sopraffà i deboli con la tentazione e si impadronisce delle anime che abitano i loro corpi. Ma non può vincere gli uomini forti che sanno difendersi bene e alla fine tutto triste li lascia andare. Non gli è neppure possibile invadere l'ordine monastico, né arrecare il più piccolo danno a chi si è fatto monaco, a meno che non sia ritornato nel secolo col corpo o con il cuore[2].

---

[2] *Liber Anselmi archiepiscopi de humanis moribus per similitudines*, 75-76, in Anselmo d'Aosta, *Nel ricordo dei discepoli. Parabole, detti, miracoli*, a cura di Inos Biffi - Aldo

Del regno di Dio, assieme a tutti i cristiani, fanno parte anche gli ebrei e tutti coloro che aderiscono ad altre religioni diverse dal Cristianesimo, come anche i musulmani, i quali, proprio in quanto non cristiani, sono più deboli e pertanto facile preda delle incursioni nemiche. Nella *Similitudine tra Dio e un re*, essi sono menzionati espressamente come gruppi a sé stanti, nel numero dei non cristiani oppressi dal diavolo. La metafora attribuita ad Anselmo tradisce, in tal senso, una considerazione quasi topografica dell'identità religiosa, ben espressa dalle preposizioni *in* ed *extra*, accostate a *Christianismus*: *extra Christianismum* è, appunto, il sintagma con cui nel testo sono qualificati i non cristiani. L'espressione e l'immaginario spaziale che rievoca trovano un certo riscontro in alcuni passi dell'epistolario anselmiano in cui, come è noto, l'autore prende le distanze rispetto agli obiettivi e agli effetti della prima crociata indetta da papa Urbano II a Clermont, cercando anche di dissuadere quanti nutrivano il desiderio di prendervi parte[3]. Anselmo fu risoluto in questa posizione, nonostante gli fosse stato riferito che Gerusalemme era da molto tempo oppressa dagli *infideles*, come egli stesso riconosce scrivendo a Baldovino di Boulogne, succeduto nel 1100 a suo fratello Goffredo di Buglione, quale re di Gerusalemme:

[…] Col suo favore vi ha Egli [Dio] innalzato alla dignità regia nella terra in cui lo stesso nostro Signore Gesù Cristo, tramite la sua stessa persona, gettando il seme destinato a dare inizio a tutta la cristianità, stabilì il primo sviluppo – perché di lì si diffondesse per tutto il mondo – della sua Chiesa, la quale, dopo essere stata in quelle plaghe – a causa dei peccati

---

GRANATA - Costante MARABELLI - Davide RISERBATO, Milano, Jaca Book, 2008, pp. 79-81; edizione critica in *Memorials of Saint Anselm*, edited by Richard William SOUTHERN - Franciscus Salesius SCHMITT, London, Oxford University Press, 1969 (Auctores Britannici Medii Ævi, 1) pp. 37-104, in particolare, pp. 66, 14-67, 17.

[3] Cfr. ANSELMO D'AOSTA, *Epistola* 117. *Ad WILLELMUM adolescentem*, in IDEM, *Lettere*, I, *Priore e Abate del Bec*, a cura di Inos BIFFI - Costante MARABELLI, Milano, Jaca Book, 1988, pp. 355-359; edizione critica in *Sancti Anselmi Cantuariensis Archiepiscopi Opera Omnia*, ad fidem codicum recensuit Franciscus Salesius SCHMITT, Stuttgart-Bad Cannstatt, Friedrich Fromann Verlag (Günter Holzboog), 1968 (d'ora innanzi: ed. SCHMITT), II/3, pp. 93-294; ID., *Epistola* 195, in IDEM, *Lettere*, II, *Arcivescovo di Canterbury*, t. 1, a cura di Inos BIFFI - Costante MARABELLI, Milano, Jaca Book, 1990 (ed. SCHMITT, II/4, pp. I-XVI; 1-232), in particolare, pp. 241-243. Cfr. Felix Baffour Asare ASIEDU, *Anselm, the Ethics of Solidarity, and the Ideology of Crusade*, «The American Benedictine review», 53 (2002), pp. 42-59; Italo SCIUTO, *L'etica nel Medioevo. Protagonisti e percorsi (V-XIV secolo)*, Torino, Einaudi, 2007, pp. 103-105.

degli uomini e per decreto divino – a lungo oppressa dagli infedeli, ai nostri tempi fu dalla sua misericordia miracolosamente fatta rinascere[4].

Certamente, le parole di compiacimento di Anselmo vanno ricomprese alla luce del valore esemplare da lui riconosciuto alla città santa di Gerusalemme, piuttosto che a una sprezzante condanna degli *infideles* che ne detenevano il dominio prima dell'arrivo dei crociati. Questa considerazione trova ampio riscontro nella successiva epistola inviata a Baldovino:

> [...] Sapete, mio signore carissimo, che, prima dell'avvento del Signore e nel corso stesso di tale avvento, Dio ha scelto da tutto il mondo la città di Gerusalemme come luogo suo proprio e a lui familiare. Di lì vennero infatti i primi re che Dio ebbe cari, di lì vennero i profeti; lì Dio ebbe la sua dimora e il suo santuario; ivi si compié la nostra redenzione , ivi si trattenne il re dei re; di lì la salvezza del genere umano si sparse per tutto il mondo. Rifletta dunque Vostra Altezza all'insigne favore per cui Dio ha voluto che foste re in codesta città; allo slancio, allo zelo, con cui al volere di Dio e al suo servizio si deve piegare il re che ivi è stato da lui stabilito. Come mio signore e mio diletto, così dunque vi supplico, scongiuro, ammonisco: cercate di dirigere voi stesso e tutti i vostri sudditi in conformità al volere e alla legge divini, in maniera da offrire con tutta la vostra vita un luminoso esempio a tutti i re della terra. Nostro Signore Gesù Cristo regni nel vostro cuore e nelle vostre opere, in modo da farvi con il vostro predecessore Davide regnare senza fine nel cielo. Amen[5].

Come si vede dal testo, Anselmo dà una lettura teologica della conquista crociata di Gerusalemme, considerando la portata esemplare di questo nuovo, singolare regno cristiano: esso diventa il modello e il suggello di una signoria ben più profonda, che coincide per lui con la conformità dell'uomo interiore «al volere e alla legge divini». Solo in tal modo, la vita di Baldovino potrà essere esempio e monito per «tutti i re della terra». Anselmo, così, riporta l'attenzione del re dal dominio esteriore a quello interiore, che comprende il

---

[4] Anselmo d'Aosta, *Epistola 235. Ad BALDEWINUM regem Hierosolymorum*, in *Lettere*, II, *Arcivescovo di Canterbury*, t. 1, pp. 338-339.

[5] Idem, *Epistola 324. Ad BALDEWINUM regem Ierosolymorum*, in Idem, *Lettere*, II, *Arcivescovo di Canterbury*, t. 2, a cura di Inos Biffi - Costante Marabelli, Milano, Jaca Book, 1993 (ed. Schmitt, II/5, pp. I-XIX; 233-423), in particolare, pp. 198-201.

«cuore» e le «opere», e stabilisce un legame tra il governo della Gerusalemme terrena, il regno di Davide e quello, ben più decisivo, della Gerusalemme celeste[6]. Si comprende, di conseguenza, perché, proprio in forza delle sue riserve, questa lettura provvidenzialistica della conquista crociata di Gerusalemme non comporti affatto una legittimazione di scontri armati contro l'Islam, né per giunta dell'idea di guerra santa. Appunto in una sua precedente missiva, risalente a quando era ancora abate del Bec, Anselmo faceva già riferimento alla necessità di occuparsi direttamente della Gerusalemme celeste, senza badare a quella terrena. In essa egli scrive a un giovane in procinto di farsi monaco novizio, ma determinatosi prima a partire per aiutare suo fratello, che si trovava lontano in grave pericolo invischiato in una missione militare in Oriente:

> Come puoi tu, all'udire il fragore del mondo che rovina su tuo fratello, trascurare la chiamata di Cristo?, e correre proprio ai piedi della rovina, al fine di soccorrere e proteggere, sotto un sì disordinato ammasso e ammassato disordine, pover'uomo e piccolo verme qual sei, un piccolo verme e un pover'uomo? Trascuri di seguire la chiamata di Cristo in pace, in patria, tra i congiunti, gli amici, per possedere, in quanto erede di Dio, e quindi suo coerede, il regno dei cieli; e per tanti e tali percorsi difficili e accidentati, per mari procellosi e burrascose tempeste, a capofitto nel disordine della guerra, corri da tuo fratello, per vederlo – a dir molto – in possesso del regno dei Greci. [...] Non arrossire di professarti povero di Cristo; perché il regno dei cieli sarà tuo. Non esitare a farti soldato di sì gran re; perché il re stesso sarà al tuo fianco in ogni pericolo. Non tardar più a incamminarti in questa vita sulla via migliore che hai già eletto; onde non dover per caso nell'altra vita segnare il passo prima di felicemente coglier la corona. Ti esorto, consiglio, supplico, scongiuro, e, come a me carissimo, ti fo obbligo: abbandona quella Gerusalemme, che ora non è visione di pace ma di tribolazione, nonché i tesori di Costantinopoli e di Babilonia, al saccheggio di mani lorde di sangue; e incamminati sulla via della Gerusalemme celeste, che è visione di pace, ove troverai tesori che solo chi tiene a vile quelli di quaggiù potrà far suoi[7].

---

[6] Cfr. *ibidem*.

[7] IDEM, *Epistola* 117. *Ad WILLELMUM adolescentem*, in IDEM, *Lettere*, I, *Priore e Abate del Bec*, pp. 356-359. In una successiva missiva, risalente ai primi anni di episcopato, Anselmo rivolge a Osmundo, vescovo di Salisbury, un monito analogo, in riferimento alla condotta dell'abate di Cerne, di quella diocesi, che nel contesto della

Quello che emerge da questi testi, comunque, è la rivendicazione anselmiana di un principio assoluto, che si fonda nell'interiorità stessa dell'uomo e che, pertanto, si configura prioritario rispetto a qualsiasi altro intento o occupazione umana: la *veritatis libertas*, sintagma che, nell'*Epistola* 117, destinata al giovane Guglielmo, Anselmo connota strettamente con l'identità monastica, cioè con la tipologia di vita da lui associata al perseguimento diretto del primato di Dio nella vita e nella società umane. Essa si configura, pertanto, come una dimensione esistenziale in cui è possibile e occorre entrare: «Non vergognarti di spezzar le catene della vanità a portata di mano; dal momento che entrare nella libertà della verità non è un'infamia, ma un onore»[8]. Come si comprende, alla base dei pochi riferimenti alle altre religioni che troviamo negli scritti anselmiani precedentemente considerati sottostà sempre un orientamento prospettico alla Verità, cioè a Dio, in riferimento al quale ogni realtà trova il suo senso e il suo ordine. Questo principio vale naturalmente oltreché per i membri delle religioni diverse da quella cristiana, di cui Anselmo conosceva in particolare gli ebrei (chiamati *Iudaei* o *infideles*) e i musulmani (chiamati *pagani* o *infideles*), anche per eventuali non credenti, ma anzitutto e perfino per quanti, tra i cristiani, non corrispondevano interiormente alla loro fede. Appunto il *De humanis moribus* fa riferimento ad una attività di "rapimento" (*rapit*), svolta dal diavolo per precipitare nell'inferno quanti non aderiscono fermamente al dominio assoluto di Dio, che nella città terrena trova nella vita monastica cristiana la sua espressione più riuscita. Inoltre, nella citata *Epistola* 324 a Baldovino, re di Gerusalemme, Anselmo individua nell'adesione interiore al

---

propaganda della prima crociata, invitava i suoi monaci a recarsi a Gerusalemme: cfr. ID., *Epistola* 195. *Ad OSMUNDUM episcopum Serisberiensem*, in IDEM, *Lettere*, II, pp. 241-243: «Fate inoltre sapere a tutti i monasteri della vostra diocesi che nessun monaco si azzardi a intraprendere detto viaggio a Gerusalemme; e vietate ciò sotto minaccia di scomunica. Vi supplico altresì di far pervenire al vescovo di Exeter, al vescovo di Bath e al vescovo di Worchester, sia da parte nostra che del re, l'ordine di diffondere nelle loro diocesi tale divieto: esso è condiviso anche dall'Apostolico. Stammi bene» (ivi, p. 243). In questo caso, diversamente da quello precedentemente considerato, non si tratta di trascurare il prioritario proposito di farsi monaco, ma addirittura di non rispettare il voto di *stabilitas* monastica, vincolante anche in forza di pronunciamenti papali.

[8] IDEM, *Epistola* 117, in IDEM, *Lettere*, I, pp. 356-357.

volere e alla legge di Dio un criterio guida per quanti, in tutto il mondo, hanno una responsabilità di governo, di fatto dando adito ad una prospettiva universalistica e inclusiva anche dei regni non cristiani. Vi è insomma, per Anselmo, uno spazio esclusivo della *Christianitas* che non coincide geograficamente con un territorio e che per questo non dà adito a possibili contrasti con altre sensibilità religiose, ma che si estende invece in una dimensione spirituale ed intellettuale, che si prospetta universale e assoluta: è lo spazio della *Veritas*. Nel suo *De veritate*, appunto, egli pone le premesse per quanti intendono accostarsi allo studio della Bibbia, spiegando in che senso ogni volta che l'uomo, anche se non credente, fa riferimento alla verità, faccia di fatto esperienza di Dio, *summa Veritas*[9]. Le considerazioni filosofiche sviluppate in quest'opera, che prende le mosse dalla celebre definizione giovannea di Dio, lasciano intravedere nuovamente la prospettiva universalistica con cui Anselmo comprende e declina le possibilità della *ratio*. Riconoscere e accogliere la verità delle cose significa, in fondo, aderire a Dio e al suo mistero. Egli, inoltre, nel *Cur deus homo*, preciserà che nello spazio della Verità, che è Dio, si accede con la *fides* e le *rationes necessariae* umane. Al medesimo tempo, inoltre, citando a conferma gli *Atti degli Apostoli* 10, 35, pone una sorta di equazione tra fare la giustizia, la verità e seguire Cristo:

ANSELMO: [...] Se tutti i giudei infatti avessero creduto, i pagani sarebbero stati ugualmente chiamati, perché *in ogni popolo chi teme Dio e opera la giustizia è a lui accetto*. Ma visto che i giudei disprezzarono gli apostoli, ciò fu per questi l'occasione di rivolgersi ai pagani[10].

Tale tesi trova puntuale conferma nella *Vita sancti Anselmi*, con le seguenti parole di Anselmo stesso: «Cristo è verità e giustizia, ne consegue che chi muore per la verità e la giustizia, muore per

---

[9] Cfr. IDEM, *De veritate*, capp. I e X, in *Sancti Anselmi Cantuariensis Archiepiscopi Opera Omnia*, I/1, pp. 176-177; 189-190, trad. it., in IDEM, *Opere filosofiche*, a cura di Sofia VANNI ROVIGHI, Premessa e revisione di Pietro BASSIANO ROSSI, Roma - Bari, Laterza, 2008, pp. 135; 148-149.

[10] IDEM, *Cur deus homo*, I, cap. 18, trad. it., in IDEM, *Perché un Dio uomo? / Lettera sull'incarnazione del Verbo*, a cura di Antonio ORAZZO, Roma, Città Nuova, 2007 (ed. SCHMITT, I/2, pp. 37-133), pp. 113-114.

Cristo»[11]. Questo testo riporta poi un'altra interessante testimonianza, giudicata curiosa e ardita dall'autore Eadmero: Anselmo, nel suo primo esilio (1097-1100), proprio mentre portava a termine a Schiavi (ora Liberi) in Campania il *Cur deus homo*, si recò presso Capua su invito di Ruggero, duca di Puglia, che teneva sotto assedio la città nel maggio-giugno 1098. Anselmo vi si recò, tra l'altro, anche per incontrare papa Urbano II e accompagnarlo fino ad Aversa; appunto a lui avrebbe poi dedicato l'opera. A Capua c'era anche Ruggero, conte di Sicilia, là accorso con un folto numero di soldati per sostenere militarmente suo nipote Ruggero, duca di Puglia. Egli scoraggiava i suoi soldati islamici dal proposito di convertirsi al Cristianesimo. Molti di questi, infatti, avevano instaurato con Anselmo un dialogo talmente intenso, coinvolgente e convincente da maturare il proposito di richiedere il battesimo, ma né papa Urbano II, né tantomeno Anselmo biasimarono questa scelta:

> Ma che gente era questa? Anche pagani, per non parlare ovviamente di cristiani. Ve ne erano davvero di pagani. Infatti il conte di Sicilia, vassallo del duca Ruggero, per quella spedizione ne aveva portati con sé molte migliaia. Vi confesso che alcuni di loro, attratti dalla fama della bontà di Anselmo che circolava tra i loro commilitoni, frequentavano il nostro alloggio e dopo essere stati a pranzo con Anselmo, ritornavano pieni di gratitudine dai loro compagni raccontando la generosità straordinaria dell'uomo che avevano sperimentato di persona. La considerazione di cui in seguito godette anche presso di loro fu talmente alta che quando attraversavamo il loro accampamento confinato in un'unica zona separata, gli inviavano saluti alzando le mani al cielo e, baciando le loro mani secondo una propria consuetudine, lo veneravano per la sua splendida generosità, senza però genuflettersi davanti a lui. Ci riferirono anche che per stima nei suoi confronti molti di loro avrebbero perfino accettato di essere istruiti nella sua sapienza e sottomettersi alla fede cristiana, se non avessero temuto di inasprire la crudeltà del conte nei loro confronti con questa loro iniziativa. Infatti [quel conte] non voleva permettere a nessuno

---

[11] Eadmero di Canterbury, *Vita sancti Anselmi*, I, 30, trad. it., in Eadmero e Giovanni di Salisbury, *Vite di Anselmo d'Aosta*, a cura di Inos Biffi - Aldo Granata - Stefano Maria Malaspina - Costante Marabelli, Milano, Jaca Book, 2009, pp. 89-91; edizione critica: *The Life of St. Anselm, Archbischop of Canterbury by Eadmer*, with introduction, notes and translation by Richard William Southern, Edimburgh, Th. Nelson and Sons, 1962, repr. Oxford, The Oxford University Press, 1972.

di diventare impunemente cristiano. A me non interessa lo scopo, se così si può dire, per cui agiva così: se la vedrà con lui Dio[12].

Il commento conclusivo di Eadmero contenuto nel testo è indicativo del suo disappunto rispetto alla scelta del conte Ruggero, ma anche del fatto che gli mancassero senz'altro gli strumenti concettuali per comprendere, in qualche modo, pure il silenzio del suo maestro e arcivescovo Anselmo. Nella *Historia novorum in Anglia*, nondimeno, Eadmero offre gli elementi per comprendere le sue perplessità in proposito, quando riferisce degli abusi commessi da Guglielmo Rufo, re d'Inghilterra, proprio mentre Anselmo si trovava in esilio a Capua. È significativo il fatto che, anche stavolta, si tratti di confronto interreligioso: Guglielmo Rufo, infatti, a Rouen, in Normandia, su istanza e ricompensa di diversi ebrei del luogo, avrebbe costretto con la forza i loro figli, che ormai avevano accolto la fede cristiana e ricevuto il battesimo, a rinunciare a tutto questo, per ritornare al Giudaismo. Scrive Eadmero che egli «A furia di minacce e intimidazioni fece tornare molti di loro, rinnegato Cristo, all'antico errore (*abnegato Christo, pristinum errorem suscipere fecit*)»[13]. Egli, inoltre, riferendo la testimonianza di fede data da uno di questi battezzati direttamente a Guglielmo Rufo, lascia affiorare un altro aspetto del suo pensiero in merito:

"Ma sappi che se tu fossi un buon cristiano, mai avresti proferito simili parole. Infatti, è compito del cristiano riunire a Cristo quelli che ne sono separati per l'incredulità e non invece separare da lui quelli che gli sono uniti per la fede (*Christiani etenim est, eos qui a Christo per incredulitatem separati sunt ei conjungere, non autem eos qui illi per fidem juncti sunt ab eo separare)*"[14].

Ma, differentemente da quanto sembra affermare Eadmero, per Anselmo vi sono diversi livelli di adesione alla Verità, che è il Dio di Gesù Cristo. Propriamente, pertanto, i non cristiani, più che stare

---

[12] Ivi, II, 33, trad. it., cit., p. 173.

[13] IDEM, *Historia novorum in Anglia*, II, trad. it. a cura di Antonio TOMBOLINI, Milano, Jaca Book, 2009, pp. 212-213, ll. 791-792; edizione critica: EADMERUS CANTUARIENSIS, *Historia novorum in Anglia*, ed. Martin RULE, London, Her Majesty's Stationery Office, 1884 (Rerum Britannicarum Medii Ævi Scriptores, or Chronicles and memorials of Great Britain and Ireland during the Middle Ages, Rolls Series, 81), repr. Cambridge, Cambridge University Press, 1965.

[14] Ivi, pp. 214-215, ll. 819-822.

nell'errore, sono considerati come in cammino sulla via della Verità, la cui piena accoglienza si realizza, in qualche modo poi, nell'adesione alla Rivelazione cristiana, secondo i tre possibili livelli della *fides*, dell'*intellectus* e della *species*[15], cioè della semplice adesione di fede, della comprensione della fede stessa e, finalmente, della visione e dell'esperienza diretta di quanto precedentemente creduto e compreso: «Anzi, occorre sapere che qualunque cosa un uomo possa dire su un tema così importante, ragioni più profonde rimarranno pur sempre oscure»[16]. Si tratta, come si vede, di un itinerario molto impegnativo, e nondimeno accessibile, per certi aspetti, ad ogni uomo aperto alla verità, purché rettamente orientato; esso è, pertanto, proponibile anche a coloro che non aderiscono, in prima battuta, alla fede cristiana e a quanti magari vi aderiscono, ma come loro giudicano quest'ultima poco affidabile, in quanto per nulla conveniente con le istanze della *ratio*:

BOSONE. [...] Perciò, quando proponiamo agli infedeli questi motivi di convenienza di cui parli come altrettante immagini dipinte di un fatto accaduto, essi pensano che quanto noi crediamo sia non un evento ma una finzione, e sono del parere che stiamo dipingendo – per così dire – su una nuvola. Occorre quindi prima dimostrare la solidità razionale della verità, cioè la necessità razionale per cui Dio ha dovuto o potuto umiliarsi fino a questi estremi che noi proclamiamo. In seguito, perché più risplenda in un certo senso il corpo stesso della verità, bisogna esporre simili motivi di convenienza, come immagini dipinte del corpo[17].

ANSELMO. La volontà di Dio, quando fa qualcosa, deve essere sufficiente per la nostra ragione, benché noi non ne vediamo il motivo. Difatti la volontà divina non è mai irrazionale[18].

Secondo Anselmo, la salvezza si compie per l'uomo solo nel credere in Cristo, o nell'averlo atteso prima della sua venuta[19], ma tale consapevolezza non preclude a chi non ha ancora abbracciato la fede

---

[15] Cfr. ANSELMO D'AOSTA, *Cur deus homo, Commendatio operis ad Urbanum Papam II*, ed. SCHMITT, I/2, p. 40, 10-12; trad. it., p. 76.

[16] Ivi, I, cap. 3, trad. it., p. 84.

[17] Ivi, I, cap. 4, trad. it., pp. 86-87.

[18] Ivi, I, cap. 8, trad. it., p. 92.

[19] Ivi, I, cap. 20.

cristiana un cammino di avvicinamento e, finalmente, di accoglienza del volto più vero e autentico di Dio salvatore. Alla base della ricerca anselmiana, sta la consapevolezza della gravità del peccato, fermamente espressa nelle giovanili *Meditatio ad concitandum timorem* e *Lamentatio virginitatis male amissae*, composte intorno al 1071. In questi testi sono forti l'enfasi e l'insistenza con cui sono considerate le ragioni della potenza e della giustizia divina, appunto in riferimento alla gravità delle colpe commesse dall'uomo. Nella *Meditatio redemptionis humanae*, composta dopo il *Cur deus homo*, appunto nella fase più matura di questo itinerario, Anselmo invece insiste maggiormente sulle ragioni di misericordia e di umiltà da cui sono scaturite l'Incarnazione e la Redenzione. Tutto il primo libro del *Cur deus homo*, infatti, non fa altro che dare espressione alle conseguenze etiche e metafisiche del male colpevolmente commesso dall'uomo nel non avere conservato la giustizia ricevuta da Dio. È come se Anselmo ponesse qui le premesse comuni ai tre monoteismi, per poi sviluppare da esse le sue conclusioni in prospettiva cristiana. La verità di Cristo, infatti, secondo Anselmo, non ha soltanto una portata salvifica, ma anche gnoseologica, nel solco delle migliori tradizioni patristiche. A proposito di essa e del suo spazio, nella *Meditatio redemptionis humanae* troviamo scritto:

Dov'è dunque, e qual è / la potenza e la fortezza che ti ha salvato? / è certamente Cristo che ti ha risuscitato / [...] / La potenza che ti ha salvato è dunque la potenza di Cristo // [...] // Perché, Signore buono, / dolce Redentore, Salvatore potente, perché tanta potenza l'hai coperta di tanta umiltà? / [...] / Tu non hai assunto l'uomo / per coprire te stesso, quasi Tu fossi noto. / L'hai assunto per svelarti, perché noi non ti conoscevamo. / [...] / Anche se non si manifesta a tutti infatti, / la Verità non si nega a nessuno. / Tu dunque, Signore, / hai agito così / non per ingannare / né perché si ingannasse qualcuno: / non hai fatto che rimanere, sotto ogni aspetto, nella verità, / per fare quello che andava fatto / e nel modo in cui andava fatto[20].

---

[20] IDEM, *Meditatio redemptionis humanae*, in IDEM, *Orazioni e Meditazioni*, a cura di Inos BIFFI - Costante MARABELLI, Milano, Jaca Book, 1997 (ed. SCHMITT, II/3, pp. 1-91), pp. 471-473, ll. 24-26; 30; 58-60; 71-73; 84-94.

2. La grandezza di Dio e il non credente

Come è noto, l'attitudine al dialogo permea non soltanto il modo di scrivere di Anselmo, ma la sua stessa *forma mentis*, in una progressione che caratterizza in modo sempre più incisivo il suo metodo teologico e i relativi sviluppi speculativi. Dialoghi, appunto, sono i primi due opuscoli composti da Anselmo al Bec: il *Monologion* ed il *Proslogion*. Il primo è un dialogo tra sé e sé, il secondo un dialogo con Dio. Il soggetto in ambedue è la *mens* (l'anima dell'uomo), che *sola ratione* si interroga sui contenuti della fede. Tra questi figurano senz'altro il mistero di Dio, della sua esistenza, della sua eminente natura, della sua trinità personale, e il mistero dell'uomo, sua creatura. Ma in questi dialoghi, che si realizzano nel profondo dell'anima umana, si oppongono dialetticamente diversi atteggiamenti di cui il credente prende progressivamente coscienza: da essi scaturiscono le domande fondamentali della vita e, parimenti, differenti, contrapposte risposte, che conducono irrimediabilmente al punto morto, se non trovano una soluzione alla luce della *veritatis claritas*[21]. I diversi, ma simili itinerari di questi due testi lasciano emergere, infatti, due opposte voci che risuonano nel profondo dell'anima dell'uomo: quella del credente e quella del non credente. Anselmo le intercetta sapientemente e le lascia dialogare, senza foga, né prepotenza, né il ricorso arbitrario ad autorità 'esterne', fiducioso semplicemente nelle capacità di risposta della ragione umana. Quest'ultima, infatti, si comprende fermamente capace di Dio, proprio quando prende coscienza dei suoi limiti strutturali, che la rimandano incoercibilmente a Lui, riconoscendone, al contempo, la presenza. Anselmo, così, può tenersi equidistante tanto da chi, facendo della fede un assoluto, scade in visioni e atteggiamenti fideistici, incapaci di una fede ragionata e di una testimonianza argomentata, quanto da chi, al contrario, rigettando la fede come pratica superstiziosa e irrazionale, fa della ragione umana un assoluto, finendo poi, nondimeno, coll'incappare nelle secche del non senso e di una ragione frustrata nelle sue attese più profonde e nobili. Egli può spiegare, in tal modo, che la fede è stimolo e risorsa

---

[21] Cfr. Anselmo d'Aosta, *Monologion, Prologus,* a cura di Italo Sciuto, Milano, Rusconi, 1995 (ed. Schmitt, I/1, pp. 1-87), pp. 44-45.

per la comprensione, la quale si inscrive nella possibilità stessa del credere, e rispondere al confratello Gaunilone, che obiettava alle sue argomentazioni: «Poiché non è quell'"insipiente", contro il quale ho parlato nel mio opuscolo, che mi riprende con queste parole, ma uno che, non insipiente e cattolico, difende l'insipiente, mi può essere sufficiente rispondere al cattolico»[22]. Come a dire che il livello del credere comporta anche un progressivo comprendere, che può e che deve fare sue le istanze di verità della ragione che interroga, anziché considerarle una minaccia alla fede stessa:

> Non tento, Signore, di penetrare la tua altezza, perché in nessun modo paragono ad essa il mio intelletto, ma desidero comprendere in qualche modo la tua verità, che il mio cuore crede e ama. Infatti non cerco di comprendere per credere, ma credo per comprendere. Giacché credo anche questo: che "se non crederò, non comprenderò"[23].

Abbiamo qui un primo, significativo sviluppo in ordine ad una ricerca che progressivamente si qualificherà sempre più come 'cristiana' nei suoi contenuti e nei suoi risultati, in cui Anselmo avrà modo di misurarsi con uno dei due principali misteri della sua fede: la Trinità. Nelle prime opere egli cerca di illustrare questa realtà mediante il semplice ragionamento e prescindendo dal mistero dell'Incarnazione, mentre in quelle successive rivede decisamente la prospettiva d'indagine e giunge, in qualche modo, a ripensare l'intera questione realizzando quella che resta, nonostante l'ermeneutica del «remoto Christo», anzitutto una meditazione monastica, che dà luogo peraltro ad alcuni interessanti sviluppi di cristologia e di teologia trinitaria economica. Questi ultimi, di fatto, sono tali solo *lato sensu*, in quanto prescindono dal dato storico e sono il risultato di un metodo che è di tipo ipotetico-deduttivo, per quanto elaborato avendo sullo sfondo il dato storico-salvifico dell'incarnazione, della crocifissione, della morte e della risurrezione di Gesù[24]. Per Anselmo, infatti, l'incarnazione del Verbo è anzitutto

---

[22] IDEM, *Quid ad haec respondeat editor ipsius libelli*, in ID., *Proslogion*, a cura di Italo SCIUTO, Milano, Rusconi, 1996 (ed. SCHMITT, I/1, pp. 89-139), p. 165.

[23] IDEM, *Proslogion*, cap. I, trad. it., p. 95.

[24] Cfr. Roberto NARDIN, *Il Cur Deus homo di Anselmo d'Aosta*, Roma, Lateran University Press, 2003, pp. 228-310.

un «evento (*res gesta*)», un'azione, un'impresa di Dio nella storia umana e non una «finzione (*figmentum*)», una dottrina astratta[25].

Monologion e *Proslogion* restano al di qua di questa prospettiva. In essi l'analisi procede a spirale dal mistero dell'esistenza di Dio a quello della sua unità e delle sue perfezioni, per arrivare finalmente, nelle rispettive conclusioni, a quello della Trinità: «Veramente, dunque, questi è non solo Dio, ma il solo Dio ineffabilmente trino e uno»[26]. Nel cap. LXXIX del *Monologion*, intitolato *Quid tres summa essentia quodammodo dici possit*, Anselmo si cura anche di conciliare il rigore delle sue ricerche su questo aspetto della fede con il dato dogmatico ereditato dalla tradizione, ed in particolare prende in esame le categorie di persona e di sostanza. La prospettiva di partenza, anche in questo caso, è quella dell'unicità della *summa essentia*[27].

Rispetto a questa analisi il *Proslogion* tace, limitandosi nel cap. XXIII a riformulare una sintesi semplificata delle serrate analisi già sviluppate nel *Monologion* (capp. XXIX-LXIII). Restano però omogenei gli schemi complessivi delle due opere, che Anselmo avrebbe improntato al modello del *Quicumque*, il simbolo pseudo-atanasiano, ampiamente diffuso e utilizzato a partire dal V secolo soprattutto nei monasteri della Francia meridionale e della Normandia[28]. Contemporanei e, in taluni casi, confratelli stessi di Anselmo, come Giovanni di Fécamp, Guitmondo d'Aversa e Bruno di Segni, fanno infatti riferimento ad esso in molte loro opere, e ne assumono per giunta l'impostazione, che, nel solco del *De Trinitate* di Agostino, è incentrata nella prima parte sul mistero della Trinità e nella seconda su quello dell'incarnazione e della redenzione del Verbo[29].

---

[25] Anselmo d'Aosta, *Cur deus homo*, I, cap. 4, ed. Schmitt, I/2, p. 52, 1; trad. it., p. 86.

[26] Idem, *Monologion*, cap. LXXX, trad. it., pp. 230-231.

[27] Cfr. ivi, cap. LXXIX, pp. 226-229.

[28] Heinrich Denzinger, *Enchiridion symbolorum definitionum et declarationum de rebus fidei et morum*, ed. bilingue a cura di Peter Hünermann, Bologna, EDB, 2003, 75-76, pp. 44-47.

[29] Cfr. Andrea Milano, *Anselmo d'Aosta e il problema trinitario*, in *Il Concilio di Bari del 1098*, Atti del convegno internazionale e celebrazioni del IX Centenario del Concilio, a cura di Salvatore Palese - Giancarlo Locatelli, Bari, Edipuglia, 1999, pp. 192-206.

3. La grandezza di Dio: una proposta evangelica 'ragionata' per ebrei e musulmani

Con l'eccezione dell'*Epistola de incarnatione Verbi*, nei successivi scritti, fino al *De processione Spiritus Sancti*, Anselmo si manterrà coerente con questa impostazione, che nondimeno lascerà poi cadere appunto nella sua maggiore opera, il *Cur deus homo*, nella quale si propone, con ragioni necessarie e lasciando da parte i riferimenti a Gesù Cristo (*rationibus necessariis* e *remoto Christo*)[30], di spiegare la convenienza dell'incarnazione, della passione e della morte del Figlio di Dio. Nell'opera, terminata nel 1098, Anselmo dialoga con il suo discepolo Bosone, cercando di dare risposta alle obiezioni di quanti con terminologia del tempo definisce *infideles*, cioè i non cristiani. Ad essi Anselmo fa riferimento con termini sempre rispettosi e con una benevola 'simpatia': egli non teme di fare sue le perplessità e le incertezze di quanti nel suo tempo, aderendo a religioni diverse da quella cristiana, impugnavano come inaccettabile per la ragione umana e sconveniente per la maestà della natura divina la fede evangelica in Gesù di Nazareth, Verbo incarnato e redentore, che appariva ad essi come una finzione, un artificio umano privo di verità[31]:

BOSONE. Tollera pertanto che io usi le parole degli infedeli. È giusto infatti che, sforzandoci di ricercare le ragioni della nostra fede, io assuma le obiezioni di coloro che in nessun modo vogliono aderire alla stessa fede senza usare la ragione. Benché essi ricerchino argomenti di ragione perché non credono e noi invece perché crediamo, il contenuto della ricerca è tuttavia uno e il medesimo. E se tu risponderai qualcosa che sembra in contrasto con l'autorità sacra, mi sia lecito sottolinearlo, così che tu mi mostri in che senso non è in contrasto[32].

Anselmo accoglie questa impegnativa provocazione senza cedere a forme di irriflessa condanna, di supponente disprezzo o di tagliente ironia, ma semplicemente facendo sua la domanda alla base delle obiezioni di chi non crede al Dio fatto uomo, e cercando di

---

[30] Cfr. ANSELMO D'AOSTA, *Cur deus homo, Praefatio*, trad. it., p. 77.
[31] Ivi, I, cap. IV, p. 86-87.
[32] Ivi, cap. III, pp. 84-85.

trovare una risposta adeguata e convincente ad essa, anzitutto per sé e poi anche per gli altri. Così facendo, egli si spinge per la prima volta nel vivo di un'indagine che muove dai risultati speculativi maturati in *Monologion* e *Proslogion*, per addentrarsi nel mistero cristiano dell'Incarnazione, che gli dischiude il 'volto' della Trinità economica:

> Questa domanda, di solito, i non credenti [*infideles*] la presentano come obiezione deridendo la semplicità del cristianesimo quasi fosse insensata, mentre molti credenti la rigirano nel loro cuore. Eccola: per quale motivo o per quale necessità Dio si è fatto uomo, e con la sua morte – come noi crediamo e professiamo – ha ridato la vita al mondo, dal momento che avrebbe potuto farlo o tramite un'altra persona, angelica o umana che fosse, oppure con la [sua] sola volontà? Su tale questione si interrogano non solo persone incolte, ma anche persone colte, e ne desiderano una ragione. Dato allora che molti mi chiedono di trattarne, sebbene essa sia molto difficile in fase di indagine, ma intelligibile per tutti in fase di soluzione e amabile per l'utilità e la bellezza della razionalità, io mi farò carico – anche se i santi Padri hanno detto al riguardo ciò che dovrebbe essere sufficiente – di mostrare a quanti lo chiedono ciò che Dio si degnerà di manifestarmi[33].

Ma in che cosa consiste questo sviluppo speculativo? Come è noto, al cuore dei risultati maturati nelle precedenti opere vi è senz'altro il tema biblico e patristico della grandezza di Dio[34]. Esso è infatti il *fil rouge* mediante il quale Anselmo può sviluppare un rispettoso confronto con ebrei e musulmani del suo tempo, a partire appunto da *Monologion* e *Proslogion*, i cui contenuti sono ulteriormente ripresi e approfonditi nella redazione del *Cur deus homo*[35]. La grandezza di Dio, infatti, oltre che rappresentare il cardine della teologia anselmiana[36], è anche, al contempo, un contenuto dottrinale determinante, comune

---

[33] Ivi, cap. I, p. 82.

[34] Sull'insieme, cfr. Zoltán ALSZEGHY - Maurizio FLICK, *Gloria Dei*, «Gregorianum», 36 (1955) n. 3, pp. 361-379 [361-390].

[35] Cfr. Peter HÜNERMANN, *Anselms* Cur Deus homo. *Eine Hilfe für heutigen Dialog zwischen den abrahamitischen Religionem?*, in *Cur Deus homo*, Atti del Congresso Anselmiano Internazionale (Roma, 21-23 maggio 1998), a cura di Paul GILBERT - Helmut KOHLENBERGER - Elmar SALMANN, Roma, Pontificio Ateneo S. Anselmo, 1999 («Studia Anselmiana», 128), pp. 767-785.

[36] Cfr. Osvaldo ROSSI, *L'aliquid maius e la riparazione*, in *Cur Deus homo*, pp. 641-657.

ad Ebraismo[37], Cristianesimo[38] ed Islamismo[39]. Esso trova significativo riflesso nelle rispettive eucologie dei tre monoteismi[40]: nella fede del popolo ebraico, la grandezza della «gloria (*kābôd-δόξα*) di Dio», infatti, si dispiega storicamente nelle teofanie, particolarmente nella liberazione di Israele dalla schiavitù dell'Egitto, e nel dono della *Torah*, come si riscontra in numerosi passi della *Legge*, dei *Profeti* e degli *Scritti*[41], in particolare nei Salmi[42]. La grandezza di Dio è poi ulteriormente

---

[37] Cfr. Dieter VETTER, *Dio*, in *Dizionario Comparato delle Religioni Monoteistiche. Ebraismo – Cristianesimo – Islam*, trad. it. a cura di Giancarlo BENZI - Giovanni RUSSO, Casale Monferrato, Piemme, 1991, pp. 135-144 (ed. or. *Lexikon Religiöser Grundbegriffe. Judentum – Christentum – Islam*, harsg von Adel Theodor KHOURY, Graz-Wien-Köln, Verlag Styria, 1987); IDEM, *Professione di fede*, ivi, pp. 454-455; Dan COHN-SCHERBOK, *Ebraismo*, ed. it. a cura di Elena LOEWENTHAL, Cinisello Balsamo, San Paolo, 2000 (ed. or. *The Blackwell Dictionary of Judaica*, Oxford, Blackwell Publischers, 1992), pp. 148; 556.

[38] Cfr. Uwe TWORUSCHKA, *Dio*, in *Dizionario Comparato delle Religioni Monoteistiche*, pp. 144-151; J. MAY, *Professione di fede*, ivi, pp. 455-456.

[39] Cfr. Smile BALIĆ, *Dio*, ivi, pp. 151-153; IDEM, *Professione di fede*, ivi, p. 456; Maurice BORRMANS, *Islam*, in *Grande Dizionario delle Religioni. Dalla preistoria ad oggi*, trad. it. diretta da Paul POUPARD, Casale Monferrato, Piemme, 2000 (ed. or. *Dictionnaire des Religions*, édd. Michel DELAHOUTRE - Julien RIES - Édouard COTHENET - Jacques VIDAL - Yves MARCHASSON, Paris, Presses Universitaires, 1984), p. 1087 [pp. 1084-1088].

[40] Per l'Ebraismo, cfr. Dieter VETTER, *Preghiera*, in *Dizionario Comparato delle Religioni Monoteistiche*, pp. 447-450; per il Cristianesimo, cfr. Karl RICHTER, *Preghiera*, ivi, pp. 450-452; per l'Islamismo, cfr. Smile BALIĆ, *Preghiera*, ivi, pp. 452-454.

[41] Cfr. *Es* 24,5.14-19; 33,18; 40,34; *Num* 16,9; 1 *Re* 8,11; *Ez* 1,4; 43,2; *Sal* 29(28); 50(49),2-3; 104(103),2 (cfr. Georg MOLIN, *Gloria*, in *Dizionario di teologia biblica*, trad. it. Luigi BALLARINI - Gino CECCHI, Brescia, Morcelliana, 1965 [ed. or. *Bibeltheologisches Wörterbuch*, herausgegeben von Johannes B. BAUER, Graz-Wieln-Köln, Verlag Styria, 1959], pp. 637-640 [636-642]). Sull'insieme, cfr. M. WEINFELD, *kābôd*, in *Grande Lessico dell'Antico Testamento*, ed. it. a cura di Pier Giorgio BORBONE, Brescia, Paideia, 2004, vol. IV, coll. 189-203 [186-203] (ed. or. *Theologisches Wörtebuch zum Alten Testament*, herausgegeben von G. Johannes BOTTERWECK - Helmer RINGGREN - Henz-Josef FABRY, Stuttgard, Verlag W. Kohlhammer, 1984, IV, 24-40).

[42] Cfr. l'*Hallel* (Salmi 113[112]-118[117]) e l'*Hallel ha-gadol* (Grande *Hallel*) (Salmo 136[135]): cfr. D. COHN-SCHERBOK, *Ebraismo*, pp. 241-242. In prospettiva comparativistica, anche al fine di ricostruire l'immaginario religioso ebraico del tempo nel contesto prossimo all'Occidente latino, può essere pure utile fare riferimento alla riflessione del filosofo ebreo, lo spagnolo Shĕlōmōn Ibn Gĕbīrōl (Avicebron) (1021 ca-1057 ca), in parte coevo ad Anselmo. Nel *Fons vitae* (or. arabo: *Kitāb yanbū' al-hayāt*), infatti, Avicebron propone una originale rilettura della teologia e della cosmologia neoplatoniche, conciliandole e integrandole con il creazionismo biblico. Egli, in tal modo, a proposito di Dio, scrive che fra i quattro ordini di esseri «il più nobile è quello di cui si può chiedere soltanto se sia, e non cosa sia, o come sia, o perché sia, ed è il caso dell'unico, eccelso e santo» (AVICEBRON, *Fons vitae*, trad. it. *Fonte della vita*, a cura di Marienza BENEDETTO, Milano, Bompiani, 2007, p. 633). Precedentemente, infatti, aveva scritto che «il creatore primo è perfetto» (ivi, III, 6,

ricompresa in questa prospettiva storico-salvifica, piuttosto che speculativa, da innumerevoli passi degli scritti del *Nuovo Testamento*[43], che riconoscono nell'evangelo di Gesù di Nazareth[44], il Cristo, Figlio di Dio, crocifisso, morto e risorto, le «grandi opere di Dio»[45]. Ancora

---

p. 345), «infinito» (ivi, p. 347), che «tutto si veste della luce del Creatore primo, nobile e santo» (ivi, 45, p. 469), che «il necessario è uno solo, il Creatore nobile e grande» (ivi, V, 24, p. 635), che «è proprio della maestà realizzare la perfezione» e che, «poiché il Creatore primo, sublime e santo, è autosufficiente e perfetto, occorre che il creato che Lo patisce sia indigente e imperfetto» (ivi, 25, p. 635). L'essenza del Creatore «non ha né principio né fine», egli è «eccelso e santo» (ivi, 30, p. 647). Per tale ragione «conviene a ogni cosa cercare il Creatore primo e muoversi nella sua direzione. [...] Innalzarsi fino alla prima essenza e nobilissima è impossibile; ma anche innalzarsi fino a ciò che la segue è estremamente complicato. [...] Chi avrà purificato la propria anima, e avrà reso chiara la propria intelligenza, al punto tale da riuscire a penetrare [le porte chiuse della materia e della forma] e ad oltrepassarle, raggiungerà il termine ultimo, diventando, così spirituale, divino e troverà la gioia, perché sarà presso la Volontà perfetta; allora il suo movimento si arresterà e la sua gioia perdurerà» (ivi, 35, p. 659). Avicebron, poi, precisa che «la creazione delle cose da parte del Creatore nobile e grande, ossia il fluire della forma dall'origine prima, che è la Volontà, e il suo riversarsi sulla materia, è come lo sgorgare dell'acqua dalla sua fonte e lo scorrere continuo che le consegue; ora, questo è senza interruzione e senza quiete; quello [=il fluire della forma], invece, senza movimento e al di fuori del tempo» (ivi, 41, p. 671). A conclusione dell'opera, infine, l'autore individua nella percezione della grandezza di Dio il culmine del suo itinerario di ricerca: «*M*. Distingui nella tua mente nel modo più evidente possibile la materia dalla forma, la forma dalla Volontà, la Volontà dal movimento; perché, quando l'avrai fatto, la tua anima si purificherà e il tuo intelletto sarà chiaro e penetrerà fin dentro il mondo dell'intelligenza. E coglierai, allora, l'universalità della materia e della forma; e la materia, assieme a tutte le forme che essa accoglie, ti sembrerà un libro aperto dinanzi ai tuoi occhi: per mezzo dell'intelligenza rifletterai sui suoi disegni, e attraverso l'intelletto percepirai le sue figure. Spererai, a quel punto, di riuscire a innalzarti fino alla conoscenza di ciò che è al di sopra di esse. *D*. E cosa c'è al di sopra di queste? *M*. La causa per cui esiste ciò che esiste. Ma questa è la conoscenza del mondo della divinità, che è nel complesso la cosa più grande» (ivi, 43, pp. 679-681). Sull'insieme, cfr. Ermenegildo BERTOLA, *Salomon Ibn Gabirol (Avicebron). Vita, Opere, Pensiero*, Padova, CEDAM, 1953.

[43] Cfr. *Mt* 13,43; 19,28; 25,31; *Mc* 8,38; 10,37; 13,26; *Lc* 2,9; 9,31; 21,17; *Gv* 2,11; 11,4.40; 12-17; *At* 1,9; 7,55; 12,23; 22,11; *Rom* 4,20; 5,2; 8,17.23; 1 *Cor* 13,12; 2 *Cor* 3,7; 4,17; *Fil* 2,9; 3,21; *Col* 1,27; 3,21; 1 *Ts* 2,12; 2 *Ts* 2,14; 1 *Tm* 3,16; 2 *Tm* 2,10; *Tt* 2,13; *Eb* 9,5; 1 *Pt* 4,11.14; 5,4-13; 2 *Pt* 1,17; *Gd* 8; *Ap* 14,7; 15,8; 18,1; 21,23 (cfr. G. MOLIN, *Gloria*, pp. 640-642).

[44] Cfr. *Mc* 1,1.

[45] *At* 2,11. Cfr. Gerhard KITTEL, δόξα, in *Grande Lessico del Nuovo Testamento*, ed. it. a cura di F. MONTAGNINI - G. SCARPAT - O. SOFFRITTI, Brescia, Paideia, 1966, vol. II, coll. 1383-1394 [1350-1398] (ed. or. *Theologisches Wörtebuch zum Neuen Testament*, herausgegeben von Gerhard FRIEDRICH, Stuttgard, W. Kohlhammer Verlag, 1935, II, 237-256).

la grandezza di Dio è proclamata, successivamente, stavolta prevalentemente in polemica con il politeismo, anche dal *Corano* e dal *Takbîr*, la formula introduttiva alla preghiera islamica, significante, appunto, «Dio è il più grande! (*Allâhu àkbar!*)»[46].

---

[46] Cfr. Cherubino Mario GUZZETTI, *Islam*, Cinisello Balsamo, San Paolo, 2003, pp. 25; 206-207; 244. Cfr. *Corano*, II,55; XIII,9.16; XXX,5; XXXII,6; XXXV,2: XXXIX,5; XLII,51; XLVIII,7; LVI,74. In particolare, la *Sura* LV,26-27 recita: «Tutto quello che è in questo mondo perisce, rimarrà il Volto del tuo Signore, pieno di Maestà e di Magnificenza»; la *Sura* LIX,23, inoltre, proclama: «Allah è l'Unico e non c'è altro Dio all'infuori di Lui, il Re, il Santo, la Pace, il Fedele, il Custode, l'Eccelso, Colui che costringe al Suo Volere, Colui che è cosciente della Sua Grandezza. Gloria ad Allah, ben al di là di quanto gli altri Gli associano» (*il Corano*, a cura di Antonio RAVASIO, Santarcangelo di Romagna, Rusconi Libri, 2003, pp. 325; 339). Inoltre tra i novantanove nomi di Allah figurano, molto significativamente: L'Eccelso (24. *al-cAliy*), Il Magnifico (25. *al-cAzîm*), L'Immenso (28. *al-Wâsic*), Il Glorioso (49. *al-Majîd*), appunto, Il Grande (62. *al-Kabîr*), L'Altissimo (63. *al-Mutacäl*, 85. *al-Aclâ*), Colui che ha gloria e onore (98-99. *Dhû al-Jalâl wa al-Ikrâm*), (cfr. ivi, pp. 14-15). Al riguardo, anche in prospettiva comparativistica rispetto alla riflessione di Anselmo, è particolarmente illuminante quanto, nella sua stessa epoca, ma nel contesto mediorientale, scrive, in riferimento al *Takbîr*, al-Gazālī (1058-1111) massima espressione dell'ortodossia e del neoplatonismo islamici: «Gli iniziati non hanno bisogno di attendere il Giorno della Resurrezione per sentire l'appello del Creatore eccelso: "a chi il Regno in quel giorno? A Dio! L'unico, il Soggiogatore" (*Cor.*, XL, 16). Anzi questo appello risuona sempre e per sempre nelle loro orecchie. Né essi hanno inteso le parole di Lui: "Iddio è grandissimo" nel senso che Egli è più grande di altri – ce ne guardi Iddio! –; non esiste infatti insieme con Lui alcun altro, sicché si possa dire che Egli è più grande di questo altro. Anzi nessuno ha grado di coesistenza, né grado di subordinazione né esistenza del tutto, se non in dipendenza da Lui. L'esistente è solo il Suo Volto, ed è assurdo dire che Egli potrebbe essere più grande del Suo Volto, ché anzi il significato è che Egli è troppo grande per potersi dire di Lui "più grande" in senso relativo o comparativo; troppo grande perché un altro diverso da Lui possa percepire la vera essenza della Sua grandezza, sia egli un profeta o un angelo. Diciamo di più: non conosce Dio con vera conoscenza se non Dio stesso; anzi, poiché ogni cosa conosciuta ricade in un certo senso sotto il potere e nel dominio di chi la conosce, chi afferma di conoscere veramente Dio nega la Sua maestà e la Sua grandezza. La prova noi l'abbiamo data nel Libro "Lo scopo più alto nei significati dei bei nomi di Dio" (*al-Maqsad al-asnà fî ma'ānī asmā' Allāh al-husnà*)» (AL GAZĀLĪ, *La nicchia delle luci* [*Mischkāt al anwār*], I, in IDEM, *Scritti scelti*, a cura di Laura VECCI VAGLIERI - Roberto RUBINACCI, Torino, UTET, 1970, p. 580 [pp. 561-614]). Come afferma lo studioso Balić, infatti, «Allāh è la somma grandezza cosmica, ma è al contempo un ideale che non può essere colto da nessun tipo di speculazione filosofica. Unico nella sua essenza, Dio stabilisce il corso delle cose nel mondo. Nella sua onnipotenza, vita e potenza si fondono. [...] È infinitamente perfetto in quanto possiede in somma misura tutte le buone qualità. È immutabile, saggio, giusto, amorevole, onnipresente, onniscente, onnipotente e veritiero in sommo grado. È l'unico ideale infallibile, che non delude alcun uomo e non arreca tormenti all'anima» (S. BALIĆ, *Dio*, p. 151). Mentre

Proprio la grandezza di Dio è alla base della metafisica teologica maturata nel *Monologion* e poi culminata, nel *Proslogion*, nell'*id*

la mediazione di Ibn Sînâ (Avicenna) (980-1037), che risale ad un secolo prima circa, ma sempre nel contesto mediorientale, presenta il tema alla luce anche di categorie tratte dalla metafisica aristotelica: «L'Esistente Necessario ha un'esistenza perfetta. Non Gli manca, infatti, nessuna parte della Sua esistenza e nessuna perfezione di quest'ultima, e nessuna cosa che rientra nel genere della Sua esistenza fuoriesce da essa per appartenere a qualcos'altro, come accade, invece, con le cose che non sono l'Esistente Necessario, ad esempio con l'uomo. Molte delle perfezioni dell'esistenza umana, infatti, mancano all'uomo [individuale], e la sua umanità appartiene anche ad altri. L'Esistente necessario, per meglio dire, è al di sopra della perfezione. Non soltanto, infatti, Esso possiede [tutta] l'esistenza che solamente Esso ha; ma anche ogni [altra] esistenza è una sovrabbondanza della Sua esistenza, Gli appartiene ed emana da Esso. L'Esistente Necessario di per sé è un bene puro. In generale il bene è ciò che ogni cosa desidera. Ma ciò che ogni cosa desidera è l'esistenza, oppure la perfezione dell'esistenza nell'ambito dell'esistenza [specifica che la cosa in questione ha]. La non-esistenza, invece, non è desiderata in quanto tale, ma in quanto è seguita dall'esistenza o dalla perfezione dell'esistenza. Il vero oggetto di desiderio pertanto è l'esistenza. Esso è un bene puro e una perfezione pura. In generale, quindi, il bene è ciò che ogni cosa desidera di per sé e grazie a cui la sua esistenza risulta perfetta. Il male non esiste di per sé, ma o è la non-esistenza di una sostanza, oppure la non-esistenza dell'idoneità di uno stato di una sostanza. L'esistenza dunque è una bontà e la perfezione dell'esistenza è la bontà dell'esistenza. L'esistenza a cui non è congiunta nessuna non-esistenza – né la non-esistenza di qualcosa che appartiene alla sostanza – ma che è sempre in atto, è un bene puro. L'esistente possibile di per sé non è un bene puro. Di per sé, infatti, esso non possiede necessariamente l'esistenza; di per sé, quindi, non può esistere. Ma ciò che in qualche modo può non esistere non è privo di male e di imperfezione sotto ogni rispetto. Il bene puro, quindi, non è se non l'Esistente Necessario di per sé. È detto essere un bene anche ciò che conferisce le perfezioni e le bontà delle cose. Ma è già risultato chiaro che l'Esistente Necessario deve essere, di per sé, il datore di ogni esistenza e di ogni perfezione dell'esistenza. Esso, dunque, anche sotto questo rispetto è un bene in cui non rientra nessuna imperfezione e nessun male. Ogni Esistente Necessario è vero. La verità di ogni cosa, infatti, è il fatto che l'esistenza che le appartiene e che viene affermata di essa [le] è propria. Niente è pertanto più vero dell'Esistente necessario. "Vero" si dice anche di ciò riguardo a cui la convinzione che esso esista è veritiera sempre e di per sé, non grazie a qualcos'altro. Niente, pertanto, è più degno di [avere] questo [tipo di] verità di ciò riguardo a cui la convinzione che esso esista è veritiera sempre e di per sé, non grazie a qualcos'altro. Alle quiddità delle altre cose, come sai, non spetta l'esistenza; ad esse, al contrario, di per sé ed a prescindere dalla loro relazione con l'Esistente Necessario, spetta la non-esistenza. Tutte le altre cose, perciò, sono false di per sé, vere grazie all'Esistente Necessario, e sussistenti in rapporto al volto che Gli è prossimo. Per questo [è scritto] "Ogni cosa perisce tranne il Suo volto" [*Cor.* XXVIII, 88]. Esso, dunque, è la cosa più degna di essere vera. L'Esistente necessario è un intelletto puro. Esso, infatti, è una cosa separata dalla materia sotto ogni rispetto [...]. Dal momento che è un intelletto per essenza ed anche un oggetto di intellezione per essenza, Esso è l'oggetto di intellezione di Se

quo maius cogitari nequit e nelle successive, conseguenti espressioni[47]: Dio, sommamente buono, sommamente grande, essere per sé, per il quale sono tutte le cose[48], «id quo maius cogitari nequit»[49], «quidquid melius est esse quam non esse»[50] e «quiddam maius quam cogitari possit»[51]. Il carattere spiccatamente teologico di tale prospettiva metafisica è fuori di dubbio, come per certi aspetti lo è anche la qualifica di cristiana[52]. Quest'ultima, nondimeno, inerisce solo alla prima delle due grandi verità proprie del cristianesimo, la

---

Stesso. Di per sé, dunque, Esso è intelletto, soggetto di intellezione ed oggetto di intellezione» (AVICENNA [IBN SĪNĀ], *Libro della guarigione*, XIII: *Le cose divine*, VIII, 6, §§ 1-4, ed. it. a cura di Amos BERTOLACCI, Torino, UTET, 2007, pp.660-663); sull'insieme, cfr. Louis GARDET, *La pensée religieuse d'Avicenne (Ibn Sīnā)*, Paris, Vrin, 1951; Amélie-Marie GOICHON, *La philosophie d'Avicenne et son influence en Europe Médievale*, Paris, Adrienne-Maisonneuve, 1951; Osman CHAINE, *Ontologie et théologie chez Avicenne*, Paris, Adrienne-Maisonneuve, 1962. Il tema della magnificienza divina, comunque, è sufficientemente esplorato già nel X secolo, sempre nell'ambito dell'Islam mediorientale, da al-Fârâbî (870-950): «Siccome la perfezione del Primo [Essere] si diversifica da tutte le altre perfezioni, analogamente differenti saranno la sua grandezza, maestà e gloria rispetto ad altri esseri dotati di grandezza, maestà e gloria. La grandezza e la gloria [del Primo Essere] sono i compimenti della sua sostanza, a esclusione di ogni altra [cosa] estranea alla sua sostanza ed essenza. Egli possiede grandezza e gloria per essenza, che sia glorificato, magnificato ed esaltato [dalle creature] oppure no. L'esistere nel maggior grado di eccellenza e l'attingere la suprema perfezione costituiscono la bellezza, lo splendore e l'ornamento di ogni essere esistente. E poiché l'esistenza del Primo è la più eccellente delle esistenze, la sua bellezza eccede la bellezza di ogni altro [essere] bello. Lo stesso discorso vale per il suo splendore e la sua magnificenza. Tutti questi [attributi] gli appartengono per essenza e sostanza, per se stesso e per ciò che si intellige della sua essenza. Riguardo a noi [uomini], la bellezza, la magnificenza e lo splendore ci sono accidentali e non essenziali, per qualità esterne a noi e non per nostra sostanza. La bellezza e la perfezione, così come tutti gli altri [attributi] non costituiscono [in Dio] che un'unica essenza» (AL FÂRÂBÎ, *La città virtuosa* [*Kitâb Ârâ' Ahl al-Madînah al-Fâdilah*], trad. it. a cura di Massimo CAMPANINI, Milano, BUR, 1996, cap. VI, pp. 85-86).

[47] Su questo aspetto, cfr. Matteo ZOPPI, *La verità sull'uomo. L'antropologia di Anselmo d'Aosta*, Prefazione di Letterio MAURO, Appendice: *De beatitudine perennis vitae*, ms. Chambéry, Mediathèque J.J. Rousseau, 24, ff. 107v-111r, Roma, Città Nuova, 2009 (Collana di teologia diretta da P. Coda, 62), pp. 86-111.

[48] Cfr. ANSELMO D'AOSTA, *Monologion*, capp. I-IV, ed. SCHMITT, I/1, pp. 13, 1-18, 3; trad. it., pp. 49-59.

[49] IDEM, *Proslogion*, cap. II, ed. SCHMITT, I/1, p. 101, 15-16; trad. it., p. 97.

[50] Ivi, cap. V, p. 104, 16; trad. it., p. 103.

[51] Ivi, cap. XV, p. 112, 14-15; trad. it., p. 121.

[52] Cfr. Roberto NARDIN, *Metafisica e rivelazione in Sant'Anselmo*, «PATH», 5 (2006) n. 2, pp. 351-356 [341-363].

trinità di Dio appunto, senza considerare minimamente la seconda, di uguale importanza: si tratta dell'evento Gesù Cristo, in altri termini dell'incarnazione, passione, morte e risurrezione di Gesù di Nazareth. Come afferma lo stesso Anselmo nell'*Epistola de incarnatione Verbi*, in quegli opuscoli aveva esposto tutte le verità della fede cattolica, appunto, «praeter incarnationem»[53]. Su questo aspetto centrale della fede cristiana, che, tanto nel *kerigma* evangelico delle origini quanto nella prima elaborazione del dogma, guida la comprensione stessa del mistero trinitario e la sua definizione, gli sviluppi anselmiani circa la grandezza di Dio non sembravano avere nulla da dire. Almeno così pare da una certa lettura dei primi trattati. In realtà, se comparato al *Monologion*, già il *Proslogion* tradisce un interesse di comprensione determinante per gli sviluppi che troveranno adeguata trattazione nel successivo *Cur deus homo*: si tratta del tentativo di conciliare assieme, in riferimento appunto alla grandezza della natura divina, gli attributi di giusto e di misericordioso[54]. Nell'opera, infatti, tale ricerca si protrae per ben quattro capitoli, dall'VIII all'XI e nella sua economia occupa di fatto più spazio di quello precedentemente riservato alla esposizione dell'*unum argumentum*, contenuta nei capitoli dal II al IV. Come si comprende, la tematica si rivela decisiva per la nostra indagine, anche perché giustizia e misericordia sono i temi che scandiscono, rispettivamente, le analisi dei due libri in cui Anselmo suddivide il *Cur deus homo*. Quello di quest'ultimo si prospetta essere, pertanto, un ampliamento tematico decisivo, in linea di continuità, seppur con notevoli integrazioni, rispetto all'indagine del *Proslogion*. È chiaro che giustizia e misericordia divine nel *Cur deus homo* sono fatte oggetto finalmente di un'indagine cristiana a tutto tondo, grazie appunto all'innovativo ampliamento dottrinale dell'opera, vertente intorno all'incarnazione del Verbo. Qui il Dio che nei trattati precedenti era

---

[53] ANSELMO D'AOSTA, *Epistola de incarnatione verbi*, cap. 6, ed. SCHMITT, I/2, pp. 1-35, in particolare, p. 20, 18; trad. it., in IDEM, *Perché un Dio uomo? / Lettera sull'incarnazione del Verbo*, p. 197.

[54] Cfr. Michel CORBIN, *La nouveauté de l'Incarnation*, in ANSELME DE CANTORBÉRY, *Lettre sur l'Incarnation du Verbe. Pourquoi un Dieu-homme*, Introduction, traduction et notes par Michel CORBIN, s.j. et Alain GALONNIER, Paris, Les Éditions du Cerf, 1988 (*L'œuvre d'Anselme de Cantorbéry*, sous la direction de Michel CORBIN, s.j., III), pp. 15-166, in particolare, pp. 42-57.

stato conosciuto come sommamente buono, grande, *esse per se*, autore di tutte le cose, realtà della quale non è possibile pensarne una più grande, tutto ciò che è meglio essere piuttosto che non essere e più grande di quanto possa essere pensato, viene innovativamente compreso come tale proprio in quanto misericordioso: nulla è tolto alla sua suprema onnipotenza, ma al contrario quest'ultima è stavolta recepita anche nella prospettiva della misericordia. All'inizio dell'opera Anselmo si chiede: «Per quale necessità e per quale ragione Dio, pur essendo onnipotente ha assunto l'umiltà e la debolezza della natura umana per restaurarla?»[55]; nel capitolo VI rincalza:

Ciò di cui essi [gli *infideles*] grandemente si meravigliano, è che noi chiamiamo liberazione questa redenzione. In quale prigionia infatti – ci dicono – o in quale carcere o sotto il potere di chi eravate, per cui Dio non poteva liberarvi se non riscattandovi con tante sofferenze e, infine, col proprio sangue? Noi diciamo: egli ci ha redenti dai [nostri] peccati, dalla sua collera, dall'inferno e dal potere del diavolo, che egli stesso è venuto a debellare per noi, dato che non ne eravamo in grado; ci ha liberati per il regno dei cieli e, operando tutto ciò in questo modo, ci ha mostrato quanto ci amava. Ma essi risponderanno: se voi dite che Dio non ha potuto fare questo con un solo comando e dite poi che ha creato tutto comandando, voi vi contraddite da soli, perché lo ritenete impotente. Se invece riconoscete che l'avrebbe potuto, ma l'ha voluto solo in questa maniera, in che senso potete mostrarlo come sapiente, affermando che senza alcuna ragione ha voluto subire sofferenze così sconvenienti? [...] Forse l'onnipotenza divina non regna dovunque? In che senso allora Dio aveva bisogno di discendere dal cielo per vincere il diavolo?[56];

e conclude nel capitolo VIII:

Quale giustizia è quella per cui si consegna alla morte per un peccatore l'uomo più giusto di tutti? [...] La cosa sembra inviare allo stesso inconveniente di prima. Difatti, se non ha potuto salvare i peccatori altrimenti che condannando un giusto, dov'è la sua misericordia? Se, al contrario, poteva ma non ha voluto, come difenderemo la sua sapienza e la sua giustizia?[57].

---

[55] ANSELMO D'AOSTA, *Cur deus homo*, I, cap. 1, trad. it., p. 82.
[56] Ivi, I, cap. 6, trad. it, p. 88-89.
[57] Ivi, I, cap. 8, trad. it., p. 93.

Più avanti, nel capitolo XIII, Anselmo riprende il tema e afferma: «Se nulla è maggiore o migliore di Dio, nulla è più giusto della somma giustizia, che custodisce il proprio onore nella disposizione delle cose, ed essa non è altro che Dio stesso»[58], per poi terminare, finalmente, nel capitolo XXV:

> [...] con quale coraggio affermeremo che Dio ricco di misericordia al di là dell'umana intelligenza, non può usare tale misericordia? ANSELMO. Questo devi ora chiedere a coloro al posto dei quali tu parli, i quali pensano che Cristo non sia necessario alla salvezza umana. Dicano per quale via l'uomo può essere salvato senza il Cristo. Se in nessun modo possono rispondere, cessino di deriderci, si avvicinino e si uniscano a noi, che non dubitiamo che l'uomo può essere salvato per mezzo del Cristo; oppure perdano assolutamente ogni speranza che ciò possa avvenire. Se questo li atterrisce, credano con noi nel Cristo per poter essere salvati[59].

Anselmo può così introdurre la *ratio* fino alle soglie del mistero cristiano e spingersi nel vivo di un'indagine metafisica capace di lasciare intravedere il volto evangelico di Dio. Per realizzare questo obiettivo, egli sviluppa, come anticipa all'inizio dell'opera, le implicazioni proprie delle *convenientiae*[60] inerenti all'evento dell'Incarnazione, che, in ultima analisi, trovano le loro ragioni profonde nell'eminenza della natura divina: «ANSELMO. [...] Se infatti [gli *infideles*] considerassero con attenzione quanto conveniente sia il modo in cui è stata compiuta la restaurazione dell'umanità, non deriderebbero la nostra semplicità, ma loderebbero con noi la sapiente benevolenza di Dio»[61]. Le *rationes necessariae* di cui è intessuta l'opera, danno voce appunto a questa ricerca delle *convenientiae* dell'evento Gesù Cristo (*res gesta*)[62]. Scrive al riguardo Bernard Sesboüé: «Tutta questa argomentazione, che fa un uso ripetuto del dilemma, è sorretta da una certa idea della grandezza di Dio. Tale grandezza tiene lontana da Dio qualsiasi

---

[58] Ivi, I, cap. 13, trad. it., p. 106.
[59] Ivi, I, cap. 25, trad. it., p. 132.
[60] Cfr. ivi, I, cap. 3, trad. it., pp. 85-86.
[61] Ivi, I, cap. 4, trad. it., p. 86.
[62] Cfr. ivi, pp. 86-87.

mancanza di convenienza»[63]. Il capitolo XI, mette bene in luce la connessione tra *rationes necessariae* e *convenientiae*:

ANSELMO. Visto che in simile questione tu accetti di parlare nel nome di coloro che nulla vogliono credere se non ne è stata mostrata previamente la ragione, voglio fare con te il patto di non ammettere in Dio alcun inconveniente, neanche il più piccolo, e di non rifiutare alcuna ragione, neppure la più piccola, se non si trova in contraddizione con una più grande. Difatti, come in Dio da ogni inconveniente, per quanto piccolo, segue una impossibilità, così a ogni ragione, per quanto piccola, si accompagna una necessità, se non è demolita da una più grande[64].

Le domande che lo scandalo e la stoltezza della croce pongono alla metafisica del *Proslogion*, in questo modo, trovano una possibile risposta nell'originale rideclinazione degli attributi divini di onnipotenza, giustizia e bontà[65]. Anselmo può sviluppare, così, una

---

[63] Bernard SESBOÜÉ, *Gesù Cristo l'unico mediatore. Saggio sulla redenzione e la salvezza-1*, Cinisello. Balsamo, Edizioni Paoline, 1991 (ed. or. *Jésus-Christ l'unique médiateur. Essai sur la rédemption et le salut I. Problématique et relecture doctrinale*, Paris, Desclée, 1988), p. 376.

[64] ANSELMO D'AOSTA, *Cur deus homo*, I, cap. 11, trad. it., p. 101.

[65] Si può rilevare, in tal senso, una singolare congruenza tra questa prospettiva e quanto, *mutatis mutandis*, nel Novecento propose il filosofo ebreo Hans Jonas nel suo celebre opuscolo *Der Gottesbegriff nach Auschwitz. Eine jüdische Stimme*, Frankfurt a/M., Suhrkamp Verlag, 1987 (trad. it., *Il concetto di Dio dopo Auschwitz. Una voce ebraica*, a cura di Carlo ANGELINO, Genova, il melangolo, 1989). Jonas vi sostiene che, dopo Auschwitz, non è più possibile fare riferimento a Dio, qualificandolo secondo la «dottrina tradizionale della assoluta, illimitata, onnipotenza divina» (ivi, p. 31). Di conseguenza, non sarebbe più possibile riconoscerlo mediante l'associazione dei suoi tre attributi tradizionali: onnipotenza assoluta, appunto, comprensibilità e bontà assoluta, «in rapporto tale che ogni relazione tra due di loro esclude il terzo» (ivi, p. 33). La soluzione proposta da Jonas è che, dopo Auschwitz, occorra rivedere la prospettiva tradizionale circa l'onnipotenza assoluta di Dio, non essendo compatibile con la fede ebraica la realtà di un Dio totalmente incomprensibile e non buono: occorre quindi abbandonare l'attributo divino di onnipotenza (cfr. ivi, pp. 34-35): «durante gli anni in cui si scatenò la furia di Auschwitz Dio restò muto. [...] non intervenne non perché non volle, ma perché non fu in condizione di farlo. [...] Concedendo all'uomo la libertà, Dio ha rinunciato alla sua potenza» (ivi, pp. 35-36). Jonas è consapevole che con tali conclusioni si colloca al di fuori dell'ortodossia ebraica e del genuino messaggio biblico, nondimeno ritiene che, dopo Auschwitz, non restino altre alternative e che dei tre attributi teologici tradizionali, sia conveniente rinunciare appunto a quello dell'onnipotenza (cfr. ivi, pp. 36-39). Naturalmente questa soluzione non trova una corrispondenza in quella maturata da Anselmo: la fede evangelica nell'incarnazione e la «parola della croce» (1 *Cor* 1,18)

originale ermeneutica teologica, particolarmente adatta a ricomprendere la fede cristiana come l'espressione più coerente e appropriata rispetto al contenuto dottrinale della grandezza di Dio, condiviso con ebrei e musulmani: «ANSELMO. Ugualmente, se nulla è maggiore o migliore di Dio, nulla è più giusto della somma giustizia, che custodisce il proprio onore nella disposizione delle cose, ed essa non è altro che Dio stesso»[66]. L'*honor Dei* diventa, in tal senso, sinonimo dell'*id quo maius cogitari nequit*, ma anche, al contempo, della somma giustizia e dell'*ordo rerum*. Quest'ultimo richiede, in forza di una necessità che scaturisce non tanto da un obbligo, ma dall'eminenza della giustizia e della bontà divine, che il disegno di creazione e di salvezza divino si compia e che, pertanto, sia restaurata la *caelestis civitas* disabitata dall'uomo a causa del peccato originale[67]. Ma una simile restaurazione, per Anselmo, non può avvenire mediante una semplice sanatoria dei peccatori, perché col peccato l'uomo e il mondo sono decaduti dalla loro originaria e coessenziale dignità: «ANSELMO. Nessun uomo ingiusto è ammesso alla beatitudine, perché come la beatitudine è pienezza senza indigenza, così a nessuno essa si addice, se non a chi ha una giustizia così intatta, che non vi si trova alcuna ingiustizia»[68].

Si tratta come si vede di una ermeneutica teologica che dà luogo ad una circolarità: la grandezza di Dio, che si esprime *intrinsece* nell'*honor Dei* ed *extrinsece* nell'*ordo rerum*, fonda e richiede la grandezza e la dignità dell'uomo, che consitono in una pienezza di giustizia e di felicità. Quest'ultime, d'altra parte, si possono realizzare solo mediante la sottomissione libera e permanente della volontà umana a quella divina: «ANSELMO. È evidente quindi che Dio, considerato in se stesso, non può essere onorato o disonorato da alcuno; ma la creatura, vista dalla sua parte, sembra farlo, quando sottomette o sottrae la propria volontà alla volontà divina»[69].

---

possono dare luogo ad un'ermeneutica filosofica e teologica che ricomprende l'onnipotenza divina alla luce della categoria paolina di *kenosis*: nel mistero di Gesù Cristo, incarnato, crocifisso e risuscitato, è possibile riconoscere l'onnipotenza, la sapienza e la salvezza di Dio (cfr. *Rom*, 11, 25-36; *Ef* 1, 3-14; *Fil* 2, 6-11).

[66] ANSELMO D'AOSTA, *Cur deus homo*, I, cap. 13, trad. it., p. 106.

[67] Cfr. ivi, cap. 19.

[68] Ivi, cap. 24, trad. it., p. 130.

[69] Ivi, cap. 25, trad. it., p. 108.

Commenta, a questo proposito, Sesboüé: «L'onore di Dio è la sua gloria nel senso biblico del termine, è il peso dell'amore divino, è il suo essere stesso nella sua permanenza e fedeltà. Per questo l'onore di Dio e il bene dell'uomo da salvare coincidono; e tale coincidenza sfocia nell'economia "inaudita" dell'incarnazione redentrice»[70]. In questo intreccio di teologia e antropologia trova espressione l'ermeneutica anselmiana dell'Incarnazione: la restaurazione dell'uomo può essere realizzata soltanto da un soggetto che sia al contempo Dio e uomo[71], dal momento che,

> BOSONE. Se Dio segue le ragioni della giustizia, non c'è via di scampo per il povero omiciattolo, e la misericordia di Dio sembra svanire. ANSELMO. Hai chiesto la via della ragione, segui la via della ragione! Non nego che Dio sia misericordioso, lui che salva *gli uomini e gli animali*, come ha moltiplicato la sua *misericordia* [cfr. *Sal* 35, 7-8]. Ma noi parliamo di quella misericordia ultima, che dopo questa vita rende l'uomo beato. Che tale misericordia debba essere data solo a colui al quale sono stati totalmente rimessi i peccati, che questa remissione avvenga soltanto dopo la restituzione del debito a cui si è obbligati per il peccato secondo la gravità del peccato stesso, credo di averlo sufficientemente mostrato con le ragioni addotte prima. Se ti sembra di potervi obiettare qualcosa, devi dirlo[72].

Le esigenze della giustizia e della misericordia divine, in tal modo, si ricompongono nella soteriologia[73] e permettono ad Anselmo di sviluppare nel secondo libro, le conseguenti argomentazioni a sostegno dell'incarnazione[74], della passione, morte e risurrezione[75] di Cristo:

---

[70] B. SESBOÜÉ, *Gesù Cristo l'unico mediatore. Saggio sulla redenzione e la salvezza-1*, p. 381.

[71] Cfr. ANSELMO D'AOSTA, *Cur deus homo*, II, cap. 6.

[72] Ivi, I, cap. 24, trad. it., p. 131.

[73] Cfr. B. SESBOÜÉ, *Gesù Cristo l'unico mediatore. Saggio sulla redenzione e la salvezza-1*, pp. 379-382.

[74] Cfr. ANSELMO D'AOSTA, *Cur deus homo*, II, capp. 7-9.

[75] Cfr. ivi, II, capp. 10-19. In tal senso, occorre anche precisare che va perentoriamente corretta l'inveterata tendenza degli studiosi ad escludere la prospettiva della resurrezione dall'orizzonte dell'ermeneutica del *Cur deus homo*. Infatti, per Anselmo, obiettivo del Padre era comunque l'esaltazione (*exaltatio*) del Figlio, che poteva essere realizzata in diversi modi (cfr. ivi, I, cap. 9), mentre l'incarnazione del Verbo e la sua morte ingiusta erano necessarie 'solo' in ordine alla salvezza degli uomini, ma pur sempre in vista dell'esaltazione (cfr. *ibidem*). Il fatto che il Figlio abbia scelto liberamente di essere esaltato dal Padre, passando mediante la sua morte salvifica, comporta che la sua esaltazione coincida, nell'economia divina, con

Bosone. Non sono venuto perché tu dissipi i dubbi della mia fede, ma perché mostri le ragioni della mia certezza. Perciò, come mi hai condotto per le vie della ragione a vedere che l'uomo peccatore deve a Dio per il peccato quanto non può dare, e non può essere salvato se non lo dà, così desidero che tu mi conduca a capire per quale necessità razionale devono realizzarsi tutte le cose che la fede cattolica ci insegna a credere attorno a Cristo, se vogliamo essere salvati. Così pure, in che modo esse giovano alla salvezza dell'uomo; in che senso la misericordia di Dio salva l'uomo, quando gli rimette il peccato solo a patto che restituisca ciò che deve a motivo del peccato[76].

Tutto il secondo libro, sviluppando, di conseguenza, le ragioni della misericordia divina, coincide di fatto con una giustificazione dottrinale dell'evento (*res gesta*) evangelico di Gesù Cristo e della sua Pasqua[77], culminante nella comprensione piena della congruenza, da una lato, tra giustizia e misericordia in Dio, dall'altro, tra *rationes necessariae*, Antico e Nuovo Testamento[78]:

[Anselmo.] La misericordia di Dio, che ti sembrava svanire quando consideravamo la giustizia di Dio e il peccato dell'uomo, la ritroviamo così grande e così accordata con la giustizia, che non se ne potrebbe pensare una più grande e più giusta. Quale condotta più misericordiosa infatti si può riconoscere di quella del Padre, il quale, al peccatore condannato ai tormenti eterni e privo di quanto potrebbe salvarlo, dice: "Prendi il mio Unigenito e offrilo per te", e il Figlio da parte sua: "Prendi me e redimi te"? Questo dicono in qualche modo, quando ci chiamano e ci attirano alla fede cristiana. Inoltre, cosa di più giusto che colui al quale viene dato un prezzo più grande di ogni debito, posto che il dono sia fatto con il dovuto affetto, rimetta ogni debito?[79].

----

la sua risurrezione, benché non sia la sua morte la causa remota di essa, ma solo una possibile via, che il Figlio riconobbe e scelse come la più sapiente, la più misericordiosa e la più giusta, attraverso la quale la sua esaltazione sarebbe potuta avvenire, per la riconciliazione del mondo, per la salvezza degli uomini e per mostrare, con il Padre e con lo Spirito Santo, la sublimità della sua onnipotenza (cfr. *ibidem*).

[76] Ivi, I, cap. 25, trad. it., pp. 133-134.

[77] Cfr. Maurizio Flick - Zoltán Alszeghy, *Il mistero della croce. Saggio di teologia sistematica*, Brescia, Queriniana, 1978, pp. 133-137.

[78] Cfr. Anselmo d'Aosta, *Cur deus homo*, II, capp. 20; 22.

[79] Ivi, II, cap. 20, trad. it., p. 176. Cfr. B. Sesboüé, *Gesù Cristo l'unico mediatore. Saggio sulla redenzione e la salvezza-1*, pp. 382-384. Cfr. anche Coloman-Étienne Viola,

4. Conclusioni

Leitmotiv di tale itinerario, la grandezza di Dio caratterizza il dipanarsi del cuore della riflessione anselmiana, dal *Monologion* e dal *Proslogion* fino agli scritti più maturi. In queste prime opere la grandezza divina diventa criterio ermeneutico per poter finalmente esplicare *sola ratione* che esiste una somma natura, per poi comprenderne i diversi attributi fino a spingersi nel vivo della sua identità profonda: appunto un'identità agapico-trinitaria. Al non credente, questa proposta speculativa offriva criteri indubitabili, perché segnati dalla necessità della *ratio*, per comprendere con certezza che Dio esiste veramente, così come lo annuncia la fede cristiana, e che tutti, credenti e non, volenti o nolenti, coscienti o no, fanno a lui riferimento nell'atto stesso del pensare, del conoscere e del comunicare: Dio infatti è quell'essenza necessariamente esistente, supposta dalla *mens humana* in ogni suo atto; in essa viene meno la separazione tra piano della realtà e piano del pensiero, tra *res* e *vox*, e si fonda la possibilità stessa dell'esistenza e della pensabilità di ogni altra realtà[80]. La contingenza del mondo, inoltre, trova in questo ente, che è *esse per se*, il suo fondamento metafisico strutturale e concettuale. Esso è alla base non solo della possibilità di essere di ogni altra realtà, ma anche di quella di essere pensata. In particolare, nel *Proslogion* l'ipotesi del non credente è messa alle strette dalla sua intrinseca contraddittorietà, secondo un procedimento analogo a quello già realizzato da Aristotele nel IV libro della *Metafisica* quando confutò la tesi di quanti negavano il principio di non contraddizione, mostrando che poi essi, di fatto, lo seguivano e lo affermavano con i loro atti. Sicuramente per Anselmo perfino chi dice nel suo cuore "Dio non esiste", di fatto crede in lui e ne afferma l'esistenza ogni volta che, esercitando la sua ragione, pensa, conosce, comunica. Come si vede, l'*id quo maius cogitari nequit* è ricompreso come criterio di riferimento necessario dell'essere e del pensiero. La

---

Anselmo d'Aosta, in *La fioritura della dialettica. X-XII secolo*, a cura di Inos BIFFI - Costante MARABELLI, Milano-Roma, Jaca Book-Città Nuova, 2008 (Figure del pensiero medievale, 2), pp. 49-126, in particolare, pp. 116-120 e IDEM, *Anselmo d'Aosta. Fede e ricerca dell'intelligenza*, Milano, Jaca Book, 2000, pp. 114-116.

[80] Cfr. ANSELMO D'AOSTA, *Proslogion*, cap. IV, trad. it., pp. 100-101. Cfr. anche IDEM, *Quid ad haec respondeat editor ipsius libelli*, 1-2; 6; 9, trad. it., pp. 166-173; 184-185; 190-191.

grandezza di Dio, in tal senso, diventa la chiave attraverso la quale Anselmo può dischiudere anche al non credente l'accesso alla maestà del Creatore e, al contempo, diradare definitivamente le nebbie interiori che ottenebrano e angustiano la possibilità di comprendere la fede del credente. Ma se questo livello di discorso, escludendo naturalmente gli sviluppi finali in prospettiva trinitaria, una volta compreso, poteva incontrare il plauso universale dei credenti del tempo di Anselmo, cristiani, ebrei, o musulmani che fossero, assieme naturalmente ai monaci del Bec, gli unici, veri, diretti destinatari del *Monologion* e del *Proslogion*, quanto invece egli avrà modo di elaborare nel *Cur deus homo* si profilerà decisamente come proposta esclusiva, compatibile soltanto con la fede del Vangelo. Se, infatti, tutti e tre i grandi monoteismi professano assieme la fede nella grandezza del nome di Dio, solo il cristianesimo è capace di ricomprendere quest'ultima in una prospettiva di misericordia tale da indurre Dio stesso a farsi uomo, per salvare l'umanità. Nel *Cur deus homo*, così, Anselmo si spinge nel vivo di una metafisica ancor più propriamente cristiana, connotata trinitariamente e cristologicamente, mediante il precipuo approfondimento degli attributi divini di giusto e di misericordioso[81]. Prima ancora che ad atei, a musulmani e ad ebrei, le conseguenze decisive di questi attributi, in ordine alla comprensione dell'identità del vero Dio, sono sconosciute anche a molti cristiani, che pure credono al mistero dell'Incarnato, pur senza, nondimeno, essere capaci di rallegrarsi, con l'intelligenza e la contemplazione, di questa verità e – per quanto è possibile – di *essere sempre pronti ad appagare chiunque chiede sempre ragione della speranza che è in noi* [1 Pt 3,15], anziché rigirare nel loro cuore la domanda circa il motivo o la necessità per cui Dio si è fatto uomo, e con la sua morte – come noi crediamo e professiamo – ha ridato la vita al mondo, dal momento che avrebbe potuto farlo o tramite un'altra persona, angelica o umana che fosse, oppure con la sua sola volontà[82]. Come Anselmo avrà modo di illustrare *rationibus necessariis* nel corso dell'opera, la salvezza del mondo può passare solo attraverso il Dio-uomo. Infatti, né un angelo

---

[81] Cfr. Maria Leonor LAMAS DE OLIVEIRA XAVIER, *Cristologie et Théodicée dans le* Cur Deus homo *de saint Anselme*, in *Cur Deus homo*, pp. 508-512 [503-515].

[82] Cfr. ANSELMO D'AOSTA, *Cur deus homo*, I, cap. 1, trad. it., pp. 81-82.

delegato, né un semplice uomo, che non sia al contempo anche Dio, né la sola volontà divina sono di per sé sufficienti a salvare il mondo: tale opera, infatti, per la fede cristiana si realizza solo nella persona del Verbo incarnato: contenuto di fede giudicato rozzo e inaccettabile dal credo islamico. Inoltre, sempre *rationibus necessariis*, il Dio-uomo potrà salvare l'umanità, assolvendo il debito a Dio e sciogliendola così dalla sottomissione al diavolo, solo mediante l'accettazione volontaria di una morte subita e infertagli in modo ingiusto e crudele: quanto di più lontano può esservi rispetto a qualsivoglia prospettiva di messianismo ebraico. Quello che Anselmo cerca di chiarire, anzitutto a sé, e poi ai suoi interlocutori, anche eventualmente non cristiani, è che riconoscere la grandezza metafisica di Dio, coerentemente con i risultati raggiunti nel *Proslogion*, non lascia spazio ad alternative circa un suo intervento decisivo in ordine alla salvezza dell'uomo[83]. Riammettere quest'ultimo alla felicità della vita perenne significa, in tal senso, non solo ripristinare un ordine cosmico in parte infranto, ma addirittura esaltare la natura umana, preziosissima opera agli occhi del Creatore, così preziosa da poter essere addirittura da lui assunta nell'Incarnazione. Fatto che comporta una necessaria rivalutazione della dignità umana e del posto occupato dall'uomo e dalla donna nell'universo e nel piano di salvezza di Dio: addirittura superiori agli angeli, gli esseri umani sono concittadini di Dio e, una volta liberati dal peccato ed entrati nella vita eterna, possono pertanto condividere con lui e in lui la piena giustizia e la beatitudine senza fine[84].

---

[83] Su questo aspetto, cfr. Michel CORBIN, *Prière et raison de la foi. Introduction à l'œuvre de Saint Anselme de Cantorbéry*, Paris, Les Éditions du Cerf, 1992, pp. 23-24; Coloman-Étienne VIOLA, *Le « Sitz im Leben » du* Cur Deus homo, in *Cur Deus homo*, pp. 544-552 [515-559].

[84] Cfr. M. ZOPPI, *La verità sull'uomo. L'antropologia di Anselmo d'Aosta*, pp. 112-181; 219-233.

Conclusioni

Bernard ARDURA, O. PRAEM.
Presidente Pontificio Comitato di Scienze Storiche

A novecento anni di distanza dalla sua morte, la memoria di sant'Anselmo di Aosta ci ha offerto l'opportunità di ritornare ai suoi insegnamenti, che a ragione consideriamo parte significativa del grande patrimonio culturale europeo.

Camminando sulle orme di san Benedetto da Norcia, che diede con i suoi monaci un decisivo impulso all'opera civilizzatrice dell'Europa con la croce e l'aratro, Anselmo deve essere compreso nel suo contesto intellettuale e religioso. Proprio questo è lo scopo di questo libro, frutto del Congresso su Sant'Anselmo nel IX centenario della morte.

Le nostre domande, infatti, non sono nuove, e trovano le loro radici in quelle dei nostri antenati.

Un grande Statista del secolo scorso, Robert Schuman, non esitava a dichiarare: "La democrazia deve la sua esistenza al cristianesimo. È nata quando l'uomo è stato chiamato ad attuare nella sua vita temporale la dignità della persona umana nella sua libertà individuale, nel rispetto dei diritti di ciascuno e nella pratica dell'amore fraterno verso tutti. Mai prima di Cristo simili idee sono state formulate. L'Europa deve donarsi un'anima".

Le vicende personali ed istituzionali di Anselmo, la 'storia della sua anima', si è svolta in un'Europa nascente alla ricerca di se stessa, ancora sprovvista di una completa, organica visione d'avvenire. Non di rado sentiamo dire che l'Europa attraversa una crisi di senso, di significato. In profondità, questa crisi di senso tocca la natura stessa dell'Europa perché, a differenza degli altri continenti, essa è una 'costruzione dello spirito'. È proprio a motivo di questa natura particolare del nostro continente che Sant'Anselmo ha un suo posto nel processo di costruzione dell'Europa, l'Europa che è prima di tutto un'idea, una realtà basata su idee spirituali, a tal punto che su un mappamondo si può verificare sul grande continente euroasiatico che le frontiere dell'Europa coincidono con l'area in cui si è diffuso il Cristianesimo. Al di là di questi confini inizia l'immensa Asia.

Pur entro gli estesi confini di questa geografia dello spirito, Sant'Anselmo si presenta a noi come un uomo "moderno", un uomo pienamente immerso nel suo tempo segnato da una certa instabilità, in ascolto delle domande dei suoi contemporanei.

Per capire l'uomo e la sua opera, bisogna tener conto che Anselmo è stato, prima di tutto, un monaco. Anche immerso nelle vicende ecclesiastiche e civili, egli rimase il contemplativo per il quale la vita interiore e la vita intellettuale sono una sola e unica realtà, arricchita dall'affettività caratteristica della natura umana.

Dopo i secoli scuri, Anselmo accompagna le trasformazioni culturali del suo tempo, segnacolo privilegiato dell'emergere dell'individuo nella sua soggettività. Se, veramente, egli offrì e continua ad offrire una sua partecipazione al processo di costruzione della "nuova" Europa, è proficuo e fecondo enucleare attraverso questa pubblicazione le idee da lui concepite, promosse e vissute, che sono entrate a far parte degli elementi costitutivi del patrimonio culturale dell'Europa, sotto l'influsso di un pensiero fecondato dal Cristianesimo. Da monaco, Sant'Anselmo partecipò, infatti, all'opera inseparabilmente civilizzatrice ed evangelizzatrice svolta dai monaci sotto la Regola di San Benedetto.

Il mosaico, policromo e variamente popolato di grandi e piccole figure, della nostra nuova Europa, si è arricchito, nelle dense giornate di studio che sono approdate a questo volume, di un'altrettanto nuova e brillante tessera, costituita dal comune e pacato riflettere sull'opera e sulla vita del grande Anselmo d'Aosta, di Bec, di Canterbury, che ci piace, oggi più che mai, celebrare come "penultimo Padre della Chiesa" e come "Anselmo d'Europa", meglio come "Anselmo della nuova Europa".

Ispirati al suo metodo dialogico, infatti, i diversi autori hanno riconsiderato elementi molto rilevanti della sua produzione teologica e della sua elaborata riflessione filosofica, e come osservando un prisma, ne hanno analizzato *in novitate* luci e ombre.

È stato un percorso arduo, alimentato – sulla scorta di Anselmo – dal comune desiderio – che avrebbe, di certo, visto Anselmo concorde – di ricercare, sulle sue tracce, quella *pulchritudo rationis*, quella *speciosa ratio* verso le quali sempre lui stesso ha orientato, in Dio, il suo raffinato esercizio intellettuale. Quella che in questo libro si presenta, dunque, costituisce una sorta di marcia, per sua costituzione, 'affannosa'. Studiare Anselmo, infatti, vuol dire indagare i passi di un uomo, colto e a tratti inquieto, in cammino, costantemente *in itinere*, tanto nel suo personale animo, quanto sulle strade, in particolare sulle vie della migliore cultura ecclesiastica del suo tempo e della sua Europa.

In questo senso, come spesso evocato nei contributi di questo volume, Anselmo è "uomo europeo", meglio è l'*homo viator* europeo per eccellenza. Il suo *quaerere Deum* – tanto intellettuale quanto esistenziale – e il suo servizio alla Chiesa, come abate di Bec e arcivescovo di Canterbury, lo hanno portato lontano dalla sua casa paterna – la ridente Val d'Aosta – e lo hanno guidato, in un metaforico 'uscire da sé', verso lande straniere, nelle quali, tuttavia, sarebbe stato chiamato a costruire, in molteplici sensi. A costruire una sezione importante della teologia e della filosofia medievali, con la sua produzione intellettuale, a edificare nella fede e nell'osservanza della *Regula Benedicti* la sua Comunità monastica in qualità di abate, a promuovere e difendere con coraggio la *Libertas Ecclesiae* come arcivescovo di Canterbury . E – non a caso ne abbiamo celebrato il IX centenario della morte, o, come lui stesso avrebbe preferito, della nascita al Cielo, alla vera Patria – ad alimentare, con la forza del suo pensiero e la testimonianza delle sue opere, l'*humus* costitutivo della nostra Europa. Pensieri, dunque, e parole. Parole e azioni.

L'azzeccata tripartizione del Convegno ha, perciò, ampiamente reso ragione della fondamentale esigenza anselmiana di una fede lucida – *fides quaerens intellectum* – che orienti positivamente una *ratio* aperta alla Grazia divina, in modo che fede e ragione non abbiano a confondersi, ma neanche a separarsi. Così guidato dall'*intellectus fidei*, l'uomo redento può avvicinarsi, o meglio riavvicinarsi a quella originaria *pulchritudo* che nel Cristo – primizia e modello dell'uomo 'nuovo' – sempre permane, senza conoscere incrinazioni o minorazioni.

Anche in virtù della sua metafisica ottimistica, allora, Anselmo merita di essere annoverato tra i padri della nuova Europa, che tanto ha bisogno di un'anima pacificata e rasserenata – potremmo dire 'credente' –, che le consenta di essere madre di una prole coraggiosa e audace.

Del complesso e appassionato uomo Anselmo – studioso, monaco e arcivescovo – sono state indagato le inquietudini, le grandi domande, i tentativi di risposta: questioni vive e attuali anche in ciascuno di noi.

Dal triplice schema del Congresso – pensieri, parole, azioni – si possono, infatti, distinguere due grandi sezioni. La prima : *Il pensiero di Anselmo, o anche Anselmo nella storia del pensiero*. La seconda: *La storia di Anselmo, o meglio Anselmo nella "longue durée" della nostra storia, medievale, e ancora moderna e contemporanea.*

Ma c'è di più. Sotteso a tutte le riflessioni, e trasversale al Congresso, sta il tentativo, certamente riuscito, grazie ai competenti e pluriennali studi degli autori che hanno contribuito a quest'opera, di cogliere la eco delle risonanze di Anselmo, tanto nella storia 'pura' come nella storia della filosofia, quanto nell'intimità dell'anima, così ricca e a tratti sfuggente, del nostro stesso Anselmo.

Entrambe le due grandi sezioni tematiche che abbiano individuato come i binari del procedere in questo libro sono da considerarsi indubitabilmente ricchissime e foriere di ulteriori, nuovi dibattiti e confronti scientifici. La prima sezione - *Il pensiero di Anselmo* – ha visto, infatti, nuovamente indagate la teologia, è più specificamente le idee di Anselmo sulla creazione, sulla soteriologia, e il suo rapporto – tanto le vicinanze quanto le immancabili distanze – con il pensiero dei Padri e dei teologi e filosofi coevi. In ultimo, non mancano stimolanti comparazioni tra il metodo e le acquisizioni anselmiane e certi tratti specifici dell'ermeneutica filosofica coeva.

Anche lo stile e l'estetica di Anselmo sono stati dettagliatamente scandagliati, alla ricerca, a tratti coraggiosamente libera, della verità della sua anima. Un'anima che abbiamo riscoperto, una volta di più, tutta intenta a preservare la verità nell'accezione moralmente pregnante di *rectitudo*. Una *rectitudo* che poggia, salda, sulla fiducia di un'ontologia positiva, in quanto la Creazione, insieme all'uomo, è destinata alla Salvezza. La volontà, dunque segue e – mi piace ripeterlo – preserva la sua *rectitudo*.

Si entra, così, nelle cosiddette 'Opere', in quella seconda area del Congresso, e ora del libro, che ho voluto identificare come *la storia di Anselmo, o Anselmo nella Storia*.

Anche in questo caso, abbiamo potuto beneficiare di tante e molto stimolanti nuove considerazioni. Abbiamo, così, ripercorso tratti singolari, e per certi versi inediti, della storia della Chiesa particolare che Anselmo è stato chiamato a servire, così come ci siamo soffermati sulla riconsiderazione di alcuni atteggiamenti di Anselmo nei confronti di 'grandi eventi' del suo tempo quali, ad esempio, la Crociata.

Se mi è consentito esprimere un personale desiderio, mi sento di auspicare un ulteriore Convegno nel quale, in continuità anche con quelli svolti all'Abbaye du Bec nel secolo scorso, si affronti nuovamente e più approfonditamente la vicenda più propriamente storica di Anselmo, con particolare riguardo a quella che amerei definire come la sua 'sollecitudine pastorale', tanto abbaziale quanto episcopale.

È un desiderio che affido agli autori e ai lettori di questo splendido volume, alle loro appassionate energie, permettendomi di aggiungere che il Pontificio Comitato di Scienze Storiche sarà ben felice di farsi interlocutore attento di una simile istanza, che ben si inserirebbe sulla scia degli abbondanti studi di quella rete monastica ed ecclesiale che ha generato le coordinate geopolitiche e spirituali della nostra Europa.

Sant'Anselmo ci rammenta l'importanza fondamentale di una relazione, un rapporto determinante, il rapporto tra l'uomo e Dio o, meglio, fra la libertà della volontà dell'uomo razionale e l'onnipotenza di Dio.

Pertanto, la riflessione anselmiana mette in risalto l'uomo, l'unica creatura creata per sé, dotato di un intelletto razionale e di un'affettività il cui appetito è finalizzato al Bene. Parte integrante della natura creata bella e buona, l'uomo risponde alla sua vocazione specifica con la fede e la ragione. Anselmo entra a pieno titolo nella schiera dei teologi che hanno cercato di rendere conto della fede nel linguaggio razionale degli uomini, compito ermeneutico cui ci ha vivamente richiamato nel corso del suo pontificato Benedetto XVI, attento promotore del dialogo fra fede e ragione.

Sant'Anselmo è nostro contemporaneo quando pone l'uomo al centro della sua riflessione e afferma che, nel disegno divino, l'uomo razionale ha la missione di evidenziare il significato profondo della sua esistenza e dell'esistenza di tutto il creato.

L'uomo è a questo punto in una tale relazione con Dio, che diventa il 'luogo' in cui il Figlio realizza la redenzione. Ristabilita la sua condizione filiale, l'uomo è in grado di capire che è stato creato per amare eternamente la bellezza di Dio e per condividere l'eterna felicittà divina. Per rispondere a questa sua vocazione, l'uomo redento riceve il dono della Grazia ed è invitato a cooperare alla propria predestinazione alla felicità.

Anselmo è anche un precursore, come sottolineato da pregiati studi in questo libro, e può essere considerato il "Padre della scolastica", in quanto presenta una esposizione sistematica ed organizzata del suo sapere filosofico e teologico. Non ignora le difficoltà che sono anche le nostre oggi, quando afferma che credere comporta la ricerca delle ragioni del credere. Il legame tra fede e ragione è infatti una esigenza della fede stessa. Ne siamo testimoni quando vediamo le deviazioni del credere ignorando la ragione .

Giovanni Paolo II, creando nel 1982 il Pontificio Consiglio della Cultura, non esitava a scrivere, usando la parola 'cultura' nel senso antropologico datole dalla costituzione pastorale 'Gaudium et spes': «La sintesi tra fede e cultura non è solo un'esigenza della cultura, ma anche della fede. [...] Una fede che non diventa cultura è una fede non pienamente accolta, non interamente pensata, non fedelmente vissuta».

Tale esigenza postula l'educazione dei sentimenti, perché la fede è accolta dall'uomo nella sua integralità.

La personale vicenda di Anselmo presenta ulteriori somiglianze con il processo di costruzione della 'nuova' Europa. Anselmo rispose, infatti, alle esigenze di ordine e certezza che la sua Europa sentì come urgenti e necessarie, perché segnata da profonda instabilità politica e viscerale frazionamento intellettuale. A questa crisi, Anselmo rispose riscoprendo la *ratio*, una *ratio* che, illuminata dalla fede, può condurre anche nell'abisso della 'via mistica'. Una via, quella della *ratio contemplationis*, che ben si sposa con la progressiva riscoperta dell'Individuo e del Soggetto tipica della sua effervescente epoca di sperimentazione.

Come non ravvisare anche nella nostra Europa simili istanze morali, esistenziali e finanche epistemologiche? E come non guardare, allora, ancora una volta, ad Anselmo e al suo sempre fecondo orizzonte metodologico? Orizzonte che si è fortemente legato all'indagine propria della *ratio*, ma offre ancora valide intuizioni anche esistenziali.

Intuizioni esistenziali che si irradiano dall'interno del soggetto verso gli altri, per stabilire relazioni di reciproco rispetto e, di più, di vicendevole accoglienza nella ricerca della perfetta amicizia, che è fratellanza, e non ammette guerre e maliziose lotte nelle quali l'uomo o l'altra parte pretenda di 'tirare' il Creatore dalla sua. Per Anselmo, infatti, il Regno di Dio ha carattere magnanimo e inclusivo, e nello 'spazio' che è proprio di questo Regno si fa legge la *veritatis libertas* che, in questo mondo si invera, per Anselmo, anzitutto e soprattutto nella vita monastica, che concretizza, al suo livello più alto, il possesso della Gerusalemme più importante per Anselmo, quella Celeste.

D'altro canto, ad Anselmo non sono indifferenti le vicende della Gerusalemme terrestre, e lo portano ad interrogarsi sulla giustizia e sulla misericordia del suo Signore. Come non percepire, ancora oggi nella nostra Europa, una eco potente di queste domande nella preghiera che Benedetto XVI innalzò a Dio, in occasione del suo pellegrinaggio al campo di sterminio di Auschwitz?

Il Pontefice chiese, quasi portando all'estremo lo stupore ferito dell'uomo di sempre di fronte allo scandalo del Male: "Signore Dio, dove eri?".

Anselmo ci lascia dunque, al termine della lettura di questo riuscito volume, con degli ottimi propositi e con delle audaci sfide. Sulla scorta del suo metodo dialogico, anzitutto ci invita mantenere e accrescere la pace e la cooperazione tra le diverse religioni e culture che coabitano nella nostra 'nuova' Europa. Sempre affascinati dalla sua raffinata estetica, inoltre, ci sprona a perseguire la ricerca di Dio, il Dio dei giusti e misericordiosi, anche in questa Europa che a tratti appare ostile a tanto urgente mandato, attraverso gli strumenti della riflessione teologica e filosofica. Ma soprattutto, in ascolto della sua ansia pedagogica e pastorale, ci sprona a dare o meglio a ridare all'Europa un'anima assetata di quella *pulchritudo* che, con Sant'Agostino, siamo felici di riconoscere come 'antica e sempre nuova'.

Parafrasando il Cardinale Carlo Maria Martini, richiamato in apertura del Congresso, possiamo fare, pertanto, nostra questa convinzione: "lo studio di Anselmo non è archeologia, perché è in continuità con i problemi della cultura e della società di oggi".

Gli approfonditi e stimolanti studi presentati in questo libro, frutto maturo del Congresso felicemente organizzato dal Reverendo Prof. Giulio Cipollone della Facoltà di Storia e Beni Culturali della

Chiesa di questa Università, ci consentono di approfondire il pensiero di Sant'Anselmo, ma non certo di esaurirne le ricchezze.

Mi auguro che questo volume sia seguito da altre occasioni per scoprire il monaco e il vescovo alle prese con le sfide del suo tempo, per capire come ha attuato concretamente il suo pensiero, perché Anselmo resta un maestro capace di illuminare la nostra riflessione e il nostro impegno per la costruzione della 'nuova' Europa.

ABSTRACTS

I SESSIONE - Pensieri a confronto

L'Unione Europea alla ricerca della sua anima
François-Xavier DUMORTIER, S.J. (p. 27-33)

In questo articolo si è voluto condurre una riflessione su un'Europa alla ricerca di se stessa e sul contributo che Anselmo offre per non dimenticare di avere cura della "propria anima", di questo così rilevante progetto che si chiama l'Unione Europea. Anselmo mostra infatti ciò che è primario: la ricerca di Dio, "Dio come ciò di cui non è possibile pensare qualcosa di più grande". E l'Europa ha bisogno di uomini e di donne che osino prendere, ciascuno personalmente, il cammino dell'interiorità. La figura di Anselmo chiama l'Europeo di oggi a vivere interiormente, a pensare seguendo le radicali esigenze di colui che desidera la verità e a resistere a tutti i poteri che minacciano o restringono la libertà della Chiesa.

I Padri della Chiesa e la cultura dell'Europa unita
S.E.R. Mons. Enrico DAL COVOLO (p. 35-39)

Il contributo chiarisce anzitutto, in termini generali, il significato del ricorso ai Padri per una cultura dell'Europa unita. A tale scopo, vengono spiegati i due termini della questione: che cosa si debba intendere per *Padri della Chiesa* e per *cultura dell'Europa unita*. La seconda parte del contributo affronta poi la questione del *magistero della storia* dinanzi alla questione in esame. Vengono ricordati i due rischi più gravi che ne impediscono la recezione. Essi sono da una parte l'idealizzazione del passato, e dall'altra il rifiuto di esso. In tale contesto va recepita la lezione di Anselmo per una cultura dell'Europa unita.

The Beauty of Creation
Giles E. M. GASPER (p. 41-56)

Anselm produced no treatise dedicated to the subject of creation, but it is a subject to which he devoted considerable thought, and which features at important points within his other theological output. This is perhaps especially the case within *Cur Deus homo*, where Anselm examines both the question of angels and their creation, the majestic ordering and beauty of the universe. Other lines of thought on the nature of creation, how it is to be interpreted and described emerge in *De casu diaboli*, and at various points within the letter collection. Anselm write no commentary on the six days of creation, but his observations and thought on the matter reveal a familiarity with the main

Patristic commentaries. Moreover, in his treatment of these commentaries Anselm reveals open-mindedness to questions such as successive or instantaneous creation different to the hardening of opinions that occurred soon after in the early-mid 12th century. Anselm on creation opens up new lines of inquiry into Anselm's use of his Patristic inheritance, and a broader context for his thinking on the redemption of creation in the incarnation and atonement.

Evil as Nothing: Contrasting Construals in Boethius and Anselm
Marilyn McCord (p. 57-75)

Anselm inherited a Platonizing approach to philosophy from Augustine and Boethius. But he characteristically reworked what he found in their texts by questioning and disputing it into something more rigorous. In this paper, I compare and contrast Anselm's treatment of the trope 'evil is nothing, not a being' with Boethius' use of it in *The Consolation of Philosophy*. In the first section, I expose a fallacious argument form common to them both: paradigm Fness is identical with paradigm Gness; X participates in paradigm Fness and so is F; therefore, X participates in paradigm Gness and so is G. In the second section, I contrast Philosophy's "strong medicine" - 'evil is nothing', 'evil-doings are nothing', 'evil humans do not exist' - with Anselm's development of the point that injustice is a privation and so parasitic on the beings that are deprived. By contrast with Boethius, Anselm emphasizes that the will-instrument, will-power, the will's action and turnings are something and so from God. Likewise, Anselm insists - *pace* Boethius - that Adam's fallen race is still the *human* race. In the final section, I turn to Anselm's distinction between injustice *(iniustitia)* and disadvantage *(incommoda)*, his concession that some disadvantages are something, and his explanation of happiness in terms of advantage or *bona sibi*. For Anselm, happiness and justice break apart, so that it is possible in this world for the just to lack advantage. Moreover, in the world to come, the damned will suffer radical deprivation - not only of the justice, which they deserted, but of advantages. I contrast this with Boethius' insistence (based on the argument in section I) that virtue suffices for happiness and vice for unhappiness, and that there is no such thing as bad fortune. I conclude by pondering why Anselm treated disadvantage as a something rather than as a misfit between somethings.

La disputa eucarística del momento y la exigencia anselmiana de la razonabilidad de la fe
Josep Manuel Udina (p. 77-94)

Es fácil de aceptar que Anselmo de Aosta, de Bec y de Canterbury no anticipó ninguna "nueva" Europa ni por su doctrina soteriológica, típicamente expuesta en el *Cur Deus homo* [1]), ni por su comportamiento inquisitorial con Roscelino [2] ni por su incapacidad de abrirse al diálogo interconfesional e interrreligioso, pese a desearlo y a creer que lo conseguía [(3)]. En cambio, sí que era anticipación de dicha Europa su proclama de la exigencia intrínseca de la fe cristiana de buscar su propia razonabilidad (según el *fides quaerens intellectum*), exigencia que culmina su *Proslogion* dentro de la epistemología platónico-agustiniana para él ineludible [4]. El objeto del presente estudio es analizar y valorar la postura que el abad y arzobispo adoptó frente al tema de la presencia eucarística después de la disputa que había enfrentado a Berengario de Tours y Lanfranco [5]. ¿También fue Anselmo al respecto fiel a su exigencia de razonabilidad de la fe o claudicó ante la autoridad de Lanfranco? La respuesta exigirá el rastreo de los escritos anselmianos y atender al hecho contextual de que Lanfranco fue maestro y predecesor de Anselmo en sus sucesivos cargos de prior, abad y arzobispo.

Anselm's challenge to contemporary philosophy: its origins and its significance
Ian LOGAN (p. 95-112)

I argue that Anselm can be seen to address a major strand of contemporary culture that is both secularist and atheistic, a central goal of which is to drive God from the public square. Such an attempt to remove God requires ultimately a philosophical foundation. A key part of such a foundation is the denial of God. But entailed in Anselm's proof of God in the *Proslogion* is a claim about the permanent presence of God in language and thought, which implies that God cannot be eliminated from debate, and represents a direct challenge to secularist atheism and its philosophical defenders. Specifically, the challenge is to refute Anselm's argument. I suggest that the history of the reception of Anselm's *Proslogion* argument indicates a failure to undermine its soundness and that the attempts to achieve the goal of permanently removing God from the public square must consequently end in failure.

Anselm of Europe: an enduring fascination
Norman TANNER, S.J. (p. 113-122)

Anselm was raised in Italy, became a monk in France and was promoted archbishop of Canterbury in England. Of all the great intellectuals of the medieval West, he was perhaps the most cosmopolitan and European – so the title "Anselm of Europe". His enduring fascination is examined through his influence upon three major medieval thinkers – Abelard, Thomas Aquinas and Duns Scotus – as well as upon Martin Luther and Robert Bellarmine, of the Reformation and Counter-Reformation epoch, and his continuing influence into the nineteenth and twentieth centuries. Our focus is upon Anselm's theological and philosophical thought and his relevance to present-day issues.

II SESSIONE – Pensieri e parole

I falsi di Canterbury tra Lanfranco e Anselmo
S.E.R. Mons. Sergio PAGANO (p. 125-140)

I falsi pontifici creati a Canterbury probabilmente al tempo dell'arcivescovo Lanfranco di Pavia, predecessore di s. Anselmo d'Aosta, formano l'oggetto della relazione, che si muove sul terreno storico e diplomatico. Vengono analizzati, dopo l'illustrazione dei nove documenti papali dimostratisi falsi, i moventi che conducevano alla creazione di falsificazioni (in specie di documenti papali) e la prassi della cancelleria pontificia per la conferma o corroborazione di antichi privilegi che si pretendevano, di volta in volta, concessi a Canterbury dai papi dei secoli VII-X. In questo ambito si collocano le rivendicazioni «primaziali» e «legatizie» dell'arcivescovo Anselmo d'Aosta di fronte a papa Pasquale II.

Affettività e *ratio* in Anselmo d'Aosta
Paul GILBERT, S.J. (p. 141-155)

Con Anselmo, un modo di ragione nuovo per l'epoca entra nella riflessione teologica. Le opere del Dottore magnifico lasciano, però, un ampissimo spazio all'affettività; lo ricorderà la prima sezione della mia proposta. La seconda sezione esaminerà come il *Monologion* e il *Proslogion* intrecciano affettività e ragione in percorsi paralleli ma differenti, guidati il primo dall'appetito e il secondo dal desiderio. La terza sezione della mia proposta cercherà come l'affettività, essenziale in una teologia monastica, si presenta, se si presenta, nel *Cur Deus homo*.

Anselmian Contextualism
Sandra VISSER (p. 157-168)

Anselm is no stranger to the practice of unearthing the many, many ways in which a word can be used, and solving philosophical problems by arguing that the whole problem is created by unnoticed equivocation or an ambiguity in the question. But Anselm also recognizes that there are still many philosophical problems that remain after the statements of philosophical problems are univocal. I argue that Anselm attempts to solve some of these remaining problems by a different sort of more careful attention to language. I claim that Anselm's initial step in resolving some problems is to be careful to examine the context in which the problem arises. Generically speaking, Anselm argues that some problems only appear to be problems because the correct answer to a particular questions varies depending on the context in which the question is posed. According to Anselm, carelessness in these cases leads to confused or even heretical answers to these questions. This points seems to have largely escaped critical notice. Hence, careless exposition of Anselm's work will likewise lead to confused or inaccurate interpretation of Anselm's positions. It is not unusual for readers to attribute contradictory claims to Anselm. Similar to contemporary epistemic contextualists, Anselm insists that there is no single correct philosophical standard to apply when seeking to answer questions in three key areas: broadly normative questions about what ought to happen in some set of circumstances, how to count when considering the Trinity, and how we ought to answer questions concerning knowledge and time. Thus, I demonstrate that Anselm somewhat surprisingly maintains that there are multiple correct answers to important theological questions.

Libertà e predestinazione da Agostino ad Anselmo d'Aosta
Marta CRISTIANI (169-192)

Verso la metà del sec IX Gotescalco d'Orbais solleva il problema della predestinazione, spingendo a conseguenze radicali, sul piano ecclesiologico, la complessa dottrina agostiniana. Le conseguenze più gravi riguardano l'efficacia dei sacramenti. L'opposizione a Gotescalco sceglie direzioni diverse, da Giovanni Scoto a Incmaro di Reims (autori dei testi più rilevanti). Anselmo d'Aosta approfondisce in una prospettiva nuova il tema della libertà, che Agostino aveva affrontato, con grande ricchezza di argomenti filosofici, nel "De libero arbitrio".

Credo ut mirer: Anselm on Sacred Beauty
Thomas WILLIAMS (p. 193-203)

Anselm has a particular fondness for analogies drawn from the art of painting. This paper explores the function of those analogies, arguing that, for Anselm, painting is to physical beauty as discourse is to rational beauty. Yet although the truth is rationally beautiful, displaying the beauty of truth in rational discourse is not, in itself, persuasive. Faith is necessary in order to be in the right sort of position to appreciate properly the rational beauty of the truth. These observations make sense of Anselm's methodological strictures in Cur Deus Homo.

III SESSIONE - Tra pensiero ed azione

Anselmo d'Aosta: per un'antropologia del *magis*
Antonio ORAZZO, S.J. (p. 207-236)

La prima impressione che si ricava dalla lettura degli scritti anselmiani nel loro complesso è che il linguaggio veicola una costante dimensione di eccedenza e di *surplus* semantici, un ricorrente rimando all'Assoluto che sempre oltrepassa il concettualizzabile e l'esprimibile. Un clima di forte apofaticità, col rinvio a un qualcosa o un Qualcuno che è sempre 'oltre', trova un suo puntuale contrappunto in una essenzialità e precisione linguistica, di cui tutti gli studiosi gli danno atto. Possiamo chiederci: si tratta solo di un modo di esprimersi, di una forma stilistica, di un genere letterario, oppure si deve pensare a una visione complessiva della realtà, una sorta di sorgente viva di pensiero e di spiritualità che caratterizza la ricca personalità del *Doctor magnificus*? In questo contributo proviamo a cercare i termini essenziali di questa visione, domandandoci quali ne siano le conseguenze e gli sviluppi possibili in merito a un approfondimento della sua antropologia e spiritualità. Possiamo avanzare l'ipotesi che il suo mondo interiore, centrato sulla fede, poggi per un verso sui presupposti di un sano realismo conoscitivo e metafisico, e sfoci per l'altro in una concezione della verità e della realtà dai forti contorni contemplativi e mistici. Sembra che Anselmo sappia coniugare bene insieme una consequenzialità logico-razionale spinta fino ai limiti estremi con un rimando costante al 'di più', a un *magis*, che accompagna come filo conduttore la sua riflessione, assumendo di volta in volta valenze particolari in rapporto alle tematiche trattate.

Attualità di Anselmo educatore europeo
Carla XODO (p. 237-261)

Viviamo, si dice, schiacciati sul presente, ma il nostro passato ritorna prepotentemente a sedurci. La furia iconoclasta non può spazzare dal nostro orizzonte quei personaggi, fatti, eventi su cui si è costruita la nostra storia, si è definita una scala di valori. In questa categoria rientra anche la figura di Anselmo. Se il ritorno all'esperienza storico esistenziale di grandi personaggi implica lo sforzo di re-immergersi nella temperie culturale di un'epoca, poche figure hanno saputo esprimere con originalità i segni del loro tempo, come accade ai classici che sanno parlare anche al nostro oggi.
Rivisitare la figura di Anselmo è dunque un interrogarci sul presente perché ogni storicizzazione e anche un'attualizzazione. Molti e rilevanti sono i tratti che in tema di educazione rendono attuale "la genialità di Anselmo educatore". Oggi la parte del mondo che viviamo ha molte sfide aperte e tra queste, proprio perché ne va del nostro futuro quella dell'educazione è la più importante, riassumibile, tra i tanti documenti internazionali, oltre che nella Strategia di Lisbona del 2000 nella più recente Raccomandazione del Parlamento europeo (18 dicembre 2006) sulle competenze chiave, come problema di definizione e formazione, negli studenti ma anche nei professionisti dell'educazione.
L'intento del saggio è indagare e portare alla luce nella complessità del post moderno nel terzo millennio quel nucleo ideale che Anselmo aveva saputo individuare e realizzare come educatore in una prospettiva europeistica *ante litteram.*

Il metodo teo-logico anselmiano e la costruzione della 'nuova' Europa
Roberto NARDIN, O.S.B. OLIV. (p. 263-278)

Il metodo di Anselmo d'Aosta si può collocare all'interno di una duplice polarità. Da un lato l'*auctoritas* centrata sulla sacra Scrittura e avente quale vertice l'evento di Cristo. Dall'altro lato l'*intellectus* caratterizzato da una triplice prospettiva che dalla rigorosa logica (*ratio necessaria*), giunge all'esperienza di fede (*ratio contemplationis*) sino alla visione mistica (*ratio veritatis*). È la prospettiva a tre livelli dell'*intellectus* che ha reso ragione di come in Anselmo sia giustificabile la paradossale astrazione (logica ma non ontologica) dall'*auctoritas* biblica e persino dall'evento di Cristo.

Il metodo anselmiano, in definitiva, si può descrivere come *teo-logico*. È, infatti, radicalmente *fondato nella fede*, nonostante la sua messa tra parentesi (in quanto investe solo il piano logico) e *ancorato alla dialectica*, la quale viene a definirsi quale parte costitutiva del percorso dell'*intellectus fidei*.

L'ingresso della *logica* nello statuto formale della teologia segna un punto di non ritorno nella storia del pensiero teologico occidentale. Nasce la "nuova" Europa.

La distanza di Anselmo dal 'fervore' per la crociata.
Un'obiezione di coscienza?
Giulio CIPOLLONE, O.SS.T. (p. 279-304)

Il 27 maggio 1095 Anselmo riceve il pallio arcivescovile per la sede di Canterbury dal legato di Urbano II, in una data tra il concilio di Piacenza e quello di Clermont, che in modo determinante hanno gettato le basi per l'idea, quindi l'ideologia della crociata. Oltre il carisma personale e la sua inopia differenziata per espletare l'ufficio di vescovo, dichiarata allo stesso Urbano II, Anselmo si trova in evidenti difficoltà a portare avanti gli impegni che lo vedevano coinvolto in faccende che lo obbligavano al contatto con 'le cose di questo mondo'. Desta ammirazione la 'distanza' di Anselmo dal fenomeno della crociata per la liberazione della Terra santa, che peraltro, si attesta come il più universale e reclamizzato proprio dai papi del suo tempo. Da qui la riflessione nel tentativo di dare adeguata spiegazione a questa distanza e asimmetria.

Anselmo e la grandezza di Dio.
Una via cristiana di dialogo con ebrei, musulmani e non credenti
Matteo ZOPPI (p. 305-335)

Il contributo intende mettere in luce un aspetto centrale della riflessione di Anselmo, che prende progressivamente corpo attraverso le sue opere principali: la tematica della grandezza di Dio. Di questa si evidenzierà la crescente densità cristologica e la conseguente rilevanza per il dialogo interreligioso.

Infatti, le riflessioni maturate in *Monologion* e *Proslogion*, che senza fare riferimento al mistero dell'Incarnazione (*praeter incarnationem*) hanno come interlocutore privilegiato il non credente, sfociano poi nel *Cur Deus homo* in un'ampia disamina, pensata come risposta alle obiezioni alla fede cristiana mosse da ebrei e musulmani (*infideles*), che declina l'immagine di un Dio grandissimo, purché incarnato e crocifisso, come esigenza intrinseca del retto pensare dell'uomo. Anselmo, in tal modo, fa leva su un tratto comune della fede dei tre grandi monoteismi – appunto la grandezza di Dio – di cui mette in luce, però, le implicazioni, che possono condurre la ragione umana nel vivo dell'Evangelo, proponendo a ebrei e musulmani una più viva e illuminante penetrazione dell'identità divina e superando, così, le secche di una visione di Dio limitata all'onnipotenza (nomoteta e dominatore), per recuperarne il volto misericordioso di salvatore e amico dell'uomo (di cui non se ne può pensare uno più grande), quale base per la costruzione della città dell'uomo e di una società pienamente umana.

Indice dei nomi

INDICE DEI NOMI

I nomi propri di persona sono in italiano con i rinvii dalle varianti linguistiche presenti nei diversi contributi. Per la finalità dell'indice e per evitare il riferimento di citazioni frequentissime, non si riportano i nomi: Gesù Cristo, Maria madre di Cristo, Anselmo d'Aosta, di Bec, di Canterbury.

Bellarmino Roberto, *santo* 113, 120-121
Benedetto da Norcia, *santo* 37, 117, 146, 339
Benedetto XVI, *papa* 32, 35, 109n, 121, 252, 345, 347
Benedict, v. Benedetto da Norcia
Benedict XVI, v. Benedetto XVI
Berengar, v. Berengario di Tours
Berengario di Tours (*Beringerius Turonensis*), *filosofo* 79, 92-93, 93n, 94, 97-98
Bernard of Clairvaux, v. Bernardo di Chiaravalle
Bernardo di Chiaravalle (*Bernardus Claraevallensis*), *santo* 35, 119, 143, 146, 187, 230n, 289, 294, 302
Bertwald di Canterbury, *arcivescovo* 128
Biffi, Inos 239
Boari, Maria Silvia 17, 24
Boethius, v. Boezio
Boezio (*Anicius Manlius Torquatus Severinus Boethius*), *filosofo* 57-62, 64, 68-72, 74-75, 97, 99n, 147, 170, 187
Böhmer, Heinrich 127, 129-130, 135, 140
Bonaventura da Bagnoregio, *santo* 146
Bonifacio V, *papa* 126-127, 130-131, 140
Bonifacio VIII, *papa* 125, 279
Bonifacio IX, *papa* 131
Bosone (Boso), *discepolo* 47n, 51, 195, 197-202, 222, 224, 288-289, 296, 299, 305n, 314, 319, 331-332
Brundage, James A. 280
Bruno di Segni (*Bruno Astensis*), *santo* 318
Burgundio, *cognato di Anselmo* 241, 298

Callisto II, *papa* 135, 140
Carlo il Calvo, *re di Francia* 176, 178, 180, 181n
Cartesio (René Descartes, *Renatus Cartesius*), *filosofo* 143
Cassiodoro (Flavio Magno Aurelio Cassiodoro Senatore, *Flavius Magnus Aurelius Cassiodorus Senator*), *scrittore* 180

Catone (*Marcus Porcius Cato Uticensis*), *scrittore* 252
Celestino V, *papa* 180
Chesterton, Gilbert Keith 90
Cicero, v. Cicerone
Cicerone (Cicerone), *oratore* 101n
Cipollone, Giulio O.SS.T. 12, 17, 27, 345
Cipriano (Tascio Cecilio Cipriano, *Thaschus Caecilius Cyprianus*), *santo* 180
Clemente di Alessandria (Tito Flavio Clemente, Clemente Alessandrino, *Clemens Alexandrinus*), *santo* 233
Colish, Marcia 102n
Corbin, Michel 27
Costantino, *imperatore* 91, 125
Cowdrey, H. E. J. (Herbert Edward John) 135
Cross, Richard 117

D'Onofrio, Giulio 12
Davide, *re d'Israele* 298, 308-309
Davies, Brian 116n
De Lubac, Henry 154, 267
Deusdedit, *cardinale* 140
Diaco di Santiago di Compostela, *vescovo* 298
Donato di Case Nere (Donato di Numidia, Donato il "Grande"), *vescovo* 172
Dumortier, François-Xavier S.J. 12, 23-24
Duns Scotus, *teologo* 106n, 113, 117-118
Dunstan di Canterbury, *arcivescovo* 129

Eadmer, v. Eadmero di Canterbury
Eadmero di Canterbury, *teologo* 47, 129n, 132-134, 136-137, 207, 240-241, 243-245, 247-248, 253, 286, 312-313
Eco, Umberto 125
Engelardo, *milite* 302
Enrico I d'Inghilterra, *re* 92, 137

Prospero d'Aquitania (Prospero Tirone, *Prosper Tyro*), *teologo* 180

Rabano Mauro (Rabano Mauro Magnenzio, *Rabanus Maurus Magnentius*), *arcivescovo* 177
Ralph d'Escures, *arcivescovo* 283
Ratramno di Corbie, *teologo* 178
Reale, Giovanni 232n
Riccardo, *monaco* 295
Richeza, *sorella di Anselmo* 241, 298
Roberto d'Altavilla, *duca di Puglia, Calabria e Sicilia* 134
Roberto di Montfort (Robert de Montfort), *conte* 299
Roberto il Guiscardo, v. Roberto d'Altavilla
Roberto il Monaco, *cronista* 289
Robertson, Elizabeth 202
Rodolfo di Séez, *abate* 301
Romualdo, *santo* 145
Rompuy, Hermann Achille van 24
Roques, René 81, 272, 286
Rorty, Richard 109, 109n
Roscelin, v. Roscellino di Compiègne
Roscelino, v. Roscellino di Compiègne
Roscellino di Compiègne, *filosofo* 78, 81, 81n, 82-83, 83n, 84n, 86, 89, 90n, 94, 99, 114, 142, 145, 163, 191, 191n, 264, 264n, 270, 275, 300, 353
Rosetti, Christina 201
Rossi, Osvaldo 225n
Rousseau, Jean-Jacques, *filosofo* 239
Ruggero I di Sicilia, *conte* 134, 313
Ruggero, *duca di Puglia* 287, 312
Russel, Bertrand 106, 106n, 107

Saint Augustine, v. Agostino d'Ippona
Saladino (Ṣalāḥ-al-Dīn Yūsuf), *sultano* 302
Salomone, *re d'Israele* 57, 119
San Benedetto, v. Benedetto da Norcia
San Girolamo, v. Girolamo
Santa Maria Maddalena, v. Maria Maddalena
Santo Stefano, v. Stefano
Sartre, Jean-Paul 109n
Schmitt, Francesco Salesio 141-142, 147, 194n
Schmitt, Francisco Salesio, v. Schmitt, Francesco Salesio
Schuman, Robert 339
Scotus, v. Duns Scoto
Sen, Amarthya 238
Seneca (*Lucius Annaeus Seneca*), *filosofo* 101-102, 102n
Sergio I, *papa* 126, 128, 130-131, 140
Sergio IV, *papa* 294
Sesboüé, Bernard 328, 331
Shĕlōmōn Ibn Gĕbīrōl (Avicebron), *filosofo* 321n
Silvestre II, v. Silvestro II
Silvestro II (Gerberto di Aurillac), *papa* 93, 97
Simpliciano, *santo* 173
Slomp, Jan 286
Socrate, *filosofo* 57
Socrates, v. Socrate
Solomon, v. Salomone
Southern, Richard William 209n, 287n
Stalin, Iosif 29
Stefano, *santo* 243
Strawson, Peter Frederick 104-105, 105n, 109
Stubbs, Williams 130
Stump, Eleanor 107

Tanner, Norman S.J. 13
Tatwine di Canterbury, *arcivescovo* 128
Teodoro di Canterbury (Teodoro di Tarso), *arcivescovo* 128
Tertulliano (*Quintus Septimius Florens Tertullianus*), *scrittore* 39
Thierry de Chartres (*Theodoricus Chartrensis*), *filosofo* 49

MISCELLANEA HISTORIAE PONTIFICIAE

1. W. M. PEITZ, S.J., *Das vorephesinische Symbol der Papstkanzlei*, 1939, pp. VII-128, 3 tavole

2   G. HOFMANN, S.J., *Papato, conciliarismo, patriarcato (1438-1439)*

3. A. MERCATI, *Bollandiana dall'Archivio segreto Vaticano*

4. H. JEDIN, *Der Quellenapparat der Konzilsgeschichte Pallavicinos*, 1940, pp. 112

5.11. GRABMANN, *I Papi del Duecento e l'Aristotelismo*. Parte I. *I divieti ecclesiastici di Aristotele sotto Innocenzo III e Gregorio IX*, 1968, pp. VIII-133. Parte II. *Guglielmo di Moerbeke O.P., il traduttore delle opere d'Aristotele*, 1970, pp. XI-194; [Ristampa anastatica]

6   P. BROWE, *Die Judenmission im Mittelalter und die Päpste*, 1973, pp. XI-323

7. *Xenia Piana, Pio XII dicata*, 1943, X-514

8.16.17.24.25. P. PIREI, S.J., *Pio IX e Vittorio Emanuele II dal loro carteggio privato*. I. *La Laicizzazione dello Stato Sardo, 1848-1856*, 1980, pp. XLII-143 + 263. [Ristampa con Prefazione di G. MARTINA]. II. *La questione Romana, 1856-1864*. Parte I: *Testo*, 1951, pp. XVI-600; III. *La questione Romana, 1864-1870*. Parte I: *Testo*, 1961, pp. XII-336; Parte II: *I Documenti*, 1961. XV-465

9. F. KEMPF, S.J., *Die Register Innocenz' III. Eine paläographisch-diplomatische Untersuchung*, 1945, pp. 138, 2 tavole

10. A. MERCATI, *Nell'Urbe dalla fine di settembre 1337 al 21 gennaio 1338*, 1945, pp. VIII-168, 3 tavole

12. *Regestum Innocentii III papae super negotio Romani imperii*. Herausgegeben von F. KEMPF, S.J., 1947, pp. XXXII-447

13-14. *Gregorio XVI, Miscellanea Commemorativa*. P. I: 1948, pp. VII-456, 4 tavole - P. II: 1948, pp. V-603, 5 tavole

15. B. LLORCA, S.J., *Bulario Pontificio de la Inquisición Española en su periodo consti-tucional (1478-1525)*,1949, pp. VIII-303

18. *Sacerdozio e Regno da Gregorio VII a Bonifacio VIII*, 1954, pp. XX-180

19. F. KEMPF, S.J., *Papsttum und Kaisertum bei Innocenz III*, 1954, pp. XX-338

20. P. RABIKAUSKAS, S.J., *Die römische Kuriale in der päpstlichen Kanzlei*, 1958, pp. XXIV-255

21. *Saggi storici intorno al Papato*, 1959, pp. XX-480

22. J. GRISAR, S.J., *Die ersten Anklagen in Rom gegen das Institut Maria Wards (1622)*, 1959, pp. XX-265

23. F. GUERELLO, S.J., *Lettere di Innocenzo IV dai Cartolari Notarili Genovesi*, 1961, pp. XVI-164

26. M. F. MELLANO, *Il caso Fransoni e la politica ecclesiastica piemontese (1848-1850)*,1964, pp. XVI-288

27. J. GRISAR, S.J., *Maria Wards Institut vor Römischen Kongregationen (1616-1630)*, 1966, pp. XXXII-813

28. G. MARTINA, S.J., *Pio IX e Leopoldo II*, 1967, pp. XX-554

29. S. OLSZAMOWSKA-SKOWRONSKA, *La Correspondance des Papes et des Empereurs de Russie, 1814-1878*, 1970, pp. XIX-386

30. ROBERT D'ANJOU, *La Vision Bienheureuse. Traité envoyé au Pape Jean XXII*, édité par M. DYKMANS, S.J., 1970, pp. 94*-118

31. *La vita religiosa a Roma intorno al 1870. Ricerche di Storia e Sociologia*, a cura di G. MARTINA, S.J., 1971, pp. VIII-273

32. L.M. MARTÍNEZ-FAZIO, S.J., *La segunda basílica de San Pablo extramuros. Estudios sobre su fundación*, 1972, pp. XX-395

33. G. G. FRANCO, S.J., *Appunti storici sopra il Concilio Vaticano*, a cura di G. MARTINA, S.J., 1972, pp. VIII-344

34. JEAN XXII, *Les Sermons sur la Vision Béatifique*, édités par M. DYKMANS, S.J., 1973, pp. 237

35. G. GALLINA, *Il problema religioso nel Risorgimento e il pensiero di Geremia Bonomelli*, 1974, pp. XXXII-579

36. G.P. FOGARTY, S.J., *The Vatican and the Americanist Crisis: Denis J. O'Connell, American Agent in Rom, 1885-1903*, 1974, pp. XII-357

37. H. PFEIFFER, S.J., *Zur Ikonographie von Raffaels Disputa. Egidio da Viterbo und die christlich-platonische Konzeption der Stanza della Segnatura*, 1975, pp. 296, 36 tavole

38. G. MARTINA, S.J., *Pio IX (1846-1850)*, 1974, pp. VIII-566

39. F. DI BERNARDO, C.P., *Un vescovo umanista alla Corte Pontificia: Giannantonio Campano (1429-1477)*, 1975, pp. XXIV-465

40. K. SCHATZ, S.J., *Kirchenbild und Päpstliche Unfehlbarkeit bei den Deutschsprachigen Minoritäitsbischöfen auf dem I. Vatikanum*, 1975, pp. XXVIII-529

41-42. I. GATTI, *Il P. Vincenzo Coronelli dei Frati Minori Conventuali, negli anni del generalato (1701-1707)*, 1976, Parte I, pp. XXIII-688, 21 tavole; Parte II, pp. 689-1352, 16 tavole

43. S. OLSZAMOWSKA-SKOWRONSKA, *Les accords de Vienne et de Rome entre le Saint-Siège et la Russie 1880-1882. Les documents authentiques*, 1977, pp. XXII-556

44. S.J. MILLER, *Portugal and the Holy See c. 1748-1830. An Aspect of the Catholic Enlightenment*, 1978, pp. XII-412

45-46. *Römische Kurie. Kirchliche Finanzen. Vatikanisches Archiv. Studien su Ehren von Hermann Hoberg*. Hrsg. E. GATZ, 1979. P. I, pp. XIII-472, 1 tavola; P. II, pp. VIII-473-1004, 10 tavole

47. R.F. COSTIGAN, S.J., *Rohrbacher and the Ecclesiology of Ultramontanism*, 1980, pp. XXX-263

48. I. DUMITRW-SNAGOV, *Le Saint-Siège et la Romanie moderne, 1850-1866*, 1982, pp. XXIII-658. II. *1866-1914,*1989, pp. XXVI-1026

49. M. CHAPPIN, S.J., *Pie VII et les Pays-Eas (1814-1817)*, 1984, pp. 383

50. *Dalla Chiesa antica alla Chiesa moderna*, a cura di M. FOIS, S.J. - V. MONACHINO, S.J. - F. LITVA, S.J., 1983, pp. XXVII-533

51. G. MARTINA, S.J., *Pio IX (1851-1866)*, 1986, pp. XVI-760

52. C. A. NASELLI, C.P., *La soppressione napoleonica delle corporazioni religiose, 1808-1814*, 1986, pp. 309

53. G. HELLINGHAUSEN, *Kampf um die Apostolischen Vikare des Nordens J. Th. Laurent und c.A. Lupke*, 1987, pp. XXVI-364

54. M. F. MELLANO, *Anni decisivi nella vita di A. Rosmini (1848-1854)*, 1988, pp. 172

55. F. TURVASI, *Giovanni Genocchi and the Indians of South America (1911-1913),*1988, pp. XIX-152

56. F. DÍAZ DE CERIO, S.J. - M.F. NÚÑEZ Y MUÑOZ, *Instrucciones secretas a los Nuncios de España en el siglo XIX (1847-1907)*, 1989, pp. XIII-384

57 I. DUMITRW-SNAGOV, *Le Saint-Siège et la Roumanie Moderne (1866-1914)*, 1989, pp. XXVI-1028

58. G. MARTINA, S.J., *Pio IX (1867-1878),*1990, pp. XII-614

59. C. C. FORNILI, O.F.M. Cap., *Delinquenti e carcerati a Roma alla metà del '600*, 1991, pp. XXXIV-286, 16 tavole

60. G. CIPOLLONE, O.SS.T., *Cristianità-Islam: Cattività e liberazione in nome di Dio. Il tempo di Innocenzo III dopo 'il 1187'*, 1992, pp. XXXIV-554, 8 tavole. 1a ristampa 1996, 2a ristampa 2003.

61. S. VACCA, O.F.M. Cap., *Prima Sedes a nemine iudicatur. Genesi e sviluppo storico dell'assioma fino al Decreto di Graziano*, 1993. XXII-270

62. L. ROTA, *Le nomine vescovili e cardinalizie in Francia alla fine del sec. IX*, 1996, pp. XXVIII-372

63. M. INGLOT, S.J., *La Compagnia di Gesù nell'Impero Russo (1772-1820) e la sua parte nella restaurazione generale della Compagnia*, 1997, pp. XXVI-338

64. P.-N. MAYAUD, S.J., *La condamnation des livres coperniciens et sa révocation à la lumière de documents inédits des Congrégations de l'Index et de l'Inquisition*, 1997, pp. XII-352

65. L. CAPPELLETTI, *Gli affreschi della Cripta Anagnina. Iconologia*, 2002, pp. XXXII-384

66. L. SALVIUCCI INSOLERA, *L'Imago Primi Saeculi (1640) e il significato dell'immagine allegorica nella Compagnia di Gesù*, 2004, pp. XVI-256 + 92

67. R. REGOLI, *Ercole Consalvi, le scelte per la Chiesa*, 2006, pp. IV-516

68. *Studio e insegnamento della storia della Chiesa. Bilanci e prospettive per nuove letture*, in corso di pubblicazione

69. O. BUCARELLI - M.M. MORALES, S.J., (a cura di), *Paulo Apostolo Martyri*, 2011, pp. 296

70. G. CIPOLLONE, O.SS.T., (a cura di), *Anselmo e la 'nuova' Europa*, con la collaborazione di M. S. BOARI, 2014, pp. 368

Finito di stampare nel mese di gennaio 2014
presso Mediagraf Spa - Monterotondo (Rm)